L.I.E. 영문학총서 제8권

영미소설의 서술방법과 구조

고영란 지음

L. I. E. – SEOUL
2007

책머리에

　문학 작품을 감상하고 논평하는 데는 여러 가지 방법이 있겠지만 작품 자체에 충실한 자세히 읽기가 그 무엇보다도 선행되어야 한다고 생각한다. 이는 지난 십여 년 동안 소설을 연구해 온 필자의 기본 입장으로, 영미소설의 서술방법과 구조를 중점적으로 살펴본 이 책 역시 꼼꼼하게 읽기를 지향하고 있다.
　이 책은 필자가 과거 학회지에 발표한 논문 중에서 영미소설의 서술방법과 구조를 다룬 논문만을 골라 한데 묶어 놓은 것으로, 각 세기별로 문학성을 인정받은 영국소설 9편과 미국소설 2편, 총 11편에 관한 연구이다. 17세기에 발표된 영국소설로는 최초의 여성 전업작가라고 할 수 있는 아프라 벤의 『오루노코』를, 18세기의 작품으로는 디포우의 『몰 플랜더즈』를 다룬다. 「여성작가와 이중담론: 『오루노코』」에서는 오루노코의 비극적 불행에 대한 이야기는 표층담론에 불과하고, 그 아래에는 벤이 여성작가로서의 위상을 주장하는 심층담론이 있음을 밝힌다. 「『몰 플랜더즈』의 이중구조」에서는 금전적 이익에 최고의 가치를 두고 있는 몰 자신의 이야기와, 서문에 도입된바 몰의 회개를 강조하는 편집자의 이야기로 구성되는 이중구조를 찾아낸다. 디포우가 몰의 이야기로써 편집자의 이야기를 전복함으로써, 물질적 투쟁으로 점철되어 있으면서도 겉으로는 도덕성을 강조하는 사회의 위선을 간접적으로 비판하고 있음도 살핀다.

영소설이 꽃을 피운 19세기의 소설로는 제인 오스틴, 에밀리 브론테, 샤롯 브론테, 조지 엘리엇, 토마스 하디의 작품을 다룬다. 「'성장소설' 형식에 담긴 의미」는 『오만과 편견』의 후반부가 전반부에 팽배하던 희극적 풍자정신을 잃고 감상적이고 낭만적으로 결말 맺어지는 것처럼 보이지만 사실은 '성장소설' 형식을 패러디하여 '성장'에 입각한 낭만적 결말을 아이러니하게 읽게 해줌으로써 당대 여성이 처한 어려운 경제적 상황을 부각시키고 있음을 밝힌다. 「경계선 허물기와 두 서술자의 역할」에서는 『워더링 하이츠』에서 로맨스와 사실주의 소설 사이의 경계선이 해체되어 두 형식이 자유롭게 뒤섞이며 서로 긴장 속에 놓여 있으면서도 상호보완적으로 작용하는 양상과, 그것을 가능하게 만들기 위해서 서술자 록우드와 넬리가 수행한 역할을 고찰한다. 「상충하는 두 서술의 병존」은 『제인 에어』에서 성숙한 서술자가 과거를 회고하면서 사실주의적 차원에서 서술한 이야기와, 어린 시절의 제인이 당하는 성적, 계급적인 억압과 그 억압의 체험 속에 함축된 의미가 상징적으로 형상화되는 이야기, 이 두 종류의 서술이 병존하는 양상을 점검한다. 「엘리엇의 절제된 여성문제 인식: 『애덤 비드』의 서술전략」에서는 서술상의 부자연스러운 전개나 서술자의 일관성이 없고 모호한 태도 그리고 병존하는 두 담론 사이의 상관관계를 분석함으로써 엘리엇의 여성 문제에 대한 인식이 의도적으로 절제된 양상과 그 이유를 밝힌다. 「『테스』에 나타난 이원적 관점」에서는 테스가 맞는 비극의 직접적인 원인과 그 배경을 규명해봄으로써 하디의 비관적 성향과 사회개량론자라는 입장 표명 사이의 이원성을 고찰한다.

20세기 영국소설로는 로렌스와 포스터의 작품을 각 1편씩 다룬다. 「대립구조를 통한 대화: 『연애하는 여인들』」은 남성과 여성의 상반된 두 입장이 '대화적'으로 병치되어 버킨과 어슐라의 창조적 상호작용이 이루어지고, 제럴드와 구드런에 치중하는 후반부에서도 남성중심적인 시각과 이에 맞서는 여성적 시각 사이에 균형이 유지되고 있음을 논증한다. 「『인도로 가는 행로』의 이중 구조」에서는 이 소설의 구조가 제국주의 영국의 피지배국인 인도에서의 정치, 사회적 갈등과 두 국민사이의 인간관계 수립의 가능성 및 문제점을 다루는 사실적 차원과, 인간이 편협성을 넘어서서 올바른 인간관계를 수립할 수 있게 해주는 비전으로 자연의 원리가 제시되는 상징적이고 신비한 차원으로 나뉘어져 있음을 분석하고, 자연의 원리가 일관성 있게 제시되었는지의 여부를 점검해 본다.

미국소설로는 19세기에 작품 활동을 한 호손과 20세기의 샐린저 작품을 각 1편씩 살펴본다. 「억제된 역사인식과 로맨스 형식: 『주홍글자』」에서는 호손이 미국사 속에서의 중요한 한 사건 즉 낭만적 개인주의의 주창과 공동체 우선주의 사이의 갈등이 첨예하게 대립되는 한 시대를, 그리고 청교주의에 내재한 근본적인 문제점을 지닌 인물과 그것을 결정적으로 드러내게 한 하나의 사건을 포착하여 거기에 대한 자신의 역사인식을 형상화하되, 그 역사인식을 직접적으로 명확하게 표현하는 것을 원치 않았기 때문에 로맨스 형식과 애매모호한 서술방식을 구사했음을 밝힌다. 「'이중액자소설'로서의 『호밀밭의 파수꾼』」에서는 자신의 과거 이야기를 액자에 넣어 감상하면서 재평가하는 서술자 홀든을, 작가가 거리를 두고 떨어져서 바라보는 '이중액자소설'의 구조를 살피고, 이 구조가 홀든의 복합성과 이중성을 이해하는데 독자들이 적극적으로 참여하도록 유도하는 유용한 틀이 되고 있음을 분석한다. 이상의 작품 이외에도 더 많은 주요 영미소설들의 서술방법과 구조를 연구한 후에 책으로 엮어내고 싶은 욕심이 없었던 것은 아니다. 그렇지만 그렇게 하면 책의 부피가 너무 커질 것이고 앞으로도 시간이 더 소요될 것 같아 일단 아쉬운 대로 11편의 논문만을 묶어 한 권의 책으로 내기로 했다.

비록 창작은 아니지만 자신만의 새로운 시각에서 작품을 해석하고 이를 글로 써낸다는 것은 무한한 열정과 각고의 노력을 요구하는 힘든 작업이다. 매번 논문을 쓸 때마다 나름대로 공을 들였지만, 책을 내기 위해 이전에 썼던 글들을 다시 읽어보니 부족한 부분이 적지 않게 눈에 띈다. 그럼에도 불구하고 영미소설의 서술방법과 구조에 관심이 있는 동학들께 조금이나마 도움이 되기를 바라는 소박한 마음에서 용기를 내보았다. 이 글들이 영미소설을 차분하게 감상하고 이해하는데 약간이라도 보탬이 된다면 더 바랄 것이 없겠다.

끝으로 기나 긴 학문의 여정에서 학문에의 열정으로 감동을 주시며 부단한 깨우침으로 이끌어주신 은사님들과 선배님들, 같은 영문학자로서 길을 걸어가면서 알게 모르게 힘이 되어준 여러 동학들께 감사의 마음을 전한다. 그리고 아낌없는 사랑과 격려로 부족한 필자를 이만큼 성장하게 해준 든든한 버팀목인 가족에게 이 책을 바치고 싶다. <19세기 영어권 문학회>가 기획한 영문학총서 중의 하나인 이 책의 출판을 맡아준 국학자료원 새미출판사에도 진심으로 감사드린다.

2007년 9월

목 차

Ⅰ. 17, 18 세기 영국소설
1. 여성작가와 이중담론:『오루노코』/11
2. 『몰 플랜더즈』의 이중구조 /49

Ⅱ. 19세기 영국소설
1. '성장소설' 형식에 담긴 의미:『오만과 편견』/87
2. 경계선 허물기와 두 서술자의 역할:『워더링 하이츠』/116
3. 상충하는 두 서술의 병존:『제인 에어』/143
4. 엘리엇의 절제된 여성문제 인식:『애덤 비드』의 서술전략 /172
5. 『테스』에 나타난 이원적 관점 /208

Ⅲ. 20세기 영국소설
1. 대립구조를 통한 대화:『연애하는 여인들』/243
2. 『인도로 가는 행로』의 이중구조 /276

Ⅳ. 19, 20세기 미국소설
1. 억제된 역사인식과 로맨스 형식:『주홍글자』/305
2. '이중액자소설'로서의『호밀밭의 파수꾼』/346

Ⅰ. 17, 18세기 영국소설

1. 여성작가와 이중담론: 『오루노코』

1) 머리말

아프라 벤(Aphra Behn)은 17세기 중, 후반기에 단순히 문학이 좋아서가 아니라 생계를 꾸려나가야 한다는 절박한 이유 때문에 글쓰기에 매달린 최초의 여성 전업 작가이다. 문학 시장이 남성에 의해 독점되는 상황 하에서 벤의 가장 큰 관심사는 여성도 돈을 버는 수단으로 글 쓰는 직업을 가질 수 있는 권리를 가져야 한다는 사실이다. 벤은 남성작가들이 자신을 그들과 동등한 자격이 있는 작가로서 인정해 줄 것을 요구한다. 1688년 출판된 『오루노코』(*Oroonoko*)는 그것이 쓰인 배경이나 시기 그리고 소설 내용을 고려해 볼 때, 벤이 작가업에 대한 불안감을 극복하고 작가로서의 자신감을 획득하는 과정을 탐색하는 작품으로 읽을 수 있다. 이 과정에 관한 담론은 위대한 인물의 비극적 운명을 한탄하는 표층담론 아래에서 진행된다. 본 논문은 이 소설에서 두 개의 담론이 전개되는 양상과 그들 사이의 역동적인 관계 그리고 벤이 작가로서의 정체성을 확립해가는 과정을 고찰해 보고자 한다.

벤의 첫 소설인 『오루노코』는 근래에 와서야 『노턴 영국문학선집』(Norton Anthology)에 수록이 되면서 문학적 정전의 반열에 올랐다. 일반적으로는 1720년에 출판된 다니엘 디포오(Daniel Defoe)의 『로빈슨 크루소』(Robinson Crusoe)가 최초의 영소설로 간주되어 왔다. 그 때문에 17세기 왕정복고기에 활동한 극작가 중의 한 사람인 벤이 『로빈슨 크루소』보다 30여 년 전에 13편의 소설을 썼고 따라서 최초의 영소설을 쓴 사람은 남성이 아니라 여성이었다는 사실은 최근까지 밝혀지지 못했다. 이얀 와트(Ian Watt)는 소설의 발달사에 관한 고전적 연구인 『소설의 발생』(The Rise of the Novel)에서 소설 형식을 만들어낸 작가로서 디포오, 리차드슨(Richardson), 필딩(Fielding)을 거론하고 이들이 소설을 탄생시킨 이후에 여성작가인 제인 오스틴(Jane Austen)이 소설 형식을 꽃피웠다고 주장한다. 와트에 의하면 소설을 발생시키는 데 직접적으로 공헌한 여성작가는 없는 셈이다. 그는 "오스틴은 패니 버니(Fanny Burney)의 후계자(339)"라고 말하면서 여성작가로서의 버니를 언급하지만 이는 피상적인 지적에 그치고 만다. 따라서 독자는 오스틴 이전에는 주목할 만한 여성작가가 없었으며 오스틴은 여성적 글쓰기라는 전통의 계승자기보다는 창시자였다는 인상을 받게 된다. 이와 같이 여성인 벤의 작품은 20세기 후반에 이르기까지 남성 중심적인 평론계에서 주목을 받지 못했다.

『오루노코』가 출판된 당시의 17세기 후반 및 18세기 초반의 독자들은 이 소설을 영웅적인 사랑 이야기로 간주했다. 왕족인 주인공이 믿기 어려울 만큼 금욕적으로 고통을 참아내는 이야기에서 당시 독자들은 귀족성이 타고난 것이며 가장 어려운 상황에서도 그 모습을 드러낸다는 사실을 읽어냈다(Gallagher 54-5 재인용).[1] 18세기 후반과 19세기의 비평가들은 『오루노코』를 억압받는 사람들 특히 노예들에게 동정심을 표한 감상적인 이야기로 읽는다. 18세기에 대두한 노예 폐지론과 감상적 식민주의에 편승하여 이 소설이 여러 작가에 의해 각색되어 무대에 올려진 것이 이러한 풍조를 부추긴바 컸다고 할 수 있다. 1850년 이후에 이 소설은 『톰 아저씨의 오두막』(Uncle Tom's Cabin)에 비유되면서 노예해방론자의 소책자쯤으로 읽혀지기도 했다.[2]

그러다 이 소설의 인기는 시들해졌고 20세기 초반부에 와서야 다시 주목을 받게 된다. 흥미롭게도 이때 논의의 초점은 작품에 대한 평가가 아니라 벤이 작품 속에서 서술한 여러 사건들을 실제로 체험했는가의 여부였다. 1913년 번바움(Bernbaum)은 이 소설의 내용이 실상은 진실이 아니라 허구라는 사실을 나름대로 증명해 보이는 두 편의 에세이를 발표한다(Salzman 11 재인용). 이야기 내용이 "사실적인" "목격담"이라고 공언한 소설의 서두 부분을 들어 벤의 신빙성에 의문을 제기하는 것이다. 번바움에 의하면 벤은 개인적으로 진실하지 못하기 때문에 신뢰할 수 없는 인물이다.

벤이 실제로 수리남에 체류한 적이 있는지의 여부에 초점을 맞추어 그녀의 진실성을 의문시한 번바움의 문제 제기로 인해 벤의 문학적인 명성은 큰 타격을 입는다. 그런데 벤이 이러한 대우를 받은 것은 부당하다고 할 수 있다. 소설 내용의 그럴듯함이 사실에 기반을 둔 것인가 혹은 작가의 상상력에 의존하는가의 여부는 근본적으로 중요한

---
[1] 이 소설은 1696년 토마스 서던(Thomas Southerne)에 의해 각색되어 극으로 올려지면서 더 큰 인기를 얻게 된다. 또한 1745년 이래 불어로 일곱 차례나 번역되면서 프랑스에서 굉장한 인기를 누렸다. Salzman 10 재인용.
[2] "England's First Lady Novelist," *St. James Magazine* 7 (1863), 854. Gallagher 55 재인용.

문제가 아니며, 남성작가의 경우에는 상상력에 의거해서 허구를 그럴 듯하게 사실처럼 포장해내는 것이 작가의 창조력으로 인정되기 때문이다. 가령 다니엘 디포오의 경우『로빈슨 크로소』의 내용이 실제 일어났던 사건들로 구성되었다는 주장은 거짓임이 분명하지만 그는 이 때문에 비난받지 않는다. 오히려 허구적인 내용으로써 신빙성을 구축했다는 이유로 디포오는 창의적인 작가로 칭찬받는다. 반면 아이러니하게도 벤은 디포오의 그것과 동일한 수법을 효과적으로 잘 구사했기 때문에 신뢰할 수 없는 작가로 매도당한 것이다.

번바움의 비판을 시발점으로 하여 그 다음 70년간은 수리남에서의 벤의 목격담이 과연 사실인가의 여부에 비평이 쏠리게 되었다. 그 결과 모린 더피(Maureen Duffy)나 엔젤린 고로(Angeline Goreau) 등의 최근의 여성론 평자들은 소설 내용이 사실임을 증명하면서, 번바움의 비판을 반박하는 상황에까지 이른다(Campbell 33-4 재인용). 벤이 '거짓말쟁이'가 아니라 '진실을 말하는 작가'라고 옹호하는 것이다. 이와 같이 소설의 예술적 성취도나 작가적 역량과는 무관한 문제가 언급되어야 했던 것이다.

다른 한편으로 20세기에 들어서『오루노코』는 계층이나 인종 그리고 성(gender) 문제를 내포하고 있다는 사실 때문에 여성론 비평가나 신역사주의 비평가들의 주목을 받게 된다. 1929년 버지니아 울프는 "모든 여성들은 아프라 벤의 무덤에 헌화해야 한다. 왜냐면 그녀가 여성들에게 그들의 마음을 말할 권리를 얻어주었기 때문"(Woolf 85)이라면서 벤을 최초의 전문적인 여성작가로 칭찬했다. 그 후 전통적인 여성론 비평가들은『오루노코』를 노예폐지론적인 텍스트로 보던 종래의 비평에 여성론적인 시각을 부가하여 이 소설을 재조명하게 된다. 그들은『오루노코』가 피지배자로서의 여성과 흑인의 상호관련성을 탐색하면서 여성의 시각에서 남성 지배적인 사회의 모순을 지적했다고 해석한다. 그들은 더 나아가 가부장제 하에서 억압당하는 여성으로서의 벤이 식민지주의에 의해 착취당하는 흑인 노예의 입장을 대변하고 있다는 주장을 펴기도 한다.

그러나 백인 여성들이 주도한 서구 여성론 비평은 그 한계를 노정하게 된다. 서구의 전통적 여성론자들은 성과 인종의 문제가 맞물려 있는 이 소설을 인종적 차이 문제를 간과한 채 성문제에만 초점을 맞추어 접근함으로써, 여성작가로서의 벤의 진보적 성향은 부각시켰지만 백인 작가로서의 벤이 지닌 문제점은 간과했거나 묵인했다는 것이다 (Ballaster 290-94). 특히 이 소설의 서술이 "식민지주의와의 관련 하에서건 여성작가로서의 벤과의 연관 하에서건 순전히 노예해방적인 텍스트로 낭만화될 수는 없"는데도 불구하고 백인 여성 서술자와 흑인 여성 이모인다 사이에 개재된 인종문제의 중요성을 등한시했다는 사실이 거론된다(Margaret Ferguson 170-71).

『오루노코』는 여성론 평자들뿐만 아니라 신역사주의자들의 관심의 대상이 된다. 그 이유는 이 소설이 초기 영국 식민지에 관한 이야기인데, 식민지주의 담론은 불가피하게 지배문화 편에서 보면 인종적 타자 문제를 함축한다는 점에서 신역사주의 평자들에게 상당한 흥미거리였기 때문이다. 특히 이 작품은 여성론 비평이 '역사'의 범주를 고려하게 됨으로써 생겨난 1980년대의 여성론적 역사주의 내지는 여성론 신역사주의적인 관점에서 보다 깊고 폭넓게 논의된다. 이러한 관점에서 이 소설을 평한 브라운(Brown)은 1680년대 후반의 영국에 있어서의 식민지주의와 성차라는 비문학적인 이데올로기와의 공시적인 관계라는 틀 속에서 이 작품을 분석한다. 브라운의 비평에서는 양성간의 그리고 양 인종간의 조화라는 신화를 만들어낼 수 있는 흑인 남성과 백인 여성간의 관계가 다루어진다. 이 신화 안에서는 흑인 남성은 '인종'을, 백인 여성은 '성'을 대표하여 억압의 현실 하에서의 전략적인 정치적 연대라는 알레고리를 만들어내게 된다(Ballaster 288). 브라운의 읽기에 따르면, 벤의 텍스트에서는 백인 식민지주의자들이 흑인 노예를 파괴적이고 위험스러운 존재로서 간주하는 관행이 비판된다.

본 논문은 흑인 노예인 오루노코와 이모인다의 이야기를 통해서 벤이 여성작가로서의 권위를 획득하고 정체성을 주장하게 되는 과정을 고찰해 보고자 한다. 인종문제나 식민지주의를 깊이 통찰한 벤이 단지 반노예주의자로서의 비판적 입장을 표명하기 위해서 이 소설을 집필한 것은 아님을 밝히는 것이다. 또한 단순히 소설의 헌정사에서 공언된 바 오루노코의 이야기로써 진정한 위대성에 관한 교훈을 주기 위해서도 아님을 분석해 보고자 한다.

이를 위해서는 작가 내지는 서술자[3]의 태도나, 그가 오루노코 및 이모인다와 맺는 관계에 주목해야 한다. 과거에는 오루노코라는 인물에 가려 별 관심을 끌지 못했던 서술자와 그의 역할은 최근에 와서야 주목을 받게 되었다. 사실 서술자는 작가로서의 정체성이나 사건에 대한 개인적 경험을 강조할 뿐만 아니라 그녀 스스로 이야기 전개 과정에서 중요한 역할을 수행하면서 지속적으로 그 존재를 드러낸다(Erickson 205, 213-14). 그렇지만 1980년대 이전의 평자들은 작가로서의 정체성 탐색이라는 면에서 서술자를 조명하지 않았다. 서술자가 사회적, 정치적, 그리고 도덕적인 차원에서 "독자들에게 생생한 판단 기준"을 제공하여 소설을 통합하고 독자를 서술 안에 감정적으로 연

---

[3] 일인칭 서술자와 작가 벤을 동일시해도 큰 무리가 없을 듯하여 본고에서는 서술자와 벤을 구분하지 않기로 한다.

루시키는 역할을 하면서 전체 이야기의 진실성을 확보해 준다는 평가가 그 하나의 예이다(Brownley 176-77). 그 후 1980년대에 들어서면서 이 소설은 여성론적 역사주의 비평의 관점에서 혁신적으로 읽히기 시작한다. 가령 쇼왈터(Showalter), 길버트와 구바(Gilbert & Gubar)의 영향을 받은 제인 스펜서(Jane Spencer)는 여성작가에 의해 쓰인 소설의 발달사라는 통시적인 역사 안에 『오루노코』를 위치시킨다. 여성작가들의 글쓰기 전통과 연관시켜 주목한 것이다. 스펜서에 의하면 이 소설은 여성작가들이 문학적 권위를 추구하는 과정이라는 맥락 안에서 볼 때 중요한 위치를 차지한다. 그렇지만 스펜서는 여성작가로서의 정체성 추구에 대한 논의를 이 소설의 서술 구조나 서술자의 역할 변화와 연관시켜 구체적이고 심도 있게 발전시키지 못했다. 여기에 본 논문의 성립 의의가 있다.

  본 논문은 먼저 여성의 작가업이나 작가로서의 권위 확보가 벤에게 얼마나 중요한 관심사였는지를 점검해 보겠다. 그 다음 표층담론과 심층담론의 전개 양상을 구체적으로 분석한 후 이중담론을 배태한 벤의 여성작가로서의 자의식과 그녀가 정체성을 획득해가는 과정을 고찰해 보고자 한다. 이 과정에서 여성작가인 벤이 이중담론이라는 서술 구조를 채택해야만 했던 이유가 밝혀지고, 표층담론의 소재로서 흑인 노예인 오루노코와 이모인다가 선택된 이유가 새롭게 설명될 수 있을 것이다.

2) 여성작가로서의 자의식

벤은 현대의 기준으로 보아도 아주 다채롭다고 할 만한 경력을 지닌 여성이다. 1980년 고로가 쓴 벤의 인생 이야기를 참조해보면 벤은 찰즈 2세의 스파이로 활약한 경험도 있으며 '윌의 커피집'(Will's Coffee House)과 '드루리 레인'(Drury Lane) 극장의 무대에서 왕당파로서의 입장을 당당하게 표명할 만큼 정치적 행동주의자였다. 그런가 하면 위험스러운 지역으로의 여행도 불사한 모험가였고 부채 때문에 투옥되기도 했을 정도로, 규범적인 여성의 삶과는 다른 인생을 살았다 (Spender 51 재인용). 그녀는 여성도 교육을 받고 남성과 동등한 존재로서 자유롭게 사랑하고 원하는 대로 결혼할 수 있는 권리가 있음을 주창했던 여권론의 선구자이기도 했다. 또한 무엇보다도 그녀는 런던에서 1670년부터 1687년까지 17년 안에 17편의 극을 쓰고 그 후 『오루노코』를 포함하여 13편의 소설을 썼을 정도로 문학 활동도 활발했던 작가였다.

극작가였던 벤이 산문 형식으로 이야기를 서술하는 소설가가 되기로 결심하게 된 배경에는 경제적 필요성뿐만 아니라 작가업에 대한 위기감이 있었다. 1682년 런던에 두 개의 극장이 생긴 후 극장 측에서는 재정적으로나 정치적으로 위험부담 감수를 원치 않았기 때문에 새로운 극을 필요로 하지 않았다. 자연히 극작가로서의 벤이 설 자리가 없어졌다. 게다가 같은 해 벤은 자신의 글에서 몬모쓰 공(Duke of Monmouth)을 공격한 혐의로 찰즈 2세의 명에 의해 구속되기까지 하면서 여성의 작가업에 대해 위기의식과 불안감을 느낀 것으로 보인다 (Paxman 89). 문학의 창작이 남성의 전유물로 간주되는 가부장제 사회에서 여성의 작가업에 대해 불안감을 갖지 않을 수 없었던 벤이 극작가로서의 위치가 흔들리게 되자 더 큰 위기의식을 느끼게 된 것이라고 할 수 있다. 따라서 벤이 극작가에서 소설가로 변신한 후 최초로 쓴 『오루노코』에 여성작가로서의 정체성 문제나 작가업에 대한 불안감이 나타난 것은 당연하다고 할 수 있겠다.

벤은 여성작가의 작품을 정당하게 자리매김해 주지 않는 당대 영국 문단의 분위기 속에서 전업 작가로서의 자신이 차지하는 독특한 위치를 항상 의식하고 있었다(Gallagher 85). 문학 시장이 남성 주도로 형성된다는 즉 자신이 쓴 글을 평가할 출판업자, 비평가가 거의 남성이라는(Spender 55) 엄연한 현실 앞에서, 벤은 자신의 생존이 남성을 즐겁게 해줄 수 있는 능력에 의존한다는 사실을 도외시하지 않았다(Paxman 89). 따라서 그녀는 쓰고 싶은 것을 자유롭게 표현하기 보다는 자신을 평가할 남성의 구미를 맞추어 주려고 노력하지 않을 수 없었다.[4] 여기에 여성문제에 대해서 남다른 진보적 관점을 지녔던 벤의 딜레마가 있었다. 벤은 여성 극작가로서 상당한 명성을 얻었다는 자신감과, '글쓰기'는 통념상 남성의 전유물인 만큼 여성작가인 자신이 남성 독자들에게 거부감을 주지나 않을까 하는 우려 사이에서 갈등한다. 따라서 벤의 작품에는 작가로서의 권위를 주장하는 당당한 태도와 여성으로서의 겸손한 자세가 복잡하고 미묘하게 교차되어 있다.

여성의 작가업이나 여성성에 대한 벤의 민감한 의식은 1688년 초판에 인쇄된 『오루노코』의 헌정사에서도 찾아볼 수 있다. 표면적인 차원에서 보면 헌정사에서는 친구인 "위대한 남자"의 죽음이 애도되지만, 실제로는 작가의 소설관이나 독자층 특히 남성 독자층이 이 소설을 어떻게 받아들일 것인가에 대한 벤의 깊은 관심이 표명되어 있다.

여성작가로서의 벤의 자의식은 헌정사의 맨 마지막 부분에서 대명

---

[4] 인기를 의식하지 않을 수 없는 상황에서 벤은 부도덕한 내용을 다루기도 했는데 역설적으로 이 때문에 남성 중심의 문단에서 호된 질책을 당하기도 했다. 남성작가의 경우에는 품위 있는 내용이 소설 평가의 척도로 사용되지 않았음에도 불구하고 작가가 여성인 경우에는 이것이 비판의 근거가 되는 것이다. 1862년 익명의 작가는 *Saturday Review*에 벤을 영국 사회의 도덕을 광범위하게 타락시키는 위험스러운 인물로 비난하면서 벤이 점잖지 못함을 질책했다. Spender 52 재인용.

사 "그녀(herself)"를 사용하기 까지는 자신의 성을 명시적으로 밝히지 않는다는 사실에서 반증된다. 처음 벤은 시인 내지는 작가를 지칭할 때 일반적인 "그(he)"를 사용함으로써 독자로 하여금 저자가 여성이라는 의구심을 갖기 어렵게 만든다. 벤이 여성이라는 사실은, "남자들"이 이성을 갖고 생각한다면 헌정사의 의미를 일반적인 시각과는 달리 생각해 볼 수 있을 거라면서 남자들인 "그들"과 차별을 두는 대목에서 암시될 따름이다(3). 벤이 여성인 자신을 전면에 내세우지 않으려 함은 "우리"라는 집단 안에다 "나"를 감춘다는 사실에서도 시사된다. 시인을 일반적인 "그"로 지칭하다가 자신의 입장을 밝혀야 할 상황에 이르자 곧 이어 "우리"로 지칭하는 부분은 벤의 여성적 자의식을 함축적으로 잘 보여준다고 할 수 있다. 작가업은 남성의 고유 영역이라는 당대 기존 통념을 건드리지 않고 그대로 수용하는 듯한 벤의 태도는 헌정사 구석구석에 나타나 있다.[5] 헌정 편지에서 벤은 한편으로 "당신(you)"과 같은 "종족(nation)"인 "위대한 남성들"에게 "은혜를 입었"기 때문에 감사의 뜻을 표하겠다는 "야심"을 품고 "보잘 것 없는" 이 소설을 "메이트런드 경(Lord Maitland)"에게 바친다며 겸손해한다(5).

그런가 하면 다른 한편으로는 수리남에서 자신보다 더 지위가 높은 사람이 없었다면서 스스로를 권위를 지닌 권력자로 은근히 과시하기도 한다(5). 이와 함께 벤은 자신의 소설관을 피력하면서 작가로서의 권위를 은연중 주장한다. 소설가와 시인은 화가와 비슷한 일을 하지만 소설가들은 보이는 것보다 더 고상한 부분, 즉 영혼과 정신을 그린다는 점에서 소설은 화가의 그림보다 더 불멸하다는 것이다(3). 벤은 화가뿐만 아니라 역사가들에 비해서도 자신이 더 위대한 일을 한

---

[5] 벤은 1686년에 상연된 『운 좋은 기회』(The Lucky Chance)라는 극의 서문에서 "남성적인 부분, 내 안의 시인적인 면(my masculine part, the poet in me)"이라는 표현을 사용한다.

다는 자부심을 내비친다. 역사가들은 충분히 불멸의 명성을 얻을 만한 인물의 이야기를 외면하거나 무시하지만 소설가인 자신은 그것을 형상화한다는 것이다. "진정한 역사"라는 부제를 감안해보면 이 소설은 역사가들이 쓴 역사보다 더 진실하고 가치 있는 역사가 될 수 있다는 것이 벤의 묵시적인 주장이다. 당시 역사가는 보통 남성이었다는 사실을 고려해보면, 이 대목에서 여성작가로서의 벤의 자신감을 읽을 수도 있겠다.

겸손을 보이면서도 은근히 작가로서의 권위를 주장한다는 사실은 헌정사의 마지막 부분에서도 찾아볼 수 있다. 벤은 "순전히" "나의 노예"의 가치 때문에 이 소설은 명예를 얻을만하다면서 어엿한 "작가(author)"로서 자신의 이름을 당당하게 밝힌다(5). 이때 "나의 노예"라는 표현에는 이야기 대상을 완전히 통제하고 조종할 수 있는 위치에 있다는 작가적 자신감이 함축되어 있다고 할 수 있겠다.

헌정 편지에는 서술자의 의식 속의 갈등이 내재되어 있다. 이 갈등은 여성작가라는 이유 때문에 힘이 있기도 하고 없기도 한 역설적인 상황에서 초래된 것이다. 벤은 여성작가로서의 권위를 주장함으로써 남성의 영역과 여성의 영역을 엄격하게 구분하는 당대의 여성관에 도전하면서도, 다른 한편으로는 여성이라는 자신의 성을 의식하지 않을 수 없었던 것으로 보인다. 이에 대해서는 벤이 여성참여권을 주창한 여권주의자였다든가(Bruce 134, Pearson 40 재인용), 혹은 그녀가 남성주도적인 문단의 기성 체제와 타협했으며 결과적으로는 남성적인 가치 체계를 수용했다는(Rogers 98, Pearson 40 재인용) 상반된 주장이 있다. 이와는 달리 벤이 보이는 갈등은 굳건한 여성문학 전통, 즉 여성작가가 다른 여성작가들과의 연계 하에 자신의 문학적 정체성을 쌓아올릴 수 있는 전통이 없다는 사실에서 초래되었다고 할 수도 있다.

벤은 사회에 의해 규정되는바 여성으로서의 위상과 스스로를 남성작가와 동격으로 주장하는 입장 사이에 가로 놓인 거리를 인식하고 있었다. 헌정편지에서뿐만 아니라 본격적인 소설 내용 속에서도 서술자는 작가로서의 정체성과 위상에 일관성 있는 관심을 보여주는데 이는 여성작가로서의 자의식에서 비롯된 것이다.

벤이 여성작가로서의 정체성 문제에 관심이 많았다는 또 하나의 예로는 케사르[6]가, 로마인 등 위대한 인물들의 영웅담을 이야기해주는 자신을 "작가(mistress 45)"로 불렀다는 언급을 하면서 만족해하는 장면을 들 수 있다. 주인 혹은 거장을 뜻하는 'master'에 대응하는 단어로서의 'mistress'는 17, 8세기에 기혼이건 미혼이건 여성에게 붙여지는 칭호였다. 'mistress'는 양립되는 감정이 병존하는 단어 중의 하나였는데 17세기 후반의 독자들에게는 여주인, 여성 지도자, 여신, 학문의 한 분야에서 권위가 있는 여성 등의 많은 의미를 함축했다(Erickson 202-3). 이 소설에서도 'mistress'는 여선생(45), 작가이자 창작가(45), 연인(17, 43), 정부(61)와 같은 여러 다양한 의미로 쓰이고 있다. 이 용어는 1663년경에 남아메리카 북쪽 해안에 위치한 수리남이라는 영국령 식민지에서 상당한 영향력과 권위를 지닌 여성으로서의 벤을 지칭하기에 적당한 칭호일 뿐 아니라 작가이자 창작가로서의 의미도 함축할 수 있게 된다. 따라서 벤은 이 장면을 통해 작가로서의 자신의 위상을 은연중 확립하는 것이다.

작가로서 정당하게 대우받기를 원하는 벤은 소설의 낭만적 요소를 변호하는 가운데 이 소설 내용이 자신이 직접 목격한 "진짜 이야기"

---

[6] 벤은 오루노코가 노예로 팔린 후부터는 노예명인 케사르로 부르는데, 그가 케사르로 개명된 사건을 계기로 서술 내용이나 관점뿐만 아니라 서술자와 케사르의 관계도 큰 변화를 겪는다. 따라서 필자는 서술자가 그를 지칭할 때의 맥락과 거기에 함축된 의미를 부각시키기 위해서 서술자가 지칭하는 바대로 그 이름을 사용하기로 한다.

임을 강조한다. 영국과는 모든 면에서 아주 다른 "새롭고 낯설며 경이로운" 곳을 배경으로 삼고 있기 때문에 사건들이 그럴듯하지 않게 보일 뿐 자신은 그 곳에서 직접 보고 들은 '사실'만을 다루려고 노력했다면서 작품의 사실성을 옹호하는 것이다(5-6). 벤은 직접적인 체험에 기반한 것임을 재차 강조하면서 이야기의 진실성과 신빙성을 확고히 해둔다. 독자에게 즐거움을 주려 노력하겠지만 "꾸며낸 이야기"를 "첨가"하지는 않겠다고 공언하면서 벤은 공상으로써 꾸며낸 거짓 영웅의 모험담으로 독자들을 즐겁게 해주려는 의도가 없음을 분명히 한다(6). 이 대목에서 비슷한 의미를 지닌 문장이 반복적으로 사용된 사실은 독자들에게 자신의 소설을 "진정한 이야기"로 확신시키려는 벤의 열망이 얼마나 절박했는가를 잘 보여준다.

그런데 벤이 애써 로맨스적인 허구가 아님을 증명해 보인다는 사실은 흥미롭다. 벤은 '낭만적 소설'(romantic fiction)이라는 장르가 경시되며 여성작가들은 로맨스 작가로 매도되고 격하되는(Spender 57) 당대 문단의 분위기를 염두에 둔 것으로 보인다. 따라서 벤은 자신을 이른바 열등한 급에 속하는 소설 즉 '낭만적 소설'의 작가로 구분하고 여성의 글은 '열등하다'는 통념에 당당하게 대면하는 태도를 보이는 것이다.

이와 함께 벤은 독자들을 항상 의식하여 그들을 즐겁게 해주려고 노력하며 이야기가 독자들에게 기분전환감이 될 수 있을지의 여부에 관심을 보인다. 벤은 매순간 새롭고 경이로운 것들로 둘러싸여 있는 독자에게 있어서는 "우리"가 재미있어 할 내용도 따분하고 침울하게 느껴질지도 모른다면서 가능한 한 사소하고 따분한 내용은 생략하겠다고 말한다(6). 항상 독자를 의식하지 않을 수 없었던 벤의 심정이 잘 나타난 대목이다. 그런데 여기에서 독자와 "우리"가 구분되고 있음은 주목을 요한다. "우리"가 구체적으로 누구를 지칭하는지는 명시되지 않았지만 "나의 독자"는 작가를 포함한 "우리"와는 다른 범주에 속하는 객체로서 형상화되는 것이다. 소설이 진행됨에 따라 "우리"가 백인 여성들을 지칭한다는 사실을 감안하면 벤은 독자로서 백인 남성을 상정하고 있다고 할 수 있다. 따라서 벤이 의식적으로 구미를 맞춰 주려고 노력한 대상은 남성 독자들이었다는 사실이 여기에서 다시 한번 확인된다.

요컨대 헌정사나 작품의 서두를 분석해보면 벤은 작가로서의 정당한 권위를 주장하는가 하면 다른 한편으로는 남성 독자를 의식하지 않을 수 없는 상황에서 갈등을 겪었다. 이러한 갈등과 거기에서부터 벗어나는 과정이, 오루노코의 낭만화된 영웅 이야기라는 표층담론과 역동적으로 상호작용을 하면서 전개되는 심층담론을 통해 탐색된다.

3) 전, 후반부 담론의 차이

벤이 『오루노코』를 쓴 표면적인 목표는 헌정 편지에서 밝히고 있는바 진정으로 위대한 남자의 자질을 찬미함으로써 위대성이라는 개념을 재정립하고 다른 귀족들에게 "고귀한 교훈"을 주기 위해서다(4). 또 하나의 목적은 국왕을 모시면서 공적인 일을 수행할 만큼 출생의 영광을 타고나지 못한 주인공이 그토록 영광스럽지 못하게 생을 마감하는 "불운(misfortune)"을 애석해하고 한탄하기 위해서다(4-5).

그런데 이 "불운(misfortune)"이라는 용어는 이와는 다른 의미로도 사용됨으로써 작가가 공언한 표면적인 소설 목표를 액면 그대로 받아들일 수 있느냐에 관해 의구심을 품게 만든다. 가령 오루노코가 친구인 영국 선장에게 속아 노예로 팔리면서 케사르로 개명된 사실을 언급하면서 작가는 그의 "불운"의 의미를 헌정 편지와는 다른 각도에서 다음과 같이 해석한다.

> 그러나 그의 불운은 그를 정당하게 대우해 줄만한 사람이 없는 세상에 살았어야 했다는 점이다.
> 그 곳에서는 단지 여성의 펜만이 그의 명성을 찬미할 수 있을 따름이다. 만일 그가 죽고 난 다음에 그 나라를 소유하게 된 네덜란드인이 이 위대한 남자의 인생을 내가 쓴 것보다 훨씬 더 잘 쓸 수 있는 사람들을 죽이거나 내쫓지 않았더라면 그의 명성은 다른 작가들의 노력을 통해 오래 지속될 수 있었을 것이다. (40)

이 언급은 로마의 영웅 케사르의 개인적 용맹성에 견주어 전혀 부족한 바가 없는 그가, 만일 그를 정당하게 대우해 주었을 사람들이나 역사가들로 가득 찬 세상에 살았더라면 케사르만큼 이름을 떨쳤을 것이라고 말한 후에 이어진다. 여기에서 "불운"은 문학적인 형상화를 통한 불멸성을 얻지 못해서 불행하다는 의미로 쓰인다. 이 부분은 벤이 오루노코의 불운한 인생 그 자체에 관심이 있기 보다는 소설 쓰기를 통해 그를 불멸화시키는 작업의 성공 여부를 더 중시하는 것이 아닌가 하는 생각을 갖게 한다. 벤의 이러한 심리는 헌정 편지에서 오루노코를 "보호할" 힘을 언급할 때 작품을 통해 "보존할"이라는 의미를 함축하는 "preserve"라는 단어를 사용한데서도 짐작해 볼 수 있다 (5). 즉 오루노코의 인생 이야기라는 표층 아래에는 여성으로서의 글쓰기에 대한 벤의 작가적 관심과 그 문제에 대한 탐색이 자리 잡고 있는 것이다.

오루노코가 케사르라는 노예명으로 개명된 사건과, 이를 언급하는 벤이 "불운"에 대해서 또 하나의 해석을 내린다는 사실은 서술 구조 상 중요한 연관성을 지닌다. 이를 계기로 심층담론이 표층담론의 표면 위로 서서히 부상하기 때문이다. 따라서 이 사건을 전후로 하여 소설 내용을 전반부와 후반부로 나누어 볼 수 있다. 전반부는 작가가 수리남에서 만난 오루노코에게서 전해들은 낭만적인 사랑 이야기와 모험담으로 구성된다. 반면 후반부에서는 오루노코가 수리남에 노예로 팔려온 후 개인적인 교류를 맺게 된 작가 자신이 직접 그의 인생을 서술하게 된다. 작가는 두 부분에서 전혀 다른 상황에 놓이게 되는 것이다. 전반부에서는 오루노코의 이야기를 듣고 옮겨 적기만 하면 되지만, 후반부에서는 자신이 직접 체험한 것을 이야기로 형상화하는 작가로서의 활동을 해야 한다. 따라서 전반부의 서술은 위대한 오루노코의 일대기라는 표층담론으로 구성된다. 반면 적극적으로 작가로서의 역량을 발휘해야 할 상황에 직면한 벤의 자의식과 복합적인 감정이 표출되는 후반부에서는 글쓰기 문제가 부각된다. 그 결과 이 소설의 이중담론 즉 표층담론과 심층담론 사이의 역동적인 상호작용은 소설의 후반부에서 두드러지게 포착되는 것이다.

표층담론을 액면 그대로 받아들이기 어렵게 만드는 동시에 전반부와 후반부 사이의 담론 상의 차이를 시사해 주는 또 하나의 예는, 전반부의 인디언 묘사와 후반부에서의 그것이 일관성을 잃고 심지어 서로 모순 되어 보인다는 사실이다. 이 두 부분의 묘사를 병치시켜 비교해 볼 수 있게 해주는 근거는, 서술자가 서두에서 인디언 추장에 대해서는 앞으로 자연스럽게 이야기를 끌어 나가겠다고 언급함으로써 명시적으로 후반부에서의 인디언 묘사 장면과 이 서두 부분의 묘사를 연관시킨다는데 있다. '명예'와 '신의' 그리고 '진정한 신사'의 정의에 대한 독자의 관심을 불러일으키는 작품 서두에서의 인디언 묘사 부분은 전체 이야기 내용과 밀접한 관계를 맺으면서 독자의 주목을 요구한다.

작품 서두의 인디언 묘사 장면에서 서술자의 눈에 비친 정경은 현실과 동떨어진 로맨스적인 세계다. 인디언은 타락 이전의 에덴동산을 연상시키는 평화롭고 목가적인 환경과 "죄를 몰랐던 순수의 상태"에서 삶을 영위하는 것으로 묘사된다. 이들은 인간이 인위적으로 만든 법이나 종교의 필요성을 느끼지 않은 채 "자연"에 따르는 삶을 살아간다. 이 원주민들과 식민지 정착민들은 형제같이 친밀한 우정으로 완벽한 우호적 관계 속에서 살아간다. 원주민들은 "우리" 백인들이 일상적으로 필요로 하는 것들을 공급해주고 총독의 사망 소식을 들었을 때에는 식음을 전폐하며 애도하기도 한다. 이러한 묘사에서는 역사가 배제된 채 모든 것이 낭만적으로 이상화되어 있으며 인종 문제나 식민지주의에 대한 현실적인 문제의식이 전혀 나타나 있지 않다.

반면 후반부의 묘사에서는 전반부에서 그려진바 완벽한 상호이해에 기초한 이상향의 이미지는 찾아볼 수 없다. 대신 영국인들과 인디언들 사이에 분쟁이 있었음을 시사하면서 서술자는 그로 인한 공포감과 우려 때문에 인디언 마을 방문을 두려워했음을 고백한다(52). 영국인과 인디언 사이의 실제 역사가 낭만화라는 거울에 굴절되지 않은 채 그대로 언급된 것이다. 또한 서두에서 그려진 인디언의 모습과 후반부의 그것은 상충된다. 서두에서 원주민의 모습은 타락 이전의 아담과 이브처럼 남에게 해를 끼칠 줄 모르고 공격적이지 않으며 덕망 있는 것으로 묘사된다. 반면 후반부에서는 네덜란드의 지배 하에서 그들이 체포한 네덜란드인들을 목매달거나 사지절단하여 나무에 못 박아 두는 등 잔인하고 포악한 면도 지니고 있는 것으로 묘사된다(51). 이와 함께 작가가 수리남의 자연과 원주민을 바라보는 시각도 전반부의 그것과 대조된다. 전반부에서 작가는 순진무구한 원주민과 평화로운 자연이 한데 어우러진 이상향을 향해 낭만적인 동경과 애정을 표한다. 반면 후반부에서는 식민지주의자로서의 현실적인 시각으로 수리남을 평가한다. 여기에서 수리남의 거대하고 매혹적인 자연은 자연 그 자체로서가 아니라 식민지라는 실용적인 가치로서 더 중요한 의미를 지닌다(47).

후반부와 비교해볼 때 전반부 묘사의 두드러진 특징은 작품 서두의 인디언 묘사에서 나타나듯이 낭만화하고 이상화시키려는 경향이다. 이것이 드러난 대표적인 예가 낭만적인 영웅 오루노코를 이상화하기이다. 비록 영국인 선장에게 납치당해 수리남에 노예로 팔려와 있지만 아프리카에 위치한 코라맨티엔이라는 나라의 왕자였던 오루노코는 로맨스적 영웅의 전형으로 그려진다. 그는 고귀한 혈통을 지닌데다가 사랑을 위해서라면 모든 것을 불사하는 낭만적 연인이자 무적의 용사의 모습까지 갖추었다. 서술자는 오루노코에게서 코라맨티엔에서의 영웅적인 사랑 이야기를 듣는데, 그곳에서 무사로서나 낭만적 연인으로서 오루노코가 펼친 모험담들은 왕정복고기의 영웅 드라마나(Rogers 3), 기사도 로맨스와 유사하게 서술된다(Andrade 191). 왕에게 불려간 이모인다를 그리워하면서 오루노코가 사용한 어휘를 보면 그는 높은 성에 갇혀있는 연인을 구하기 위해서라면 마법이나 괴물과의 싸움 등 어떠한 역경도 불사하는 중세 시대의 기사와 흡사하다(17). 이와 같이 그는 영웅 문학의 관습에 따라 경이로운 존재로 과장되고 낭만화된다. 그는 신에게 비유되는가 하면, 사랑을 위해서는 왕에 대한 불복종도 불사할 만큼 열정이나 저돌성 그리고 무모성을 지닌 비극적 영웅으로 묘사되기도 한다. 최상급이나 상투화된 이미지를 포함한 정교한 수사적인 언어가 그를 낭만적 영웅으로 만드는데 사용된다(Brownley

174-75). 오루노코를 비롯한 인물들의 신분이 높다거나 그들의 행위가 사실적이지 않고 과장된 맥락에서 묘사된다는 것 그리고 오루노코와 이모인다 사이의 지고의 사랑이 지나치게 감상적으로 과장되었다는 사실도 낭만적 요소들이다. 따라서 표층담론이 지배적인 위치를 점하는 전반부 서술의 특징은 낭만적인 이상화로 요약될 수 있다.

전반부에서 오루노코의 묘사 부분에는 기존 체제나 관념에 대한 벤의 문제의식이나 식민지주의 및 노예제도에 대한 역사의식이 나타나지 않는다. 오루노코의 영웅적 이미지가 순전히 비아프리카적인 요소로 구성된다는 사실이 그 한 예이다. 영국에서 건너 온 서술자가 오루노코를 경이와 찬탄의 대상으로 보는 이유는 그가 다른 아프리카인들처럼 '비천한 흑인'이 아니라 백인의 외형을 갖추고 유럽식 교육을 받은 '고귀한 왕자'이기 때문이다. 윤기 나는 흑단색 피부와 우뚝 솟은 메부리코, 그리고 통찰력 있어 보이는 맑은 눈동자와 얇고 뚜렷한 선을 지닌 입술로 구성된 그의 외모는 다른 아프리카 흑인들의 그것과는 명확히 구별된다. 서술자의 표현에 의하면 오루노코는 "머리부터 발끝까지 그 어떤 위대한 조각가도 빚어낼 수 없는 아름다운 형상을 갖춘 사람"이며 "진정한 아름다움의 본보기이다(12)." 외면뿐만 아니라 지식이나 내면적 교양도 완벽하게 갖추고 있기 때문에 "그를 처음 보는 사람들도 경외감과 존경심에 사로잡히지 않을 수 없게 된다(10)." 오루노코는 "피부색만 제외한다면(12)" 일반적인 흑인보다는 오히려 유럽인에 가까운 인물로 그려지는 것이다.

최상급으로 수식되는 이모인다의 묘사에서도 오루노코의 경우와 마찬가지로 현실적인 문제의식이나 역사의식이 배제된 채 이상화의 경향이 드러난다. 이모인다에게 있어서 중요한 것은 모든 남성들에 의해 찬미된다는 사실이다. 그녀가 이상적인 여성으로서 칭찬받는 이유는 아름답고 겸손하며 정숙하기 때문이다(13, 18). 물론 이모인다에 대한 서술에서는 오루노코 때와는 달리 작가의 현실적인 문제의식이 행간에 언뜻 스며 나오기도 한다. 가령 이모인다는 남성위주의 관점에서 "소유 대상"으로 규정되는 것으로 묘사된다. 그렇지만 여성문제에 대한 이러한 회의감은 서술의 표면에 거의 부각되지 않는다. 단지 이모인다가 다른 사람들 특히 남성에 의해 하나의 완전한 주체이기보다는 소유 대상으로 비쳐지고 규정되는 관점을 반복적으로 언급함으로써 서술자는 간접적으로 여성문제를 시사할 따름이다. 가령 오루노코는 왕에게 순결을 빼앗길 위기에 처한 이모인다가 당면할 어려움을 고려하지 않는다. 대신 그는 "보물(18)"인 이모인다의 처녀성을 다른 사람에게 빼앗김으로써 자신의 "명예가 손상되는(injure)" 사태를 더 우려할 정도로 남성중심적인 사고를 드러낸다(17, 26). 이는 그가 이모인다를 자신의 것으로 다시 찾아온다는 의미로서 일반적으로 물건을 되찾아 온다는 의미로 사용되는 "retrieve(17)"라는 어휘를 사용한다는 사실에서도 드러난다. 이는 여성을 자신의 소유물로 생각하는 오루노코의 사고의 단면을 잘 나타내 준다고 할 수 있다. 오루노코에게 순결을 잃은 이모인다를 "오염된 물건(27)"으로 간주하는 왕에게서도 이러한 사고방식을 찾아볼 수 있다. 이런 식으로 여성문제가 서술의 행간에 간접적으로 함축되기는 하지만 아직 그것은 서술의 표면 아래 깊이 잠복해 있을 따름이다. 작가의 여성문제 의식은 코라맨티엔에서는 영국에서와는 달리 아내를 굶주리게 하는 등 비참한 상태에 방치하지는 않는다는 언급에서도 잠시 드러난다. 작가는 기독교 국가가 종교라는 텅 빈 구호만을 내세우는 위선을 보인다는 평을 가함으로써 영국 사회의 여성문제를 시사한 것이다(14). 그렇지만 오루노코와 이모인다가 금지된 사랑을 한 결과 이모인다만 왕에게 처벌받아

노예로 팔려가게 된다는 대목에서 벤은 여성이 처한 불리한 상황에 대해 별다른 언급을 하지 않는다.

물론 이모인다라는 인물의 형상화에 여성문제에 대한 벤의 인식이 개재되어 있음을 부인하기는 어렵다. 이모인다는 당대 사회의 기준에서 볼 때 상당히 통념에서 벗어난 여성이다. 그녀는 신격화된 왕권에 불복하는 행위가 될 것임을 알면서도 오루노코와의 사랑을 뿌리치지 않는다. 여성이 격정을 표하는 것이 금해졌었는데도 불구하고 그녀는 왕을 격노시키지 않는 범위 내에서 오루노코를 향한 사랑을 암시할 정도로 용기 있고 언변도 좋은 여성이다(18). 그렇지만 작가는 여기에서도 이모인다가 사회의 기준에서 벗어난 용감하고 격정적인 여성이라는 사실을 서술의 행간에 함축시킬 뿐 부각시키지는 않는다.

요컨대 오루노코의 이야기를 전해 듣고 그대로 서술하는 전반부에서 벤은 오루노코를 낭만적인 영웅으로 이상화시킨다. 로맨스의 세계에 도피해 있는 벤에게서는 노예제도나 식민지주의에 대한 현실적인 문제의식이 거의 나타나지 않는다. 그 문제를 대면하지 않을 수 없는 상황, 가령 오루노코를 비열하게 속여 노예로 팔아넘긴 영국인 선장을 언급할 때도 작가는 "몇 사람은 이러한 행위를 용감다고 칭찬했지만" "나는 거기에 대한 판단을 삼가겠다"는 유보적인 태도를 취함으로써 직접적인 비난을 회피한다(34). 작가 "나"는 식민지 지배세력인 백인이라는 큰 집단에 속해 있으며 아직 그 지배세력과의 차별화를 시도하지 않는 것이다. 또한 낭만적인 세계를 서술하는 동안 벤은 여성작가로서의 자의식과 거기에서 비롯되는 갈등을 느끼지 않는다. 때문에 "확실히(for sure 12)" "독자에게 단언할 수 있는데(I do assure my reader 11)"등의 자신 있는 어휘를 사용한다.

4) 여성작가로서의 정체성 탐색: 심층담론

후반부의 표층담론은 수리남에서 오루노코를 둘러싸고 벌어진 사건들을 직접 보고 들은 서술자의 체험담으로 구성되어 있다. 이는 케사르가 수리남에서 우연히 이모인다를 만나 결혼한 후 아내의 임신을 계기로 자유를 요구하다 노예반란을 일으키고 결국 백인 지배세력에게 배신당해 처참한 죽음을 맞게 된다는 비극적인 이야기이다. 그런데 후반부에서는 전반부에서와는 달리 이러한 표층담론 아래, 여성작가로서의 벤이 케사르에 대한 이야기를 소설로 형상화하는 작업과 연관된 문제가 일관성 있게 탐색된다. 가령 후반부에서 오루노코의 "불운(misfortune)"은, 그가 당한 잔혹한 처형을 의미하던 헌정사에서와는 달리 그가 문학 작품을 통해 불멸성을 획득할 운명을 타고나지 못했다는 의미로 사용된다(40). 후반부에서는 주체로서의 오루노코의 실제 인생이 아니라 대상으로서의 케사르의 가치 즉 그를 얼마만큼 문학적으로 잘 형상화시켜 작가로서의 역량을 발휘하느냐가 벤에게 아주 중요한 관심사임이 판명되는 것이다.

여성작가로서의 자의식과 불안감으로 시작된 심층담론이 서술의 표면에 부상하는 대목은 노예로 팔린 오루노코가 케사르로 개명된 사실이 언급될 때이다. 벤은 훌륭하고 유능한 소설가나 역사가가 아닌 "단지 여성의 펜"만이 그의 명성을 찬미해 줄 수 있을 따름이라며 안타까워한다. 겸손하게 작가로서의 자신의 위상을 격하하는 것이다(40).

반면 작품의 마지막 단락에서는 여성작가로서의 권위와 자신감이 다음과 같이 피력되어 있다.

> 그렇게 이 위대한 남자는 죽었다. 더 나은 운명을 타고날 가치가 있었

고 나보다 더 탁월한 재능을 지닌 사람이 그를 찬미해 주어야 했었을 만큼 가치 있는 남자가; 그러나 나는 내 펜의 명성이 충분히 높아서 그의 영광스러운 이름을 모든 시대를 통해 불멸토록 만들 수 있기를 희망한다. 용감하고 아름답고 변함없는 이모인다의 영광스런 이름과 함께. (73)

첫 문장에서는 여성작가인 자신이 남성작가만 못하다는 겸손이 담겨있지만 이러한 겸양은 '그러나'로 이어지는 다음 문장을 보면 단지 형식치레에 지나지 않았음이 밝혀진다. 서술자는 명시적으로 자신이 상당한 명성을 얻은 바 있는 작가임을 과시한다. 서술자의 태도가 이전의 그것과 비교해 볼 때 상당히 달라진 것이다.

이와 같이 여성작가로서의 자의식을 처음 드러낼 때의 벤의 태도와 소설을 마무리하는 시점에서의 그것은 큰 차이를 보인다. 따라서 벤이 여성작가로서의 위상을 당당하게 밝히고 더 나아가 이미 극작가로서 얻은 명성을 은연중 과시하면서 독자로 하여금 명망 있는 작가로서 대우해 줄 것을 은근히 요구하게 되기까지의 과정과 그 계기 그리고 거기에 함축된 의미를 고찰해 볼 수 있겠다. 이 작업은 작가로서의 정체성을 탐색하는 심층담론을 구체적으로 분석하는 일이 된다.

여성작가로서의 정체성 확보는 벤이 "우리"라는 울타리에서 벗어나 "나"를 주장하는 과정과 동일한 맥락에서 파악해 볼 수 있다. "나"를 주장하기 전의 벤에게서는 독립적인 주체로서의 자신의 역할이나 위상을 부각시키지 않으려는 경향이 지속적으로 나타난다. 이는 벤이 오루노코과 직접적으로 연루되는 후반부에서 두드러진다. 서술자가 "나" 대신 "우리"라는 집단을 지칭하는 이유는 크게 두 가지로 나누어 생각해 볼 수 있다. 하나의 이유는 친분이 깊었던 케사르가 자신에게 굳은 신뢰를 보내 주었는데도 불구하고 그를 의심했다는데서 비롯된 심적

부담감과 연관이 있다. 케사르의 자유 요구에 불안을 느낀 서술자는 자신을 식민지 지배세력과 동일시하여 대명사 "우리"를 사용하면서 '그'와 분리시킨다. 가령 백인들이 자유를 되돌려 주겠다는 약속을 지키지 않을까 우려하는 케사르에게 서술자는 "우리"가 그와의 약속을 깨뜨릴지도 모른다는 의심을 하지 말도록 충고한다(45). 케사르의 자유 요구와 백인에 대한 불신 표명은 "우리로 하여금(us)" 그를 두려워하게 만들며 그를 감시하게 하는 계기가 된다(45). 그는 이제 "우리의 (our) 시야"에서 벗어나면 위험스런 존재로 간주된다(46). 이 경우 대명사 "우리"의 사용은 수동태 문장의 사용과도 밀접한 연관성이 있다. 케사르에게서 아무런 해를 끼치지 않겠다는 다짐을 받았음에도 불구하고 지배 세력으로 하여금 그의 행동반경을 제한하고 감시하게 만들었다는데 자책감을 느끼는 서술자는, 그 일을 주도한 장본인이라는 책임의식을 회피하기 위해서 행위의 주체가 불분명한 수동태 문장을 사용하는 것이다(46).

서술자가 "나" 대신 "우리"를 사용하는 또 하나의 이유는 케사르를 구할 수 있는 지위에 있었는데도 번번이 그가 잔혹한 형벌을 당하는 장면에 없었다는 죄의식이다.[7] 벤은 케사르가 노예들을 선동하여 숲으로의 도주를 감행했을 당시 "우리"는 그가 "우리 모두의" 목을 자를지 모른다는 극도의 공포 때문에 강가로 도피했었다고 변명한다 (64). 케사르가 총독에게 복수를 감행하기 전 이모인다를 죽이고 체포될 때도 "우리"는 그 곳에 없었다.

벤은 케사르가 처참하게 죽음을 맞는 장면을 서술하게 된 시점에서 "우리"로부터 "나"를 분리시킨다. 케사르가 잔혹하게 처형당하는 이유

---

[7] 이 소설은 벤이 절친한 친구였던 케사르의 생명을 구해주지 못한 것에 대해 변명하고 자신을 합리화하는 화해로서의 텍스트로 읽히기도 한다. Moira Ferguson 356.

는 우울해지면 위험한 병에 걸리기 쉬운 병약한 "내"가 다른 사람들의 권고로 그 곳을 떠났기 때문이다. "내"가 케사르의 곁을 떠난 이유를 "나"의 의지가 아닌 다른 사람들의 충고 때문으로 설명하는 것은 책임감을 회피하려는 태도의 일례로 볼 수 있는 면도 물론 있다. 그렇지만 이 보다는 벤이 이 시점에서 처음으로 "우리"의 일원으로서가 아니라 "나"로서의 정체성을 주장한다는 사실이 더 중요하다. "내가 떠나자마자" 총독이 케사르를 처형했다는 구절은 "내"가 있었더라면 케사르를 죽일 수 없었을 것임을 반증한다(72). 이전에도 서술자는 케사르에게 총독이 돌아오면 자유를 얻게 될 거라고 확신시켜 주면서 자신이 케사르의 체형을 막을 권위(authority)를 지니고 있었음을 은근히 과시한 바 있는데(64) 이제 보다 분명하게 그 사실을 밝히는 것이다. 이제 서술자는 스스로를 연약한 여성 집단의 일원으로서가 아니라 권위와 힘이 있는 존재로서의 그 역할과 위상을 강조하는 것이다. 서술자가 "우리"라는 집단에서 벗어나 "나"를 지칭하게 된 것은 심적 부담감이나 죄책감에도 불구하고 마침내 "나"의 정체성을 주장하게 되었음을 의미한다.

이 과정은 "그들"과, "우리" 내지는 "나"를 구분하는 과정과 병행된다. "내"가 "그들"과 거리를 두기 시작한 것은 케사르에게 자유를 주겠다는 거짓 약속을 하며 회유하는 무리들을 지칭할 때부터이다(45). 백인 지배계층 남성을 "그들"이라고 부르면서 차별성을 두기 시작한 벤은 노예제도를 신랄하게 비판하는 케사르의 연설을 직접화법으로써 그대로 옮김으로써 "그들"에 대한 자신의 반감을 간접적으로 드러낸다. 케사르는 "그들"을 영국을 떠나 약탈이나 살인 등의 사악한 짓을 자행하는 도망자나 부랑자들로 혹독하게 취급한다. 또한 케사르의 연설에서 "그들"은 서로에게 파렴치한 욕설을 퍼부으면서 싸

위대는 미개인만도 못한 "타락한 종족"으로 비난된다(58). 그런데 여기에서의 "그들"의 묘사는 총독에 의해 소집된 위원회를 묘사하면서 벤이 "그들"을 비판할 때의 그것과 거의 일치한다. 체형을 당한 케사르가 총독에게 복수를 다짐한 사실이 알려진 후 소집된 위원회는 신이나 인간의 법칙을 이해하지 못하며 인간적 가치라고는 전혀 없는 악명 높은 악당들로 구성되어 있다(65-6). 따라서 케사르의 통렬한 매도에 벤의 목소리가 개재되어 있고 그것은 벤이 느끼는 억압된 분노를 대변한다는 지적은 설득력이 있다(Spengemann 401).

후반부로 갈수록 "그들"에 대한 벤의 분노는 점차 강도를 더해간다. 벤은 "그들"에 대한 참을 수 없는 울분을 분출하기 위해 괄호 속에 그들 중 몇 명은 네덜란드인이 그곳을 차지하게 되었을 때 교수형에 처해지고 나머지는 족쇄에 묶여 추방되었다는 내용을 덧붙인다(66). 또한 "그들"을 대표하는 인물들을 "가장 교활한(60-1)" 비암(Byam), "난폭한 아일랜드인(72)" 배니스터(Banister) 등의 실명으로 과감하게 거론함으로써 "그들"을 비판하는 입장을 분명히 표명한다. "그들"에 대해 유보적이고 조심스러운 태도를 보이던 이전과는 달리 이제 명시적이고 공개적으로 "그들"과의 차별성을 강조하는 동시에 강도 높은 비판을 가하는 것이다. 케사르가 백인지배계층 남성들에 의해 잔혹하게 매질당하고 처형되는 두 장면(64, 73)을 벤이 직접 목격하지 못했음을 밝히면서도 그것을 상세하게 묘사하는 이유는, 노예제도를 통하여 부정하게 부를 축적하고 세력을 확보한 "그들"의 교활함과 비열함 그리고 야만성을 고발하기 위해서라고 할 수 있다. "그들"은 왕이나 왕족 그리고 고귀한 귀족들과 구별된다. 이러한 면에서 이 소설은 절대왕권주의자로서의 벤이 특정한 동시대인들 즉 야만적인 신흥 지배 세력에 보복하기 위해 쓴 테스트로도 읽힐 소지가 있다

(Moira Ferguson 354-55). 그런가 하면 벤이 은연중 오루노코를 청교도 혁명 때 처형당한 찰스 1세와 비교한다는 사실에 주목하여, 오루노코의 비극은 영국 독자들에게 청교도 혁명의 부당성과 찰스 1세 처형의 잔혹성을 상기시키려는 벤의 전략으로 간주할 수 있다는 해석도 있다(Brown 55-63). 찰스 1세와 오루노코는 대내적으로는 절대왕정이 종식되고 의회공화정이 부상했으며 대외적으로는 식민지 진출과 노예무역의 번창이 두드러진 17세기 후반의 사회 변동기의 희생자들이라는 면에서 공통점이 있다는 사실이 그 근거로서 제시될 수 있을 것이다.

벤이 식민지 지배계층을 "그들"로 지칭하면서 거리를 두고 신랄하게 비난한다는 사실을 근거로 하여 많은 평자들은 『오루노코』를 반노예제도 소설로 평가한다. 그렇지만 이는 온당하지 않다. 그 하나의 이유는 서술자가 거부감 없이 노예산업을 받아들이고 있기 때문이다. 서술자는 식민지의 실용적인 가치를 당연시함으로써 제국주의자적인 사고방식을 드러낸다. 가령 서술자는 수리남 원주민의 "유용성"이나 사탕수수 농장 일을 위해서는 흑인 노예들이 필요했다는 사실을 태연하게 언급한다거나(9), 수리남의 금광 채굴 가능성 등 식민지로서의 가치를 강조하며 이곳을 네덜란드에 이양하게 된 사실을 안타까워한다(47). 서술자가 케사르를 제외하고는 다른 노예들에게 동정심을 보이지 않는다는 것도 그 한 예가 된다. 흑인 노예들은 케사르를 신처럼 숭배했다가 금방 배반해 버리는 등 겁 많고 변덕스러운 오합지졸이기 때문에 인간 이하의 학대를 당해도 그다지 문제될 것이 없는 것으로 묘사된다(63). 또 하나의 예로는 서술자가 보기에 "위대한 인물"인 오루노코 또한 코라맨티엔에서 많은 노예를 소유하며 유럽 상인에게 노예를 매매했다는 사실을 들 수 있다. 수리남에 도착한 후에도 오루노코가 구사하는 언어와 행동을 보면 그에게는 노예제도 전반에 대한 객관적인 문제의식이 없다. 노예주 트리프라이(Trefry)에게서 그의 구애를 거절하는 아름다운 노예 때문에 고민한다는 말을 듣고 케사르는 노예주로서의 권리를 주장하라고 조언한다(42). 노예제도 하에서 고통을 받고 있는 그마저도 노예제도를 구성하고 조직하는 체제를 옹호하는 것이다(Andrade 194). 나중에 그는 트리프라이에게 금과 "많은 양의 노예들"을 제공하여 자신과 이모인다의 자유를 얻어내려고 시도하기도 한다(44). 그는 노예 신분으로부터 벗어날 수 없었던 이유가 금이 부족해서가 아니라 자신보다 열등한 다른 노예들과 동일시되었기 때문이었다는 사실을 수치스러워 한다. 이상의 예에서 분명히 드러나듯이 벤이 반대했던 것은 노예제도의 잔혹성이었지 노예제도 그 자체는 아니었다. 벤은 노예 무역상들과 농장주들의 비열성을 비판했지 그러한 제도를 뒷받침해주는 인종주의와 식민지주의를 비판한 것은 아니었다. 벤에게 있어서는 비열하게 노예를 매매하는 것이 아니라면 전쟁을 통해서 노예를 확보하는 것은 전혀 문제가 되지 않는다. 벤이 보기에 노예제도의 문제는 식민지주의의 구조적 모순이 아닌 특정계층의 탐욕과 이기심에 있다. 따라서 이 작품을 반노예제도를 표방한 소설로 볼 수는 없다.

벤이 여성작가로서의 정체성을 확보하고 권위를 주장하게 된 것은 그녀가 여성의 입지에 대해 새로운 태도와 자신감을 얻게 된 사실과 밀접한 연관성을 갖는다. 여성적인 두려움이 많은 "우리" 중의 하나이지만 "나"는 동시에 수리남의 부총독으로 임명받은 바 있었던 인물을 아버지로 둔 덕택에 상당한 권위와 힘을 지니고 있다. 영향력을 행사하여 총독이 도착하면 자유를 얻게 해주겠다고 케사르에게 확신시키는 가운데 "나"의 말은 권위를 확보하게 된다(45). 케사르는 영웅들의 이야기를 들려주는 벤을 "여성작가(mistress 45)"로 부른다. 피부색이 검고 부당하게 노예가 되었다는 사실 이외에는 다른 백인들과 비교해서 부족할 것이 없는 "위대한" 케사르로 하여금 자신을 "여성 작가(mistress)"로 부르게 함으로써, 벤은 작가로서의 권위를 획득하는 동시에 다른 백인 남성들도 그러한 대접을 해줄 것을 묵시적으로 요구한다고 할 수 있다. 이와 함께 벤은 마틴 중령을 "최근에 쓴 코미디"에 실명으로 등장시켰음을 언급하면서 자신이 여성 극작가였음을 은근히 시사한다(64).

벤은 남성중심적인 사회에서 여성이 처한 처지를 묵시적으로 비판하기도 한다. 이 사실은 케사르가 이모인다를 죽이는 장면에서 발견된다. 케사르는 총독에 대한 복수를 결심한 후 이모인다가 백인남성들에게 강탈당하고 수치스러운 죽음을 당할 것을 우려하여 그녀를 죽일 결심을 하고 그 사실을 이모인다에게 알리는데 그녀는 이에 기꺼이 응한다. 당대에는 아내를 죽여야만 할 때 남편이 아내를 사랑한다면 아내는 남편의 손에 죽게 되고 만일 그렇지 않다면 남편은 아내를 팔거나 다른 사람의 손에 죽게 했으므로(68), "우리"는 그것을 "용맹스럽고 정당한" 행위로 생각하게 되었다는 것이 벤의 표면적인 태도이다(67). 그렇지만 벤은 이모인다를 죽인 이유를 처음 들었을 때는 무시무시하게 느꼈음을 괄호 안에 밝힘으로써 케사르의 결심이나 행위가 진정으로 용맹스럽고 정당한 것이었는가에 의구심을 표한다(67). 또한 케사르의 손에 더 빨리 죽기를 원하면서 즐거운 마음으로 죽는 이모인다를 수식하는 "영웅적"이라는 형용사는, 노예주들과의 싸움에 용감하게 나서 총독에게 치명적인 상처를 입힌 그녀를 수식하는데 이미 사용된 바 있다(61). 이 때문에 두 장면에서의 이모인다의 행위는 비교될 수 있다. 그런데 두 장면은 서로 대조된다. 하나는 적극적이고 남성적인 태도를, 또 다른 하나는 수동적인 복종의 자세를 보여주기 때문이다. 이러한 대조는 죽음 장면에서의 이모인다의 태도 묘사에 아이러니가 함축되어 있음을 시사한다. 이모인다가 기꺼이 남편 손에 죽음을 맞이하겠다는 결심을 신속하게 했다는 사실을 "당신은 믿어도 된다"고 했다가 곧 이어 "그것을 추호도 의심해서는 안 된다"고 단언적인 어법으로 말하는 데서도 이 사실이 시사된다(68). 이 장면에 아이러니가 개재되어 있음은 케사르에 의해 처참하게 죽은 이모인다의 시신을 목격한 무리들이 그를 "아내를 죽인 괴물"로 질책하는 대목에서 더 분명해진다(70).

그런데 남편 케사르의 손에 기꺼이 생을 마감하는 이모인다는 아내다운 복종심을 갖춘 이상적인 영국 아내상을 구현하고 있다. 벤은 영국 아내에게 기대되던 이상형을 이모인다에게 투사하여 케사르에게 죽음을 당하게 함으로써 당대 사회의 여성관에 의문을 표한다. 강간 당할 것이 두려워 이모인다를 죽이는 케사르의 행위는 조금 과장되기는 했지만 아내를 소유물로 생각하는 남성중심적인 태도에서 비롯된 것이다. 이모인다가 "희생자(victim 68)"로, 케사르가 "제물을 바치는 사람(sacrificer 68)"으로 규정되고 있다는 사실은 무고한 양이 제단에 희생물로 바쳐지는 이미지를 연상시키면서 이모인다의 희생의 의미를 회의하게 만든다.

여성문제에 대한 인식을 숨김없이 표출할 수 있게 됨에 따라 벤은 이모인다의 이름을 이 소설의 맨 마지막 단어로 사용한다. "그"로 지칭되는 오루노코의 이름 뒤에 형식적으로 이모인다의 이름을 첨가하는 것이 아니라 따로 한 구절을 할애하여 긴 수식어로써 이모인다를 부각시킨다. 이모인다를 남편에게 부수적인 존재로서가 아니라 영광스러운 이름으로 기억될 만한 하나의 주체로서 대접하는 것이다. 이는 헌정사에서 이모인다를 전혀 언급하지 않은 채 이 소설이 "위대한 남자"에 대한 이야기라고 밝히던 태도와 대조된다. 또한 이모인다를 수식하는 "용감하고 아름답고 변함없는"이라는 형용사도 주목을 요한다. 전반부에서 이모인다의 첫째 미덕은 지극히 여성적인 자질 즉 "겸양(modesty 13, 18, 42)"이었지만 이제 그녀를 영광스러운 이름으로 기억되게 해줄 최고의 자질은 "용감성"이 되는 것이다. 통념상 "용감성"은 여성에게 요구되지 않을 뿐 아니라 여성다운 미덕도 아니지만, 남성 주도적인 문단에 '용감하게' 발을 들여놓고 이제 여성작가로서 당당하게 권위를 주장하게 된 벤은 사회의 통념을 전복하는 것이다.

전반부에서 이모인다는 오루노코의 낭만적인 사랑의 대상이라는 사실 이외에는 크게 부각되지 않는다. 오루노코가 아주 상세하게 묘사된 데 반해 이모인다는 단지 흐릿하게 그려져 있다. 그녀의 전설적인 아름다움에 대해서도 구체적인 정보가 주어지지 않은 채 오루노코 같은 "군신(Mars)"에 어울리는 "사랑의 신(Venus)"으로서 짤막하게 언급될 따름이다(12). 따라서 이모인다는 중요하지 않은 인물로 보일 수 있다. 그러나 벤이 여성작가로서의 권위를 주장하는 과정에서 이모인다에 대한 태도의 변화를 보이기 때문에 그녀는 이 소설의 심층담론을 이해하는데 꼭 필요한 인물이다. 이와는 다른 각도에서이긴 하지만 이모인다의 중요성을 부각시킨 대표적인 평자는, 인종문제의 중요성을 부인한 여성론 비평이나 인종문제에 주목하지만 이 소설을 노예제도를 옹호하는 작품으로 간주하는 기존의 비평에 반기를 들면서 이모인다의 존재에 관심을 기울여야 함을 주장한 안드레이드이다. 안드레이드는 이 작품에서 전복적인 역할을 수행할 가능성이 있음에도 불구하고 가장 주변적인 존재로 남는 인물이 바로 이모인다라고 지적한다. 가부장제와 식민주의라는 이중의 억압구조로 말미암아 소외되고 희생당하는 이모인다를 시종일관 보이지 않는 존재로 놔두는 것은 흑인 여성에 대한 벤의 무관심으로 의심받기에 충분하다고 주장하기도 한다(203-08). 그렇지만 안드레이드의 분석은 벤과 이모인다 사이의 전반적인 관계를 충분히 설명해 주지는 못한다. 앞서 살펴보았듯이 서술자가 이모인다를 시종일관 주변적인 인물로 도외시하고 있는 것은 아니기 때문이다.

처음에 벤이 '여성'이면서 '흑인'인 이모인다를 주변적 인물로 위치시킨 것은 여성과 흑인을 하나의 주체로 인정하지 않는 당대 사회의 기존 관념을 건드리지 않기 위해서라고 할 수 있다. 이는 여성작가로서의 자의식 속에서 유보적이고 조심스럽게 겸손을 보이던 벤의 자세와 일맥상통한 것이다. 벤이 이모인다를 주변적 위치에서부터 중심적 위치로 옮겨 놓는 작업은, 자유를 요구하는 케사르의 기분을 전환시키기 위한 모험담을 서술하면서 처음에는 아무런 언급을 하지 않다가 마지막에 이모인다가 모든 모험에 동행했음을 밝힐 때를 시발점으로 하여 진행된다(56). 이때 이모인다가 노예명인 클리멘(Clemene)으로 지칭되지 않는다는 사실도 주목을 요한다. 케사르와 결혼 후 서술자에게서 이야기를 들으며 신을 접할 때 까지도 클리멘이었지만 이 순간부터 그녀는 본래의 이름으로 불리기 시작하는 것이다.

이모인다의 주체적 역할이 발휘되는 것은 케사르를 부추겨 노예 반란을 도모하도록 만든 때이다. 임신중인 그녀는 "두 사람의 자유를 얻는 것이 어렵다면 세 사람의 자유를 얻기는 더 어려울 것(57)"임을 우려하며 잠시 오락에 빠져 있던 케사르를 눈물과 한숨으로써 설득한다. 노예주들과의 싸움에서도 이모인다는 독이 묻은 화살을 능숙하게 다루는 "영웅적인" 무사의 일면을 보인다(61). 이모인다의 용기는, 후반부에 와서 영웅적인 무사로서의 풍모를 잃고 약간은 수동적이고 체념적인 태도를 보이는 케사르의 모습과 대조된다.[8] 이모인다는 이제 명실상부한 "여주인공(heroine)"이 된다(62).

  이러한 형상화에는 이모인다를 향한 벤의 공감이 함축되어 있다고 할 수 있다. 이모인다와 마찬가지로 벤은 여성이라는 이유로 정당한 권위를 부인당하고 부당한 대우나 억압을 받고 있기 때문이다. 이모인다가 적극적으로 노예반란을 부추기는 부분에는 자신이 처한 억압적 환경에 도전하는 서술자의 입장이 보다 강하게 투영되어 있다고 할 수 있다. 따라서 서술자가 이모인다에게 남성적인 것으로 여겨지던 자질이 있음을 당당하게 부각시키고 그녀를 영웅적인 인물로 찬탄하는 것은, 여성작가라는 자의식이 주는 열등감 및 갈등을 극복했음을 의미한다.

5) 맺음말

  『오루노코』는 여성을 배격하던 당대 문단의 분위기 속에서 극작가로서 설 자리를 잃은 벤이 소설가로 변신한 후 집필한 첫 소설이다. 이 소설의 서두와 맨 마지막 단락에서 보이듯이 벤의 일차적인 관심사는 오루노코의 비극적 인생사 그 자체이기보다는 여성작가로서의 글쓰기와 그것을 통한 작중인물의 문학적 불멸성이다. 소설의 시작 부분과 맨 마지막 단락이 오로노코에 대한 이야기를 둘러싸는 하나의 틀의 역할을 하고 있다. 작가로서의 정체성 추구 과정이 그 틀을 지

---

8) 전반부를 지배한 오루노코의 영웅적 이미지는 후반부에 이르러 퇴색한다. 이는 그가 코라맨티엔에서는 노예 소유자이자 매매자였지만 수리남에서는 노예로 전락한 신분상의 변화 때문이기도 하지만 이보다는 그를 향한 서술자의 태도와 밀접하게 맞물려 있다. 그의 이야기를 듣고 그것을 그대로 옮기는 전반부에서와 달리 후반부에서는 서술자가 오루노코의 인생에 연루되어 직접 목격하고 체험하며 그것을 이야기로 쓰게 된다. 따라서 서술자가 이야기의 주체가 되고 오루노코는 '중심'에서 '주변'으로 '주체'에서 '대상'으로 자리바꿈을 한다.

탱하는 촘촘한 의미망을 구축한다. 이러한 격자 틀의 표면은 오루노코의 이야기로 치장된다. 따라서 이 소설에는 '고귀한' '흑인 노예' 오루노코의 이야기라는 표층담론과, 여성작가의 글쓰기 문제가 탐구되는 심층담론이 병존하고 있다.

벤이 이와 같이 이중담론을 사용한 이유는 남성적인 특권으로 간주되던 '글쓰기'를 감히 시도한 여성인 자신의 작품을 가부장제에 젖어 있는 남성들이 배척하지나 않을까 두려워했기 때문인 것으로 보인다. 그래서 벤은 이 소설이 오루노코의 비극적 인생사를 서술한 것으로 가장한다. 또한 여성작가를 허구적인 로맨스 작가로 매도하는 당대의 분위기를 불식시키고자, 소설의 상당 부분이 남성인 오루노코나 트리프라이에게서 직접 전해들은 이야기로 구성되었고 자신이 서술하는 내용도 직접 목격하고 체험한 것임을 강조한다. 그럼으로써 이 소설이 여성작가의 '글'이라는 이유로 비난받을 소지를 없애는 것이다. 또한 서술자는 일부러 '겸손'하고 '두려움'이 많은 여성 집단인 "우리"의 한 일원으로 지칭하면서 여성작가로서의 주체적인 "나"를 감춤으로써 '글쓰는' 여성에 대한 독자들의 반감을 무마하려고 노력하기도 한다.

이중담론이 전개됨에도 불구하고 표층담론은 심층담론과 밀접한 상호연관성을 맺고 있기 때문에 이 소설은 유기적 일관성을 확보한다. 백인 노예무역상이나 식민지 지배계층이 비열하고 교활한 '타락한 인종'이나 '미개인'인 반면 '흑인 노예'가 '고귀한 영웅'이 될 수 있다는 표층담론의 파격적인 내용은, '여성'이 '작가'가 될 수 있고 더 나아가 작가로서의 '명성'을 얻으며 거기에 상응하는 대우를 받을 수 있다는 통념을 벗어난 심층담론의 내용과 일맥상통하다. 오루노코의 피부색을 탈색시키거나 변색시키지 않고 오히려 다른 흑인보다 '더 검게 빛나는' 색으로 부각시킴으로써 벤은 '백인'이 고상하다는 백인 우월적인 기존 사회의 통념에 정면으로 도전하는 것이다. 이를 통해서 벤은 작가업이란 남성의 전유물이고 여성은 위대한 작가가 될 수 없다는 당대 사회의 기존 관념을 묵시적으로 공격한다. '흑인 노예' 오루노코를 '고귀한' 영웅으로 만드는 작업은 서술자가 여성작가로서의 정체성을 확보하고 권위를 주장하는 과정이 된다. 오루노코의 피부색이 "윤기 나는 까만색"으로 빛나듯이 여성작가인 벤의 글은 명성을 얻을 수 있는 것이다(Gallagher 67-8, 70-1). 이와 같이 두 담론은 공통적으로 통념상 서로 어울리지 않는 것들을 과감하게 결합시킴으로써 기존의 가치관을 전복한다는 점에서 유기적 연관성이 있다.

이러한 관점에서 볼 때 표층담론의 주인공인 오루노코는, 벤의 일차적인 관심사인 권위 있는 작가로서 글쓰는 과정에서 필요한 이야기 대상에 불과하다. 따라서 헌정사나 소설의 마지막 단락에서 오루노코는 그 이름으로서가 아니라 단지 "위대한 남자"로 지칭될 따름이다. 또한 작가로서의 역할이나 권위 탐색 과정이 서술의 표면으로 부상하게 되는 후반부에서 노예명인 케사르로 불리우며 벤을 "여주인이자 작가"로 부르는 오루노코는 벤이 더 이상 찬탄하는 대상이 아니다. 벤이 헌정사에서 밝혔듯이 "나의 노예(5)"인 오루노코는, 작가로서의 벤이 조종하고 통제해야 할 이야기 대상으로서의 의미를 갖는 것이다. 따라서 서술자는 인물 케사르가 비극적인 죽음을 맞는 장면을 서술한 바로 그 다음에 그가 문학적 불멸성을 얻을 수 있기를 희망한다는 낙관적인 태도를 보일 수 있게 된다.

본고는 여성작가로서의 자의식을 갖고 있던 벤이 이중담론을 전개한 양상과 이질적으로 보이는 이중담론 사이의 상호관련성 그리고 이중담론이라는 서술 구조에 함축된 의미를 분석해 보았다. 그 결과 인종, 성, 계층문제가 모두 개재되어 있어 복합적인 작품으로 보이는 이 소설에서 벤의 일차적인 관심사는 성 문제임을 확인할 수 있었다. 벤은 비백인 여성인 이모인다를 주체적인 인물로서 형상화하고 그녀를 통해서 여성문제를 제기하면서 여성작가로서의 자신의 권위를 주장할 만큼 여성문제에 있어서는 상당히 진보적이었다. 그렇지만 앞서 살펴본대로 벤은 인종주의나 식민지주의 문제에 대해서는 보수적인 태도를 보인다. 벤은 영국의 가부장 사회에서는 여성이라는 이유로 '지배당하는 타자'였지만 식민지 타 인종과의 관계에서는 '지배하는 주체'였던 것이다. 그럼에도 불구하고 남성중심적인 문단에서 생존을 위해 대중적인 인기를 의식하지 않을 수 없었던 벤이 여성작가로서의 권위나 정체성 문제를 이중담론이라는 서술 구조를 통해 간접적으로 탐색하면서 이를 소설로 형상화했다는 사실은 벤의 여성작가로서의 깊은 문제의식과 탁월한 예술적 역량을 잘 보여준다고 할 수 있겠다.

< 인용문헌 >

Andrade, Susan Z. "White Skin, Black Masks: Colonialism and Sexual Politics of *Oroonoko*." *Cultural Critic* 27 (Spring 1994): 189-214.

Ballaster, Ros. "New Hystericism: Aphra Behn's *Oroonoko*: the body, the text and the feminist critic." *New Feminist Discourses: Critical Essays on Theories and Texts*. Ed. Isobel Armstrong. London & NY: Routledge, 1992.

Behn, Aphra. *Oroonoko and Other Writings*. Ed. Paul Salzman. Oxford: Oxford UP, 1994.

Brown, Laura. "The Romance of Empire: *Oroonoko* and the Trade in Slaves." *The Neo Eighteenth Century Theory, Politics, and English Literature*. Ed. Felicity Nussbaum and Laura Brown. New York and London: Methuen, 1987: 41-61.

Brown, Laura. *Ends of Empire: Women and Ideology in Early Eighteenth-Century English Literature*. Ithaca: Cornell UP, 1993.

Brownley, Martine Watson. "The Narrator in *Oroonoko*." *Essays in Literature* 4 (2 Fall 1977): 174-81.

Campbell, Elaine. "Aphra Behn's Surinam Interlude." *A Double Colonization: Colonial and Post-Colonial Women's Writing*. Ed. Kirsten Holst Petersen & Anna Rutherford. London: Dangaroo, 1986.

Erickson, Robert A. "Mrs. A. Behn and the Myth of Oroonoko-Imoinda." *Eighteenth-Century Fiction* 5 (3 April 1993): 201-16.

Ferguson, Margaret W. "Juggling the Categories of Race, Class and Gender: Aphra Behn's *Oroonoko*." *Women's Studies* 19 (2 1991): 159-81.

Ferguson, Moira. "*Oroonoko*: Birth of a Paradigm." *New Literary History: A Journal of Theory & Interpretation* 23 (2 Spring 1992): 339-59.

Gallagher, Catherine. Nobody's Story: *The Vanishing Acts of Women Writers in the Marketplace, 1670-1820*. Berkeley: U of California P, 1994.

Paxman, David. "Oral and Literate Discourse in Aphra Behn's *Oroonoko*." *Restoration: Studies in English Literary Culture, 1660-1700*. 18 (2 Fall 1994): 88-103.

Pearson, Jacqueline. "Gender and Narrative in the Fiction of Aphra Behn." *Review of English Studies* 42 (1991): 184-90.

Rogers, Katharine. "Fact and Fiction in Aphra Behn's *Oroonoko*." *Studies in the Novel* 20 (1 Spring 1988): 1-15.

Salzman, Paul. Ed. "Introduction." *Oroonoko and Other Writings*. Oxford: Oxford UP, 1994.

Spencer, Jane. *The Rise of the Women Novelist: From Aphra Behn to Jane Austen*. NY: Basil Blackwell, 1986.

Spender, Dale. "The fair triumvirate of wits." *Mothers of the Novel: 100 Good Women Writers before Jane Austen*. London: Pandora, 1986: 60-4.

Spengemann, William C. "The Earliest American Novel: Aphra Behn's *Oroonoko*." *Nineteenth-Century* Fiction 38 (4 March 1984): 384-414.

Watt, Ian. *The Rise of the Novel*. NY: Penguin, 1981.

Woolf, Virginia. *A Room of One's Own and Three Guineas*. Ed. Morag Shiach. Oxford: Oxford UP, 1992.

2. 『몰 플랜더즈』의 이중구조

1) 머리말

다니엘 디포오(Daniel Defoe)의 『몰 플랜더즈』(*Moll Flanders*)는 일견 일관성이 없다. 에피소드간에는 연관성이 없고 그것을 통합하는 중심도 없는 듯하며 몰(Moll)의 감정적인 공언은 그녀의 실제 행동과 일치하지 않는다. 이러한 국부적인 예 이외에도 전체 이야기의 틀과 그 속에 담긴 내용이 서로 모순 되어 보이는 경우도 있다. 표면적인 이야기 틀에 의하면 몰이 매춘이나 절도 등 규범이나 법규에 어긋나는 행동을 하는 것은 경제적 여건상 불가피했기 때문이고 그녀는 끊임없이 양심의 가책을 느끼며 회개한다. 그렇지만 실상 몰은 계속해서 돈의 가치에만 관심을 갖기 때문에 그녀에게서 도덕의식을 찾아보기는 어렵다. 그런데 일관성 문제를 탐구할 때 고려해야 할 것은 '서문'(preface)에서 서술에 개입했음을 분명히 밝히고 있는 편집자의 존재다. 편집자는 몰의 이야기를 도덕적으로 다듬었음을 공언한다. 이 사실은 이 소설이 몰의 실제 이야기라기보다는 편집자의 손길이 가해진 이야기임을 의미한다. 편집자를 작가와 동일시할 수도 없다. 디포오는 몰의 이야기뿐만 아니라 편집자의 이야기로부터도 일정한 거리를 유지하고 있기 때문이다.[9] 이 소설의 구조는 몇 겹의 의미층으로

---

[9] 편집자의 이야기를 디포오의 그것과 동일시하기 어려운 이유는 디포오의 스타일로 미루어 볼 때 그의 입장이 서술의 표면에 그대로 드러나 있다고 보기 어렵기 때문이다. 1702년에 낸 산문 팜플렛 「비국교도 처리 첩경」(The Shortest Way with the Dissenters)에서 디포오는 반체제 국교도를 모조리 교수형에 처해야 한다는 논리를 펴는 가운데 사실은 국교도의 극단적인 박해 조치를 넌지시 알리면서 비국교도에 대한 국교도의 태도를 풍자하며 비판했다. 그렇지만 국교도도 비국교도도 모두 이글을 액면 그대로 해석해서 그를 공격하고 비난했을 정도로 디포오는 자신의 입장을 표면에 나타내지 않고 은폐했다.

구성되어 있는 것이다. 따라서 이를 제대로 이해하기 위해서는 의미의 층 사이의 역학관계를 분석해 보아야 한다. 즉 몰의 이야기와 편집자의 이야기 그리고 이 두 이야기와 작가 사이의 관계라는 이중구조를 다각적으로 고찰해야 한다. 이 소설은 톨스토이식의 강렬성을 지니고 있을 정도로 위대하며(Allen Tate), 자신도 이 같은 작품을 써보고 싶다는 극찬에서부터(James Joyce, William Faulkner),10) 하나의 소책자에 불과하다는 폄하에 이르기까지 극단적으로 서로 반대되는 평가를 받아왔다. 그렇지만 이 작품을 칭찬하든 비판하든지 간에 평자들은 이 소설에 일관성이 결여되어 있다는 사실에는 의견을 같이 했다.

일관성 문제를 해석함에 있어서 이제까지의 비평은 크게 두 가지 입장으로 나뉜다. 하나는 구조가 느슨한 점을 들어 문학 작품으로 취급하지 않고 청교도적인 신념이나 신조를 담은 소책자나 사회사적인 실상을 열거한 기록으로 간주하는 입장이다. 이는 디포오가 소설을 집필하기 전에 소책자를 많이 썼다는 전기적인 사실에 큰 비중을 둔 해석이라고 할 수 있다. 그런가 하면 구조적 측면에서 볼 때 이 소설이 유기적 통일성을 보여주지 못함으로써 '연관된 전체'를 구축하지 못했다는 관점도 있다. 이얀 와트(Ian Watt)의 지적이 그 대표적인 예이다. 와트는 디포오가 실제 인물의 삶에서 일어날 것 같은 사건들을 생생하게 형상화한다는 점에서 '형식적 사실주의'를 특징으로 하는 소설 장르를 발생시키는데 큰 공헌을 하고 새로운 독서 대중을 위한 진정한 대변인이었음을 높이 평가한다. 그렇지만 이 작품은 각 플롯들 사이의 관계가 유기적으로 연결되어 있지 않은 여러 개의 삽화적 플롯으로 이루어져 있다고 비판한다. 예컨대 몰이 독자들을 교화시킬

---

10) Bloom 2 재인용.

목적으로 부도덕한 과거의 삶을 이야기한다고 말함에도 불구하고 실제로는 그러한 도덕적 의도가 일관성 있게 나타나 있지 않다는 것이다(147).

한편 이 작품을 서술자이자 주인공인 몰의 인물연구로 파악하면서 일관성 없음을 몰의 성격상의 특징으로 읽어내려는 입장도 있다. 몰이 의지와 무관한 선택을 한다거나 공언과 일치하지 않는 행동을 일삼는 이유는 심리가 불안정하고 모순적이기 때문인데 그러한 까닭에 이 소설은 일관성이 없어 보인다는 것이다(Price 16). 그런가 하면 몰의 일관성 없음을 그녀의 단점으로 인정은 하되 그것을 심리적 복잡성이라기보다는 단순성으로 파악하며 옹호해주는 평가도 있다(Bell 106-10). 몰은 자신의 행위에 대해 도덕적으로 둔감하고 사건을 합리적으로 이해하지 못하며 전반적으로 통찰하는 능력마저도 결여하고 있는데다가 원래 변덕스럽고 기회포착에 능한 인물이지만 그녀의 본래의 성향은 세속의 때가 묻지 않고 가식이 없으며 계산적이지 않는 순진무구성이라는 것이다.

이 소설에 일관성이 결여되어 있다는 지적은 최근까지도 이어진다. 몰의 이야기는 형태를 갖춘 것 같기도 하고 그렇지 않는 듯 보이기도 하므로 이 소설을 읽고 나면 하나의 통일체로서 보다는 단편적인 삽화들에 대한 인상이 더 기억에 남는다는 것이다(Bloom 2). 일관성 결여 문제는 디포오의 관점이 애매모호하다는 평가와도 밀접한 상관관계를 맺고 있다. 몰과 디포오, 그리고 편집자와 디포오 사이의 거리를 상정하지 않을 때 디포오의 관점은 일관성이 없어 보이게 된다. 디포오와 몰의 목소리를 구분하지 않을 경우에는 디포오 마저도 몰을 이해하지 못했음이 지적될 수 있고(Bloom 5), 몰의 삶에서 나타난바 허세 부리기와 실제 행동 간의 괴리 때문에 디포오의 도덕성이나 윤리의식 자체가 의심될 수도 있다. 한편 디포오의 사회 가치관에 대한 관점이 일관성을 결하고 있다는 평가도 내려질 수 있다. 디포오는 중상주의 가치관을 다루면서도 스스로 그것을 가늠해 보려는 노력을 하지 않았으며 자신이 공언한 도덕적 방식으로 평가하지도 못했다는 것이다. 또한 디포오를 편집자와 동일시한다면, 디포오는 남편과 아내 사이의 평등을 주장하면서도 이상적인 가정을 이룩하기 위해서는 아내가 자발적으로 복종해야 한다는 모순된 생각을 지니고 있었다는 해석도 가능해진다(Flynn 73-4).

그런데 디포오가 일관성 있는 입장을 지녔느냐의 여부는 이 소설의 서술기법이나 이중구조 등에 주의를 기울여보면 위의 관점들과는 다른 각도에서 설명될 수 있다. 데이빗 마샬(David Marshall)은 자의식적인 작가 디포오가 정체성의 불안정성을 탐구하기 위해 자신을 숨길 뿐만 아니라 본 모습을 드러내지 않는 다양한 인물들을 창조해냈음을 지적하면서 이를 "자기 감춤의 패턴"으로써 해석한다(Kahn 63 재인용). 한걸음 더 나아가 서술자가 본래의 모습을 감추거나 가장하는 서술방법을 "서술적 복장도착(narrative transvestism)"이라는 혁신적인 용어로써 설명한 칸(Kahn)은 디포오가 "여성" 서술자를 선택한 행위 속에 함축된 복합적인 의미를 분석하려 한다(6). 서술자 몰의 이야기 구조와 작가의 이야기 구조 사이의 차이점에 관심을 기울이는 것이다. 이러한 면에서 칸은 이중구조 연구로의 문을 열어놓았다고 할 수 있다. 그렇지만 그는 서술자 몰과 작가와의 관계만을 분석의 대상으로 삼았을 뿐 '서문'에서 그 존재를 드러낸 편집자를 고려하지 않음으로써 이 소설의 복잡한 이중구조를 부분적으로만 주목하여 연구의 폭을 한정시키는 결과를 초래하고 말았다.

본 논문은 '서문'에서 몰의 이야기를 수정했다고 공언하는 편집자의 존재를 인정하면서 몰의 원래 이야기와 그것이 편집자를 거치면서 수정된 이야기 사이의 모순 및 갈등 그리고 이 두 이야기와 작가 사이의 역학관계 즉 이중구조를 분석하고자 한다. 그럼으로써 이 작품에 일관성이 없어 보이는 이유를 새로운 각도에서 이해하는 동시에 애매모호하게 보이는 디포오의 당대 사회 가치관에 대한 관점 및 입장을 명확하게 설명해 보려 한다. 이를 위해서 이 소설을 일개인으로서의 몰의 심리를 탐구하는 인물 연구로서가 아니라 당대 영국의 사회상에 대한 디포오의 폭넓은 비판이 담겨 있는 사회소설로 간주한다. 사실 디포오가 몰을 하나의 실제 인물로서 창조하여 그녀의 심리적 갈등을 중점적으로 그렸다고 보기는 어렵다. 몰의 심리적 갈등이나 고민이 심도 있게 탐색되어 있지 않기 때문이다. 몰의 파란만장한 생애는 사회의 여러 다양한 삶의 양식을 파노라마처럼 펼쳐 보이면서 그 문제점들을 노정하는 수단이 되고 있다. 몰의 비도덕적이고 비합법적인 행위는 싹트기 시작하는 가부장제 자본주의 사회를 반영한다 (Chaber 212). 따라서 몰은 사회를 비판하기 위한 하나의 도구로서 사용되었다고 할 수 있다.

이러한 전제하에 먼저 몰의 실제 이야기에 함축되어 있는 디포오의 사회 비판적인 관점을 살펴보겠다. 그 다음 몰의 이야기와 편집자의 이야기 사이의 모순 및 대립상을 분석함으로써 몰이 일관성 없는 인물로 보이고 작가의 사회 비판적인 입장이 모호해 보이는 이유를 설명하려 한다. 마지막으로 작가와 편집자 사이의 관계를 고찰하면서 이중구조의 역할과 의미를 밝혀보고자 한다.

2) 디포오의 사회 비판 정신

(1) 중산계층의 이율배반성 및 자기합리화

디포오는 비국교파로서 상업에 종사한 전형적인 중산계층이었다.[11] 그는 사업가로서의 경험에 입각하여 처음에는 경제에 관한 글을 썼고 다음에는 신앙, 결혼, 교육, 역사, 범죄, 전쟁, 역병 등 여러 다양한 논제들을 다루었다. 특히 종교와 정치에서 개혁이 필요하다고 생각했던 그는 교회와 정부의 위선을 비판하는 글을 많이 썼다. 그의 글은 소책자인 팜플렛을 통해서 발표되었고 그래서 그는 소설가로서 명성을 날리기 전에도 '팜플렛 필자'(pamphleteer)로 널리 알려진 존재였다. 여성문제에도 남다른 관심을 보인 그는 1697년 "An Essay upon Projects"라는 글에서 여성으로 하여금 학문의 이점을 향유하지 못하게 함은 이 세상에서 가장 야만적인 관습 중의 하나라고 주장하면서 여성을 위한 학원을 세울 것을 제안하기도 했다(Defoe 36).

왕정복고 직후에 태어난 디포오는 1688년의 명예혁명을 겪으며 정부의 통치 권한이 군주와 귀족계층으로부터 점차 부르조아인 중산계층으로 옮겨가던 격동기에 살았다.[12] 시민 혁명은 중산계층의 등장 및 성장을 상징하는 대표적 사건으로 그것은 곧 중세의 고정적인 봉건 질서의 붕괴를 의미한다. 이후 근대 자본주의 체제로의 도덕적, 법

---

[11] 비국교도들(Dissenters)은 1642년에 국왕 찰스 1세에 맞섰던 청교도들, 그리고 국교회와 의견을 달리하는 여러 종파의 사람들로 구성되어 있었고 영국의 다수 상업계층이 대종을 이룬다. 중산계층이란 비록 서민 태생이기는 하지만 자력으로 입신출세할 수 있을 정도의 교육을 받은 사람을 말하며 사회 하층에 있는 노동자 계급이나 귀족인 상류 계층과 구별되었는데 상인, 은행가, 변호사, 그리고 사업가들이 이 계층에 속한다.
[12] 15세기 이래 꾸준히 영향력을 넓혀온 중산계급은 17세기와 18세기에 들어서면서 축적된 부를 바탕으로 하여 의회로 진출하거나 파산한 지주들의 영토를 구입하는 등의 방법으로 통치계층이었던 지주인 귀족 계층, 시골 토지소유의 신사들 그리고 대영주들을 대신하여 지배세력으로 부상하였다.

적 기반을 아직 확립하지 못한 사회는 가치관의 혼돈과 사회적 신분상의 심한 유동성을 보이게 된다. 그러므로 그 당시에는 정숙했던 아내도 파탄에 이르게 되면 매춘부가 될 수 있었으며 자본가도 돈이 없을 땐 도둑이 되는가 하면 하층민 또한 쉽게 범죄인이 되는 등 계층 간의 경계선이 명확하지 않았다. 디포오는 이처럼 가치관의 혼란과 계층적 유동성으로 특징 지워지는 당대의 사회상을 몰의 파란만장한 생애를 통해 생생하게 그려낸다.

몰의 인생역정은 당대 사회의 유동성을 여실히 보여준다. 몰은 뉴게이트(Newgate)에서 절도범이며 매춘부였던 어머니로부터 태어났기 때문에 본래는 하류계층에 속한다. 그렇지만 시종일관 자신을 '숙녀'로 만들어준 '돈'에 지고의 가치를 둔 채 냉혹하게 실질적인 이익을 추구해 나간다는 점에서 전형적인 중산계층의 행동양식을 보여준다. 당대 신흥 청교도 중산계층들은 어떻게든 돈을 벌어 계층상승을 꾀하려 했고 경제적 이익을 최우선으로 중시했기 때문이다. 몰이 필요로한 것은 절대적 빈곤으로부터의 탈출이기보다는 확보된 수입과 편안한 삶 그리고 일정한 지위였다. 이 사실을 보아도 그녀의 사고방식은 하류계층이 아닌 중산계층적인 것이다. 몰이 결국 부르조아의 '안정된 지위'를 획득할 수 있었던 것도 중산계층의 생활방식과 태도를 습득하여 그것을 그대로 적용함으로써 가능했다.

몰에게 있어서 가장 중요한 것은 안정된 생활을 보장해줄 돈이다. 몰은 경제적인 이유 즉 돈 때문에 여러 남성과 관계를 맺는다. 가령 몰이 콜체스터(Colchester)의 시장 댁 장남의 유혹에 넘어가고 결국 그에게 자신의 몸을 내맡긴 것은 그를 사랑해서가 아니라 돈에 유혹되었기 때문이다. 바쓰(Bath)의 하숙집에서 만난 남자와도 돈을 매개로 관계가 맺어진다. 돈을 둘러싸고 벌어지는 다음 장면이 이 사실을 여실히 드러낸다. 신사는 몰로 하여금 그녀가 가진 돈을 전부 가져오게 하여 그것들을 그의 침대 위에 쏟아 부은다. 그 다음 몰로 하여금 200기니 정도의 금화가 들어있는 상자를 열어 돈을 가져가게 한다. 그리고는 몰의 옷차림을 나무라면서 그 돈으로 옷을 사 입고 하녀를 두라고 말한다[13]. 아주 길게 묘사되는 이 장면에서는 자신만만하게 금력을 행사하는 신사 앞에서 돈에 매혹된 몰이 반쯤 정신 나간 사람처럼 수동적으로 자신을 내맡기는 태도가 생생하게 포착되어 있다. 신사의 강압적인 자세, 수줍은 몰의 반응, 장롱이나 열쇠의 이미지는 유혹의 장면을 연출하는데, 이는 신사가 몰의 무릎 위에서 자신의 돈과 몰의 돈을 뒤섞는 장면에서 그 정점을 이룬다(Kibbie 1026). 이를 계기로 몰은 결국 신사에게 성관계를 허용함으로써 창녀가 된다. 돈을 둘러싼 이 장면이 길게 묘사된 반면에 실제 몰이 그 남자와 성관계를 맺는 장면은 대수롭지 않은 것으로 아주 간단하게 처리되어 버린다는 사실도 두 사람 사이의 관계에 있어서의 초점이 돈의 지배력임을 여실히 드러내 준다. 몰이 돈을 최우선 목표로 중시하지 않을 수 없었던 것은 돈이 위력을 발휘하는 그 시대적인 특징 때문이다. 돈의 힘은 이 소설에서 여러 번 언급되어 있다. 옷차림에 따라 사람들의 대접이 달라지며 심지어 뉴게이트에 투옥되더라도 돈으로 사면을 살 수 있다. 돈을 가진 사람은 유배형을 받은 죄수들을 운송하는 식민지행 배 안에서도 특별한 대우를 받는다. 식민지에 유배된 죄수는 예속 상태에서 노역을 하는 것이 상례이지만 돈이 있는 경우에는 몰처럼 자유를 살 수 있다.

그런데 청교도 중산계층은 세속적 부를 추구하면서도 그러한 행위

---

[13] Daniel Defoe, *Moll Flanders* (New York: Penguin, 1978), 121-22. 이후 본문 인용은 이 책에 따르며 면수만 표기하기로 한다.

가 신의 섭리에 어긋나지 않는 것으로 생각하기를 원했다. 그들은 부를 축적하는 과정에서 올바르지 못한 방법을 사용하기도 했는데 거기에 대해 회개를 하면 용서받을 수 있다고 생각하면서 도덕이나 양심면에서 스스로를 합리화했다. 또한 실제로는 세속적인 것을 추구하면서도 표면적으로는 신의 가르침을 중시하는 듯한 위선을 보이기도 한다. 디포오는 자본주의가 싹트기 시작할 때 그 주역이 되는 중산계층의 이율배반 즉 경제적 이익과 청교도적 도덕심을 동시에 강조하는 모순을 생생히 목격하고 체험했으며 이를 이 소설에서 형상화한다.

자기합리화 및 위선은 이 작품에 등장하는 신사들의 태도에서 그대로 노정된다. 그들은 잘못된 행동을 해도 회개만 하면 그 죄과를 씻어낼 수 있다는 편의주의적 발상으로 자기합리화를 한다. 콜체스터 시장 댁의 장남은 몰과의 관계가 발각될 수도 있는 위기에 처하게 될 때 회개로써 모든 죄와 양심의 거리낌을 씻어내고자 한다. 바쓰의 신사도 몰과 관계를 맺은 후 눈물의 회개를 한다. 결별하게 될 때에도 신사는 자신의 경솔함으로 인한 불륜의 관계를 혐오하고 후회한다면서 참회해야 할 행위는 개선되어야 한다는 말로 작별을 고한다. 이들에게서 몰은 자기합리화와, 스스로를 지키기 위해서는 명예와 정의마저도 쉽게 버릴 수 있다는 편의주의를 습득하게 된다. 이들에게서는 목표달성만이 중요한 것이고 그 목표를 성취하기까지의 수단이나 과정은 그다지 중요하지 않다는 사실, 또한 일단 목표를 달성하면 과정상의 문제점은 적당히 회개해서 무마할 수 있다는 편의주의적 자기합리화 경향을 엿볼 수 있다.

신사들의 또 하나의 특징은 남들 몰래 사악한 행동을 할지라도 겉으로는 체면과 체통을 차리려 하는 위선이다. 콜체스터 시장 댁 장남은 돈만 주면 정부를 쉽게 살 수 있다는 전제아래 돈의 힘을 십분

활용하여 정부를 두고 즐기면서 겉으로는 아주 점잖게 위신을 지키는 이중생활을 한다. 그는 몰과의 관계를 아무도 눈치 채지 못하도록 신중하게 유지시켜 왔다는 사실을 강조하며 그것으로 자신이 해야 할 일은 다했다는 태도를 보인다. 더 나아가 그는 남들에게 들키지만 않는다면 자신의 정부였던 몰이 친동생의 아내가 되어도 아무 문제가 없다는 식의 태도를 보일 만큼 도덕성의 문제점을 노정한다. 또한 신사들은 정부를 얻기 원할 때도 표면적으로는 그것이 자신의 원칙에 어긋나는 행위임을 밝히고 정절을 중시하는 척한다. 예컨대 바쓰의 신사의 경우를 보면 그가 어떻게 돈의 위력을 이용하여 여성으로 하여금 스스로 정조를 깨게 함으로써 표면상으로는 점잖음을 유지하는지를 알 수 있다. 박람회장에서 만난 신사도 바쓰의 신사와 비슷한 행동양식을 보인다. 그는 몰에게 접근할 때 자신은 명예를 존중하는 사람이니만큼 거기에 어울리지 않는 잃은 결코 하지 않겠다고 약속한다. 몰과 관계를 맺은 후 절도당한 후에도 대외적으로 강도에게 금품을 빼앗겼다고 거짓말하며 진실을 알고 있는 산파에게는 그렇게 행동한 사람은 그런 수난을 당해도 마땅하다는 식의 점잖음을 보인다. 그러면서도 내심으로는 몰과의 불륜의 관계를 지속하기를 갈망하는 모순을 노정한다.

신사가 아니지만 신사계층의 생활방식을 모방하는 계층의 사람들에게서도 표리부동성과 위선을 찾아볼 수 있다. 그들의 행동양식에는 '신사인 척하기'가 추가되므로 그들은 더욱 희화화되고 조롱된다. 신사에 대한 환상을 지닌 몰이 배우자로 선택한 신사-포목상은 수입이 많은 신사인양 고상한 척하며 신사의 생활방식을 흉내내는 허세를 보인 결과 결국은 파산하고 만다. 랜카셔(Lancahire) 남편도 이 유형에 속한다. 그는 힘든 노동을 회피하고 손쉽게 돈을 벌어 호화롭고 품위 있게 살고자 하므로 돈 많은 여성과 결혼하려 애쓴다거나 노상강도가 되는 길을 선택한다. 몰에게 들려준 그의 과거사에 의하면 그는 몰의 재산을 노리고 결혼하기 전에도 강도짓을 하면서 대저택에서 관리인과 하인들의 시중을 받고 살았다. 우아한 매너나 말솜씨를 지닌 그는 외형상으로는 판단해보면 영락없는 신사이다. 두 사람 모두에게 재산이 별로 없음이 밝혀진 후 몰은 그에게 버지니아로 가서 노동을 하여 돈을 벌자고 설득하지만 그는 그녀의 말을 따르지 않는다. 뉴게이트에 갇힌 후에도 그는 식민지에 유배 가는 것을 꺼린다. 식민지의 농장에 보내지는 것은 로마 사람들에 의해 노예들이 탄광촌에 보내지는 것과 같기 때문에 유배받기 보다는 차라리 죄를 인정함으로써 사형에 처해지는 것도 불사하겠다고 까지 말한다. 그에 의하면 예속과 강제 노동은 신사들이 굽신거리며 받아들일 일이 되지 못한다. 자유를 얻어 신사처럼 다니는 것을 꿈꾸어 온 그에게는 죄수로서 식민지행 배를 타는 것은 참을 수 없는 모욕이다. 결국 재판을 받지 않고 유배를 떠나게 될 때에도 그는 큰 소리로 푸념하면서 그것을 굴욕으로 생각하는 듯한 태도를 보인다. 그런데 이와 같이 신사연하는 사람들은 실생활에서는 아무 소용이 없음이 판명된다. 신사-포목상은 파산했고 랜카셔 남편은 유배지에서도 신사임을 잊지 않으며 사냥을 즐길 뿐 실제적인 농장 일을 잘 해내지 못한다.

디포오는 당대 사회의 자기중심적 편의주의를 뉴게이트 감옥과 사법제도에서도 찾아낸다. 사회의 주도권을 잡기 시작한 중산계층은 체제를 유지하기 위해서 하류계층의 범죄에 단호하게 대응한다. 그들은 가벼운 범죄에도 엄한 형량을 적용한다. 비단 두벌을 훔치려 한 몰이 사형에 처해질 상황에 놓일 만큼 당시의 형량은 무거웠다. 이러한 엄한 형벌 때문에 많은 부작용이 생겨나게 된다. 가령 가벼운 절도죄를 범한 어머니를 유배해 아이를 부양할 수 없게 함으로써 몰과 같이 기구한 일생을 사는 여성이 생겨나게 되었으며 또한 근친상간 같은 사건이 발생할 수도 있는 것이다. 근친상간은 범죄를 저지르기 쉽고 또 경죄로도 엄한 처벌을 받게 되는 하층민 사이에서 벌어질 수 있는 최악의 경우 중의 하나라고 할 수 있다. 근친상간과 같은 극단적인 형상을 보여줌으로써 디포오는 당대의 엄한 형벌제도를 묵시적으로 비판하고 있다고 할 수 있다. 위의 관점과는 다른 각도에서의 이해이긴 하지만 엘렌 폴락(Ellen Pollak)도 몰의 근친상간의 이야기 안에 디포오의 사회비판이 개재되어 있음을 인정한다. 폴락은 몰이 근친상간을 범함으로써 가부장적인 권위를 위협한다고 본다. 가부장제와 자본주의를 하나의 단일 체제로 간주하는 그에 의하면, 근친상간으로써 사회적 금기사항을 위반하는 몰의 행위는 가분장제 하에서의 여성들의 교환과 자본주의 경제에서의 상품의 교환이라는 잠재적으로 유사한 두 교환 체제에 대한 일종의 전복이다(16).

디포오는 당대 사회의 편의주의적 합리화 경향을 아이 양육 문제에서도 발견한다. 18세기 계몽주의 철학자들이 아이들 양육에 각별한 관심을 쏟을 것을 강력하게 권장하기 전에는 지금의 기준으로 보면 잔인하다 싶을 정도로 부모들이 아이들에게 무관심했다. 그 당시 아이들은 애정보다는 돈을 중시하는 시대적 풍조, 높은 유아 사망률, 아이들은 어른의 축소판 정도로 간주한 사회 현상의 여파로 보살핌을 잘 받지 못했다. 친 부모가 양육하는 경우는 드물었고 유모로 하여금 아이를 키우도록 했는데 그러다보니 아이들은 청결하지 못한 환경에서 제대로 먹지도 못한 채 거의 방치되었다.[14] 이러한 시대적 배경을

---

14) Lerenbaum 42-4 참조. 당시의 모성 및 아이양육 현상에 대한 이러한 내용은 스톤(Stone)의 주장을 수용한 것이다. 스톤의 이론은 당대의 사회상을 기록한 역사학자이

고려해 본다면 몰이 아이들에게 깊은 애정을 느끼지 않고 별 관심을 쏟지 않은 것은 그녀가 아이에게 특별히 비정했기 때문이기보다는 그 시대의 보편적인 현상을 전형적으로 보여주는 일례라고 할 수 있다.

당시 사회의 양육문제에 대한 작가의 묵시적인 비판은 몰을 설득하는 산파의 강경한 어조 속에 함축되어 있다. 산파는 아이 때문에 고민하는 몰 자신도 친모에 의해 부양되지 않았다는 사실을 지적해 내면서 아이를 떼놓을 것을 종용한다. 걱정하는 몰에게 산파는 "다른 양심 있는 어머니들이 했던 것처럼" 유모들이 아이들에게 잘해 줄 것으로 생각하면 된다고 말한다. 이러한 산파의 언급은 당대 부모들이 아이들을 유모에게 맡겨 양육시키면서 유모가 잘 키워줄 것이라는 생각으로 아이를 방치하는 자신들을 합리화하는 현상을 간접적으로 풍자한다고 할 수 있다. 그녀는 몰을 설득하는데 있어서 당대 사람들의 논리를 그대로 차용하기 때문에 독자들은 그녀의 말을 액면 그대로 받아들이지 않고 다시 한번 생각해 볼 기회를 갖게 되는 것이다.

(2) 중산계층남성들의 여성관에 나타난 자기중심적 편의주의

디포오는 중산계층 남성들의 여성관에 자기중심적 편의주의가 내재해 있음을 발견하고 이를 비판한다. 이 소설이 출판된 때는 1722년이지만 몰의 이야기는 약 1630년경부터 1683년에 걸친 일대기인데 몰이 살았던 17세기 중, 후반기에는 엄격한 청교도적인 규범이나 법규

자 수필가인 플럼(Plumb)의 글에서도 그 사실성이 뒷받침되고 있기 때문이다. 그런데 맥파레인(Macfarlane)은 스톤의 이론에 반대되는 주장을 했다. 그에 의하면 낮은 유아 생존율에도 불구하고 당대의 부모들은 자식에 대해 깊은 애정을 지니고 있었다는 것이다. Macfarlane 119-20 참조. 맥파레인의 주장이 설득력이 약하기는 하지만 이 문제는 앞으로 더 논의와 검증을 필요로 하는 사안이라고 할 수 있겠다.

보다는 개인적인 즐거움과 이익 추구를 중요시하는 '계몽주의적 개인주의 사상'(Enlightenment liberal individualism)이 확산되어 가던 시대였다. 이는 명예혁명 이후 유행하게 된 로크적인 철학 이론, 즉 개인이 사회에 우선하고 사회는 각 개인의 권리를 보호해야 한다는 사상의 영향을 받은 것이다. 그런데 이 시대의 남성들은 자신들의 개인적 권리와 자유 그리고 이익을 찾는 데는 앞장서면서도 여성에게는 그것을 인정해주지 않는 모순성을 노정한다. 시민계층의 부상과 함께 가부장제가 더욱 공고해지는 가운데 여성의 경제권은 허용해 주지 않으면서 도덕적인 면만을 강조하는 경향이 더욱 뚜렷해진 것이다. 당시의 통념에 의하면 여성의 안정은 결혼으로 성취될 수 있다. 따라서 여성은 바람직한 아내감으로서 적합한 자질을 구비해야 하는데 이때 가장 중시되는 것이 정조였다. 순결하다는 명성을 잃을 때 여성의 결혼 전망은 흐려진다. 이러한 통념은 당대의 '행위규범 책자'(conduct manual)의 내용과 밀접한 연관성을 맺고 있다.15) 놀라울 정도로 똑같은 충고를 여성들에게 주고 있는 '행위규범 책자'들은 보통 도덕적 종교적 원리에 부합되는 매너를 강조하는데 여기에서 가장 중시되는 것은 정조를 지켜 명예롭게 결혼하기이다. 그런데 디포오는 여성의 순결을 강조하는 '행위규범 책자'의 내용이나 당대의 통념이 현실과 크게 유리되어 있음을 느낀 것으로 보인다. 콜체스터의 시장 댁 장남

---

15) '행위규범 책자'는 시민 혁명을 거치면서 축적된 부를 바탕으로 하여 귀족 계층을 대체하며 사회의 주도적인 세력으로 성장한 중산계층 즉 신사계급이 귀족계층의 우아함에 버금가는 품위를 지켜나갈 수 있는 새로운 행동양식을 필요로 하게 되어 마련한 행동지침서 중의 하나다. 이것은 1680년부터 1820년까지 전례없는 인기를 누리게 되는데 주로 사회적인 안정이 웬만큼 보장된 중산계층 즉 상인과 전문 직종에 종사하는 사람들의 딸을 대상으로 삼아 안정되고 명예로운 가정살림을 꾸리고 지탱할 수 있는 자질들을 교육한다. 이는 전 시대의 '행위규범 책자'가 귀족 계층의 여자들을 대상으로 하여 궁정 생활에 필요한 도덕과 매너를 가르쳐 왔던 사실과 비교된다. Armstrong 100-1 참조.

에게 순결을 상실한 뒤에 몰은 쉽게 순결성을 희생시킨 자신을 질책하면서 순진한 젊은 여성들로 하여금 재난에서부터 스스로를 보호하는 법을 배우도록 하는 하나의 경고로서 이 소설을 쓴다고 말한다. 그렇지만 실제로 그녀는 장남과의 관계 때문에 망쳐지는 것이 아니다. 장남의 정부로서의 생활로 상당한 재산을 확보할 수 있게 되고 그 결과 남편감을 선택할 수 있는 자유를 누리게 되기 때문이다. 이러한 현실은 정조를 잃는 것이 여성에게는 치명적인 타격이 된다는 당대 '규범 책자'의 가르침이나 사회 통념과 모순 되는 것이다. 당대 사회는 여성이 반드시 갖추어야 할 자질로서 도덕성을 강조했지만 현실적으로 볼 때 결혼을 앞둔 여성에게 가장 중시되는 것은 돈이었던 것이다.

　디포오가 당대의 여성관에 상당한 문제의식을 가졌음은 몰을 사회통념에서 크게 벗어난 인물로 형상화한다는 사실에서도 드러난다. 몰은 무능하고 의존적이며 수동적인 존재인 여성이 할 수 있는 일은 순결을 지키며 남성에게 선택되기를 기다리는 것이라는 당대의 여성관에 부합되지 않는 인물이다. 몰이 생각하는 '숙녀'의 개념 또한 일반적인 '숙녀'의 개념과는 다르다. 당시 사회는 '숙녀'를 '행위규범 책자'에서 강조되는- 바 도덕성의 덕목을 체화한 신사의 아내감으로 정의했다. 반면 몰은 중산계층 남성들이 '신사'를 정의내리는 방식대로 '숙녀'를 정의한다. 몰에게 있어서 '숙녀'란 하류계층 여성들에게 속하는 심부름이나 힘든 부엌 허드렛일 등과 같이 남에게 종속되는 일을 하지 않고 독립성이 보장되는 일을 하면서 스스로 돈을 벌어 자립한 여성이다. 몰이 보기에 '숙녀'는 돈을 벌게 됨으로써 도달할 수 있는 신분이었던 것이다. 당시 중산계층은 '숙녀'를 도덕적인 차원에서 정의 내렸지만 몰은 자본주의적으로 '숙녀'를 정의한다. 그런데 아이러니하게도 몰이 이해하는 '숙녀'의 개념이 사실은 그 진모를 제대로 파악해낸 것이다. 더 나아가 몰은 주조소에서 시장의 구조가 모두 남성 중심으로 움직인다는 사실을 발견함을 계기로 보다 진보적인 사고를 하게 된다. 남자에게는 선택권이 있지만 여자는 심지어 "아니다"라고 말할 수 있는 자격조차 없음을 깨닫게 된 몰은 결혼 문제에 있어서 남자들이 성적으로 우위에 서려 하더라도 여자들은 자신의 입장을 견지할 수 있는 용기를 가져야 한다고 생각한다. 몰에 의하면 여자들은 청혼하는 남자의 본질 즉 정직성 및 인격을 알아보는 모험에 더 진취적이어야 한다.

디포오는 남성과 여성의 차이점은 환경적인 것이지 본래 타고난 속성의 차이가 아니라는 것을 몰의 인물 형상화 속에 함축시킨 것으로 보인다. 몰은 남성 복장을 하고 절도하는 등 남성과 전혀 구별할 수 없는 행동 양식을 보여주기 때문이다. 몰은 적극적으로 자기를 실현했음을 느끼려 하는 여성이다. 몰이 원한 것은 오직 친절한 남편이었다고 해석되기도 하지만(Drew 119), 그녀가 단순히 남편만을 필요로 했던 것은 아니다. 그녀는 남성과 마찬가지로 모험이 있고 자기성취감을 느낄 수 있는 삶을 원했다. 그래서 몰은 돈을 벌었음에도 불구하고 계속해서 절도 행위를 한다. 몰은 어떤 수단을 동원해서라도 일반적으로 여성에게 기대되는 재생산이라는 고정된 틀에서부터 벗어나 남성과 마찬가지로 생산이라는 적극적인 활동의 영역에 가담하고자 한다. 이러한 몰의 모습을 통해 디포오는 성의 범주를 재정의하고 재조정하려 했다고 할 수 있다.

디포오는 여성이 안정된 생활을 영위하기 위해서는 결혼에 의존해야만 하는데도 당시의 결혼 풍조가 여성들에게 매우 불리하다는 사실을 인식한다. 여성이 가진 돈은 결혼과 동시에 남성의 소유가 되고 여성은 자신의 재산에 대한 통제력을 사실상 상실한다. 즉 여성의

"재산권"은 남성에 의해 "합법적"으로 "절도"당한다(Chaber 216), 때문에 독신으로서 자기 나름의 돈을 확보하는 것이 여자들이 안정과 독립을 얻을 수 있는 유일한 방법이 될 수 있고, 아내로서의 합법적인 안전성을 갖는 것 보다 정부로서의 재정적 안정을 찾는 일이 더욱 바람직할 수도 있게 된다. 여기에 여성의 딜레마가 있다(Scheuermann 314). 돈이 없는 여성의 경우 결혼 전망은 더욱 어둡다. 주조소에서의 선장의 일례가 보여주듯이 당대 남성들은 결혼을 사회에서의 지위향상과 사업 확장의 수단으로 여기는 경향이 있기 때문이다. 이와 같이 상업화되어 가는 결혼 시장의 추세 속에서 몰은 '돈이 많은 척하며' 결혼 시장에서 스스로를 매매해야만 했다.

그런데 문제는 여성이 지고의 목표로 추구해온 결혼이 결코 안정된 지위를 보장해주지 못하다는 사실이다. 실상 아내의 안정은 전적으로 남편의 호의와 능력에 의존하게 된다는 점에서 매우 불안정하다. 남편에게만 의존하는 여성의 안정되지 못한 삶은 몰의 결혼생활에 그대로 반영되어 있다. 스스로가 벌어서 자립하는 '숙녀'가 되겠다고 생각하던 몰이었지만 콜체스터의 시장 집 딸들과 살게 되면서 결혼이야말로 안정된 지위를 보장해줄 수 있는 유일한 선택이라는 통념을 내면화하게 된다. 그 결과 몰은 여러 번의 결혼을 시도한다. 몰은 은행원과의 결혼으로 "안전한 항구"에 도착한 후 "아주 좋은 환경"에서는 "덕망 있고 절제되고 잘 꾸려진" 삶은 행복을 약속해 준다고 생각하면서 결혼 생활동안 정숙한 아내의 전형을 보인다. 그녀는 과거의 삶의 경솔함과 방종을 혐오하고 가정 내에 은둔하면서 분수를 지키는 생활을 하는 등 이른바 '행위규범 책자'에서 아내에게 권장되던 미덕을 실천한다. 버지니아에서도 근친상간의 사실이 알려지기 전까지는 결혼 생활을 충실히 한다. 그렇지만 몰의 경우에서 분명히 시사되듯이 결혼은 결코 여성들에게 안정을 가져다주지는 못하는 것으로 판명된다. '규범 책자'가 주장하는바 자기통제와 도덕성에 입각한 삶이 아주 가치 있게 되는 것은 "보이지 않는 손이 가한 갑작스런 일격"이 없는 안정된 가정생활을 전제로 한 것인데 실제 현실은 그렇게 순탄하게 유지되는 것만은 아니기 때문이다. 몰의 첫 남편처럼 빨리 사망해 버리거나, 은행원 남편이나 근친상간관계에 있는 셋째 남편같이 어려운 상황에 봉착했을 때 이를 극복할 의지와 용기가 없이 무기력할 경우, 또한 방탕하게 돈을 쓰다가 파산하고 도망 가버리는 신사-포목상 남편이나 돈 많은 아내를 얻어 힘든 일을 하지 않고 손쉽게 살아보려는 랜카셔 남편같은 무책임한 남편을 만날 경우 여성의 안정은 쉽게 깨뜨려진다. 이들 남편들 이외에도 몰이 주조소에서 만난 채무자들 또한 믿음직한 남편감이 되지 못한다. 그들은 채권자에게 돈을 갚을 수 없고 정작 아내와 아이들은 굶주리고 있는데도 다른 여자와 놀아나거나 술을 마시는 등 가장으로서의 역할을 제대로 수행하지 않는다. '규범 책자'가 강조하는바 도덕적인 행위라는 이상과 실제 현실 사이에는 거리가 있는 것이다. 이러한 사례들은 결혼이 여성의 문제를 해결해 준다는 통념이 사실은 낭만적 환상에 불과한 것임을 폭로해 준다. 몰이 아내로서 결코 안정을 얻을 수 없었다는 사실은 사회가 일반적으로 여성에게 기대하는바 덕망 있는 행동이 결코 여성에게 지위와 안정을 보장해 주지 못함을 의미한다. 당대 여성관은 실제로는 돈을 가장 중시하면서도 표면적으로는 바람직한 행위규범을 강조하는 사회의 위선을 반영해 줄 따름이다.

당대 결혼을 둘러싼 통념에 대한 디포오의 묵시적 비판은 버지니아에서의 몰과 랜카셔 남편인 제미(Jemmy)와의 결혼 생활 묘사에도 함축되어 있다. 이 결혼생활에서 주도권을 잡는 인물은 여성인 몰이다.

몰은 남편이 사냥 등을 즐기게 내버려 두고 그가 좋아하는 의복이나 총을 선물하여 만족하게 만든 후 실제적인 일은 자신이 마음먹은 대로 처리할 수 있게 된다. 이는 남자들이 여자의 도덕적 우월성을 치켜세우면서 가사는 다 떠맡기되 경제력은 부여해 주지 않는 당대의 현실을 전복한다고 할 수 있다. 또한 남편인 제미가 부유한 아내인 몰에게 의존할 때 행복하고 안정된 결혼 생활이 영위된다는 사실은, 결혼 생활에서 경제적으로 의존하는 인물은 여성이라는 통념을 전복한다.

  디포오는 남편이 아닌 돈이 여성의 안정을 보장해줄 수 있으므로 여성들은 스스로를 부양해야 함에도 불구하고, 아내로서 갖추어야 할 도덕적인 태도만을 강요할 뿐 여성에게 자립할 수 있는 길을 열어주지 않는 사회를 비판한다. 당시 여성이 교육되는 방법은 콜체스터의 시장 집 딸들이 배우는 교육 내용에서도 짐작해 볼 수 있다. 그들은 가정교사로부터 댄스, 불어, 그리고 노래와 악기 연주 등 음악을 배우면서 '숙녀'로 키워지는데 사실 이러한 교육은 가정 안에서 활동할 사람에 대한 교육 그 이상은 아닌 것이다. 이는 여성을 가정이라는 사적 영역에 한정시키고 가정 내의 의무 수행에 충실할 것을 요구한 교육이었던 것이다. 전자본주의 사회에서는 가정이 기본적인 경제 단위였지만 자본주의가 들어서면서 상품을 생산하는 장이 가정 안에서부터 가정 밖으로 옮겨짐으로써 성 역할이 더 크게 이원화되었다. 자본주의의 도래와 함께 생산은 절대적으로 남성의 영역이 되어 버렸고 재생산은 여성의 영역이 되면서(Chaber 218) 여성은 생산성에서 배제된 것이다. 따라서 남성의 경우와는 달리 여성은 스스로 자립해서 살 수 있는 길이 거의 막히게 된다. 몰의 첫 번째 어머니라고 할 수 있는 유모의 지적에 의하면 중산계층에 속하는 독신 여성으로 살아가는 방법은 바느질이나 털실 방적 등의 일을 능숙하게 하여 돈을 버는 일인데 그 돈은 생계를 유지해 나가는데 충분하지 않다. 그런데 가내수공업의 형태를 상징하는 털실 방적일마저도 점차 사라져갈 운명에 처해 있다. 따라서 여성이 자립할 수 있는 길은 그만큼 더 봉쇄되는 셈이다. 점잖고 존경받을 만한 자립방식이 더 이상 경제적인 안정을 보장해 주지 못한다는 사실은 여성이 스스로를 부양하기 위해서는 이제 반사회적인 방법을 사용하지 않을 수 없음을 의미한다. 예컨대 몰은 사회가 용납해줄 수 없는 절도라는 불법적인 방법을 통해 모은 돈을 기반으로 하여 식민지에서 부를 축적할 수 있었다. 몰과 유사한 인생역정을 통해서 성공한 여성은 산파이다. 그녀는 합리적이고 언변이 뛰어나다는 점에서 이른바 남성적인 자질을 구비했지만 합법적으로 자립할 길이 없었기 때문에 비합법적인 임신을 한 여자들의 산파일이나 매춘 알선을 함으로써 돈을 번다. 산파일마저도 여의치 않게 되자 그녀는 전당포 주인이 되어 절도된 물건을 사는 장물아비로서 살아간다. 그런데 산파에게 특이한 사실은 투철한 직업의식이다. 절도를 하나의 직업으로 간주하는 그녀는 몰로 하여금 자기 직업에 최선을 다하는 사람은 어디를 가든지 실패하지 않는다는 확신을 갖게 한다. 산파가 불법적인 절도에서 직업의식을 느낀다는 사실에는 당대 여성들이 처한 상황에 대한 아이러니가 개재되어 있다고 할 수 있다. 몰과 산파의 성공에는 여성이 자립하기 위해서는 정직하고 떳떳한 노동이 아닌 매춘이나 절도 등 사회의 규범에서 벗어난 비정상적인 방법을 사용해야 한다는 당대의 현실상에 대한 고발이 함축되어 있다.

그런데 버지니아에서 랜카셔 남편과의 관계에서 보여지는바 아내인 몰이 주도적인 역할을 하게 될 때 행복한 결혼이 영위되고 남편이 꼭 재정적 안정을 제공해주는 근원일 필요는 없으며 여성 스스로 부와 안정을 추구할 수 있는데 그 방법이 합법적인 것일 수는 없다는 이야기는 당시 사회 체제에 대한 도전이자 위협이 된다. 또한 몰에게는 아버지 같은 존재가 없는 반면에 세 명의 어머니 즉 어릴적 몰을 키워준 유모, 몰이 임신해서 곤경에 빠졌을 때 도와주고 그녀를 능숙한 도둑으로 만들어 돈을 벌게 해준 산파, 그리고 유산으로 농장을 남겨 몰이 버지니아에서 성공할 수 있는 기반을 마련해준 생모가 있다는 사실에는 당대 가부장제 사회통념에 대한 비판이 들어 있다. 몰의 소외와 고통을 덜어주며 경제적 안정을 제공해주는 "여성들간의 유대"는 가부장제의 무력함에 대한 대안이 될 수 있기 때문이다(Chaber 219).

디포오는 몰의 실제 이야기 속에 함축된 사회비판을 노골적으로 드러내기를 원하지 않았다. 그래서 중산계층적인 가치관 및 사회 통념을 대표하는 편집자를 창조하여 그로 하여금 몰의 이야기를 수정하게 한다. 그 결과 편집자의 수정을 거친 이야기와 몰의 원래의 이야기 사이에는 모순과 갈등이 발생하게 된다. 이러한 이유로 디포오의 사회 비판 입장은 일관성이 없고 모호하게 보이는 것이다.

3) 두 이야기 사이의 모순 및 대립

(1) 두 이야기의 상호모순적인 공존

이 소설의 책표지 안에 들어있는 부제에 따르면 몰은 "뉴게이트 형무소 안에서 태어나 60년이라는 파란 많은 인생을 사는 동안 12년을 창부로 살고 다섯 번 남의 아내가 되고(그 중 한번은 친동생의 아내가 되고), 12년을 도둑질로 살고 8년을 중죄인으로 버지니아에 유배되어 살고 마침내 부자가 되어 정직하게 살다가 참회하고 죽은" 여성이다. 몰의 인생은 사회적인 규범과 법규에 어긋나는 행위로 점철되어 있다. 이러한 몰의 이야기가 펼쳐지기 전의 '서문'에서 편집자는 주인공 몰을 빛나가게 한 계기와 환경, 그리고 범죄에 손질을 가해 새롭게 포장했음을 공언한다. 도덕적이고 종교적인 목적을 위해 본래의 내용을 수정했음을 시인하는 것이다. 편집자는 진실한 역사를 있는 그대로 보여줌으로써 참회를 설명하고 그것에 가치를 부여하기 위해서 몰의 이야기를 펴낸다고 밝히면서 독자들이 허구인 주인공의 인생보다는 하나의 본보기로서의 몰의 인생이 갖는 교훈적인 내용에 더 많은 관심을 기울여 줄 것을 희망한다. 몰의 이야기를 종교적인 용도로 실생활에 적용하기를 원하는 것이다. 이 대목은 편집자가 청교도 중산계층을 대표한다는 사실을 시사한다.

> 독자들이 이야기보다는 도덕에, 진술보다는 응용에, 그리고 쓰여진 인물의 생애보다는 작가의 목적에 더 흥미를 가져주기를 기대한다. (29)
> 이 책을 독자들에게 추천하는 것은 이 작품의 모든 부분에서 독자들이 무엇인가를 배우고 … 올바른 종교적 추론을 이끌어 냄으로써 무언가 교훈을 얻을 수 있게 하기 위해서다. (30)

이와 같이 '서문'에서 도덕적 목적이 강조되고 있기 때문에 편집자를 작가와 동일시할 경우 평자들의 반응은 두 갈래로 나뉜다. 한 부류는 편집자의 청교도적 발언을 액면 그대로 받아들이며 그것을 디포오의 도덕적 태도와 동일시한다. 그들은 디포오를 청교도 전통에 입각해서 도덕성을 고양하려는 작가로 분류하고 밀턴, 번연 등과 연결시킨다. 그런가 하면 매번 진지하게 회개하면서도 개선된 모습을 보여주지 않는 몰 자신의 도덕적 태도만큼이나 디포오의 태도 또한 애매모호하다면서 그의 태도를 신뢰하지 않지만 그와 동시에 그것이야말로 이 소설의 재미라고 치켜세우는 평자도 있다(Kettle 56).

'서문'의 이 부분은 본문 중에서 "내 인생의 이야기를 출판하는 것은…도덕성을 위해서다. 혹은 모든 독자들에게 교훈, 주의, 경고를 주기 위해서(303)"라는 몰의 말에서도 그대로 반복된다. 그렇지만 이것은 몰이 실제로 한 말이기보다는 편집자의 목소리가 개재되어 있는 말로 보아야 한다. 그 이유는 몰이 다른 부분에서 이러한 언급과 모순 되는 태도를 보이며 더 나아가 이를 은근히 조롱하기 때문이다. 가령 몰은 자신의 이야기에서 독자들이 교훈을 얻기 바란다고 말하면서도 마치 사악한 것을 좋아하는 독자들을 농락하기라도 하듯이 랜카셔 남편의 회개에 대한 내용을 더 말할 수 있지만 이것이 사악함을 기술하는 것보다 재미가 없기 때문에 그만 두겠다고 말한다. 이는 점 잖은 척하며 도덕성을 강조하는 중산계층의 독자들이 오히려 사악한 내용을 더 좋아한다는 사실을 꼬집는 말이다. 이런 식의 언급은 몰이 '진정한 회개자'가 된 것처럼 이야기하고 영혼의 감동을 받았다고 말하면서도 실상은 그렇지 않음을 은근히 내비치고, 독자 또한 도덕적인 이야기를 좋아하지 않을 것임을 확신한 채 그들을 조롱하는 다음의 대목에서 또 한번 반복된다.

> 어쩌면 이러한 이야기는 본질적으로 이 책의 목적과 부합되지 않으며 지나치게 포괄적인 것인지도 모른다. 특별히 나는 내 이야기 중에서 사악한 부분을 좋아하고 즐기는 사람들이 나에게 있어서 가장 유익했고 나의 인생에서 가장 중요했던 그리고 다른 사람들에게 교훈을 주는 이러한 이야기를 좋아하지 않으리라고 생각한다. … 사람들이 범죄를 저지르는 것만큼 회개를 좋아하지 않는다는 말은 지독한 풍자가 될 것이다. (273)

여기에서는 몰이 실상은 회개 등의 도덕적인 문제에 별 관심이 없다는 사실이 시사된다. 편집자도 '서문'에서 몰의 원래 이야기가 "그녀가 그렇게 된 것처럼 행세하는바 이제는 회개해서 겸손해진 사람의 글이 아니라 아직 뉴게이트에 있는 사람의 언어로 쓰여져(28)" 있기 때문에 단순히 몰의 이야기 스타일을 다듬고 어휘상의 변화를 가한 것이 아니라 내용을 가다듬었음을 밝히고 있다. 바꿔 말하면 편집자 스스로 도덕에 치중한 자신의 이야기와 몰의 실제 이야기가 같지 않고 그 결과 두 개의 이야기가 공존하고 있음을 분명히 인정하는 것이다.

이 소설에서 편집자가 부여한 이야기의 틀과 몰의 실제 이야기의 내용은 상호 모순 된다. 편집자는 도덕성을 강조하기 위해서 몰이 느끼는 양심의 가책이나 회개를 부각시킨다. 반면 실제로 몰의 이야기에서 중시되는 것은 물질적인 이익추구이다. 몰의 실제 이야기에서는 가혹한 경제 논리에 의해 지배되는 냉혹한 사회상이 사실적으로 제시된다. 반면 편집자는 사건들을 신의 섭리나 악마의 소행으로 설명하는 등 초자연적인 면에 입각해서 해석하려 한다. 따라서 편집자가 붙이는 도덕적 평은 서술 안에 스며들어 있지 않고 서술에 단지 부착되어 있고, 지속적으로 나타나는 도덕적 어조는 전체 이야기 내용과 일관성 있게 부합되지 않는다. 이 소설이 일관성을 결여한 것으로 보이는 이유는 상호 모순 되는 두 개의 이야기가 공존하고 있기 때문이다.

편집자의 이야기 틀을 구성하는 것은 몰의 죄악과 그 다음 이어지는 회개이다. 몰은 최고의 이익을 가져다 줄 것으로 생각되는 일을 서슴치 않고 하지만 다른 한편으로는 경건하게 자책하는 것으로 그려진다. 영적인 문제와 물질적 문제가 복잡하게 결합되어 있는 이러한 서술구조 때문에 이 소설에서는 "고상한 동기"와 "저급한 동기"가 똑같이 취급되었다는 지적도 있었다(Watt. Price 8 재인용). 그런데 몰에게 있어서 회개는 자기합리화를 위한 수단이자 의례적인 습관에 불과하다. 예컨대 바쓰의 정부와 하루 밤을 보내고 난 후 몰은 두 사람이 "진심에서 우러난 회개의 눈물"을 흘렸다고 말하지만 곧바로 뒤를 이어, 회개함으로써 "도덕과 양심의 장애물이 제거되었으며" "앞으로 갈등을 겪어야 하는 어려움도 그만큼 줄어들게 되었"음을(125) 서슴치 않고 덧붙인다. 몰은 물건을 훔치고 나서도 신 앞에 회개하지만 가난과 궁핍이 그녀로 하여금 다른 어떤 것도 개의치 않게 만들었다면서 정당화한다. 불난 집에서 절도한 후에도 몰은 자신의 비인간적인 행위를 참회하지만 그것을 돌려주겠다는 참회 당시의 생각을 쉽게 잊어버린다. 몰이 나쁜 짓을 한 후 속죄하는 것은 그 일을 계속하기 위해서 자신의 마음속에 남아있는 일말의 양심과 타협하고 자신을 정당화하기 위한 것이지 진심으로 양심상의 갈등을 겪고 있는 것이 아니다. 회개와 반성이 그녀의 실제 행동에 거의 영향을 미치지 못한 채 그녀의 '죄'는 계속된다는 사실이 이를 반증한다. 회개 이후의 행동이 이전과 큰 차이를 보이지 않기 때문에 그녀의 행동양식에는 발전이나 개선이 없는 반복 동작만이 있을 뿐이다. 따라서 이 소설에서는 도덕적 언급은 많지만 진정한 도덕적 발견은 찾아볼 수 없다.

몰의 죄와 회개라는 개인사적인 면에 대한 편집자의 이야기 틀에 관한 한, 편집자와 몰의 이야기는 서로 모순 되는 하나 크게 대립되지는 않는다. 편집자가 겉으로는 도덕적인 면을 강조하지만 내심으로는 몰과 마찬가지로 회개를 자기합리화의 수단으로 이용하는 청교도 중산계층적인 특성을 지니고 있기 때문이다. 성을 초월한 한 개인으로서의 몰의 행위양식에 관한 한 그것은 편집자의 그것과 크게 다를 바가 없다. 따라서 몰과 편집자는 공히 중산계층적인 가치관을 비판하는 작가의 아이러니의 대상이 된다.

(2) 여성관에 있어서의 두 이야기 사이의 대립 및 충돌

한편 사회 경제라는 보다 넓은 차원을 배경으로 하여 성문제가 개재될 때 두 이야기 사이에는 커다란 균열이 생긴다. 편집자가 통념에서 벗어난 몰의 행위를 사회의 규범적인 여성관에 애써 짜 맞추려 할 때 두 이야기는 크게 충돌하는 것이다. 여성 문제에 있어서 중산계층 남성으로서의 자기중심적이고 편의주의적인 여성관을 지닌 편집자와 그러한 여성관에 구애받지 않는 몰은 서로 첨예한 대립 각을 이루기 때문이다. 몰의 실제이야기는 편집자의 이야기 틀을 구성하는 관습적인 여성관을 전복하는 역할을 한다. 따라서 몰은 어느 정도는 작가의 공감과 동정을 확보한다. 반면 여성문제가 개입되는 한 작가의 직접적인 아이러니의 대상은 편집자다.

몰은 범법자로서 사회 밖에 머무르는 존재로서 생활하였지만 결국 행복한 결혼생활을 영위하게 되는데, 이때 몰을 제미와 재결합시킨 요인은 돈이 아니라 지극히 여성적인 속성인 인간적인 애정이나 동정인 것으로 설명된다. 몰이 제미를 진정으로 사랑했기 때문에 뉴게이트에서 재회한 그와 함께 식민지로 왔다는 것이다. 이렇게 하면 몰의 인생역정은 그녀가 여성으로서 적당한 행위를 배워 기존 사회 체제에 편입되는 과정으로 보일 수 있게 된다. 그렇지만 버지니아에서 아들 험프리의 극진한 환대를 받으면서 몰은 제미를 데려오지 말았어야 했다고 생각한다. 이 장면은 몰이 제미를 그다지 각별하게 생각한 것은 아님을 확인해 준다. 몰이 제미에게 특별한 애착과 사랑을 느낀 것인 양 보이게 하기 위해서 두 사람의 관계는 초자연적인 에피소드를 통해 설명되기도 한다. 제미가 재산이 많다고 거짓말하여 몰을 속인 후 그 행위를 속죄하는 격정적인 편지를 남기고 떠났다가 그녀 앞에 다

시 나타나는 장면이 그 하나의 예이다. 제미는 돌아온 이유로서 그가 떠난 것을 진정으로 아쉬워하는 몰의 목소리를 일종의 텔레파시로 들었다는 사실을 든다. 제미에 대한 각별한 사랑 때문에 몰은 제미와의 사이에서 태어난 아이를 특별히 사랑했다는 묘사도 뒤따른다. 몰은 그 아이와 헤어져야 한데 대해 깊은 고뇌와 죄책감을 느낀 것으로 거듭 강조되는 것이다. 그러나 몰은 유모를 구하게 되자 "나의 염려는 끝났다. 이제 내가 할 수 있는 일을 가로막는 것은 없어졌다"고 생각하며 자유로움을 느낀다. 따라서 몰이 제미의 아이에게 특별한 애정을 느꼈다거나 그를 특별히 사랑했다고 할 수는 없다.

또한 표면상으로는 몰과 제미가 결국 사랑과 돈이라는 두 개의 조건을 다 만족시킨 상태에서 이른바 '이상적인' 결합을 성취했다고 보여진다. 그렇지만 두 사람 관계는 아이러니하게도 당대 사회에서 규정하는 '이상적인' 관계가 아니다. 일반적으로 돈과 지위를 갖춘 남성에 의지하고 사는 것이 여성의 안정과 평온을 가져온다고 간주되었는데 반해 이 결혼에서는 제미가 부유하고 능력 있는 아내 몰에게 의존하고 있기 때문이다.

표면적인 이야기 틀에 의하면 몰은 처음에는 순진하고 낭만적인 처녀였는데 여러 가지 경험을 겪으면서 냉혹하고 현실적인 여인으로 변화해간다. 몰은 여성적인 속성을 많이 지닌 인물로 보여지는 것이다. 콜체스터 시장의 장남과의 관계에서도 몰이 그에게 낭만적인 사랑을 품었던 것으로 묘사된다. 몰은 사랑의 열병 때문에 앓아누울 정도로 그를 정열적으로 사랑했고 그 때문에 그 남자의 배신이 몰에게 깊은 상처를 주었다는 것이다. 그래서 실연당해 고통 받는 몰의 모습이 장황하게 묘사된다. 그렇지만 실제의 몰은 처음부터 순진하거나 감상적이지 않고 계산적이고 현실적인 인물이다. 예컨대 몰과 장남과의 관계는 육욕적이고 금전적이다. 몰은 장남의 유혹에 빠져들어 갈 때 정절에 대해서는 생각해볼 여유도 없이 그가 자신에게 필요한 자유를 줄지도 모른다고 기대한다. 몰은 애초에 정조를 별로 중시하지 않았으며 오로지 돈과 그것이 가져다 줄 자유에 관심이 있었다. 몰은 당시 장남이 자신을 정부로 만든 후로는 정식 부인으로 맞이하겠다는 말을 한 번도 하지 않았지만 애정도 줄지 않고 금전적 지원을 아끼지 않아 불만이 없었다고 말하는데 이 부분이 이 사실을 반증한다. 장남이 준 금화에 매혹되어 그녀는 순결성 상실이라는 파멸을 피할 궁리를 하기 보다는 오히려 파멸을 원했던 것이다(49). 그녀는 자신의 부도덕성과 분별없음을 후회한다고 하면서도 만일 그녀가 장남의 뜻을 알았더라면 즉시 결혼할 것을 명시한다거나 결혼까지 부양하도록 하는 조건을 내걸었을 것이라고 말할 정도로 현실적이다. 랜카서 남편에 대해서도 몰은 자신의 돈에 눈독을 들이는 남편을 애처롭게 여기며 철저히 돈을 감춘다. 또한 랜카서 신사가 재력가로 보이자 정직하고 충실한 은행원을 가차 없이 버릴 정도로 몰은 언제든지 더 실질적인 가치가 있는 사람을 선택할 준비가 되어 있다.

　몰의 여성적인 면의 하나로서 감상적인 애정 또한 강조된다. 몰은 "이 부분을 읽는 독자 중 자식이 있는 어머니는 감정을 자제해야 하는 내가 얼마나 괴로워하는지를 이해할 것"이라고 말하는 등 험프리에게 각별한 애정을 느낀 것으로 묘사된다. 그렇지만 이는 몰이 처음 근친상간이라는 사실을 발견했을 때 합법적인 아들이 아니라면서 주저 없이 험프리를 버리고 떠났던 사실과 대조되기 때문에 그 진실성이 의심스럽다. 또한 몰이 아들에게 표현하는 모든 '애정'에도 불구하고 실제로 드러나는 그들의 관계는 사무적이다. 특히 돈이 개입되는 한에 있어서는 더욱 그러하다. 어머니와 아들의 사이인데도 아들은 유산에 관한 증여문서를 가져올 때 공중인을 데려오고 농장 관리를 위임받으면서는 계약서와 인장을 가져와서 사인한다. 그는 관리를 맡게 된 농토에서 수확된 농작물에 대한 돈을 몰에게 갖다 주면서 영수증을 해달라고 한다. 두 사람의 관계 묘사에는 상업적인 표현이나 어휘가 사용되기 때문에 몰이 험프리에게 진정한 사랑을 느꼈다고 하기는 어렵다.

실제로 몰이 가장 가치를 두는 것은 돈임에도 불구하고 표면상으로는 남성들의 인간적인 매력이나 유머감각 또는 신사도에 이끌린다고 묘사된다. 랜카서 남편이 그녀를 사로잡은 것은 씩씩한 태도, 명랑함, 관대함, 그리고 유머 감각과 명예를 존중하는 정신 등 인간적인 매력이라는 것이다. 바쓰의 신사와의 관계에서도 돈이기보다는 인간적인 우정이나 유머감각 등이 그들의 관계를 촉진시킨 것으로 언급된다. 몰은 그 신사에게 육체적 관계를 허용하게 된 동기에 돈의 위력이 결정적으로 작용했음을 인식하지 못한 것으로 묘사된다. 가령 신사의 침대에서 돈을 둘러싸고 벌어지는 장면이 실제로는 그녀가 금권의 지배력 아래 놓이게 된다는 사실을 드러내고 있음에도 불구하고, 몰은 그 장면을 길게 묘사한 이유가 그 신사의 유머감각이나 대화방식을 보여주기 위해서라고 말한다. 그렇지만 사실 그녀는 그를 처음 만난 순간부터 "그가 동침을 요구했다면 나는 그 제의에 동의했을 것임을 고백하고자 한다. 그러나 그것은 그의 도움을 받기 위해서였을 것이고 그를 차지하기 위해서는 아니었다"(128)고 고백하는데 이를 보면 몰이 처음부터 그의 정부가 됨으로써 경제적 안정을 얻어 보려 했음을 알 수 있다. 몰은 바쓰의 신사와의 관계를 계기로 창녀 생활을 시작하게 되는데 이는 세 번째 남편이 남동생이었음을 발견한 후 결혼이 결코 사회적, 경제적 안정을 보장해 주는 최선책이 되지 못함을 알게 되었기 때문이다. 이후 몰에게 주요한 것은 결혼이 아닌 금전 그 자체가 된 것이다.

　실제의 몰은 일반적인 여성관에 부합되지 않는다. 그녀는 수동적으로 행위를 당하기보다는 결혼 그 자체를 지배함으로써 사회에 힘을 행사하려 한다(Rcichetti 34). 몰은 콜체스터의 시장 집 딸들로부터 들은 바 결혼을 좌우하는 것은 돈이라는 사실을 여러 경험을 통해서 직접 확인하고 또 주조소에서 정치적인 목적이 우선하는 결혼 풍속을 목격하면서 돈만을 중요시하는 행동양식을 습득한다. 그 후 몰은 남성들이 여자들의 돈을 노릴 때 사용하는 방식을 역으로 그들에게 이용하여 적극적으로 사기를 치기도 한다. 몰은 빈축을 살만한 행위를 할 때에도 그것이 실질적인 이익이 된다고 생각하면 주저 없이 행하고 적극적으로 이익을 추구한다. 그럼에도 불구하고 표면적인 이야기틀에 의하면 몰은 자신의 의지와는 무관하게 가난이라는 악마의 유혹에 굴복해서 절도한다. 따라서 중요한 순간에 몰은 아주 수동적인 존재로 그려진다. 몰은 탐욕 때문에 절도를 계속하는 데도 상황이나 환경 탓에 어쩔 수 없이 법에 어긋나는 행동을 하는 것처럼 묘사된다. 따라서 몰은 자신의 의사에 따라 자유롭게 행동하는 것처럼 보이기도 하고 동시에 어쩔 수 없는 상황 때문에 행위를 하는 것처럼 보이기도 하는 모순적인 인물로 나타나는 것이다. 몰이 일관성 없는 인물로 보이는 것은 바로 편집자의 이야기와 몰의 이야기가 서로 대립되기 때문이다.

　편집자의 이야기 틀 안에서 몰의 행위를 이해한다면, 그녀가 구체적으로 여러 행위를 할 때 보여준 적극성이나 활력, 풍부한 상상력을 가지고 모험에 뛰어드는 열정 때문에 그녀는 독자로부터 거부감을 불러일으키지 않게 된다. 따라서 조이스나 포크너 같이 여성을 찬양하기도 하고 또 다른 한편으로는 여성을 경멸하기도 하는 남성 독자들이 몰에게 매혹당한다(Bloom 3). 또한 몰은 절망적인 상황에 굴복하지 않았을 뿐이지 결코 여성의 역할이 요구하는 바를 회피하지 않았다는 해석도 내려질 수 있게 된다(Lerenbaum 51). 당대 사회 체제를 위협하는 여성인 몰을 통념적인 여성관에서 크게 벗어나지 않는 인물로 형상화하는 편집자의 이야기 때문에, 몰의 실제 이야기에 함축된 사회 제도 및 체제에 대한 도전성이 약화되는 것이다.

4) 맺음말

이중구조는 당대 사회를 간접적으로 비판하려 하는 디포오의 목적을 달성하는데 아주 효과적으로 기여한다. 디포오는 청교도적 도덕관을 갖는 편집자를 창조하여 규범과 법규에서 벗어난 행위로 점철되어 있는 몰의 이야기를 수정하게 함으로써 일견 그 자신도 당대 중산계층적인 가치관을 그대로 수용하고 있는 듯한 태도를 보인다. 그렇지만 디포오는 편집자의 수정을 거친 이야기와 몰의 실제 이야기가 서로 모순 되고 대립됨을 보여줌으로써 편집자의 이야기를 전복한다. 그 결과 편집자가 대표하는 중산계층의 이율배반적인 가치관이 비판된다. 디포오는 물질적 투쟁과 획득으로 점철되어 있음에도 불구하고 겉으로는 도덕성을 강조하는 등 위선과 자기합리화로 무장한 사회의 자기만족적인 가치체계를 전복하는 것이다.

예컨대 디포오는 편집자로 하여금 '서문'에서 "처참한 환경에서 우리를 구원해주며 가장 비천해 보이는 인간을 그 곳에서 다시 우뚝 서게 만들며 새로운 삶을 영위하게 하는 것"은 "불굴의 근면(31)"이라는 식으로 몰의 성공담을 설명하게 한다. "불굴의 근면"을 식민지에서의 몰의 성공의 열쇠인 것처럼 묘사하여 몰의 성공이 범죄나 부도덕성과 관계가 없는 것으로 보이게 하는 것이다. 몰이 부를 축적할 때 사용한 불법적인 수단이 사회의 일반 독자들에게 용인되기 어려움을 인식했기 때문이다. 그렇지만 몰의 실제이야기에 의하면 식민지에서 몰이 부와 안정을 획득하는 원동력은 노동과 근면이기보다는 돈의 자생력이다. 몰은 생모로부터 받은 재산을 임차하여 소득을 올린다거나 절도라는 부정적인 방법을 통해 축적해 둔 재산으로 식민지에서 부자가 될 수 있는 토대를 마련하기 때문이다. 이와 같이 편집자의 이야기를 전복함으로써 디포오는 진실을 외면하려 하는 편집자와 그가 대표하는 중산계층을 풍자할 수 있게 된다.

편집자로 대표되는 중산계층 남성들의 자기중심적이고 편의주의적인 여성관은 그들의 이율배반적인 가치관보다 더 강력한 비판 대상이 된다. 가령 디포오는 편집자를 통해 로맨스에 대한 당대 사회의 일반적인 시각을 풍자한다. 편집자는 몰의 이야기가 "진정한" "개인사" 그 자체라기보다는 "로맨스"와 더 연관성이 있음을 암시한다(28). 또한 그는 몰의 이야기가 말년까지 다루고 있는 것은 아니라면서(32) 그녀가 끝내 행복한 삶을 영위했는지의 사실성 여부에 관해서 의문을 표한다. 동시에 편집자는 "몰이 식민지에서의 생활을 매우 즐겁고 만족스러운 것으로 기록하지만 다른 사람들의 입에서는 그렇게 우아했던 것으로 묘사되지 않았다(32)"고 지적하면서 몰의 이야기를 신빙성이 없는 비현실적인 허구로 만들어 버린다. 물론 몰의 이야기에 로맨스적 요소가 개재되어 있기는 하다. 그 대표적인 것이 유배형과 유배생활을 둘러싼 성공담이다.[16] 유배지는 영국 사회의 실제 상황에서

---

16) 17세기 후반부에 사법적 징벌이 된 유배형은 1719년 '유배령'(Transportation Act)을 계기로 하나의 체계로 정비되었는데 이에 따르면 중죄를 짓고 사면된 사람들에게는 14

동떨어진 곳이라는 점에서 몰의 성공은 일종의 소원성취적인 로맨스가 될 수 있다. 몰의 이야기에서 식민지는 마치 희망이 실현되는 이 상향처럼 묘사되기도 한다. 버지니아의 생모에 의하면 유배 온 죄수들은 강제 노역 기간이 지나면 자신이 원하는 바에 따라 어디든지 가서 담배나 옥수수를 재배하는 농장 일을 시작할 수 있다. 그래서 뉴게이트의 감옥 죄수들이 부자가 되기도 했고 고위직 공무원과 치안판사 등 대단한 사람으로 바뀌게도 되었다는 것이다. 몰이 식민지에서 경제적 부와 사회적 안정을 성취한 것은 바로 이러한 꿈이 실현된 결과로 보이게 된다. 그렇지만 현실적으로 볼 때 식민지에서 성공하기는 어려웠다. 도제제도에 매인 노역예속의 형태로 유배되어야 했던 죄수들은 "숲과 황야, 예속과 고된 노동"으로 상징되는 미국으로의 유배형을 매우 꺼렸으며 외국에 유배되는 것보다는 차라리 고국에서 교수형에 처해지기를 더 선호했다. 몰 자신도 유배형을 탐탁치 않게 생각하는 말을 한다(275). 실제로 14년이라는 유배형 기간 전에 영국으로 되돌아오는 것은 중죄였음에도 불구하고 유배 갔던 죄수들은 중형을 각오하면서까지 다시 영국으로 돌아와서 처형당하곤 했다. 이 사실은 대다수 죄수들의 경우 식민지에서의 유배 생활이 불안정했음을 의미한다. 따라서 식민지에서의 성공담에 관한 한 그것은 편집자의 지적대로 로맨스적인 허구에 가깝다.

그렇지만 문제는 편집자가 가부장제 사회를 붕괴시킬 수 있는 요소를 다분히 지니고 있는 몰의 이야기 전체를 로맨스와 연관시키면서 이를 수정한다는 사실에 있다. 편집자가 보기에는, 바쓰의 신사나 은

년을, 그렇지 않은 사람들에게는 7년 형이 선고되었다. 유배지인 미국까지 배를 타고 가는 데는 8주에서 12주가 걸렸으며 그 과정에서 질병이나 선상반란으로 20% 이상이 죽었다. Smith 참조.

행원과의 관계에서 보여지듯이 남성을 조종하는 지배력을 보여주는가 하면 '돈이 많은 척' 하면서 여자의 돈을 노리는 남성들을 속이기도 하고, 버지니아에서 제미와의 결혼 생활에서는 실제적인 일은 자신이 주도하여 처리하는 등 남녀관계에 있어서 우월한 위치를 점하기도 하는 몰의 모험담은 가부장제 사회에 대한 도전이다. 그래서 편집자는 규범과 법규에서 벗어난 행위로 점철되어 있는 몰의 이야기를 여성의 소원성취적인 로맨스로 보면서 경계하는 것이다. 이는 로맨스를 배격하던 당대 사회의 일반적인 태도를 대표한다. 당대 사회에서 비현실적인 낭만적 세계가 평가 절하된 이유는 그것이 가부장적 가치관이 팽배한 현실 세계를 있는 그대로 묘사하지 않는다는 점에서 가부장제 대한 도전으로 간주되었기 때문이다. 디포오는 편집자에게 아이러니를 보냄으로써 당대 사회의 편협한 여성관을 비판한다.

디포오는 당대 사회를 비판적으로 풍자하는 자신의 입장을 분명히 표명하기를 바라지는 않았지만 그러면서도 독자가 이중구조 안에 숨어있는 자신의 진정한 목소리를 감지해내기를 원했다. 그래서 두 이야기 사이의 모순 및 대립을 보여줄 뿐만 아니라 사건이나 인물들을 과장하거나 희화화하여 전반적인 서술을 부자연스럽게 만들기도 한다. 예컨대 몰의 다양한 인생 역정 속에는 부와 안정된 사회적 지위를 희구하는 중산계층의 욕구와 거기에 도달하기 위해 그들이 사용하는 방식이 과장되어 나타나고, 몰을 포함하여 랜카셔 남편 그리고 몰과 관계를 맺는 신사들은 희화화되어 있다. 이와 함께 몰이 처한 사회 경제적인 상황은 아주 사실적으로 묘사되었으면서도 몰이 그 상황을 뚫고 나오는 데는 믿기 어려울 정도로 행운이 따른다거나, 사실적으로 묘사된다면 비극적으로 끝났을 몰의 인생이야기가 낭만적으로 행복하게 결말 맺어진다는 점은 부자연스럽다. 몰의 성공은 그녀가 강인한 생명력과 탁월한 적응력 그리고 어려운 상황에 처해도 유쾌한 기질과 생기를 잃지 않는 강한 의지의 소유자였고 아무리 비참한 신세가 되더라도 이런 기질들을 잃지 않는다는 사실 때문에 가능했다고 할 수 있겠다. 그렇지만 그 점을 감안한다 하더라도 그녀의 성공은 지나치게 행운에 의존한다. 이와 같이 몰의 성공담이 과장된 이유는, 당대의 사회 경제적인 상황 하에서는 몰처럼 행운이 따른다거나 법규에서 벗어난 방법까지도 사용해야 사회적, 경제적 안정을 획득할 수 있다는 사실을 보여줌으로써 역으로 여성이 처한 어려운 상황을 부각시키고 현실과 유리된 당대의 여성관을 비판하기 위해서라고 할 수 있겠다.

디포오는 편집자에게서 뿐만 아니라 몰에게도 일정한 거리를 두면서 진정한 자신의 목소리를 숨기는 이중구조를 통해 표면적으로는 초연한 입장을 취하면서도 실제로는 당대 사회체제나 가치관을 비판할 수 있었다. 이러한 서술구조는 독자의 참여를 강력하게 요구한다. 따라서 편집자와 거리를 두면서 아이러니를 보내는 작가 사이의 역학관계에서 조성된 팽팽한 긴장감과 그 안에 함축된 의미를 읽어낼 때 비로소 디포오의 사회비판적인 관점은 분명히 이해될 수 있게 된다.

< 인용문헌 >

Armstrong, Nancy and Tennenhouse, Leonard. Ed. *The Ideology of Conduct: Essays on literature and the History of Sexuality*. New York and London: Methuen, 1987.

Bell Ian A. "Crime and Comfort." *Daniel Defoe's Moll Flanders*. Ed. Harold Bloom. New York: Chelsea House Publishers, 1987: 95-111.

Bloom, Harold, Ed. *Daniel Defoe's Moll Flanders*. New York: Chelsea House Publishers, 1987.

Butler, Mary. "'Onomaphobia' and Personal Identity in *Moll Flanders*." *Studies in the Novel* 22 (4 Winter 1990): 377-88.

Chaber, Lois A. "Matriarchal Mirror: Woman and Capital in *Moll Flanders*." *PMLA* 97 (1 Jan. 1982): 212-23.

Defoe, Daniel, "An Essay upon Projects." *Selected Poetry and Prose of Daniel Defoe*. Ed. Michael F. Shugrue. New York: Holt, Rinehart and Winston, 1968.

Defoe, Daniel. *Moll Flanders*. New York: Penguim, 1978.

Drew, Elizabeth. *The Novel: A Modern Guide to Fifteen English Masterpieces*. New York: Dell Publishing, 1969.

Flynn, Carol Houlihan. "Defoe's idea of conduct: ideological fictions and fictional reality." *The Ideology of Conduct: Essays on Literature and the History of Sexuality*. Ed. Nancy Armstrong and Leonard Tennenhouse. New York and London: Methuen, 1987: 73-6.

Kahn, Madeleine. *Narrative Transvestism: Rhetoric and Gender in the Eighteenth-Century English Novel*. Ithaca and London: Cornell UP, 1991.

Kettle, Arnold. *An Introduction to the English Novel*. Vol. 1. London:

Hutchinson, 1961.

Kibbie, Ann Louise. "Monstrous Generation: The Birth of Capital in Defoe's *Moll Flanders and Roxana.*" *PMLA* 110 (5 Oct. 1995): 1023-34.

Lerenbaum, Mirian. "Moll Flanders: 'A Woman on her own Account.'" *Daniel Defoe's Moll Flanders*. Ed. Harold Bloom. New York: Chelsea House Publishers, 1987: 37-51.

Lovitt, Carl R. "Defoe's Almost Invisible Hand: Narrative Logic as a Structuring Principle in *Moll Flanders.*" *Eighteenth-Century Fiction* 6 (1 Oct. 1993): 1-36.

Macfarlane Alan, "Review of Lawrence Stone's The Family, Sex and Marriage in England 1500-1800." *History and Theory* 18 (1979): 119-20.

McMaster, Juliet. "The Equation of Love and Money in *Moll Flanders.*" *Studies in the Novel* 2 (2 Summer 1970): 131-42.

Pollak, Ellen. "*Moll Flanders*, Incest, and the Structure of Exchange." *The Eighteenth Century: Theory and Interpretation* 30 (1 Spring 1989): 3-21.

Richetti, John J. "The Dialectic of Power." *Daniel Defoe's Moll Flanders*. Ed. Harold Bloom. New York: Chelsea House Publishers, 1987: 19-36.

Rogers, Katharine M. "The Liberating Effect of Rationalism." *Feminism in Eighteenth-Century England*. Urbana: U of Illinois P, 1982: 62-71.

Scheuermann, Mona. "Women and Money in Eighteenth-Century Fiction." *Studies in the Novel* 19 (3 Fall 1987): 311-22.

Smith, Abbot Emerson. *Colonists in Bondage: White Servitude and Convict Labor in America 1607-1776*. Chapel Hill: UNC P, 1947.

Stone, Lawrence. *The Family, Sex and Marriage in England 1500-1800*. New York: Harper and Row, 1977.

Watt, Ian. *The Rise of the Novel*. New York: Penguin, 1972.

II. 19세기 영국소설

1. '성장소설' 형식에 담긴 의미: 『오만과 편견』

1) 머리말

  제인 오스틴(Jane Austen)의 『오만과 편견』(*Pride and Prejudice*)은 '성장소설'의 형식을 갖추고 있다. 엘리자베스(Elizabeth)은 다아시(Darcy)의 오만성이 사회적 지위와 재산을 지닌 남성이라는 사실에 기반을 두고 있기 때문에 정당한 것이라고 생각하게 되며 다아시 또한 사회적 지위와 경제력만이 중요한 것이 아니라 개인적인 장점 또한 가치 있는 것이라는 인식에 이른다. 이와 같이 '성장'한 결과 두 사람은 행복한 결혼에 도달하게 된다.
  오스틴 소설을 윤리적 관점에서 접근한 19세기 말까지의 비평가들은 이러한 내용에 도덕성과 교훈성이 담겨 있다고 해석한다. 그들의 입장에서 보면 이 소설은 18세기의 가치관과 사회 풍조에 비판적이던 엘리자베스가 결국 그 체제에 순응하게 됨을 보여주는 '성장소설'이고 작가 오스틴은 기존 체제를 수호하는 보수주의자이다(Simpson 332, Bradley 340). 이들 뿐만 아니라 오스틴의 소설을 당대 18세기 말의 사회, 역사적 문맥 속에서 이해해보려 한 1970년대의 비평가들도 오스틴의 사회관이 본질적으로 18세기적인 것이라고 간주하였다. 버틀러(Butler)는 오스틴의 소설이 에드먼드 버크(Edmund Burke)의 사상과 유사하게 보수주의적 색채를 띠고 있다고 보았다(Butler 95). 이들은 오스틴이 보수적인 세계관의 소유자였기 때문에 소설에 등장하는 인물들이 개인적 자유를 지나치게 주장하지 않을 만큼 성장하여 끝내는 사회에 복귀하는 것으로 소설이 결말 지워졌다고 분석한다.

이들의 입장과는 상반되게 어떤 비평가들은 그녀를 당대 영국의 사회 체제에 도전하는 전복자로서 본다. 오스틴이 18세기적인 가부장제 질서에 도전했다고 보는 여성론 평자들이 그들이다. 여성론 비평가들은 오스틴이 여성의 위치와 역할에 대한 당대 사회의 통념을 암묵적으로 비판하였으며 이를 신랄한 아이러니를 통해 작품에 표현했다고 지적한다. 이와 같은 맥락에서 오스틴의 작품을 읽을 수 있는 소지는 「쥬비닐리아」(Juvenilia)같은 개인적인 글 속에서 충분히 주어지고 있다. 이 글에 의하면 오스틴은 여성이 처한 암담한 상황을 예리하게 인식하고 있었고 여성에게 부과된 법규를 기꺼이 웃으면서 위반하려는 성향을 지니고 있었다. 1970년대 이후 쏟아져 나온 여성론 비평가들은 오스틴의 여성관이 18세기 계몽주의적 여성론의 연장선상에 있으며 여성에 대한 당대의 성 이데올로기를 뛰어넘는 매우 진보적인 것이라고 평가한다.

이러한 여성론 비평가들의 입장에서 볼 때 오스틴 소설의 낭만적 결말은 아주 불만족스러운 것이었다. 특히 이 소설이 가부장제 사회의 부르조아적 가치체계에 내재해 있는 개인주의적 관점과 전체주의적 계층구조 사이에서 노정된 이념적 모순과 갈등을 다루려 했다고 보는 푸비(Poovey) 같은 맑스주의적 여성론자나 로빈슨(Robinson)이나 뉴톤(Newton) 같은 사회주의적 여성론자들에게 있어서 경제적 여건이나 신분상 하위계층에 속하는 여성이 신데렐라적 결혼에 성공하는 해피엔딩은 당대 여성이 처했던 보편적 현실과는 거리가 먼 환상적 해결이었다. 이들은 소설의 후반부에 이르러 오스틴이 가부장제적 질서에 비겁하게도 순응한 것으로 보고 못마땅해 한다.

그런데 이 소설을 해석하는데 있어서 간과할 수 없는 것은 이 작품이 근본적으로는 활기 있고 발랄한 성격의 소유자인 여주인공 엘리자베스의 재치와 유머 그리고 서술자 내지는 작가의 아이러니와 풍자가 팽배한 일종의 희극 소설이라는 사실이다. 이 소설은 첫 장부터 당대 사회 현실, 그 가운데서도 특히 결혼을 둘러싼 문제에 대한 서술자의 희극적 풍자로 가득 차 있다. 서술자의 풍자와 아이러니는 표면적인 서술 내용 안에 감추어져 있는 의미를 반추해 보게 만든다. 그런데 후반부에서는 희극적 풍자의 분위기는 사라지고 주인공들의 내면적 성숙에 중점이 주어지면서 '성장소설'적인 성격이 강해진다.

본 논문은 이 소설이 근본적으로 희극 소설이라는 사실에 초점을 맞추어 희극적 풍자정신이 후반부의 '성장소설' 형식과 어떤 관계를 맺고 있는지를 고찰해 보고자 한다. 소설의 후반부에 이르러 오스틴이 전반부에서와는 달리 당대의 가치관을 받아들이고 있는 것은 사실이지만 후반부도 아이러니와 풍자로 가득 찬 이 소설의 희극적 구조 체계 내에서 그 원리를 따르고 있다는 전제하에 후반부의 표면적인 내용 안에 함축된 실제 의미를 찾아보려는 것이다.

이를 위해서 먼저 이 소설의 희극적 풍자를 통해 나타난 기존 사회 제도나 가치관 및 풍조에 대한 오스틴의 비판적 시각을 이해하고, 후반부에서의 여주인공 엘리자베스의 변모상과 이를 대하는 작가의 태도를 분석함으로써 작가의 비판적 입장이 작품의 전반부와 후반부에서 표면상으로 어떻게 변화되는지를 살펴보겠다. 그 다음 엘리자베스의 변모가 설득력을 가질 만큼 신빙성 있게 처리되었는지의 여부를 분석해 보겠다. 그럼으로써 후반부에서 보수적 태도를 보이면서 기존의 사회에 순응하는 듯한 오스틴의 표면적 태도가 실제의 태도와 부합되는 것인지 만일 그렇지 않다면 작가가 표면상으로 그러한 태도를 보여준 의도는 무엇이었는지를 밝혀보고자 한다.

2) 희극적 풍자와 아이러니

이 소설이 풍자와 아이러니로 가득 찬 희극이라는 사실은 "재산깨나 있는 독신 남자에게 아내가 필요하다는 것은 보편적으로 인정된 진리다"[1]라는 첫 문장부터 분명해진다. 이 문장은 표면적으로는 남자에게 아내가 필요하다는 내용을 담고 있지만 사실 소설의 실제 내용을 구성하는 것은 신부감을 찾는 남자들의 이야기가 아니라 돈 많고 지위가 안정된 신랑감들을 쫓는 여성들의 이야기이다. 이와 같이 소설의 표면적인 서술 내용과 그 안에 함축된 실제적 의미가 다르다는 사실에 아이러니가 있다. 그런데 더 나아가 이 문장은 독자가 아무런 의심 없이 받아들일 수 있도록 자신감 있게 진술되어 있어서 훨씬 더 아이러니해진다. 확신에 찬 이 문장은 독자로 하여금 아무런 의심 없이 그 "진리"를 받아들일 것을 요구하는 듯하다. 그러나 "보편적"으로 인정된 "진리"라는 다소 과장된 단어가 사용되었기 때문에 오히려

---

[1] Jane Austen, Pride and Prejudice (New York: Norton, 1966), 1. 이후 본문 인용은 이 책에 따르며 괄호 안에 면수만을 표기하기로 한다.

독자는 이 문장에 더욱 주의를 기울이게 되고 거기에서 작가의 아이러니를 간파해낼 수 있게 된다. 이와 같이 소설의 서두부터 풍자적 어조를 취함으로써 이 소설은 독자로 하여금 표면적인 내용 안에 함축된 의미를 읽어낼 것을 요구한다.

첫 문장에서 또 하나 주목할 것은 이러한 풍자와 아이러니의 대상이 당대의 결혼 문제라는 사실이다. 첫 문장은 아이러니를 통해 여성이 경제적, 사회적인 안정을 얻기 위해서는 돈 많고 지위 높은 남성과 결혼해야 한다는 여성의 절박한 상황과 이를 둘러싼 당대의 결혼 문제를 제기한다. 당대 사회에서 결혼은 하나의 게임이고 게임의 주체인 남성과 여성의 사회적인 위치는 확연히 구분되어 있다. 유리한 고지에서 선택하는 사람은 남성이고 여성은 돈 많고 지위 높은 남성들에게 선택될 수 있는 바람직한 자질을 전부 구비한 채 선택되기를 기다리는 수동적인 존재이다. 이러한 남녀관 및 결혼 양상이 당대 사회의 규범인데 오스틴은 그 규범 자체를 아이러니의 대상으로 삼는다.

여성에게 있어서 남성은 "재산"으로서의 의미가 크다는 사실을 내포하고 있는 그 다음 문장들은 결혼에 있어서 경제력의 문제를 중요하게 부각시킨다. 이는 일견 낭만적인 사랑과 결혼을 취급할 것임을 시사하던 첫 문장과 대립된다. 따라서 이 소설이 다루는 결혼 문제에는 낭만적 사랑과 돈이라는 두 개의 서로 갈등하는 관점들이 병치되고 이 두 관점의 대조에서부터 함축되어 있는 이 긴장은 궁극적으로 돈이 남성에 의해 지배되는 사회 안에서 여성이 차지하는 실제 위치는 무엇인가 하는 여성문제를 제기한다고 할 수 있다. 또한 이것은 결혼에 있어서 낭만적인 사랑의 중요성이 표방되기는 하지만 실제로 중시되는 것은 경제력이라는 현실에 대한 풍자를 함축할 수 있게 된다.

첫 부분에서 함축적으로 시사된바 남편은 합법적 재산이고 그 재산을 쫓는 것이 여성의 필연적 운명이라는 당대 사회의 보편적 결혼관에 대한 서술자의 풍자적 관점은 첫 장에서 바로 베넷(Bennet)씨와 베넷 부인 사이의 대립상을 통해 극화된다. 베넷 부인은 결혼 문제에 있어서의 당대 규범을 내면화하여 딸의 적당한 혼처를 찾는 것을 지고의 과업으로 여기는 여성이다. 베넷씨는 베넷 부인을 조롱하는 가운데 이 규범의 '진실성'에 도덕적으로 의문을 제기하는 인물로 형상화된다. 그렇지만 베넷씨는 결혼에 관한 당대의 보편적 진실에 대해 서술자와 비슷한 시각을 지녔음에도 불구하고 서술자의 풍자적 시각을 대변할 수 있는 인물이 되지 못한다. 베넷씨의 풍자는 구체적인 현실에 연루되지 않으려는 도피 성향에서 비롯되는 것으로서 거기에는 냉소적인 절망감이 깔려 있기 때문이다.

베넷씨와 더불어 당대의 통념을 풍자할 수 있는 인물은 엘리자베스이다. 엘리자베스의 조롱과 풍자는 아버지 베넷씨의 그것과는 달리 냉소주의에서 비롯된 것이 아니므로 그녀는 결코 선하고 올바른 것을 조롱하지 않으며 나름의 철학에 따라 절제하며 풍자한다. 엘리자베스는 첫 문장에 함축된 서술자의 아이러니한 관점과 유사한 시각을 지닌 인물이다. 그러므로 당대의 보편적 통념에 대한 엘리자베스의 태도를 주목하는 것은 이 소설의 희극적 풍자와 주제 전개를 이해하는데 매우 중요하다고 할 수 있다.

엘리자베스가 당대의 일반적 기준을 풍자할 수 있는 것은 그녀가 당시의 보편적인 여성상에서 크게 벗어나는 인물이기 때문이다. 그녀는 아름답고 수동적이며 천사처럼 착하기만 한 제인(Jane)을 통해 제시된 18세기적 이상화된 여성상과는 다른 새로운 유형의 인물이다. 엘리자베스는 여성에게 부과된 사회 기준에 따르지 않고 자기 자신의 지성과 이성 그리고 분별력에 따라 판단하고 행동한다. 예컨대 엘리자베스는 언니 제인이 캐롤린 빙리(Caroline Bingley)양의 저녁 식사 초대를 받고 네더필드(Netherfield)에 가던 중 소나기를 만나 감기로 앓아눕게 되자 제인을 문병하러 3 마일의 진흙탕 길을 걸어가는 것도 불사하는 적극성을 보인다.

엘리자베스는 빙리 자매의 거만함과 캐서린 영부인(Lady Catherine)의 무례함, 그리고 자기 자매들의 도덕적 무모성 및 아버지가 가정사에 무관심한 사실 까지도 간파해내는 분별력과 더 나아가 이를 웃어 넘길 수 있는 여유와 용기를 지니고 있다. 이러한 엘리자베스를 통하여 결혼 문제를 둘러싼 당대 사회의 보편적인 가치관 및 풍조와 이에 대한 비판과 풍자가 서로 병치, 대조되는 가운데 아이러니에 가득 찬 문제 제기가 이루어진다. 이는 콜린즈(Collins)와 다아시라는 두 남성과 그들에게 당당하게 맞서 그들의 청혼을 거부하는 엘리자베스 사이의 갈등과 충돌 장면을 통해 잘 극화되어 있다. 두 남성에 대한 엘리자베스의 거부가 보다 중요하게 부각될 수 있는 이유는 그녀에게 불리한 경제적 상황 때문이다. 베넷 가의 다섯 딸 중의 하나로서 엘리자베스는 연수 2000 파운드인 아버지의 재산이 한정상속이 되기 때문에 재산 있는 남자와 결혼하지 않고 노처녀로 남을 경우 1년에 50 파운드만을 받으며 어머니인 베넷 부인과 사는 길만이 남아 있다.

콜린즈는 한정상속법에 따라 베넷 가의 재산을 상속받게 될 인물이다. 그는 베넷 가의 딸들 중의 하나와 결혼하는 것이 자신으로서는 베넷 가에 큰 은혜를 베풀어주는 일로 생각하고 엘리자베스가 자신의 청혼을 감사하는 마음으로 받아들일 것임을 추호도 의심하지 않는 인물이다. 그는 경제적 사회적 배경이 결혼 문제에 가장 중요한 요소라는 당대의 보편적인 결혼관을 마음속에 굳게 내면화한 채 사회적 권력을 갖고 있는 남성인 자신은 어떤 여성도 쉽게 조종할 수 있다는

'오만'을 지니고 있는 것이다. 그러나 엘리자베스는 그녀가 경제적으로 자신에게 종속될 수밖에 없는 현실을 강조하는 콜린즈의 청혼을 당당하게 거절해 버린다.

당대의 결혼 규범에 대한 엘리자베스의 비판적인 태도는 콜린즈와의 결혼을 결심한 친구 샤롯(Charlotte)에 대한 평가에서도 잘 나타난다. 콜린즈는 엘리자베스에게 거부당하자 곧 바로 샤롯에게 청혼하는데 27세의 노처녀로서 결혼을 하지 않을 경우에는 오빠에게 의탁해야만 하는 처지에 처해 있던 샤롯은 궁핍으로부터 벗어나게 해줄 수 있는 콜린즈와의 결혼을 선택한다. 엘리자베스는 지성적인 친구로 여겼던 샤롯이 콜린즈의 청혼을 수락하자 실망하고 분개한다.

> 상당한 시간이 지나자 그녀는 전혀 어울리지 않은 결혼이라는 생각을 수정하고 그 생각과 타협하기 시작했다. 콜린즈 씨가 3일 동안에 두 차례의 청혼을 했다는 사실도 예사롭지 않았지만 그의 청혼이 지금 받아들여졌다는 사실은 훨씬 더 이상한 일이었다. 그녀는 항상 혼인에 대한 샤롯의 견해가 그녀 자신의 그것과 정확하게 똑같다고는 생각지 않았지만 …그녀(샤롯)는 세속적인 이득을 위해서 모든 좋은 감정을 희생할 수 있었을 것이다. 콜린즈 씨의 아내로서의 샤롯의 모습을 그려본다는 것은 아주 모욕적인 일이었다. (88)

엘리자베스가 보기에 샤롯이 자신의 감정적인 문제를 도외시하고 "단지 경제적인 안정을 얻기 위해" 콜린즈와의 결혼을 승낙한 것은 그녀가 당대의 보편적인 결혼관에 굴복해 버렸음을 의미한다. 그런데 샤롯에 대한 엘리자베스의 분노는 그녀 자신을 이해하는 데도 중요한 단서를 제공한다. 엘리자베스가 그토록 실망하는 이유는 샤롯의 선택이 엘리자베스 자신 또한 사회 경제적으로 남성에게 종속된 계층이라는 결정론적 인식을 상기시켰기 때문이라고 할 수 있다. 엘리자베스는 자신이 처한 상황과 그 상황의 부당성을 예리하게 인식하고 있었기 때문에 샤롯이 결정론적 상황에 굴복해 버린 것을 보고 분개한 것이다. 그런데 이러한 분노의 기저에는 여성에 관한 결정론의 희생자라고 할 수 있는 샤롯에 대해 엘리자베스가 같은 여성으로서 느끼는 아픔이 짙게 배여 있다고 할 수 있다. 따라서 엘리자베스가 샤롯을 "이기적"이라고 부른다는 사실에는 굉장한 아이러니가 내포되어 있다 (Wilkie 544).

일반적인 사회 풍조에 맞설 수 있는 엘리자베스의 건강성과 활력은 다아시를 대하는 그녀의 태도가 보통 다른 여성들이 다아시를 대하는 태도와 다르다는 사실에서 다시 한번 확인된다. 엘리자베스는 다아시와의 첫 만남 때 그를 지극히 오만하며 계급의식에 찬 인물로 파악한다. 친구인 빙리 일행과 함께 메리톤(Meryton)의 무도회에 나타난 다아시는 키가 크고 잘생긴 데다 일 년에 1만 파운드의 재산을 소유했다는 소문이 돌면서 그 곳에 모인 사람들의 주목의 대상이 된다. 그러나 상냥하고 사교적인 태도를 보이는 빙리와는 달리 다아시는 그곳 사람들과 친교를 맺으려는 노력을 전혀 하지 않은 채 형식적이고 위엄 있는 자세로 일관함으로써 거만하다는 인상을 주며 "아주 불쾌하고 끔찍한 사람"이라고까지 혹평된다. 빙리가 그 모임의 모든 것을 만족스럽게 생각하는 반면 다아시는 어떤 것에도 관심을 보이지 않는다. 빙리가 자신의 짝이 된 제인의 여동생 엘리자베스를 "아름답고 유쾌해" 보이는 아가씨라고 평하며 다아시에게 춤출 것을 권하지만 다아시는 엘리자베스를 특별히 그의 시선을 끌 만한 장점이 없는 평범한 시골 여성으로 본다. 다아시는 루카스(Lucas)경의 저택에서 열린 무도회에서도 춤을 사교계의 가장 훌륭한 관습으로 생각한다는 루카스 경의 말에 대해 "춤은 야만인들도 출 수 있죠(16)"라며 면박을 주는 등 속물적인 오만함을 보인다. 다아시의 오만성은 대대로 유서 깊은 가문인 그의 가정적 배경과 경제력에서 비롯된 것이다. 따라서 사회의 일반적 통념을 그대로 내면화하고 있는 샤롯과 제인 같은 보통 여성들이 보기에는 다아시의 오만은 정당한 근거를 지니고 있다. 그렇지만 사회적 통념을 객관적으로 조망하고 평가할 수 있는 엘리자베스에게 있어서 다아시는 재산과 사회적 지위를 무기로 하여 하층계급의 사람들을 경멸하는 거만한 상류계급 남성일 뿐이다.

엘리자베스는 다아시의 오만을 재치 있게 풍자해 버리면서 그것에 당당하게 맞선다. 다아시가 "내 주의를 끌만큼 충분히 아름답지 못하다(7)"고 말하면서 엘리자베스와 춤추기를 원치 않을 때 그녀는 이에 당황하지 않고 그것을 농담거리로 만들어 친구들에게 말하며 웃어넘겨 버린다. 그녀는 남성적 권위가 담긴 다아시의 말을 그대로 모방함으로써 그것을 조롱한 것이다. 또한 거기에는 심리적 동기도 깔려 있는데 엘리자베스는 다아시의 말을 다른 사람에게 그대로 반복함으로써 궁극적으로는 그 것을 거부할 만큼 충분히 스스로를 강하게 만들고 있는 측면도 있다(Brownstein 65-6).

엘리자베스는 당대의 일반적인 규범과 그것에 의거한 사람들의 가치관과 태도에 자신의 지성과 재치를 바탕으로 한 유머와 풍자로써 맞선다. 그녀는 불합리한 면을 재치 있게 희화화해 버리려 하고 그 대상에는 예외가 없다. 다아시를 조롱할 수 없다는 주변 사람들의 생각과는 달리 엘리자베스는 "다아시씨를 조롱할 수 없다구!.. 그것은 예사롭지 않은 특권이군(39)"이라고 말하며 그 전제 자체를 조롱해 버린다. 엘리자베스의 웃음은 그녀의 정확한 도덕적 판단에서 비롯되어 그 사실이 엘리자베스를 서술자의 풍자적이고 비판적인 관점을 대변하는 인물로 볼 수 있게 해주는 이유가 된다. 엘리자베스에게 있어서 웃음은 사회적인 인간관계나 가정사에 있어서의 어려운 상황을 이겨 낼 수 있게 해주는 활력소이다(Spacks 74). 그녀가 우스꽝스러운 일에 서 즐거움을 느끼고 진정으로 웃음을 사랑하기 때문에 이 소설은 희극으로서의 활력을 지닐 수 있게 된다.

당대에 보편적으로 인정되는 진실에 당당히 맞서는 엘리자베스의 활력은 그녀가 다아시의 청혼을 거부할 때 그 절정에 달한다. 엘리자베스가 다아시의 청혼을 받아들일 수 없는 이유는 그가 배우자의 집안 배경을 중시하는 사회 통념을 그대로 내면화하고 있기 때문이다. 제인이 하찮은 친척들 때문에 가문 좋은 남자와 결혼하기는 힘들 것이라는 빙리양의 의견에 동의할 정도로 전통적이고 관습적인 결혼관을 지닌 다아시에게 있어서는, 엘리자베스의 어머니가 신사계급으로서의 교양을 갖추지 못한 여성이고 여동생 리디아(Lydia)는 천박하며 외삼촌 가디너(Gardiner)씨는 런던의 칩사이드(cheapside)에서 장사하는 상인이고 이모부 필립스(Philips)씨는 메리튼에서 변호사로 일한다는 사실이 엘리자베스를 배우자로 받아들이는데 큰 걸림돌로 작용한다. 엘리자베스의 친척들이 낮은 신분이 아니었다면 그가 그녀에게 이끌렸을 것이라고 인정하는 부분에서도 이 사실이 확인된다. 엘리자베스는 다아시가 관습적인 결혼관의 소유자라는 사실을 처음 그가 그녀에게 보여준 오만한 태도 및 그가 빙리와 제인의 결혼을 방해하고 있다는 사실을 통해서 간파하고 있었으며 이에 대해 강한 반발심을 느끼고 있었다. 그러므로 다아시가 엘리자베스에게 청혼하면서 그녀의 열등한 신분이 그의 신분 하락을 의미한다는 점을 암시하자 그녀는 격렬하게 그의 청혼을 거부해 버린다. 엘리자베스의 청혼 거절은 그녀가 자신의 청혼을 감사하는 마음으로 받아들일 것으로 확신했던 다아시에게 큰 충격을 준다. 다아시는 콜린즈와 마찬가지로 결혼을 둘러싼 당대 사회의 보편적인 통념, 즉 자신처럼 사회적 지위와 경제력을 갖춘 남성은 모든 여성들의 선망의 대상이 될 것이라는 계층의식을 지니고 있었기 때문이다.

엘리자베스는 사회적, 경제적으로 남성에게 종속되지 않을 수 없는 여성이라면 으레 자신과 같은 상층계급 남성의 청혼을 받는 즉시 감사하는 마음으로 수락할 것이라는 다아시의 뿌리 깊은 계급관과 남성우월적인 여성관을 수용하지 않는다. 이러한 엘리자베스의 태도는 당대 사회의 보편적 기준에서 볼 때 매우 이례적인 것이다. 당대 사회의 일반적 결혼관에 비추어볼 때 가문의 명예를 먼저 고려해야 하는 다아시와 같은 위치에 있는 남성이 엘리자베스처럼 자신보다 하층계급에 속하는 여성과 결혼을 고려해본다는 것은 어려운 일이고 그런 만큼 그것은 엘리자베스에게 명예로운 일이 될 수 있기 때문이다. 비천한 출생의 배우자를 택하는 것이 사회의 통념상 가문의 명예를 손상하는 일로 인식되었음은 캐서린 부인이 엘리자베스에게 "당신은 그를 세상의 조롱거리로 만들려고 작정하고 있어(247)"라고 충고하는 대목에서도 알 수 있다.

엘리자베스는 콜린즈와 다아시의 청혼을 받아들이지 않음으로써 남편은 재산이고 여성은 필연적으로 그 재산을 쫓는 존재라고 생각하는 당대 사회의 결혼관에 도전한다. 그녀는 결혼문제를 일반적 통념이 아닌 자신의 도덕적 기준에 비추어 독립적으로 판단함으로써 사회가 당연시하는 결정론적인 여성의 운명에 순응하지 않는다. 이러한 엘리자베스의 독립적인 사고와 태도를 통해 서술자는 모든 여성이 남편감을 쫓는 일에 매진한다는 "보편적으로 인정되는 진실"에 강한 의문을 제기하는 것이다.

엘리자베스가 다아시의 청혼을 용감하게 거부하는 전반부까지는 당대 여성의 행위를 한정짓는 제한된 사회규범이 우스꽝스러운 것으로 풍자되고 당대 여성들이 처한 사회적 경제적 현실이 폭로된다. 이러한 희극적 풍자와 아이러니는 엘리자베스가 억압적 상황에서 느끼는 답답한 좌절감을 토로하면서 그것을 이겨낼 수 있는 적절한 출구로 사용되고 있다. 희극형식이 여성들로 하여금 저항을 표시할 수 있게 해주는 매우 강력한 매개물로 사용될 수 있다는 빌거(Biger)의 주장은 이러한 맥락에서 볼 때 이 소설에서도 적용된다.

> 웃음이란 역경을 이겨냄을 나타낼 수 있다. 마찬가지로 프로이드는 유우머가 힘든 상황에 처한 사람들에게 있어서 심리적 구원이 되어준다고 주장한다. 참을 수 없는 환경 속에 갇혀 고통 받는 사람들은 유머를 사용하여 그들이 처한 환경을 벗어나려 한다. 19세기 여성작가들은 여권론적 입장에서 항거하기 위한 강력한 매개체로서 희극을 이용하였다. 그것으로 이들은 인생의 역설과 부조리에 재치 있게 대처하려 한다. (Bilger 324)

이 소설에서는 보편적 통념과 여기에 도전하는 엘리자베스의 태도 사이의 팽팽한 대립과 갈등에서 초래되는 긴장감이 엘리자베스의 재치 있는 풍자가 불러일으키는 웃음에 의해 순간순간 깨뜨려지며 완화되고 이는 이 소설이 갖는 묘미의 하나가 된다. 그런데 더욱 흥미를 불러일으키는 것은 서술자의 관점을 대변하면서 여성의 행위를 한정짓는 제한된 사회 규범을 풍자하는 엘리자베스까지도 서술자의 풍자적 시각에서 완전히 면제되지는 않는다는 사실이다. 서술자는 다아시의 오만성에 대한 도전적 제스처의 하나로서 위컴(Wickam)과 함께 어울려 다니면서 그를 험담하는 엘리자베스를 약간은 조롱하는 대도를 취한다. 그녀의 행위에는 다아시의 단점을 들추어냄으로써 상처받은 자존심을 달래기 위한 의도가 숨어 있기 때문이다. 이와 같이 전반부에는 희극적 분위기가 팽배해 있다.

3) '성장소설' 형식과 패러디

사회의 보편적 통념에 대한 풍자와 웃음이 자아내는 희극적 분위기로 가득 차 있는 전반부와는 달리 후반부에서는 개인적 차원에서의 자기인식과 자아발전에 중점이 주어지는 '성장소설'적인 성격이 강해진다. 이 소설의 전반부가 결혼을 둘러싼 사회적 통념을 내면화하고 있는 인물들과 엘리자베스 사이의 갈등을 극화함으로써 일반적 통념과 이에 대한 비판을 병치시켜 대조하는 극적구조로 이루어진 반면 후반부에서는 엘리자베스의 마음속에서 일어나는 심리적 갈등과 변화에 초점이 맞춰지면서 개인적인 도덕성 문제, 개인의 인격 완성도 문제가 중시되는 듯이 보이는 것이다. 다시 말해서 전반부까지는 개인적 차원과 사회적 차원이 팽팽하게 병치된 반면 후반부에서는 여성들 특히 엘리자베스가 처한 사회적, 경제적 현실이 간과되는 등 사회적 차원의 중요성이 약화되는 듯하다. 따라서 엘리자베스와 다아시는 두 사람 사이의 계급간의 차이를 비롯한 제반 사회문제는 그다지 중요치 않게 된 상태에서 개인적인 미덕에 기초한 낭만적 사랑으로써 결합할 수 있었다고 해석될 수 있는 소지를 다분히 갖는다.

이와 함께 후반부에서는 대화를 통한 극화에 의존하던 전반부에서와는 달리 편지 형식을 비롯한 서술에 의존하는 경향을 보인다. 대표적인 예는 다아시가 엘리자베스로부터 청혼을 거부당한 다음날 그녀에게 보낸 한 통의 편지이다. 다아시는 위컴 문제와 제인-빙리 관계에 관한 엘리자베스의 부당한 비판을 듣고 자신을 해명하기 위해 이 편지를 쓴 것이다. 다아시의 편지를 받고 엘리자베스는 다아시를 "그 혐오스런 다아시", "내가 미워하려고 작정한 남자"와는 다른 각도에서 볼 수 있게 되고 그의 행위 또한 달리 해석될 수 있는 여지가 있음을 알게 된다. 엘리자베스는 다아시에 대한 자신의 행위가 근거 없는 편견에서 나온 것이라는 사실을 깨닫게 됨으로써 자기인식에 이른다. 또한 엘리자베스는 자신의 어머니, 여동생들, 심지어 아버지가 자질과 인격 면에서 신사계급의 그것에 미치지 못한다는 다아시의 비판이 정당함을 부인하지 못하며 바로 그 점이 제인과 빙리의 결혼에 가장 큰 장애가 되었다는 다아시의 지적이 옳다는 것을 인정하게 된다. 그래서 그녀는 수치를 느끼게 되는데 이 수치심은 엘리자베스의 발전 과정에서 아주 중요한 역할을 한다. 엘리자베스가 자기반성을 하고 자기인식에 이르는 과정에서 다아시의 편지가 결정적인 역할을 한다는 점에서 편지형식의 사용은 앞서 지적한바 후반부에서의 '성장소설'로의 변모나 개인적 차원의 강조와도 밀접하게 연관되어 있다.

그런데 소설의 후반부에서 전반부에 팽배해 있던 활기찬 희극적 분위기가 약화된 이유는 전반부에서 서술자의 비판적 시간을 대변하던 엘리자베스가 활력과 자신감 그리고 웃음을 상실했다는 데 기인한다. 스팩스(Spacks)는 엘리자베스가 다아시에게 사랑을 느끼게 됨에 따라 웃음을 삼가게 되었다고 지적한다. 사랑과 웃음은 양립할 수 없는 없는 것이기 때문이라는 것이다. 또한 그는 후반부에서 엘리자베스가 조롱과 풍자를 삼가는 것은 웃음이 자기탐닉으로 흐를 수 있음을 깨달은 그녀가 자신을 제어하게 되었기 때문이라고 지적한다(73). 그렇지만 스팩스의 이러한 해석은 엘리자베스가 예전의 당당하던 모습을 더 이상 보여주지 못하고 소극적 태도를 취하게 된 이유를 설득력 있게 설명하지 못한다. 엘리자베스가 다아시와의 관계에 있어서 풍자정신을 잃는 것은 그를 결혼 상대자로 맞이할 수 있는 가능성에 직면한 그녀가 조바심을 내고 그의 청혼을 초조한 상태에서 기다리는 수동적인 인물이 되어버렸기 때문이라고 할 수 있다. 엘리자베스의 변모로 인해 후반부에서는 일반적 통념과 이에 비판적인 관점의 대립에서 비롯되던 긴장감이 사라지고 순간순간 이 긴장을 풀어주던 웃음도 사라지는 것이다.

후반부에서 엘리자베스는 사회적 통념 속에 내재된 핵심적인 문제를 간파했던 전반부에서의 태도와는 달리 오히려 그 통념에 정당성을 부여하는 듯한 태도를 보인다. 예컨대 엘리자베스는 베넷씨가 다아시를 풍자할 때 가담하지 않는다. 베넷씨가 "우리 모두는 그가 오만하고 불쾌한 사람이라는 것을 알고 있지(260)"라고 지적할 때 엘리자베스는 다아시가 오만하다는 것을 부정하지는 않지만 눈물을 글썽이며 "그의 오만이 터무니없는 것은 아니에요(260)"라고 아버지에게 항변한다. 이러한 항변은 가족의 신분에 있어서나 재산에 있어서 아무 것도 부러울 것이 없는 다아시가 "자존심이 있을 만도 하다(has a right to be proud 12)"는 샤롯의 견해와 유사하다. 이는 엘리자베스가 이제 사회적 관념을 받아들이고 그것에 순응하게 되었음을 의미한다. 일반적 통념에 강한 반발심을 보이던 엘리자베스가 이제 그 통념을 수긍하고 인정하며 다아시에 대한 자신의 거부감이 보편적인 관념 전반에 대한 넓은 의미에서의 반발이기보다는 자신의 편견 때문이었다는 식으로 범위를 축소시켜 버리는 것이다. 이로써 다아시의 오만성에 대한 희극적 풍자는 더 이상 나타나지 않게 된다. 그렇지만 다아시의 오만성은 그의 계급적 지위나 경제력에 기반을 둔 것으로서 이 소설의 후반부가 전반부와의 일관성을 지니기 위해서는 그의 오만성 문제가 더욱 심도있게 탐색되었어야 했다. 왜냐하면 다아시의 오만성에는 사회적 지위와 경제력을 지닌 남성이 결혼시장에서 우세를 점하는 상황에서 여성이 처한 곤경이라는 여성 문제가 함축되어 있기 때문이다. 이 소설의 전반부까지는 남성의 오만성에 내포된 사회문제가 다루어지다가 후반부에서는 엘리자베스가 다아시의 오만을 정당화함으로써 문제가 회피되어 버린 것이다.

그런데 여기에서 주목할 사항은 엘리자베스의 변모를 통한 후반부의 문제해결 방식에 작가 스스로도 공감하고 있지 않다는 사실이다. 다아시가 자신의 오만을 높은 사회적 지위로도 정당화시킬 수 없는 것으로 보며 그것을 뉘우친다는 내용은 앞서 엘리자베스가 다아시의 오만을 정당화하는 부분과 대비되면서 그녀의 변모를 수긍하기 어렵게 만든다. 따라서 엘리자베스가 자기인식을 계기로 다아시와의 갈등을 화해하고 그와의 행복한 결혼에 이르게 된다는 후반부의 내용을 표층적인 차원에서 '성장소설'의 맥락에서 이해하고 이 소설의 후반부가 전반부와는 달리 감상적으로 손쉽게 결말 지워졌다고 속단할 수는 없다. 표면적인 내용과 실제 함축된 의미가 일치하지 않음을 아이러니 하게 상기시켜 주던 소설 서두의 맥락에서 본다면, 이 결말은 겉으로 보기에는 모든 문제를 해결해주는 결론부인 듯하지만 실제는 그렇지 않은 것이다. 오스틴은 소설의 서두부터 사랑에 대한 공언과 그 속에 함축된 경제적 동기는 근본적으로 일치하지 않음을 폭로해 왔다. 오스틴은 줄곧 인간관계에 관한 이야기를 할 때 경제 용어를 사용함으로써 표면적인 공언과 그 안에 함축된 의미 사이의 거리감을 보여 준 것이다. 이와 같이 이 소설에서는 양립되기 어려운 여러 의미층이 서로 반대되고 모순됨으로써 중요한 의미를 만들어 왔던 것이다

(Newman 696). 후반부에서도 표면적으로는 엘리자베스의 자기인식으로 관심의 초점이 옮겨져 개인적인 도덕성이나 인격의 성숙과 이에 따른 사랑의 자각이 결혼에 있어서의 사회, 경제적인 장애물을 극복하는 듯하지만 실제로 모든 문제 해결은 경제적인 면에서 이루어진다.

후반부에서 엘리자베스는 겉으로는 다아시의 매너나 도덕성에서 사랑을 느끼는 듯하지만 실제로는 경제적인 면을 중시한다. 이 사실은 펨버리(Pamberley)를 대하는 그녀의 태도를 보여주는 부분에서 찾아볼 수 있다. 펨버리는 아름다운 숲과 조화롭게 배치된 방들로 이루어져 있는 다아시의 저택으로서 예술과 자연이 잘 조화를 이루게끔 다듬어져 있는 곳이다. 제인이 다아시의 재청혼을 응낙한 엘리자베스에게 언제부터 다아시를 사랑한다는 사실을 깨닫게 되었느냐고 묻자 엘리자베스는 "펨버리에서 그의 아름다운 소유지를 처음 본 순간부터라고 생각해"라고 말한다. 여기에서 알 수 있듯이 펨버리는 엘리자베스가 다아시를 배우자로 생각하는 과정에서 중요한 역할을 한다. 표면상으로 볼 때 엘리자베스는 펨버리 저택을 보고 그 주인인 다아시의 꾸밈없는 인품과 탁월한 미적 감각 그리고 뛰어난 도덕성을 확인 할 수 있어서 그를 바람직한 배우자감으로 여기게 된다. 그렇지만 실제로 엘리자베스를 매혹시킨 것은 다아시의 경제력이라고 할 수 있다. 펨버리의 내부를 둘러보면서 엘리자베스가 펨버리의 안주인이 되는 것은 대단한 일일 거라고 생각할 때 그녀는 펨버리가 상징하는 부와 사회적 지위를 염두에 둔 것이다. 따라서 엘리자베스의 성장은 그녀가 편견을 버리고 다아시의 개인적인 미덕과 인격을 정당하게 평가내릴 만큼 인격적으로 성숙했음을 보여준다기보다는 그녀가 이제 경제력의 중요성을 깨닫게 된다는 점에서의 '성장'이라고 볼 수 있다.

후반부에서 경제력이 중시되었음은 위컴과 리디아의 불명예스러운 도피행각으로 발생한 문제가 실제로는 다아시의 경제력 때문에 가능해졌다는 사실에서 다시 한번 확인된다. 다아시는 천 파운드가 넘는 위컴의 빚을 갚아주고 현금으로 또 천 파운드를 주며 정식 군대의 장교 위임장을 구입해 줌으로써 위컴과 리디아 사이의 결혼을 성사시키고 베넷 가문의 명예를 구해준다. 이는 엘리자베스를 감격시켜 그녀로 하여금 다아시의 청혼을 받아들이게 만드는 결정적 계기가 된다. 그런데 이러한 해결 양식은 두 사람의 결합이 개인적인 장점과 미덕에 기반 한 낭만적 사랑임을 부각시키려는 이 소설의 표면적인 의도와 모순되는 것이다. 이처럼 경제력이 행복한 결혼을 가능하게 해 주었다는 후반부의 실질적인 내용은 이 소설의 서두와 밀접한 연관성을 맺게 된다. 첫 문장에서는 돈 많은 남성이 여성을 필요로 한다고 말하면서 실제로는 여성들이 돈 많은 남성을 차지하려고 애쓴다는 사실을 함축시켜서 물질을 중시하는 사회 그 자체를 아이러니의 대상으로 만들었다. 그럼으로써 두 사람이 맺어지는 후반부도 첫 문장처럼 아이러니하게 해석될 수 있는 소지를 제공한 것이다.

엘리자베스와 다아시를 결합시킨 것이 진실로 낭만적 사랑인가도 의문의 여지를 남긴다. 엘리자베스가 다아시를 받아들인 것은 사랑이기보다는 그에 대한 감사와 존경 때문이다. 다아시가 첫 번째 청혼 때 그녀가 보여준 무례함을 용서하고 아직도 자신을 사랑하고 있었다는 사실에서 엘리자베스는 고마움을 느낀다. 그녀는 그토록 오만했던 다아시가 자신에 대해 겸손해졌다는 사실에 감사해하는 것이다. 그렇지만 엘리자베스가 다아시의 청혼을 받아들이는 이러한 과정은 자연스럽게 느껴지지 않는다. 서술자는 "만일 감사와 존경이 애정의 토대로 적합하다면 엘리자베스의 변화는 개연성이 없는 것도 잘못된 것이 아니다(190)"라고 하는데 이는 엘리자베스의 변모가 정당성을 갖기 위해서 필요로 하는 전제, 즉 감사와 존경이 애정의 토대로서 적합해야 한다는 가정에 대한 강한 의문을 남긴다. 이렇게 서술자는 엘리자베스의 태도에 아이러니를 보내는 것이다.

다아시가 엘리자베스에게 이끌리는 과정이 설득력을 결여하고 있다는 사실 또한 후반부를 액면 그대로 받아들일 수 없는 또 하나의 이유가 된다. 다아시는 처음에 엘리자베스의 사회적 지위와 가정 배경 때문에 선뜻 그녀를 배우자로 생각할 수 없었지만 나중에는 그녀의 개인적 장점을 높이 평가하여 그녀를 결혼 상대자로 선택한 것으로 되어 있다. 그는 엘리자베스의 검은 눈동자에 매료되고 그녀의 정신적 활력과 자유분방한 태도, 장난기어린 매력적인 태도, 위트와 발랄함, 캐롤린 빙리양을 비롯한 보통 여성들과는 달리 자신의 환심을 사려고 하지 않는 엘리자베스의 당당한 태도에 놀라움과 호기심이 뒤섞인 상태에서 이끌린다는 것이다. 그렇지만 엘리자베스에 대한 그의 사랑의 성격이 명료하게 나타나 있다고 보기는 어렵다. 그는 나중에 엘리자베스에게 자신의 깊은 사랑을 고백하지만 그의 엘리자베스에 대한 사랑에는 충분한 열정이 보이지 않는다. 이렇듯 그들 사이의 사랑에서 열정적인 면이 전부 배제되어 버림으로써 두 사람 사이의 결합이 자연스럽지 못하다는 사실이 부각된다. 엘리자베스의 개인적인 장점을 활력, 발랄함, 생기로 부각시키던 전반부에서와는 달리, 엘리자베스와 다아시 사이의 결합이 이루어지는 후반부에서는 남녀간의 애정 감정이 소홀하게 다루어지고 두 사람이 편견에서 벗어나게 되었다는 등 너무 합리적인 면만 강조되는 경향도 있다.

다아시가 "신사답지 못하다"는 엘리자베스의 비난을 받고 자기인식에 이르러 뿌리 깊던 그의 계급관을 버린다는 것도 수긍하기 어렵다. 다아시가 자기인식에 이르기까지의 내면적인 갈등이 독자에게 실감나게 다가오지 않기 때문이다. 다아시의 미덕 또한 서술적 차원에서만 제시되고 구체적으로 형상화되어 있지 않다. 다아시가 부분적으로 개선된다는 사실을 부정할 수는 없지만 전체적으로 볼 때 그의 변모는 일관성이 없다(Mansell 100).

이러한 사실들은 이 소설의 표면적인 내용을 액면 그대로 받아들이기 어렵게 만들고 그 안에 함축된 실제의 의미를 생각해 보게 한다. 이 소설은 일견 엘리자베스의 자기인식과 성장을 보여줌으로써 당대의 규범에 따라야 한다는 교훈을 보여주는 듯하지만 사실은 '성장소설'이나 교훈적이고 감상적인 결말부를 패러디하여 아이러니를 보내고 그것을 풍자하고 있다고 할 수 있다. 사실 오스틴은 엘리자베스의 성장을 묘사하는 가운데서도 도덕성 문제를 회피한다. 오스틴은 독자를 웃게 만들고 소설을 행복한 결말로 끝맺어서가 아니라 인물의 성장을 보여주고자 하면서도 예상 밖의 접근을 함으로써 도덕문제를 회피한다는 점에서 교훈적 작가이기보다는 희극 작가였던 것이다(Wikie 536).

다아시와 엘리자베스의 결혼을 최상의 결혼으로 제시하고 있는 서술자의 표면적인 태도 속에서도 아이러니를 찾아볼 수 있다. 다아시의 첫 청혼을 거부한 후에 그의 진면목을 발견하게 되자 엘리자베스는 다아시를 놓쳐 버린 사실을 아쉬워한다. 그녀는 두 사람의 결혼이 자신들에게 은혜로울 뿐 아니라 전 사회에 이익을 주고 올바른 가치관을 지속시킬 수 있게 해줄 것이므로 다른 사람들에 의해 찬양받으리라고 상상한다. 엘리자베스는 감상적이고 낭만적인 환상에 빠지는 것이다. 그런데 엘리자베스 자신이 비범한 결혼의 여주인공이 된다고 인식하는 이 부분에는 작가의 조롱이 내포되어 있다고 할 수 있다(Johnson 90). 엘리자베스가 사용하는 지나치게 과장된 언어가 그녀의 말을 액면 그대로 받아들이기 어렵게 만들기 때문이다.

　이 소설은 감상소설식으로 결말부를 낭만적으로 처리한 것처럼 보이지만 사실은 그러한 관습적인 해피엔딩을 패러디하고 있다. 이 사실은 이 소설과 사무엘 리차드슨(Samuel Richardson)의 『파멜라』(Pamela)를 비교 대조해 봄으로써 보다 분명해진다. 『파멜라』에는 성공한 남자는 가정주부로서의 미덕을 갖춘 여성을 원한다는 전제가 나타난다. 오스틴의 시대에는 이 전제가 일반적으로 수긍되는 진실이 되었고 이것이 『오만과 편견』의 첫 문장 속에 일반적인 통념으로서 제시된다. 그런데 『오만과 편견』에는 『파멜라』를 패러디하고 있다고 볼 수 있는 면이 많다. 즉 『파멜라』와 비슷한 이야기 구조를 지닌 듯하지만 실제로는 그것과 구별 대조되면서 그 차별성의 의미를 생각하게 만드는 면이 있는 것이다. 두 소설의 표면적인 공통점은 엘리자베스와 파멜라가 사회적 지위와 신분이 높은 다아시와 비씨(Mr. B)의 강한 계급의식에도 불구하고 두 남성과의 결혼에 성공한다는 내용에서 찾아볼 수 있다. 엘리자베스는 다아시로 하여금 자신에게 관심을 갖도록 결코 의식적으로 행동한 것이 아니었지만 그녀가 부드럽고 "장난기 어리게(17)" 다아시를 대하는 독특한 태도는 결과적으로 다아시의 관심을 끌어 그로 하여금 그녀를 사랑하지 않을 수 없게 만든다. 이는 파멜라가 정조를 끝까지 지킨 덕택에 신분과 지위가 높은 비씨와의 결혼이라는 보상을 받는 결말과 흡사하다. 또한 이 소설에서도 엘리자베스의 적극적 역할에 의해 문제가 해결되었다기보다는 남성인 다아시 편에서 도덕적으로 회개하여 청혼함으로써 여성이 선택되는 즉 구제되는 양상을 띤다는 점에서 『파멜라』와 크게 다를 바가 없어진다. 이와 함께 소설의 후반부에서 엘리자베스는 파멜라와 큰 차이점이 없는 모습을 보인다. 다아시와의 결혼 가능성이 높아지고 엘리자베스가 그 결혼을 은연중 갈망하게 되는 부분부터는 엘리자베스의 활기와 생기 그리고 재치 있는 풍자 정신은 상실된다. 엘리자베스는 이제 파멜라를 비롯한 보통의 다른 여성과 크게 다를 바가 없게 되고 그녀는 높은 지위를 지닌 다아시와 결혼함으로써 가부장제로 회귀하는 듯이 보인다. 이 소설은 표면상으로는 엘리자베스가 그녀의 품행 때문에 사회적 지위와 경제력을 갖춘 다아시와 결혼할 수 있게 된다는 일종의 행위규범 소설의 형태를 띠고 있다.

그런데 『오만과 편견』이 『파멜라』와 다른 점은 파멜라가 여성적인 자질 때문에 보상받는 반면 엘리자베스는 통념상 남성적인 매력에 속하는 재질 때문에 다아시와 결혼할 수 있게 된다는 사실이다. 청혼을 수락한 후 엘리자베스는 다아시에게 어떤 면 때문에 자신을 사랑하게 되었느냐고 묻는다. 이에 대해 다아시는 "활기찬 당신의 정신"에 이끌렸다고 말한다. 이 말은 엘리자베스가 다아시와의 결혼에 가져가는 것이 높은 신분이나 지참금이 아니라 에너지와 활력 그리고 명랑한 기질임을 의미한다. 엘리자베스는 전통적으로 이상적인 여성의 자질로 여겨지는 특성 즉 친절함이나 관대함 그리고 감정적인 공감 면에서는 다른 여성들에 비해 뛰어나다고 할 수 없지만, 전통적으로 남성적인 특질로 여겨지는 자질들 그 합리적인 지성이나 활발하고 재치 있는 언어구사력의 차원에서는 보통 여성들보다 탁월하다. 소설의 전반부에서 엘리자베스가 이처럼 일반적인 통념에서 벗어난 새로운 여성상으로 형상화되었기 때문에 후반부에서의 엘리자베스의 변모가 더욱 부자연스럽게 느껴지고 더 나아가 그 안에 함축되어 있는 숨겨진 의미가 더욱 분명해지는 것이다.

오스틴이 '성장소설' 형식을 패러디하고자 했다는 점은 엘리자베스와 다아시 사이의 결혼 성립이 개연성을 결여하고 있다는 사실 그 자체에서도 찾아볼 수 있다. 사실 이 소설에서 당대 사회 현실에 대한 충실한 반영이라는 개연성 문제만을 고려한다면 엘리자베스는 다아시 같은 남성과 결혼에 이르기가 어려운 인물이다. 로빈슨(Robinson) 같은 여성론 평자는 엘리자베스가 콜린즈의 청혼이나 더욱이 다아시의 청혼을 거부하는 것은 지참금도 거의 없고 아버지가 사망하면 그녀를 돌봐 줄 사람조차 없는 현실적 상황을 고려해볼 때 불가능한 일이라고 지적한다. "교육은 받았지만 지참금은 적은" 엘리자베스와 같은 독신 여성의 현실을 고려해볼 때 오히려 "궁핍으로 부터의 가장 쾌적한 보호책"이라는 경제적 동기로만 콜린즈와의 결혼을 선택하는 샤롯의 결정이 보다 개연성이 있다는 것이다(187). 엘리자벳이 처한 경제적 상황 이외에도 그녀가 처음 위컴을 좋아한 일, 그리고 다아시의 첫 결혼 제안을 거부한 것 등은 현실적으로 보면 그녀를 독신으로 몰아갈 소지가 많은 것들이다. 더구나 엘리자베스의 남성적인 면모는 당대의 기준으로 보면 그녀를 독신으로 남아있게 할 가능성이 큰 것이다. 그럼에도 불구하고 엘리자베스와 다아시가 개인적인 차원에서의 자기인식을 바탕으로 행복한 결혼에 이르게 된다고 처리된 이유는 작가가 결혼을 둘러싼 역사적, 경제적 현실을 회피하기를 원했다기보다는 이 소설의 결말부를 부자연스럽게 처리함으로써 두 사람의 결혼을 성사시키기 어렵게 만드는 실제 현실 상황을 상기시키기 위해서라고 할 수 있다.

이러한 패러디에는 여성이 선택할 수 있는 유일한 돌파구가 결혼 밖에 없기 때문에 엘리자베스도 경제 문제를 결코 도외시할 수 없었다는 절박한 여성문제가 함축적으로 제기되어 있다. 비록 그녀가 도덕적인 면에서 우월성을 획득했다고 할 수 있을지는 모르지만 그녀의 다아시와의 결합은 가장 야심만만한 여성조차도 남성에 경제적으로 의존해야 하고 그 남성이 자신의 내적인 자질을 높이 평가해 준다는 사실에 만족한 채 그 이상을 바랄 수는 없다는 의미를 함축한다 (Armstrong 49). 이러한 맥락에서 보면 이 소설의 후반부에서 전반부에서 제기된 여성문제를 포함한 사회적인 문제가 계속 탐색되지 않고 있음은 사실이지만 그럼에도 불구하고 사회적 비평을 회피하고 있지는 않다. 보수주의로의 회귀처럼 보이는 이 소설의 후반부가 사실은 통렬한 사회비평을 함축하는 것이다.

대부분의 오스틴의 소설이 행복한 것이기는 하지만 아이러니하게 결말지어진다는 블룸(Bloom)의 지적(24)은 이 소설에도 적용된다고 할 수 있겠다. 오스틴은 '성장소설' 형식을 패러디하여 표면상으로 나타난바 개인적인 차원에서의 자기인식이나 '성장'에 입각한 낭만적 결말을 아이러니하게 읽을 수 있게 해줌으로써 당대 현실 문제를 더 부각시킬 수 있었다. 따라서 오스틴이 보수적인 사회의 가치에 충실했기 때문에 그녀 소설 속의 주인공이 사회에 대한 비판적 태도를 버리고 결혼을 통해 사회로 복귀하는 것으로 소설이 끝맺어진다는 식의 해석은 수긍하기 어렵다.

4) 맺음말

오스틴 소설은 대부분 갈등하던 남녀 주인공이 인식의 성장을 통해 화해하고 행복하게 결합되는 과정을 다룬다. 오스틴의 소설에는 역사적인 사건이 거론되거나 당대 사회제도의 문제점이 직접 다루어지지는 않는다. 따라서 얼핏 보기에는 오스틴이 스스로 규정한 바 "2인치 크기의 상아에 섬세하게 그리는 그림"을 통해 평범하고도 개인적인 문제만을 그린 것처럼 보인다. 그러나 오스틴은 결혼을 앞둔 여성이 겪는 경험이라는 지극히 개인적이고 가정적인 문제에 천착하면서도 여성문제를 비롯한 사회적 영역에 대한 자신의 비판적 입장을 밝힐 수 있었다.

『오만과 편견』에서 오스틴은 경제력이 없는 여성이 처한 곤경을 예리하게 간파하고 거기에 대해 문제를 제기한다. 이는 소설의 전반부에서 보편적 통념과 엘리자베스의 도전적 태도 사이의 충돌과 갈등에서 비롯되는 긴장과 그 긴장을 해소시키는 풍자와 웃음이라는 희극적 형식을 통해 효과적으로 잘 표현된다. '성장소설' 형식을 취하는 후반부에서도 작가의 이러한 관심과 비판은 일관성 있게 이어진다. 일견 후반부에서는 희극적 형식이 불러일으키는 풍자적 분위기가 사라지고 감상적이고 낭만적으로 결말 맺어지는 것으로 보인다. 그래서 후반부는 멜로드라마 같은 도피행각과 그 해결로 구성되어 있으며 다아시가 그의 도덕성을 외적으로 드러낼 기회를 준다는 점 이외에는 별다른 의미가 없기 때문에 플롯의 관점에서 볼 때 진전이 아닌 지연이라고 평가되기도 한다(Tanner 120). 후반부의 '성장소설' 형식은 엘리자베스가 내적 성장을 통해 다아시의 오만성에 대한 편견을 극복하고 그와 조화를 이루어 나가게 된다는 즉 낭만적 사랑이 계층 문제를 비롯한 여러 사회 문제를 극복하게 해주었음을 보여주는 듯하다. 그러나 실제로는 엘리자베스가 기존의 사회 체제에 순응하게 되는 직접적인 원인이 경제력의 중요성에 대한 깨달음임을 보여줌으로써 결혼시장에서 경제력이 우세를 차지하던 당대의 현실을 폭로한다. 엘리자베스의 변모를 통해서 경제력이 없는 당대 여성이 선택할 수 있는 최선의 길이란 결혼 밖에 없음을 시사해주는 이 소설의 결말부에 나타난 패러디는 가부장제적인 사회 구조에 의문을 표명하는 수단이라고 할 수 있다. 따라서 작가는 후반부에서 패러디를 통해 전반부에서부터 추구해온 주제를 더 분명히 했다고 할 수 있다. 오스틴은 현실을 실제 그대로 표현하기 보다는 그것을 패러디함으로써 그 부자연성을 통해 독자가 오히려 실제 현실상을 되돌아보게 해주는 것이다.

 이와 같이 이 소설이 기본적으로는 패러디를 구사한 희극임을 이해할 때 '성장소설' 형식 속에 함축된 의미와 더 나아가 전반부와 후반부에서 일관성 있게 탐색된 여성문제를 비롯한 사회문제에 대한 작가의 관심과 비판을 읽어낼 수 있게 된다.

< 인용문헌 >

Armstrong, Nancy. *Desire and Domestic Fiction: A Political History of the Novel.* New York: Oxford UP, 1989.

Bilger, Audrey "Goblin laughter? Violent Comedy and the Condition of Women in Frances Burney and Jane Austen." *Women's Studies* 24: 4 (March 1995): 323-40.

Bloom, Harold. *The Western Canon.* New York: Riverhead, 1994.

Bradley, A. C. "Jane Austen as Moralist and Humorist." *Pride and Prejudice.* New York: Norton, 1966: 339-41.

Butler, Marilyn. *Jane Austen and the War of Ideas.* Oxford: Clarendon, 1975.

Brown, Lloyd W. *Bits of Irony: Narrative Techniques in Jane Austen's Fiction.* Baton Rouge: Louisiana State UP, 1973.

Brownstein, Rachel M. "Jane Austen: irony and authority." *Women's Studies* 15 (1988).

Johnson, Claudia L. *Jane Austen: Women Politics and the Novel.* Chicago and Lodon: U of Chicago P, 1988.

Mansell, Darrel. *The Novels of Jane Austen.* London and Basingstoke: Macmillan, 1973.

Newman, Karen, "Can this Marriage be Saved: Jane Austen Makes Sense of an Ending." *ELH: A Journal of English Literara History* 50: 4 (Winter 1983).

Poovey, Mary. The Proper Lady and the Woman Writer: ideology as style in the works of Mary Wollstonecraft, Mary Shelley, and Jane Austen. Chicago: U of Chicago P, 1984.

Robinson, Lillian S. *Sex, Class, & Culture.* Bloomington: Indiana UP, 1978.

Simpson, R. "Jane Austen as Ironist and Moralist." *Pride and Prejudice*. New York: Norton, 1966: 331-38.

Spacks, Patricia Meyer. "Austen's Laughter." *Women's Studies* 15 (1988).

Tanner, Tony. *Jane Austen*. Cambridge: Harvard UP, 1986.

Wilkie, Brian. "Jane Austen: Amor and Amoralism." *Journal of English and Germanic Philology* 91: 4 (Oct. 1992): 529-55.

2. 경계선 허물기와 두 서술자의 역할: 『워더링 하이츠』

1) 머리말

『워더링 하이츠』(*Wuthering Heights*)에서 그려지는 세계는 사실주의를 표방하는 일반적인 영소설에서의 그것과는 달리 독특하다. 영소설사에서 잊혀지지 않을 만큼 강렬한 인상을 남긴 주인공 중의 하나인 히스클리프(Heathcliff)의 격렬한 정열과 집념은 절제될 수 없는 황야의 자연 그 자체를 상징하는 듯하다. 히스클리프와 캐서린(Catherine)의 사랑도 보통 사람들의 일반적인 사랑과 그 성격을 달리한다. 두 사람에게 있어서 상대방은 자신의 영혼이며 생명 그 자체이다. 서로에 대한 원시적인 강인한 집착으로 볼 수 있는 이 두 사람의 사랑은 이성적으로는 설명하기 어려울 만큼 낭만적이며 비현실적이다. 그 사랑 때문에 촉발된 히스클리프의 무자비한 복수 이야기는 고딕 로맨스적인 분위기를 풍긴다(Pykett 90-1). 그런가 하면 『워더링 하이츠』에는 18세기 말엽에서 19세기 초기에 이르기까지, 더 자세히 말하면 1771년부터 1820년 사이의 영국 요크셔 지방의 사회, 경제적 상황이 사실적으로 재현되어 있다. 이 소설의 내용 전개에 있어서 두 축을 구성하는 워더링 하이츠(Wuthering Heights)와 스러쉬크로스 그레인지(Thrushcross Grange)라는 두 가문은 당대 영국의 사회 구조상 자영농과 젠트리 계층에 속한다. 근처에 상당한 토지를 소유하고 직접 농사일을 하는 자작농인 워더링 하이츠의 언쇼(Earnshaw)가와, 직접 농사일을 하지 않고 소작만 주는 젠트리 계층인 스러쉬크로스 그레인지의 린튼(Linton)가는 그 당시의 주된 시대적, 현실적 긴장을 대변한다. 또한 이 소설에서는 거의 모든 사건의 구체적 일시를 추정해 낼 수 있을 정도로 시간의 경과가 정확하게 기록되어 있다. 이와 같이 구체적인 현실을 토대로 하여 두 가문을 둘러싸고 벌어지는 개인들 사이의 관계가 형상화되어 있는 것이다.

따라서 『워더링 하이츠』는 비현실적인 세계를 보여주는 로맨스로 간주되는가 하면, 다른 한편으로는 사실주의적 정확성을 따르는 소설이라는 관점에서 19세기 사회적, 경제적 문맥에서 해석되기도 한다. 생어(Sanger)는 재산법이나 상속법에 관한 폭넓은 지식을 활용하여 히스클리프가 두 집안을 차지하기까지의 과정이 당대의 구체적인 사회, 경제적 현실에 완전히 부합되고 있음을 밝혀서 이 작품이 사실주의적 차원에 굳게 뿌리내리고 있음을 입증했다. 이 소설이 1847년을 전후한 "전례 없는 혼돈의 시대"에 대한 기록이라고 간주한다거나(Williams 54), 주인공 히스클리프를 노동자 계층의 전형으로서 부르조아적 인물의 한정된 인간성을 드러내는 "도덕적 힘"으로 보는 것도 이와 같은 맥락에 속하는 비평이다(Kettle 146-47).

『워더링 하이츠』에서 로맨스적인 요소와 사실주의적 요소의 병존을 가능하게 한 장치는 두 서술자로 구성된 서술 구조라고 할 수 있다. 이 소설은 도시의 복잡함을 피해 조용한 시골인 요크셔 지방으로 피신해 와서 스러쉬크로스 그레인지에 세들게 된 자칭 염세가인 런던 신사 록우드(Lockwood)가, 그 곳의 주인 히스클리프와 그의 며느리 캐시(Cathy)에게 흥미를 느껴 그 곳을 돌보는 하녀 넬리(Nelly)로부터 워더링 하이츠와 스러쉬크로스 그레인지 저택을 둘러싼 여러 인물들 간에 얽힌 애증의 드라마를 듣는 형식으로 진행된다. 자기가 살아온 세계와 전혀 다른 수수께끼와 같은 세계를 접한 후 혼돈스러워 하는 록우드는 그 수수께끼를 하나씩 벗겨주는 넬리의 서술을 듣는 청자이다. 한편 그는 자기가 직접 보고 들으며 경험한 것을 독자에게 전해주는 화자이기도 하다. 이러한 서술구조 때문에 이성과 상식을 대표하는 서술자 록우드와 넬리가 속해 있는 사실적인 차원과, 넬리의 서술 내용에서 드러나는 바 비현실적인 히스클리프와 캐서린의 예사롭지 않은 사랑 및 히스클리프의 복수 이야기가 서로 공존하게 된다.

로맨스적 요소와 사실주의 소설적 요소가 뒤섞여 있다거나 두 명의 서술자가 존재하는 서술 구조를 가진다는 독특성은 지속적으로 평자들의 주목을 받아왔다. 비평 경향에 따라 그 초점이 조금씩 달라지기는 했지만 구체적인 관점에서의 연구를 통해 일정한 의미를 찾으려 한 신비평가들은 특히 두 명의 서술자가 존재하는 서술 구조에 주의를 기울였다.[2] 이중서술자는 애매모호성의 문제를 도입하기 위해서 창조되었다고 파악되기도 했다(Mathison 129). 서술기법 뿐만 아니라 "유리창"이나 "두 아이"의 이미지 등 반복되는 상징이나 이미지 패턴 등 정교한 형식이 신비평가들의 연구 대상이 되기도 했다(Van Ghent 161-63, 168-70).

한편 80년대 이후 『워더링 하이츠』는 사회, 역사, 계급, 인종, 성 등의 관점에서 해석된다. 가령 낸시 암스트롱(Nancy Armstrong)은 19세기 영국 자본주의 사회의 지역적 특징과 문화의 산물로 간주하는가 하면, 길버트와 구바(Gilbert & Gubar)를 위시한 여성주의 비평가들은 여성 인물이 구애와 결혼에서 느끼는 사회적이고 심리적인 긴장을 연구하기도 한다. 이는 인물로서의 캐서린의 곤경과 작가로서의 브론테의 어려움을 19세기 가부장사회 문화의 문제에 연결시키는 마가렛 호만(Margaret Homan)식의 여성주의적 읽기로 이어지기도 한다. 따라서 이 시대에 서술기법에 대한 연구는 상대적으로 미진했다고 할 수 있다.

---

[2] 서술구조를 연구한 평자로는 C. P. Sanger와 Bothamy Dobree 등을 들 수 있다.

그런데 다른 한편 예술적 통일성을 중시한 신비평가들과는 달리 그것을 하나의 환상이라고 보며 장르는 서로 혼합되어서는 안된다는 장르의 순수한 정체성을 해체하고 장르 사이의 경계선을 허물어뜨리려 한 해체주의자들에 의해 『워더링 하이츠』는 특별한 관심을 받게 된다. 힐리스 밀러(Hillis Miller)에 따르면 범상치 않은(uncanny) 이 소설의 경우 무엇을 말하는지는 인식할 수 있을 것 같지만 그 의미가 애매하므로 그것을 분명히 파악할 수는 없다. 이 소설은 스스로를 해체하므로 그것을 자신들의 이론이나 공식에 짜맞추려는 관습적인 비평의 요구를 충족시켜주지 못한다는 것이다.

『워더링 하이츠』는 아주 독특한데다 다각적으로 읽힐 수 있는 소지를 다분히 내포하고 있기 때문에 국내에서도 줄기차게 연구되어 왔다. 로맨스적 요소와 사실주의 소설적인 요소의 병존이나, 두 명의 서술자가 존재하는 서술 구조도 이제까지 여러 각도에서 연구된 바 있다. 그렇지만 이것들 사이의 연관성은 지금까지 깊이 있게 논의되지 않았다고 생각된다. 본 논문은 기왕의 논의[3]의 공과를 수용하면서 『워더링 하이츠』에서 로맨스적 차원과 사실주의 소설적 차원의 이야기가 어떤 상관관계를 맺으며 전개되는지 그리고 그것이 서술구조와 어떠한 연관성을 맺고 있는지를 고찰해 보고자 한다. 『워더링 하이츠』에서 로맨스와 사실주의 소설 사이의 경계선이 해체되어 두 형식이 자유롭게 뒤섞이며 서로 긴장 속에 놓여 있으면서도 상호보완적으로 작용하고 있다는 가정 하에 그 작용 양상을 살펴보고 더 나아가 이 과정에서 두 서술자로 구성된 서술구조가 어떠한 기능을 하는지를 살

---

3) 로맨스와 리얼리즘 소설을 끌어안는 이 소설의 깊이와 크기는 1980년대에 백낙청 교수에 의해 심도 있게 연구된 바 있으며 최근에도 유명숙 교수에 의해 다시한번 주목 받았다. 유 교수는 히스클리프가 복수를 위해 두 가문의 재산을 빼앗는 모든 절차가 "법대로" 행해졌음을 자세히 분석하면서 이 소설을 좁은 의미에서의 로맨스로 읽어서는 안 됨을 설득력 있게 주장한다.

펴보겠다.

그렇게 하면 일견 서로 상반되어 보이는 차원들 사이의 상호작용을 보여준 작가 브론테의 의도가 무엇이었는지 그리고 그 의도를 독자들에게 설득력 있고 거부감 없이 전달하기 위해서 사용한 방법이나 수단은 어떤 것이었는지가 밝혀질 것이다.

이를 위해 이 두 차원의 경계선이 허물어지면서 서로 자연스럽게 뒤섞이는 양상과 그것을 가능하게 만드는데 있어서 서술자 록우드와 넬리가 수행한 역할은 무엇이었는지를 차례로 고찰해 보고자 한다.

2) 록우드의 역할: 사실주의적 틀로 로맨스를 에워싸기

사실주의 차원과 고딕 로맨스적인 차원이라는 두 세계를 맺어주는 매개체의 역할을 하는 인물은 서술자 록우드이다. 그는 외부에서 온 이방인으로서 넬리의 서술 내용을 통해 초현실적인 낯선 세계를 접하게 된다. 평범한 현실과 비이성적이고 비현실적인 세계 사이의 경계선을 넘나들게 된 것이다.

록우드의 서술은 두 종류로 나뉘어진다. 그 하나는 15장부터 30장에 이르는 바 그가 히스클리프의 복수를 둘러싼 넬리의 이야기를 듣고 나서 그것을 취사선택하여 압축해서 정리한 서술이다. 또 다른 하나는 1장에서 3장까지 또 30장에서 32장에 해당하는 바 하나의 등장인물로서의 록우드 자신이 워더링 하이츠나 스러쉬크로스 그레인지에서 직접 보고 들으면서 겪은 경험을 그 내용으로 한다.

먼저 1장과 3장까지에서는 록우드가 워더링 하이츠의 비이성적인 세계와 대극적인 위치에 놓여 있다는 사실이 부각되어 있다. 그는 그 이름이 시사하는 대로 견고한 현실(wood)에 굳게 갇혀있는(lock) 인물로서 일상적인 통념이나 상식을 대표한다. 현실 사회의 관습에 익숙해져 있는 그는 관념적 사고와 이성적 판단으로 사물을 대하는 인물의 전형이다. 가령 이곳 시골 마을에 대한 그의 첫 인상은 "사회의 동요에서 완벽하게 격리되어 있는 곳"이자 "염세가들의 완벽한 천국"이다.[4] 이와 같이 관습적인 사고에 안일하게 젖어있는 태도는 그 곳을 제대로 파악하는 데 적절하지 않음이 밝혀진다. 그는 처음 캐시를 히스클리프의 "상냥한 부인(amiable lady)"으로, 헤어튼을 "아름다운 요정의 남편(favored possessor of the beneficient fairy)"으로 보는데 상식선상에서 유추해낸 이러한 판단은 전부 잘못된 것으로 판명된다 (10-1).

그런데 록우드처럼 시골 마을의 한가로운 삶에 대해 일종의 낭만적인 편견을 갖는 것은 당대 일반 독자들의 자연스러운 태도일 수 있다. 캐시에 대한 그의 첫 인상 또한 여자를 그렇게 규정하는 당대의 규범적인 사고 체계를 대표한다고 해도 과언이 아니다. 따라서 도시 신사인 록우드는 일반 독자들의 생각이나 가치관을 대변하는 대리 독자의 역할을 한다고 할 수 있는 것이다. 록우드의 첫 인상과 선입견이 워더링 하이츠라는 기이한 세계를 파악하는 데는 전혀 통하지 않음을 보여줌으로써 브론테는 독자들로 하여금 안이한 태도가 아닌 좀 더 긴장된 자세로 이 소설을 대하도록 유도한다.

서술자 록우드의 역할과 관련지어 주목해야 할 것은 그의 꿈이다. 이 꿈은 이성과 상식이 지배하는 일상 세계와 워더링 하이츠의 초자연적인 세계 사이의 경계선을 허무는 역할을 한다. 록우드는 꿈 속에

---

[4] Emily Brontë, *Wuthering Heights* (New York : Norton, 1990), 3. 이후 본문 인용은 이 책에 따르며 괄호 안에 연수만 표기한다.

서 캐서린 린튼의 영혼이 나타나 유리창 안쪽으로 들어가게 해달라고 자기 팔목을 잡고 애원하자 잔인하게도 그 어린아이의 팔을 잡아서 깨진 유리창의 가장자리에 피가 흘러내릴 때까지 문질러 댄다. 이와 같이 잔인한 행위는 록우드와 같은 이성적인 지성인도 지극히 비합리적이고 격정적인 행위를 할 수 있다는 의미를 함축한다. 이는 더 나아가 비이성적이고 격정적인 세계와 이성적이고 합리적인 세계 사이의 경계선이 쉽게 무너질 수 있음을 상징한다고도 할 수 있다. 일견 비현실적으로 보이는 인물들의 행위가 그것을 야기한 상황을 고려한다면 신빙성이나 설득력이 없는 것만은 아님을 뜻하는 것이다.

이와 더불어 록우드가 비이성적이고 초현실적인 꿈을 꾸는 과정이 현실적인 정황으로 미루어볼 때 아주 자연스럽고 그럴듯하게 제시되었다는 사실도 주목을 요한다. 가령 록우드가 캐서린의 일기를 읽다 잠들었다거나, 브랜더햄(Branderham) 목사의 설교에 관한 꿈을 비몽사몽간에 꾸었다거나, 눈보라치는 폭풍 때문에 나뭇가지가 창살에 부딪혀 소리를 냈다는 상황 설정 등이 그 예이다. 이는 브론테가 비이성적이고 믿기 어려운 사건을 이성의 틀로 에워싸기 위해서 상식과 합리성을 대표하는 서술자 록우드를 창조했음을 추측하게 해준다. 이는 히스클리프의 행위로 대표되는 고딕적 세계가 현실과 완전히 동떨어져 있는 것은 아니라는 의미를 함축한다고 할 수 있다.

또한 1장과 3장까지에서 히스클리프를 처음 만난 록우드는 그를 신사이며 은둔자로 보면서 그에게서 동질감을 느낀다. 그는 히스클리프의 예사롭지 않은 태도나 언행을, 자신과 같은 보통 사람들의 그것이 단지 조금 과장되어 나타난 것으로 대수롭지 않게 넘기는 것이다. 이와 같이 서술자인 록우드가 히스클리프에게 공감을 느끼기 때문에 지나치게 무뚝뚝하고 음울하며 거칠어서 고딕적 세계에서나 나옴직한 인물인 히스클리프는 현실 속의 사실주의적인 차원에 자리잡을 수 있게 된다. 더나아가 히스클리프가 워더링 하이츠로 오기 전 리버플 항구에서 고아로 배회하던 상황은, 굶주린 아일랜드 난민들이 감자 기근을 피하기 위해 영국에 건너오던 당대 사회상의 반영으로 보여질 수 있게 된다. 따라서 재산과 지위가 없는 고아 히스클리프가 언쇼의 죽음 후 힌들리(Hindley) 밑에서 갖은 억압과 수모를 겪는 것은 당대 사회 구조의 맥락에서 볼 때 얼마든지 일어날 개연성이 있었던 사회현상을 나타낸 것이라고 간주할 수 있게 된다.

  록우드의 또 하나의 역할은 15장부터 30장에 이르는 부분에서 찾아볼 수 있다. 이 부분은 히스클리프의 처절한 복수 이야기를 그 내용으로 하고 있는데 넬리의 서술을 그대로 옮겨놓은 4장부터 14장까지와는 달리, 넬리의 이야기를 다 들은 록우드가 그녀의 말에 충실하기는 하지만 그 자신이 선택적으로 요약해서 서술한다. 하류계층에서부터 재산을 지닌 신흥부자 계층으로 부상한 히스클리프는 당대의 재산법과 상속법을 교묘히 이용하여 보복한다. 그는 노름에 빠진 힌들리의 빚을 갚는 방법으로 그의 재산을 빼앗고 그로 하여금 술주정뱅이로 전락하도록 내버려두는 한편, 자신에게 낭만적인 환상을 품는 이사벨라(Isabella)를 부추겨 결혼한 후 그녀에게 상속된 재산을 가로챈다거나, 힌들리가 죽자 워더링 하이츠를 차지하고 그의 아들 헤어튼(Hareton)을 그가 예전에 당했던 바대로 하인처럼 마구 부리는가 하면 자신의 병약한 아들 린튼(Linton)을 캐시와 결혼시켜 스러쉬크로스 그레인지를 소유하는 것으로 복수를 구체화한다. 히스클리프는 양쪽 집안의 실질적인 주인이 되는 과정에서, 여성이 결혼하면 그 재산은 남편의 것이 된다든가 또는 상속인을 한정하여 상속하는 한사상속법 같은 당대의 상속법을 지능적으로 교묘히 이용한다. 이 소설이 나온

1847년과 작중시기인 1771년부터 1803년 사이에, 즉 1834년에 상속법이나 유언법 등의 개정이 있었음에도 불구하고 히스클리프가 재산을 획득하는 과정은, 사건 당시의 법률 즉 1834년 이전의 상속법을 포함한 법적 절차에 정확히 맞추어져 있다. 가령 캐시의 재산은 남편 린튼, 그 다음에는 그 아버지 히스클리프에 의해 장악된다. 린튼가의 재산은 이사벨라 몫은 아들 린튼에게, 에드가(Edgar) 몫은 딸 캐시를 거쳐 전부 남편 린튼에게 귀속된다. 당시는 1870년에 시행된 '기혼여성 재산권 법령'(Marriage Women's Rights and Properties Act)이 통과되기 이전이었으므로, 아내가 소유하고 물려받게 될 모든 재산을 남편이 소유하게 되어 있었던 것이다. 그 후 미성년자도 유언으로 재산을 처분할 수 있었던 제도에 따라 히스클리프에게 양도된다.[5]

히스클리프의 보복은 어느 정도는 이해해 줄 만하다. 젠트리 계층의 엄격한 위계질서나 힌들리가 가하는 억압 때문에 이것의 희생자로서의 히스클리프에게 동정을 보낼 만한 요소가 많기 때문이다. 또한 히스클리프가 워더링 하이츠를 떠나는 것은, 캐서린이 그와 결혼할 수 없는 이유로서 "그를 선택하면 품위가 떨어질 것"이라고 우려하는 말을 몰래 엿듣고서이다(62). 그는 재산이 없고 지위가 낮다는 사실이, 끊을 수 없는 유대관계를 맺고 있다고 확신해 왔던 캐서린으로 하여금 그를 받아들이지 못하게 만드는 결정적인 약점이 될 수 있음을 깨닫고 부를 쟁취한 후 돌아온다. 그렇지만 캐서린과의 관계를 과거의 상태로 되돌릴 수 없다는 데 절망하던 차에 설상가상 그녀가 세상을 떠나 버리자 히스클리프는 그녀와의 사랑을 좌절시키는데 책임이 있다고 스스로 단정한 주위 사람들을 향해 복수를 단행하는 것이다.

---

[5] Peterson 11 참조.

그러나 히스클리프의 보복은 수단과 방법을 가리지 않는 무자비한 것으로 판명된다. 그는 변호사를 매수해서 유산상속을 자기에게 유리하게 조종하는 등 당대 법을 둘러싼 부패상을 최대한 이용한다. 기득권 계층에게서 수모를 당한 히스클리프가 그들의 방법을 흉내내 보복한 것이다(Kettle, 139-40).

히스클리프의 복수에는 당대의 부패상이나 축재 수단에 대한 작가의 비판이 개재되어 있는 것으로 보인다. 서술자 록우드를 통한 사실주의적 차원의 서술이 있기 때문에 히스클리프의 보복과 그 배경을 이루는 사회 현상이 사실적으로 형상화될 수 있게 되고 더 나아가 거기에 대한 작가의 비판이 나타날 수 있게 된다. 그런데 일반 독자를 의식하지 않을 수 없는 브론테는 이 비판적인 태도를 원만하게 견지해야만 했던 것으로 보인다. 그래서 작가는 히스클리프가 부자로 부상하게 된 배경을 자세하게 설명하는 대신 생략함으로써 그의 부상이 함축할 수 있는 경제적, 사회적 의미를 배제시킨다. 일반 독자를 대표하는 록우드로 하여금 히스클리프가 부자가 될 수 있었던 배경을 의문 형식으로 탐색해 보도록 하는데 그칠 따름이다. 히스클리프에게서 이야기를 들은 넬리가 그것을 다시 록우드에게 전해주는 독특한 서술 형식 때문에, 히스클리프가 재산을 소유할 수 있었던 배경은 구체적으로 분명히 밝혀지지 않아도 무방해지는 것이다. 이것이 록우드라는 서술자가 설정된 또 하나의 배경이라고 할 수 있다.

록우드의 또 다른 역할은 캐시와 헤어튼 사이의 관계 진전을 그가 직접 목격하는 내용을 담고 있는 30장에서 32장까지에서 확인될 수 있다. 그는 여성 인물에 대해 상투적으로 둔감한 태도를 보인다. 당대 사람들이 그러하듯이 여성 문제에 관한 이해의 부족을 노정하는 것이다. 사랑과 열정에 있어서 록우드의 소심하고 소극적이며 둔감한 면은 히스클리프와 대조된다. 캐시를 처음 보았을 때부터 록우드의 관심사는 지속적으로 그녀와의 사랑의 가능성에 맞춰지는데 이때 그가 보이는 태도는 자기중심적이며 속물적이다. 가령 그는 캐시가 시골뜨기들과 어울려 살기 때문에 자기와 같은 더 나은 계층의 사람을 알아볼 안목이 없다고 생각한다. 그녀가 만일 자신을 따라 이 곳을 떠난다면 그것은 요정 이야기보다도 더 낭만적인 이야기가 될 거라면서 안타까워 하기도 한다(231). 그런데 마음이 있으면서도 록우드는 캐시에게 선뜻 적극적으로 접근하지 못한다. 그 곳을 떠났다가 우연히 워더링 하이츠를 들르게 되어 캐시와 헤어튼이 정다운 사이가 된 것을 목격하게 되었을 때에도 그는 그녀를 놓친 사실을 애석해 할 따름이다. 이와 같이 정열이 없고 소극적인 록우드의 태도는 독자로 하여금 보통 사람들의 사랑과는 차원이 다른 히스클리프의 캐서린을 향한 강렬한 열정에 공감을 갖도록 해준다.

    록우드는 캐시뿐만 아니라 그녀의 어머니 캐서린에 대해서도 이해의 부족을 드러낸다. 그는 그녀의 고통이나 그 고통을 초래한 제반 상황에 둔감하다. 록우드는 답답한 당대 사회에서 살아가야 했던 여성으로서 캐서린이 당면해야만 했던 다음과 같은 여러 어려운 상황을 듣는다. 캐서린은 유산 계층인 자작 농민의 딸이지만 여성이라는 이유 때문에 아무런 재산을 소유할 수 없다. 캐서린의 이러한 모순적인 처지가 전면에 부상하게 된 계기는 아버지의 죽음 후이다. 아들인 힌들리는 워더링 하이츠의 주인이 되지만 딸인 캐서린은 힌들리에게 부양되는 처지에 놓이게 되고 따라서 그의 지배를 받게 된다. 같은 계층에 속하는 남매 사이면서도 캐서린은 여성이라는 이유로 경제력을 부여받지 못하는 것이다. 이와 함께 캐서린을 짓누르는 억압으로 작용하는 것은 힌들리가 그녀와 히스클리프 사이의 신분적인 차이를 확실히 구분지음으로써 히스클리프를 하인으로 규정지으며 두 사람을 갈라놓으려 한다는 사실이다. 이러한 상황에서 유난히 자아가 강한 캐서린은 히스클리프와의 강렬한 일체감 속에 "우리"라는 공동체를 형성하며 억압에 맞선다. 캐서린은 힌들리의 압제에서 벗어나고 결혼을 통해 안정된 경제적, 사회적 지위를 확보하기 위해서 재산과 지위를 갖춘 에드가와 결혼하기로 결심한다. 재산이 없이 하인 취급을 당하는 히스클리프와 결혼하면 자신의 품위가 깎이리라고 생각하는 그녀는, 에드가와의 결혼을 통해 얻게 될 부를 가지고 히스클리프의 지위를 향상시킬 수 있으리라는 중대한 착각을 한다(63). 이로써 히스클리프 없이는 행복을 느낄 수 없다는 내면의 진실을 부정하게 된다. 이는 그녀가 자라온 문화나 사회 분위기의 불가피한 산물이다. 결혼을 둘러싼 캐서린의 선택은 사회적인 현실과 불가분의 관계를 맺는 것이다. 이러한 점에서 캐서린의 선택은 당대 여성이 당면한 문제를 잘 보여준다고 할 수 있다. 결국 자신의 기본적인 열망을 도외시하고 에드가와 결혼한 캐서린은 신사가 된 히스클리프가 다시 나타나 그녀의 선택을 질책하자 미친 상태가 되었다가 끝내 죽는다. 그 후 록우드의 꿈 속에 나타난 바 그녀는 히스클리프와 행복한 어린 시절을 보냈던 워더링 하이츠의 세계로 되돌아갈 것을 희구하는 유령(waif)이 되어 방황한다. 이와 같이 절박한 캐서린의 고통이나 그 고통을 초래했던 제반 상황을 이해할 수 없는 록우드는 그녀에게 동정심을 느끼지 않는다. 록우드의 무딘 반응을 보고 그와의 공통점을 발견하지 않을 수 없는 독자는 반성하게 되는 것이다. 따라서 록우드는 여성 문제에 대한 당대 일반 독자층의 무심함을 일깨우는 역할을 한다고 할 수 있다.

　록우드가 서술하는 31장과 32장 그리고 34장의 마지막 부분은 화해와 조화를 그 지향점으로 하는 일반 사실주의 소설의 결말부와 부합되는 형태를 띤다. 캐시가 결국 헤어튼과 맺어진다는 이야기는 서로 대극적인 위치에 놓여 있던 워더링 하이츠의 세계와 스러쉬크로스 그레인지의 세계가 마침내 조화롭게 융합됨을 의미한다고 할 수 있기 때문이다. 한편 이러한 귀결은 『워더링 하이츠』를 캐시의 성장소설로 볼 수 있게 해주는 소지도 다분히 내포하고 있다. 캐시는 어머니의 무절제하고 자기중심적인 기질을 물려받은 바 없지 않고 스러쉬크로스 그레인지에서 아버지 에드가의 사랑을 독차지하면서 자라기까지 해서 오만하고 고집스러운 면을 지니고 있었지만, 고난의 경험을 통해 그리고 자신을 사랑해온 헤어튼에 대한 이해와 애정이 싹 틈으로 인해 인간적 성숙에 도달하고 행복을 얻는 것으로 보이기 때문이다. 어머니와는 달리 스러쉬크로스 그레인지에서 세련된 문화의 영향을 받고 성장한 캐시는 '가정의 천사'라는 당대 이상적인 여성상의 이데올로기를 구현할 듯이 보인다. 전통있는 가문 출신인 헤어튼 또한 처음에는 교육을 받지 못해 야만인처럼 행동하지만 캐시의 도움을 받아 글을 읽어 교양인이 된다. 두 사람은 결혼 후 워더링 하이츠에서 스러쉬크로스 그레인지로 이주해 살게 될 예정이라는 사실이 덧붙여짐으로써 이 소설은 거칠고 조야한 세계에서부터 정돈되고 안정된 사회질서체계로의 복귀로 귀결되는 듯하다. 34장은 조화롭고 평화스럽게 모든 것이 끝났다는 록우드의 서술로 끝맺어진다. 이와 같이 록우드의 서술은 모든 혼돈이 조화로운 결말로 귀착된다는 틀을 부여한다.

　이상에서 살펴보았듯이 이성과 상식을 대표하는 록우드는 히스클리프와 캐서린을 둘러싼 범상치 않은 이야기에 구체적인 현실이라는 토대를 제공한다. 그는 사실적인 세계와 초현실적인 고딕적 세계 사이의 경계선을 넘나들면서 두 세계가 자연스럽게 섞일 수 있는 매개체 역할을 수행한다. 한편 여성 인물들에게 보인 그의 반응에는, 그로 대표되는 당대 일반 독자계층의 가치관이나 태도에 대한 작가의 비판이 함축된다고 할 수 있다. 여성문제에 대해 무심하고 둔감한 록우드가 우스꽝스러우리만큼 피상적인 인물로 그려지고 있기 때문이다. 이러한 방식으로 그는 일반적인 관습이나 통념에 대한 작가 브론테의 비판이 간접적으로 드러나게 해주는 수단으로서의 역할을 한다.

3) 넬리의 역할: 낭만적 사랑이야기로 복수이야기 상쇄하기

워더링 하이츠와 스러쉬크로스 그레인지에서 직접 몸담고 살아오면서 그곳 사람들을 가까이서 지켜 본 인물인 넬리는, 워더링 하이츠로 대표되는 비이성적인 세계와 상식이 통하는 일상 세계의 중간에 속하는 존재로서, 판단을 유보하는 관찰자의 입장에 머물며 중간자적인 역할을 한다. 넬리의 역할에 관한 고찰은 브론테가 왜 록우드 이외에도 넬리라는 서술자를 필요로 했는가의 의문으로 시작될 수 있다.

록우드와는 달리, 두 중심 인물의 내면의 비밀을 들을 수 있는 처지에 있는 넬리는 일반적인 의미에서의 남녀 간의 사랑과는 구별되는 바, 두 인물 사이의 영혼의 일체감을 드러내주는 역할을 한다. 그래서 록우드가 히스클리프의 복수에 대한 넬리의 이야기를 들은 다음 이를 종합적으로 압축해서 서술한 15장에서부터 30장까지에서와는 달리, 넬리의 말을 그대로 옮긴 부분 즉 넬리가 서술자의 역할을 수행하는, 4장에서부터 14장, 그리고 32장에서부터 34장은 주로 캐서린과 히스클리프의 낭만적인 사랑이나 초현실적인 유대관계에 초점이 맞춰져 있는 것이다. 15장부터 30장에 걸쳐 히스클리프의 복수에 관한 이야

기가 펼쳐지기 이전인 1장에서 14장에 이르기까지의 넬리의 서술은, 복수의 이야기보다는 히스클리프와 캐서린사이의 강렬한 유대감을 더 부각시킴으로써 그의 보복 이야기를 상쇄한다.

넬리는 히스클리프가 어릴 적부터 억압받고 자라온 과정을 직접 목격했기 때문에 그에 대해 어느 정도는 동정심을 느끼는 인물이다. 그러한 넬리에 대해 히스클리프는 친밀감을 느끼며 자신의 속마음을 털어놓기도 한다. 가령 히스클리프는 캐서린과 황야에서 뛰어 놀다가 우연히 환하게 불이 밝혀진 스러쉬크로스 그레인지 저택 내부를 유리창을 통해 보게 되었는데, 그 집 개에게 물린 캐서린은 그 곳 사람들의 따뜻한 보살핌 속에 치료차 묵게 되지만, '집시'로 취급된 히스클리프 자신은 멸시 당하며 무참히 거부된 정황과 그 때의 비참했던 심정을 넬리에게 고백한다. 주변 사람들의 경멸과 구박을 받으면서도 히스클리프가 워더링 하이츠에 머물러 사는 이유는 그가 보기에 그 누구와도 견줄 수 없을 만큼 탁월한 존재인 캐서린 때문이라는 솔직한 토로도 한다(40).

어머니나 마땅한 친구가 없이 자란 캐서린 또한 늘 곁에서 돌봐주는 하녀 넬리에게 자신의 속마음을 내비친다. 가령 캐서린은 에드가의 청혼을 받던 날 밤 넬리를 찾아와 그의 청혼을 받아들여야 한다고 생각하면서도 가슴 속 깊은 곳에서는 "내가 바로 히스클리프"라는 사실을 알기 때문에 그러한 선택이 잘못된 것임을 느끼지 않을 수 없다면서 괴로운 심정을 토로한다(64). 히스클리프가 돌아왔을 때 캐서린은 과거에 에드가와의 결혼을 선택한 것이 잘못이었음을 인정하지 않을 수 없게 되는데 이때에도 그녀는 미칠 듯이 답답한 심정을 넬리에게 털어놓았던 것이다(94-8).

그런데 넬리는 이들이 내비친 감정 상태를 그대로 서술하기는 하지만 그들의 고뇌를 이해한다거나 동정하지는 않는다. 넬리는 나름대로의 편견이 가미된 판단을 곁들여서 이야기를 전개시킨다. 캐서린의 성격을 묘사할 때도 "이기적이고" "오만하며" "고집이 세다"는 등의 부정적인 어구를 자주 사용하며 히스클리프에 대해서도 "악마"와 같다면서 경계한다(260). 그렇기 때문에 독자는 오히려 히스클리프나 캐서린에 대해 더 공감을 느낄 수 있게 된다.

독자로 하여금 히스클리프를 동정해줄 수 있는 인물로 만드는 넬리의 역할은 32장에서 34장 중간에 이르는 그녀의 서술에서도 확인된다. 넬리는 록우드가 떠났다가 다시 돌아온 몇 달 동안에 벌어진 사건 즉 복수의 화신으로 보이던 히스클리프가 죽기까지의 과정을 서술한다. 록우드가 처음 히스클리프를 만난 것은 그가 경제, 사회적인 면에서 부정한 방법으로 워더링 하이츠와 스러쉬크로스 그레인지를 전부 차지하여 자신의 목적을 달성한 후였는데, 그 후 유령이나 미신을 믿는 사람으로 변모한 과정이 록우드에게 직접 목격되지 않고 또 하나의 넬리의 이야기로 처리된 셈이다. 이 부분에는 잔인하게 보복하는 자신의 행위를 히스클리프가 변명하는 내용이 포함된다. 히스클리프는 넬리에게, 최종적인 복수를 완수할 완벽한 준비가 이루어진 바로 그 순간에 복수하려는 의지가 사라졌음을 정연히 말해준다(33장). 히스클리프는 복수를 하지 않을 수 없었던 고통스러운 내면과 복수를 하면서 느낀 고뇌 그리고 보복이 무의미함을 깨닫게 됨으로써 느끼는 허전함을 넬리에게 고백한다. 그는 캐서린을 죽게 한 원인이라고 스스로 단정한 것들에 대해 보복을 해왔다. 자기의 영혼이며 생명이나 마찬가지인 캐서린이 없는 삶 속에서 히스클리프는 자신의 내면의 고통을 표현하는 수단으로 주변의 타인에게 폭력과 학대를 가해왔다. 그러나 그것은 캐서린을 상실했다는, 이제 더 이상 그녀를 되찾을 수 없다는 상실감을 상기시켜 줄 뿐이므로 히스클리프는 마침내 복수가 무의미함을 깨닫는다는 것이다. 29장에 이르러 넬리의 이야기를 통해 그 동안의 히스클리프의 고통을 알게 되므로 독자는 그에 대해 공감하게 된다. 3장에서 록우드의 꿈 속에 나타난 유령 이야기를 듣고 처절하게 울부짖어 록우드를 혼란에 빠뜨렸던 히스클리프의 비탄이나, 17장에서 이사벨라를 통해 들을 때 악마나 광인처럼 보였던 히스클리프의 행동이 사실은 거의 잡힐 듯 말 듯한 캐서린의 유령과의 합일을 꿈 꾼 결과임이 밝혀짐으로써 새로운 각도에서 이해되기 때문이다. 32장부터 34장까지에서는 죽기 전 캐서린의 영혼과의 결합만 꿈꾸는 그의 모습이 나타나다가, 마침내 그가 캐서린의 영혼과 합치되는 희열 속에 평온하게 죽음으로써 천국을 얻는다는 내용으로 마무리된다. 히스클리프의 잔인한 복수와 착취 행위 그리고 거기에 함축된 의미가 사실주의적인 차원에서 신랄하게 부각되는 대신, 캐서린과의 불가항력적인 유대감이 모든 보복 행위의 원인이었으며 결국 그는 캐서린과의 영적인 결합을 이룩했다는 암시로 끝맺음된다.

넬리라는 서술자가 없었더라면 히스클리프의 고민이나 갈등 등을 독자에게 알릴 방법이 없었을 것이다. 브론테는 히스클리프가 넬리에게 캐서린의 유령에 대해 이야기 해주는 장면 등을 삽입시켜 그가 그렇게 잔인할 수 밖에 없었던 이유, 또한 이러한 잔인성에서 벗어나 서서히 복수의 무의미성을 깨닫게 되는 과정 이야기를 들려줌으로써 그를 동정 받을 수 있는 인물로 자리매김하는 것이다. 그처럼 지능적이고 무자비하게 보복 할 수 있는 인물이 한 여성과의 관계에서는 그토록 절박하고 애절한 영혼의 교류를 맺을 수 있다는 사실을 드러냄으로써, 히스클리프가 단순히 복수극을 무자비하게 벌인 악당이라기보다는 애절한 로맨스의 주인공으로 보여질 수 있다는 사실을 부각시키는 것이다. 두 사람의 관계를 전혀 이해 못하는 록우드가 아닌 넬리의 서술을 듣게 됨으로써 독자는 두 사람 사이의 평범하지 않은 유대관계의 실상을 보다 동정적으로 공감 하면서 볼 수 있게 된다. 넬리는 히스클리프가 무자비하게 복수하는데도 불구하고 그를 독자에게서 동정 받을만한 인물로 남게 하는 역할을 수행하는 것이다. 그 결과 히스클리프의 보복이 이야기의 중심을 차지하고 있음에도 불구하고 독자에게는 그의 복수보다는 그와 캐서린 사이의 열정적인 유대관계가 더 강렬한 인상을 남기게 된다.

서술자로서의 넬리는 플롯을 구성하는 배반과 복수의 이야기를 강렬한 사랑 이야기로써 상쇄하는 역할을 한다. 넬리라는 서술자가 존재하기 때문에, 사실주의적 차원에서 전개되었고 따라서 작가의 사회비판적 인식도 함축된 복수 이야기보다는, 두 사람 사이의 신화에 가까울 만큼의 초자연적이고 열정적인 유대관계가 보다 중요하게 부각될 수 있게 된다. 결말부에서 히스클리프와 캐서린 사이의 영적인 차원의 사랑 문제로 회귀함으로써 사회, 경제적인 차원에서의 히스클리프의 복수나 착취의 의미는 점차 약화되고 두 사람 사이의 심리적 유대감 내지는 초자연적인 동질성 문제만 강하게 부각되는 것이다.

넬리가 록우드에게 이야기 해주는 서술구조 때문에 이 소설이 헤어튼과 캐시의 결합 이야기가 아니라 히스클리프와 캐서린의 언급으로 끝날 수 있었다는 사실에서도 서술자 넬리의 역할을 확인해 볼 수 있다. 연대기순으로 끝났으면 워더링 하이츠가 히스클리프의 침입으로 폭풍에 휘말렸다가 그의 죽음 및 캐시와 헤어튼의 조화로운 관계 성립이나 서로 상극적이던 두 집안의 융합으로 결국 평온을 되찾았다는 일반적인 사실주의 소설의 형태를 띠었을 것이다. 그렇지만 록우드가 서술자 넬리의 이야기를 듣고 다시 서술하는 구조로 구성되었기 때문에, 히스클리프의 죽음으로 끝맺을 수 있게 되고 그와 캐서린이 강한 유대감에 바탕을 둔 어린 시절로 되돌아 간 것, 즉 두 사람의 사랑이 죽음에서나마 원래의 상태를 복원한 점이 전면에 부각될 수 있게 된다.

『워더링 하이츠』의 결말에 대해서는 상반된 평가가 내려져 왔다. 소설의 마무리가 완벽하게 잘 처리되었다고 보는 평자가 있는가 하면, 캐시와 헤어튼의 "성공적인 변신과 짝짓기"가 "다른" 편의 "악마적인 특징"을 억제하므로 "처음 두 인물들의 야성적인 마력이 사라졌다"면서 아쉬움을 표명한 평자도 있다(Van Ghent 169-70). 사실 헤어튼과 캐시는 히스클리프나 캐서린의 열정에서 비롯되는 비극적 깊이를 넘어서는 대안으로 보이지 않는다. 헤어튼은 너무 연약하고 무기력해 보인다. 히스클리프의 죽음과 동시에 이 소설의 활력이나 긴장은 사라진다고 해도 과언이 아니다. 그래서 이 소설의 결말은 힘 없어 보인다. 보다 생생하고 호소적인 언어로 가득 차 생명력과 활기로 넘치던 전반부와는 달리 후반부로 갈수록 소설의 활기가 없어지고 생동감을 상실하는 것으로 보이는 이유도 이와 관련이 있다. 그런데 결말부가 잘 처리되었다고 보는 평자이건 그렇지 않은 경우이건 간에 기존의 해석들은, 사실주의적 차원에서의 히스클리프의 보복 이야기를 그와 캐서린의 낭만적 사랑 이야기로써 상쇄하려 한 작가 브론테의 의도를 제대로 읽어내지 못했다고 할 수 있다.

또한 브론테는 표면적으로는 캐시와 헤어튼의 결혼이라는 일반적인 사실주의 소설의 형태로 끝맺지만 이 사실을 전복하기 위해서 즉 자신이 의도한 바가 실제로는 이와 같지 않음을 나타내기 위해서 히스클리프의 죽음으로 끝맺는다고도 할 수 있겠다. 후반부에서 록우드가 떠났다가 시간이 흐른 후 다시 돌아와 넬리의 이야기를 듣는 것으로 상황이 설정됨으로써 헤어튼과 캐시가 가까워지는 과정이 생략될 수 있게 된다. 그 결과 헤어튼과 캐시의 결합 이야기나 두 사람의 성장 이야기로 흐르지 않게 되는 것이다.

4) 맺음말

『워더링 하이츠』에서는 로맨스와 사실주의 소설 사이의 경계선이 해체되고 그 두 형식이 서로 긴장 상태에 존재하면서도 자유롭게 뒤섞이며 서로 통제하고 조절한다. 두 세계 사이의 자연스러운 넘나들기가 가능해지는 것이다. 록우드라는 전형적으로 현실적인 인물이 넬리의 서술을 듣는 것으로 상황을 설정함으로써, 넬리가 전하는 비현실적이고 고딕적인 로맨스 이야기에 사실주의 소설적인 테두리를 제공한다. 브론테는 서술자 록우드를 창조함으로써 사실주의적 틀로써 즉 좀더 현실적인 관점에서 히스클리프와 캐서린의 사랑에 관한 로맨스를 에워싸는 것이다. 나중에 헤어튼과 캐시의 결합으로 끝낸 것도 같은 차원에서 이해 할 수 있다.

한편 브론테는 사실적인 차원에서의 복수 이야기를 낭만적 사랑 이야기로 변모시키는 역할을 하는 넬리라는 서술자를 창조함으로써, 히스클리프와 캐서린 사이의 규범을 넘어선 지고한 사랑을 제대로 이해하지 못하는 록우드로부터 분명한 거리를 유지한다. 그럼으로써 히스클리프의 죽음과 함께 모든 것이 조화롭게 끝맺음 되었다고 간주하는 록우드에게 아이러니를 보낸다.

브론테는 록우드뿐만 아니라 넬리에게서도 거리를 유지하면서 독자들로 하여금 두 서술자의 관점이나 의견을 전적으로 수용 할 수 없게 만든다. 그리하여 독자들이 직접 소설의 내용 구성에 참여하여 나름대로 평가 내리게 한다. 넬리의 주관적인 서술을 듣는 록우드는 히스클리프와 캐서린으로 대표되는 워더링 하이츠의 세계를 나름대로 판단하고 있고, 브론테는 넬리나 록우드를 간접적으로 평가 내린다. 두 서술자가 히스클리프나 캐서린을 바라보는 관점을 통해서, 두 연인의 관계를 둘러싼 로맨스적인 세계에 대해 독자가 유지하게 될 거리를 조절하고 조정한다. 브론테는 긴장, 갈등하는 두 차원의 세계 사이에서 균형을 유지하면서 객관적인 태도를 견지하려고 노력하는 것이다. 『워더링 하이츠』에서 모순이 해결되지 않은 것처럼 보이는 이유는 이 때문이라고 할 수 있다.

전혀 다른 두 세계가 서로 분리되어 있으면서도 동시에 밀접하게 연결되는 현상은 이 소설에 반복적으로 나타나는 유리창의 이미지로 상징된다. 록우드의 꿈 속에 나타난 캐서린의 유령이 유리창문을 통해 방 안으로 들어오려 하는 장면이나 히스클리프가 유리창문을 열어놓고 캐서린의 영혼과 하나가 되는 희열 속에 죽음을 맞는 장면이 그 대표적인 경우이다. 더 나아가 서술구조 자체가 여러 겹의 유리창문으로 구성되어 있다고 할 수 있다. 가령 넬리는 두 집안의 사람들이 서로 뒤섞이면서 연출하는 드라마를 보고 들으며, 록우드는 넬리의 서술이라는 하나의 유리창 너머로 그 드라마를 들여다 본다. 여러 겹의 유리창문이 서로 다른 세계를 향해 열려있는 것이라고 할 수 있다.

브론테가 『워더링 하이츠』에서 로맨스와 사실주의 소설 사이의 경계선을 허물고 이들이 자연스럽게 뒤섞이는 양상을 형상화한 이유는, 이성과 상식에 의해 지배되는 일반 독자들에게 통념상으로는 납득하기 어려운 히스클리프와 캐서린의 절대적 유대감을 맞닥뜨리게 함으로써 그들의 이해와 공감의 폭을 넓히려 했기 때문인 것으로 보인다. 격정적인 동물적 본능으로 가득 찬 듯한 고딕적 세계와 현실 사이의 경계선이 얼마나 쉽게 뒤섞여 질 수 있는가를 보여주려 한 것이다. 그 결과 사회적 통념에 젖어 있는 일반 독자들에게 『워더링 하이츠』는 신선하고 놀라우며 잊혀지지 않는 강렬한 충격을 준다.

브론테가 낭만적 로맨스와 사실주의 소설의 형식을 변증법적으로 결합시킨 또 하나의 이유로는 사회에 대한 제반 문제의식을 독자에게 무리없이 제시하기를 원했다는 점을 들 수 있다. 결혼을 둘러싼 캐서린의 불가피한 선택이나 힌들리로부터 받은 억압 및 히스클리프의 신흥부자로의 부상과 복수가 형상화된 사실에서 함축되듯이, 브론테에게는 여성문제 및 중산계층의 부상을 둘러싼 당대 사회의 일반적인 가치관이나 안일한 통념에 대한 비판의식이 있었다. 그렇지만 브론테는 현실의 가치관과 충돌을 빚을 수 있는 자신의 문제의식을 전면에 드러내려 하지 않았다. 따라서 캐서린을 둘러싼 여성문제를 천착하지 않는다. 캐서린의 배우자 선택 문제와 그것을 둘러싼 갈등이나 비극적 결말을 보다 심도있게 천착하는 대신 그녀의 죽음으로 문제를 봉합하고 그 죽음 이후를 그리는 것이다. 캐서린의 죽음까지로 소설을 끝맺었더라면 여성문제가 더 강하게 부각될 수도 있었겠지만 2세대인 캐시와 헤어튼의 결합으로 결말지음으로써 그것이 희석된다. 캐서린의 죽음 후 벌어지는 사건들은 주로 캐시를 둘러싼 사건들, 즉 그녀와 린튼 그 다음 헤어튼과의 결합 이야기를 그 내용으로 삼으므로 캐시의 성장소설로 보일 수도 있기 때문이다.

브론테는 함축적으로 제기해온 당대 사회, 경제에 대한 문제의식을 결국 안일하게 봉합해 버린다는 인상을 준다. 사실적인 차원에서 볼 때 신흥부자로 부상한 히스클리프가 복수를 하는 과정에서 사용한 방법은 야비하다. 이처럼 그의 부정적인 면이 부각되자 사실적인 차원에서 그의 보복에 얽힌 현실을 깊이있게 탐색하기보다는 로맨스 형식으로 에워싼다. 캐서린의 영혼이 히스클리프를 계속 따라다니면서 캐서린을 상실한 아픈 현실을 일깨웠기 때문에 무자비한 복수를 자행하게 되었고 결국 그는 캐서린의 영혼과의 합일 속에서 죽음을 맞는다는 것이다. 무자비한 복수의 화신으로 보일 수도 있는 히스클리프를 미신이나 환영에 지배당하는 낭만적인 인물로 변질시키는 것이다. 이러한 초자연적인 요소 때문에 억압받는 하류계층의 문제나 당시 히스클리프의 축재 방법을 둘러싼 부패상 등의 사회 경제적인 면에서의 브론테의 비판적 문제제기가 희석될 수 있게 된다. 또한 록우드가 넬리의 이야기를 듣고 서술하는 이중구조 형식 때문에 사실주의적 차원에서의 저자의 비판이 은폐될 수 있다. 두 집안을 차지하기 까지의 히스클리프의 복수 이야기가 록우드의 도착 전에 완료된 과거사로서 넬리를 통해 서술됨으로써 그 잔인성의 강도가 약화된다는 사실도 이러한 맥락에서 이해해 볼 수 있다.

그렇지만 브론테는 록우드와 넬리라는 두 서술자의 효과적인 역할 분담을 통해 자신의 사회비판적 인식을 겉으로 드러내지 않으면서도 함축적으로 나타낼 수 있었다. 사회 현실에 대한 저자의 문제의식이 존재하는 듯 하면서도 그렇지 않게 보이는 이유는 여기에 있다. 가령 이 소설은 스러쉬크로스 그레인지를 떠났다가 잠시 들른 록우드가 그 동안에 벌어진 사건에 대해 넬리의 이야기를 들은 후 자기 나름대로 마무리하는 서술로 끝맺어진다. 그렇게 구성한 이유가 무엇인지는 브론테가 서술자 록우드에 대해 어느 정도의 거리를 두고 있는지를 살펴봄으로써 추정해 볼 수 있겠다. 록우드는 1년 뒤 이 고장을 다시 찾아와 넬리로부터 히스클리프의 죽음에 대해 들은 후 캐서린과 히스클리프의 사랑의 격정이 마침내 다스려졌다고 느낀다. 히스클리프의 임종 장면을 서술한 후 넬리는 시골 사람들이 히스클리프와 캐서린이 걷는 장면을 목격했다고 덧붙이는데 이 말에 록우드는 워더링 하이츠의 부엌을 제외한 다른 모든 곳을 닫아 놓는 이유가 두 사람의 유령이 살게 하기 위한 것이냐면서 장난기가 다분한 어조로 응수한다(255). 두 사람의 영혼이 워더링 하이츠에서 지금도 방황하고 있다고 생각하는 마을 사람들과는 달리 록우드는 편안하게 잠들었다고 보는 것이다. 록우드는 양치는 어린 목동이 히스클리프와 캐서린의 유령을 보고 무서워 울고 있는 것을 목격하는데도 거기에 전혀 영향을 받지 않는다.

결말부에서 히스클리프와 캐서린이 평화롭게 잠들었음을 믿는다는 록우드의 말은 비이성적이고 비현실적인 세계를 무시하고 억압하는 것이다. 그는 비이성과 초현실의 세계를 덮어버리며 이성과 상식이 지배하는 세계로 일반 독자들의 의식을 되돌려 놓는다. 이 소설은 "온화한 하늘," "히스와 초롱꽃 사이에서 날개를 파닥이는 나방들," 그리고 "풀잎을 스치고 지나가는 부드러운 바람" 등의 언급으로 끝맺어지는데 여기에는 폭풍이 지나가고 일상성이 회복된다는 의미가 함축된다(256). 록우드의 마지막 서술은 모든 갈등이 해소되고 평온을 회복한다는 일반 사실주의 소설의 형태에 부합되는 것이다. 따라서 이중서술구조와 두 서술자의 역할을 고려하지 않은 채 단면적으로 읽으면 『워더링 하이츠』는 행복하고 조화롭게 결말지어지는 듯이 보인다.

그런데 브론테는 히스클리프와 캐서린의 유령의 존재를 믿는 마을 사람들 및 거기에 어느 정도 공감하는 넬리와 그것을 믿지 않는 록우드의 입장을 대조시킨 가운데 록우드에게 아이러니를 보낸다. 낭만적이고 초자연적인 요소를 첨가하여 이를 록우드의 사실적인 시각과 대조시킴으로써 모든 것이 조화로운 질서를 회복했다는 그의 서술을 전복하는 것이다. 그럼으로써 독자로 하여금 그의 태도를 곰곰히 생각해 보도록 유도한다. 이와 같이 브론테가 서술자 록우드에게서 유지하는 거리를 고려해보면 결말부에 함축된 의미가 새롭게 드러나게 된다.

『워더링 하이츠』는 서로 대조되어 보이는 두 개의 차원이 뒤섞이는 양상을 놀라우리만큼 참신한 각도에서 보여줌으로써, 통념상으로 볼 때 낯설고 불가해한 세계에 대한 이해의 지평을 넓히고 공감의 폭을 확대시켜 준다. 당대의 보통 사람들의 사고나 가치관을 뛰어 넘어 비현실적이고 초자연적으로 보이는 세계를 사실적으로 재현한 것이나 이를 위해 두 서술자를 통한 독특한 서술 구조를 최대한 효과적으로 활용한 것은 브론테의 사고의 궤적이나 창조적 상상력 그리고 위대한 소설가로서의 역량을 여실히 보여준다고 하겠다.

< 인용문헌 >

백낙청. 「『폭풍의 언덕』의 소설적 성과」. 『외국문학』. 12호. 서울: 전예원, 1987.
유명숙. 『워더링 하이츠』. 서울: 서울대학교 출판부, 1998.
Armstrong, Nancy. "Emily Brontë In and Out of Her Time." *Genre* 15 (1982), *Emily Brontë's Wuthering Heights*. Ed. William M. Sale. New York: Chelsea, 1987: 365-77.
Bloom, Harold. Ed. *Emily Brontë's Wuthering Heights*. New York: Chelsea, 1987.
Brontë, Emily. *Wuthering Heights*. New York: Norton, 1990.
Gilbert, Sandra and Susan Gubar. "Looking Oppositely: Emily Brontë's Bible of Hell." *The Madwoman in the Attic: The Woman Writer and the Nineteenth-Century Literary Imagination*. New Haven: Yale UP, 1979: 248-308.
Homan, Margaret. *Bearing the Word: Language and Female Experience in Nineteenth-Century Women's Writing*. Chicago: U of Chicago P, 1986.
Jacobs, Carol. "Wuthering Heights: At the Threshold of Interpretation." *Emily Brontë's Wuthering Heights*. Ed. William M. Sale. New York: Chelsea, 1987: 353-65.
Jacobs, N. M. "Gendered and Layered Narrative in *Wuthering Heights*." *Journal of Narrative Technique* 16 (1986): 204-19.
Kettle, Arnold. "Emily Brontë: *Wuthering Heights*." *An Introduction to the English Novel*, Vol 1. London: Hutchinson, 1961: 139-55.
Mathison, John K. "Nelly Dean and the Power of *Wuthering Heights*." *Nineteenth-Century Fiction* 11 (1956): 106-29.

Miller, Hillis. "*Wuthering Heights: Repetition and the 'Uncanny'.*" *Emily Brontë's Wuthering Heights*. Ed. William M. Sale. New York: Chelsea, 1987: 378-93.

Peterson, Linda. Ed. *Wuthering Heights*. Boston: St. Martin's P, 1992.

Pykett, Lyn. "Gender and Genre in *Wuthering Heights.*" *Emily Brontë, Macmillan Women Writers Series*. Ed. Lyn Pykett. Basingstoke and London: Macmillan, 1989: 71-85.

Sanger, C. P. *The Structure of Wuthering Heights*. London: Hogarth, 1926.

Stoneman, Patsy. Ed. *Wuthering Heights*. Houndmills: Macmillan, 1993.

Van Ghent, Dorothy. *The English Novel: Form and Function*. Holt, Rinehart & Winston, 1953.

Williams, Raymond. *The English Novel: From Dickens to Lawrence*. Oxford: Oxford UP, 1970.

3. 상충하는 두 서술의 병존: 『제인 에어』

1) 머리말

『제인 에어』(Jane Eyre)는 성숙한 서술자 제인이 과거 시절을 회상하는 일인칭 자서전 소설이다. '재산이 없는 고아 여자아이'로서 성적, 계급적인 억압을 당해야 했던 제인이 숱한 역경을 극복하고 성장하여 마침내 로체스터(Rochester)와 결혼하여 행복한 삶을 영위하게 되는 과정이 그 내용이다. 여기에는 계급과 성의 문제가 복합적으로 얽혀 있다. 따라서 이 소설은 여성주의적 관점에서 해석될 수 있는 소지를 다분히 내포하고 있다.

어린 시절과 사춘기 때 부당한 억압에 반발하는 격정적인 성격의 소유자였던 제인은 결국에는 사회의 가치기준에 순응한다. 따라서 이 소설은 부도덕하고 통념을 지나치게 벗어난 혁명적인 작품으로 비판받는가 하면, 관습과 타협하고 사회의 가치기준에 순응한 것으로 평가되기도 했다. 한편에서는 브론테가 너무 여권을 주장한다고 못마땅해 하고 다른 한편에서는 샤롯 브론테(Charlotte Brontë)의 여성주의적 인식이 보다 철저하게 형상화되지 못한 점을 아쉬워 한 것이다. 이와 같이 이 소설에 대해서는 서로 상반되는 평가가 내려졌다. 따라서 브론테의 여성문제 인식을 제대로 자리매김해보려는 시도는 그 나름대로 의미 있는 작업이 될 수 있을 것이다.

브론테의 여성문제 인식을 온당하게 평가하기 위해서는 이 소설이 성격을 달리하는 두 개의 서술 즉 사실주의에 입각한 서술과 비사실적인 서술로 구성되어 있음을 인정해야 한다는 것이 본 논문의 입장이다. 사실적인 차원에서 전개되는 이야기의 내용은 통념에서 벗어난 사고로 행동을 하던 제인이 차차 사회의 가치기준을 수용하며 성장하다가 마침내 경제적인 독립을 획득한 후 평등한 부부관계를 구현하는 이상적인 결혼을 성취한다는 것이다. 성숙한 서술자는 소외된 국외자였던 과거의 자신이 사회에서 안정된 지위를 확보하기까지의 과정을 '성장소설'의 형식에 맞춰 서술한다. 그런데 이 소설에는 사실적 차원의 서술과 긴장관계에 있는 또 하나의 서술, 즉 고딕적 요소와 낭만적 요소를 포함하는 비사실적인 서술이 존재한다. 이 비사실적인 서술에는 억압적인 주변 환경에 반항하면서 자유와 독립을 추구한 정열적인 제인이 당면한 여성문제와 그것에 대한 작가의 인식이 함축되어 있다. 브론테의 여성문제 인식을 액면 그대로 보지 않고 서술의 행간에 함축된 의미를 고려해야 하는 이유는 바로 여기에 있다.

두 가지 유형의 서술이 병존하고 있음을 인정하고서 소설을 분석해 보면, 서술자 제인과 과거의 제인이 보여주는 태도 사이에 차이가 있다는 사실 뿐만 아니라, 서술자의 태도나 서술 내용이 소설의 앞부분과 비교해볼 때 뒷부분에서 달라짐을 발견할 수 있다. 제인의 어린 시절과 사춘기, 그리고 로체스터를 사랑하고 여러 복합적인 요소로 인해 갈등을 겪다가 마침내 그를 떠나는 전반부에서는, 성적, 계급적 억압을 비롯하여 가난한 독신 여성이 당면한 문제가 중요하게 부각된다. 반면 존(John)과의 관계가 다루어지는 후반부에 오면 이제까지 탐색되어 오던 성적, 계급적 억압의 문제 대신 진정한 '사랑'의 여부 문제가 전면에 부상하면서 여성문제에 대한 인식은 거의 형상화되지 않는다. 사실적 차원의 서술만 고려한다면 이 소설은 "유례없는 유기적 구조"(Leavis 12)라고 평가받을 만큼 제인의 성장 과정을 단계적으로 잘 형상화했다고 할 수 있다. 그렇지만 두 서술 사이의 관계에 주의를 기울여 보면 전, 후반부에서의 차이점이 드러나는 것이다. 그 이유와 거기에 함축된 이유를 밝혀내는 것은 브론테의 여성문제 인식을 제대로 이해하는데 중요한 관건이 된다고 할 수 있다.

이 소설의 독특한 서술에 주목한 비평가로는 부멜라(Boumelha)를 들 수 있다. 부멜라는 브론테가 서술 방식 및 문학 장르 면에서 다양한 실험을 시도했음을 밝혀내고 이를 계급이나 성의 문제와 연관시켜 분석한다. 브론테의 여성문제 인식을 서술의 다양한 실험과의 상관관계 하에서 살펴본 것이다. 이러한 부멜라의 시도는 브론테 소설의 특성을 새로운 각도에서 조명함으로써 여성문학에서 차지하는 브론테의 위치를 새로이 자리매김한 것이다. 그러나 부멜라의 작품 분석은 다소 도식적인 경향이 있으며 구체적인 작품 분석을 결여하고 있다.

본 논문은 부멜라의 공과를 수용하면서 이 소설에서 두 개의 서술층 즉 사실주의적 차원의 서술과 비사실적인 서술이 어떤 관계를 맺으며 어떻게 전개되는지, 또한 전, 후반부의 서술 내용상에는 어떠한 차이점이 발견되는지를 살펴보고자 한다. 그것을 토대로 브론테의 여성문제 인식을 온당하게 자리매김해 보겠다.

이를 위해 먼저 두 서술이 팽팽한 긴장 속에서 병존하는 양상을 서술자와 과거의 제인 사이의 태도상의 차이점에 주목하면서 고찰해 보겠다. 이어 비사실적인 요소들이 어떠한 방식으로 나타나고 그들 사이의 관계는 어떻게 유기적인 연관성을 확보하며 또한 어떤 면에서 여성문제에 대한 인식을 함축하고 있는지를 분석해 보겠다. 그 다음 전반부에서와는 달리 후반부에서 두 서술의 병존 양상이 어떻게 변모하며, 거기에 함축된 의미는 무엇인지를 살펴보고자 한다.

2) 서술자 제인과 과거의 제인의 차이점

서술자 제인은 성장소설이라는 틀 속에서 어린 시절과 사춘기를 어른으로 성숙되기 전의 전단계로서 회상한다. 서술자는 과거의 경험을 현재의 시각에서 평가내리기도 하는데 이때 성숙한 서술자 제인과 과거의 제인 사이에는 사고나 행동 면에서의 괴리가 노정된다. 그 결과 어린 제인의 성향이나 태도는 어른이 되면서 개선되어야 할 대상으로 보이기도 한다. 또한 서술자는 어린 시절의 경험이 갖는 중요성을 애써 축소시키려 한다. 서술자가 처음 9장까지에서 열 살이 될 때까지의 어린 시절의 경험을 길게 서술한 후, 이어지는 10장에서 중요치 않은 이야기가 너무 길게 묘사되었다면서 이를 사과하는 대목은 그 하나의 예이다.

그러나 실제로는 제인이 어린 시절 리드(Reed) 부인과 존에게 반항한 결과 그 징벌로서 붉은 방에 갇힌 경험은 제인에게 커다란 정신적 충격을 주었을 뿐만 아니라 그 후에도 그녀의 삶에 큰 영향을 끼친 중요한 사건이다. 그것은 첫 장부터 소설의 전면에 강렬하게 서술되고, 그 후로도 여러 번 제인은 다른 사람들에게 이를 잊을 수 없을 만큼 강력한 심리적 영향을 끼친 사건으로 기억하면서 이야기하기 때문이다. 서술자의 공언과는 달리 억압적인 주변 환경과 마찰을 일으키던 어린 시절과 사춘기의 체험이 소설의 첫 부분부터 중점적으로 부각된 것이다.

어린 시절 붉은 방에서의 경험에는 고아 여자아이로서의 제인이 겪는 계급적, 성적 면에서의 소외가 강하게 내포되어 있고 이러한 소외는 제인이 앞으로 겪어야 할 억압의 성격을 잘 보여준다는 점에서 여성문제에 대한 인식을 함축하고 있다. 그럼에도 불구하고 서술자는 성적, 계급적인 면에서의 억압의 성격과 양상을 직접적으로 밝히려 하지 않는다. 대신 그것을 개인적인 차원의 문제로 축소시키려 한다. 서술자 제인은 "그때는 왜 그렇게 고생을 겪어야만 하는지"에 관해 마음 속 깊은 곳에서 끊임없이 제기되는 내적인 질문에 답할 수 없었지만 이제 세월의 간격을 두고 보니 그 대답을 분명히 알 수 있다면서 자신이 당한 고통의 원인을 다음과 같이 주로 개인적인 문제로 돌린다. 자신은 게이츠헤드(Gateshead)에서 그 누구와도 같지 않은 그래서 그들과 조화를 이루지 못한 "불협화음"이자 이질적인 존재였다는 것이다[6]. 만일 상냥하고 밝은 성격의 아이였더라면 비록 의지해야만 하는 신세일지라도 리드 부인이 덜 미워했을 거라는 것이 서술자의 주장이다. 서술자는 당대의 여성관을 문제삼기보다는 거기에 맞추어 행동하지 못한 것이 더 잘못이었다는 식으로 개인적인 차원에서의 문제를 더 부각시키는 것이다. 물론 이러한 입장은 리드 부인이 제인의 성격 때문에 그녀를 미워했다거나 임종을 맞게 되었을 때에도 그 성격에 대해 불평한다는 사실 때문에 수긍이 가기도 한다. 그렇지만 과거의 제인 스스로도 그 사실을 인식하고 있듯이 어린 제인이 당하는 억압은 본질적으로 성적, 계급적인 성격을 띠고 있다(11-2).

서술자 제인은 어린 시절의 경험이나 리드 부인에 대해 반대감정이 혼합된 모호한 태도를 보여주기도 한다. 어린 제인의 반항이 정당함을 주장하기도 하지만 다른 한편으로는 그것을 후회하는 듯한 자세를 견지한다. 서술자는 리드 부인에 대해서도 한편으로는 그녀를 두려워하고 싫어하는 것은 충분한 근거가 있기 때문에 당연하다는 태도를 보인다(28). 다른 한편으로는 제인 자신에게 끔찍한 정신적 고통을 안

---

[6] Charlotte Brontë, *Jane Eyre* (New York: Norton, 1987), 12. 이후 본문 인용은 이 책에 따르며 괄호 안에 면수만 표기하기로 한다.

겨준 것은 잊지 못하지만 리드 부인은 자기가 취한 행동의 의미를 알지 못하고 했으니까 용서해 주어야 한다고 말한다(16). 서술자는 과거 어린 제인이 격정적인 태도를 취하게 된 배경이 정당했음을 강조하기 보다는 조심스럽게 거기에서부터 파생된 결과를 사과하는 듯한 자세를 견지하는 것이다. 서술자 제인은 가부장제 이데올로기를 상징하는 존이 게이츠헤드에서 과거 자신에게 휘두른 성적 계급적 억압에 대해서도 침묵한다.

이는 비정하고 적대적인 리드가에 맡겨진 후 사촌들이나 숙모로부터 끊임없이 질책당하고 소외되면서도 억압의 부당성에 반항하고 분노하는 어린 제인의 태도와 대조된다. 과거 제인의 태도는 서술자의 해석이나 평가와는 별도로 묘사된 어린 시절의 생생한 체험 장면을 통해 드러나는 것이다. 가부장제의 규범에 따라 리드가의 상속권을 부여받은 존은 제인에게 커튼으로 가려진 창 옆의 조그마한 공간마저도 허용해주지 않을 뿐만 아니라, 그 집이 자신에게 속하니까 책도 자기 소유라면서 책 읽는 자유조차 빼앗는 등 횡포를 부린다. 존은 제인이 리드 부인에게 말대답한 것과 제인의 도전적인 눈빛을 책망하며 폭력을 휘두른다(8). 습관적으로 그의 매를 참고 견디던 제인은 커튼 뒤에 숨어서 무엇을 하고 있었느냐는 존의 무례한 질문에 "책을 읽고 있었어(8)"라고 '말하면서' 응수한다. 이에 존은 제인이 돈 없이 빌붙어 사는 처지이므로 구걸해야 함이 마땅하며 자기같은 신사의 아이들과 함께 살 자격이 없다고 비난하면서 제인의 계급적, 성적 열등성과 무력함을 경멸한다(8). 이에 격분한 제인은 존을 "사악하며 잔인한" "살인자"로 또 노예를 착취하는 "로마 황제"로 몰아붙이며 대든다(8). 책읽기를 통해 획득한 언변과 책에서 얻은 지식을 이용하여 단지 신사계급이자 상속자라는 이유로 자신을 억누르는 존을 압도한 것이다. 제인은 존에게 반항한 대가로 붉은 방에 감금되고 말지만 이 사건 자체는 제인에게 크나큰 승리감을 안겨준다.

계급과 성적인 편견에 기초한 부당한 사회 체제와 가치기준이 가하는 압력과 거기에 대한 제인의 반항은 게이츠헤드에서 뿐만 아니라 로우드(Lowood) 학교에서도 이어진다. 로우드의 교장인 브로클허스트 (Brocklehurst) 목사는 계급과 성에 따라 이중기준을 적용하며 자신의 이기심을 종교적 원칙들로 위장하는 위선자이다. 가령 그는 자신의 아내와 딸들을 호화롭게 단장시키면서도 고아 소녀들의 경우에는 굶기고 누추하게 입히면서 그것을 성경 말씀에 기초한 것이라고 뻔뻔스럽게 주장한다. 제인은 로우드 학교의 이중적인 원칙들과 억압 구조에 대하여 게이츠헤드에서 느꼈던 것과 똑같이 분노하고 항거한다.

과거의 제인은 부당한 처벌에 열정적으로 반항한 반면 서술자 제인은 그 경험에 대해 변명조의 평을 덧붙이기도 할만큼 태도가 바뀌었다. 그 이유는 서술자가 이제는 인내나 용서의 기독교적 가치 및 도덕을 더 중시하고 있기 때문이라고 할 수 있다. 이는 상당부분 로우드에서 만난 헬런(Helen)의 영향 탓이다. 스캐처드(Scatcherd) 선생의 부당한 질책과 처벌에 제인이 분개하자 헬런은 오히려 자신이 단정치 못하고 몽상적이며 망각을 잘한다면서 스스로를 책망한다. 헬런은 피할 수 없으면 참는 것이 의무라면서 인내를 강변한다. 제인은 헬런의 극기철학에 슬픔이 섞여 있음을 알면서도 그것에 영향을 받는다. 헬런의 극기철학은 브로클허스트의 위선적 강요보다 훨씬 더 많이 제인을 '여성답게' 교육시키는데 기여한다. 그녀는 헬런에게서 묵시적인 교훈을 받아 스스로를 억제하는 수동적인 자세를 배운다. 서술자 제인은 이제 헬런의 인내의 철학을 진정한 용기의 표현으로 생각하고 있을 정도이다(59).

헬런과 함께 제인에게 커다란 영향을 끼친 사람은 템플(Temple) 선생이다. 제인에게 있어서 어머니같은 존재인 그녀는 제인의 반항적 기질을 억누르는데 큰 역할을 담당한다. 그녀는 브로클허스트의 남성적 권위나 위선적인 원칙에 적극적으로 반발하지 않은 채 단지 주어진 권한 안에서 학생들의 고통을 줄여주는데 최선을 다할 뿐이다. 따라서 그녀는 제인에게 주어진 환경에 적응하는 방법을 말없이 가르쳐 준 셈이다.

로우드에서 만난 두 여성의 영향으로 제인은 사회에서 인정받는 법을 배워간다. 사회의 가치 기준이나 관념에 순응하게 된 제인은 자신이 보기에도 "예절바르고 얌전한 인물(73)"로 변모한다. 이와 같은 과정을 거치기 때문에 서술자 제인은 여성문제를 함축하는 어린 시절의 경험에 대해 과거의 제인과 다른 태도를 보여주는 것이다.

독립적이고 자유로운 삶을 갈망했던 시절의 경험을 서술하는 전반부에서는 여성문제가 함축되는데 서술자는 이를 억제한 채 드러내지 않으려 한다. 따라서 서술은 긴장되고 서술자의 태도는 완곡하다. 이는 부정문이나 이중부정 그리고 도치문 사용 등의 글쓰기에 반영되어 있다. 또한 서술자는 반항적인 과거의 자신에게 독자가 공감을 보내주도록 유도한다. 가령 리드 부인과의 대화에서 억압된 감정이 분출되는 장면에서 서술자 제인은 과거의 강렬한 분노와 반항 행위를 조용하고 부드럽게 서술한다. 헬런에게 너무 격정적이라는 지적을 받은 후 그 다음 템플에게 차분하고 이성적으로 이야기하니까 훨씬 더 설득력을 확보하는 것을 보고 제인은 감정을 절제해서 말해야 상대방의 공감을 얻을 수 있음을 깨닫게 되었기 때문이다. 서술자는 자기반성적인 태도를 견지하면서 독자가 과거의 자신의 모습을 수용할 수 있도록 노력하기도 한다. 서술자는 베씨(Bessie)가 자기의 솔직하고 두려위하지 않는 거침없는 태도 때문에 호감을 가졌다고 말하는 등 다른 사람의 우호적인 평가를 빌어 과거의 자신을 옹호하기도 한다.

또한 서술자는 여성문제가 함축된 비사실적인 서술을 할 때 자신이 독자와 비밀을 공유할 수 있을 만큼 친밀한 관계를 맺고 있다고 상정하면서 독자를 자신의 체험 속에 끌어들인다. 그 예로는 다음의 대목을 들 수 있다. 서술자 제인은 결혼식 전날 밤 불안감에 휩싸여 안절부절 못했다고 언급할 뿐 그 원인이 된 경험 즉 불안한 꿈에서 깨보니 괴물 같은 여성이 내려와 면사포를 찢고 짓밟았다는 사실을 밝히지 않는다. 그러면서 로체스터가 돌아오면 수수께끼를 함께 풀어가면서 이야기할 테니까 그때 그 비밀을 공유하자고 현재형으로 친근하게 말한다(242). 이는 여성문제를 함축한 이 사건에 대해 독자가 느낄 수 있는 거부감을 불식시키기 위해서라고 할 수 있다.

반면 후반부에서 서술자는 과거의 행동을 변호할 필요도 없고 여성문제 인식을 은폐할 필요성도 없어진다. 여성문제가 개재되지 않기 때문이다. 여성문제를 둘러싼 억압된 감정과의 사이에서의 긴장감이 사라지므로 서술자는 자신 있게 서술한다. 서술자는 직접적인 자기분석을 시도하고 주저 없이 생각하는 바를 표현하며 독자와 대화할 수 있게 된다. 과거의 경험을 현재형으로 판단 평가내리고 서술하는 식으로 현재형과 과거형을 혼합함으로써 대화는 더욱 자연스러워지고(151-52), 의문문의 형식을 사용한 대화체가 사용됨으로써 더 큰 설득력을 확보하게 된다(379).

서술자 제인의 태도는 과거의 제인의 그것과 차이가 있고, 전반부와 후반부에서도 서로 다른 양상을 보인다. 이는 이 소설에 표면적인 서술과는 별도로 다른 의미를 함축하는 또 하나의 서술이 존재한다는 사실을 뒷받침한다. 따라서 서술자 제인의 서술을 액면 그대로 받아들이지 않고 행간에 담긴 의도를 면밀히 분석해서 과거 제인이 겪은 체험의 진정한 성격과 거기에 내포된 의미를 파악해야 한다.

3) 여성문제를 함축한 비사실적 서술

이 소설에는 서술자 제인과 과거의 제인 사이의 태도상의 차이가 병치되고 있을 뿐만 아니라 사실적 서술과 비사실적 차원의 서술이 병존하고 있다. 사실주의적인 서술은 제인이 현재의 서술자로 성숙해 가는 성장소설의 틀을 따른다. 제인이 가부장제 사회 체제로 편입되는 과정을 보여주는 것이다. 한편 이 소설에는 유령처럼 묘사된 버싸(Bertha)의 존재나 어린아이가 등장하는 제인의 꿈 그리고 붉은 방에 감금되었을 때 유령을 본 듯한 경험, 달로 상징되는 어머니가 "내 딸아, 유혹을 물리쳐라"며 로체스터를 떠나라고 충고하는 부분 등 비사실적인 요소가 나타난다. 이러한 요소들은 제인의 내부에 자리 잡고 있는 억눌린 감정이 강력히 분출될 때, 더 구체적으로 말하면 심리적 긴장이 폭발하는 상태를 형상화할 때 사용된다. 제인은 사회에 편입되고 싶어하면서도 사회가 강요하는 상대적 존재로서의 삶을 거부하고 독립된 개체로서 존재하려고 갈망하기 때문에 내면적 갈등을 느낀다. 이 갈등의 복합적 성격이 비사실적인 대목 속에 함축되는 것이다. 이 부분은 제인의 심층적인 욕구를 함축적으로 드러내며 감추어진 여성 이야기에 내포된 의미를 독자로 하여금 다시 생각하게 해준다는 점에서 작가의 여성문제 인식과 밀접한 관계를 맺는다고 할 수 있다.

비사실적인 서술은 여기저기 흩어져 나타나므로 서로 연관이 없는 듯이 보이지만 실제로는 나름대로의 맥을 형성하며 상징적인 의미망을 구축하고 있다. 먼저 비사실적인 요소의 한 예로서 어린 시절에 제인이 갇힌 붉은 방과 거기에서 제인이 얼핏 본 유령을 들 수 있다. 블라인드와 커튼이 쳐진 창문과 잠긴 문 그리고 가만히 앉아 있지 않으면 묶어 놓겠다는 위협으로 인해 붉은 방은 하나의 감옥으로 묘사된다. 따라서 붉은 방은 저항하는 어린아이와 억압적인 주변 환경 사이의 갈등을 압축적으로 상징한다고 할 수 있다. 숙부 리드 씨의 죽음의 그림자가 드리워져 있는 차가운 그 방에서 귀신이 나올지 모른다는 공포에 휩싸인 제인은 이상한 날개 달린 존재의 환영을 보고 그것에 억눌려 질식됨을 느낀다.

리드 부인의 명령에 따라 붉은 방에 갇히기 전 제인은 하인들로부터 자신이 경제적으로 의존하고 있는 처지이므로 겸손하게 그들의 비위를 맞춰주고 쓸모 있는 인간이 되도록 노력해야 한다는 질책과 어린 아이로서 무례하고 격정적으로 굴었으므로 신에 의해 처벌받을 거라는 위협적인 말을 듣는다. 통념에 입각한 이러한 비난을 들었기에 제인은 붉은 방에서 공포감에 휩싸인 나머지 유령을 본 것이다. 제인은 붉은 방에서의 감금을 통해 억압에의 반항은 징벌과 고립 그리고 끔찍한 정신적 고통을 안겨준다는 사실을 알게 된다.

그런데 제인이 붉은 방에 감금되었을 때 본 유령은 그녀와 다락방에 갇힌 버싸 사이에 밀접한 연관성을 성립시킨다. 제인이 리드 부인과 존에게 반항한 징벌로서 감금된 붉은 방 자체도 버싸가 갇혀 있는 다락방과 연관된다. 붉은 방의 제인이 거울 속에서 "반요정 반꼬마 도깨비(11)"같은 자신의 '낯선' 모습을 본 장면 또한 제인과 괴물처럼 등장하는 미친 버싸 사이의 연관성을 함축한다. 거울 속에 비친 '낯선' 모습은 그녀가 다른 사람의 눈에 어떻게 보이는가를 나타내는데, 이를 계기로 제인은 자신이 본 모습과는 상관없이 다른 사람에게는 도깨비나 괴물로 비칠 수도 있음을 깨닫는 것이다. 실제로 임종을 앞둔 리드 부인은 어린 제인을 3인칭으로 객관화시켜 회상하는 가운데 "미친" "악마같은"이라는 수식어를 거침없이 내뱉는다(203).

버싸에게 제인이 동정을 보낸다는 사실에도 두 인물 사이의 유사성이 내포된다. 로체스터를 떠나기로 결심한 제인은 버싸를 이해하는 입장에서 이야기한다. 버싸에게서 심리적 공감을 느끼기 때문이라고 하겠다. 제인이 그에게 하는 말에 의하면 미친 여자를 감금하는 것은 아이를 옷으로 덮어두어 질식하게 하는 것이나 독기를 함유하고 있는 나무 밑에 방치하는 것과 같다(264).

그렇지만 다른 한편 제인은 버싸를 괴물 같다고 묘사하는 등 비인간적인 존재로 경원시한다. 결혼식 전날 밤 제인의 방으로 들어와 예기치 않은 이상한 행동을 하는 버싸에게서 받은 제인의 인상은 두려움이다. 버싸는 빨간 눈과 부풀어 오른 검은 색의 입 그리고 무시무시하게 불타듯이 붉은 형상을 한 귀신같은 모습으로 묘사된다. 제인은 그녀를 "못된 독일 유령인 뱀파이어(250)"라며 짐승으로 격하해 버린다.

제인이 버싸를 '이중적이고 양면적 시각'(Peterson 97)으로 보는 이유는, 사회의 통념에 너무 반발하면 버싸처럼 미치고 그 결과 감금되며 괴물 취급을 받게 될 것이라는 두려움을 갖고 있기 때문이다. 이는 어린 시절의 체험 후 제인에게 각인된 두려움의 연장이기도 하다. 제인은 그 방에서 풀려나기 위해서 "완벽한 복종과 침묵하기(14)"라는 리드 부인의 조건을 수용해야 하는데 이 사실은 시사하는 바 크다. 이 두려움이 짐승처럼 묘사된 버싸에게 투영된 것이다. 버싸의 광기와 괴물 같은 형상은 여성이 자신에게 주어진 삶의 조건에 반발할 경우 맞게 될 상황에 대한 제인의 내면화된 두려움을 표현한다.

버싸와 제인 사이의 밀접한 연관성은 장면의 병치를 통해서도 함축된다. 쏜필드(Thornfield)에 처음 도착했을 때 제인은 페어팩스(Fairfax) 부인의 안내를 받아 그 곳의 내부를 구경하다가 다락방에서 이상한 웃음소리를 듣는다. 그 후 이어지는 장에서 제인은 3층 다락으로 올라가 멀리 지평선 너머의 세계를 동경한다. 그곳 생활이 무료하고 정막감에 휩싸여 있다고 생각하며 보다 적극적이고 활기차며 폭넓은 경험을 갈구한다. 특히 제인은 일반적인 통념과는 달리 여성들 역시 남성들과 마찬가지로 폭넓은 세상에 대한 갈망을 느낀다고 말하면서, 여성들을 요리하기, 피아노치기, 수놓기 등의 가정의 영역에만 제한시켜 놓는 것은 부당하다고 항거한다. 통념상 여성에게 기대되는 삶은 여성 내면의 욕구와 배치되는 바가 많다면서, 여성도 남성처럼 활동하기를 원한다는, 당대의 기준에서 보면 혁신적인 주장을 하는 것이다(94-6). 여성이 침묵하고 있기는 하지만 마음 속에는 반항이 들끓고 있다고 덧붙이기도 한다. 제인은 단조로운 삶에 무료해 하며 동적이고 변화가 있는 생활을 꿈꾸는 자신을 그 누구라도 비난할 것이라고 전제한 후, 여성이 여성의 영역으로 간주되지 않는 일을 한다고 해서 그들을 비판하는 것은 사려 깊지 못한 처사라고 단언한다.

그런데 흥미롭게도 이러한 생각 바로 다음에 제인은 "이상하고 기괴한" 웃음소리를 "드물지 않게" 들었다는 사실을 첨가한다(96). 이러한 장면의 병치는 통념적인 여성관에 반항하는 제인의 사색이 버싸의 웃음소리에 의해 깨지고 마는 상황을 상징한다. 이는 여성이 남성과 동등하다고 느끼며 남성과 동일한 욕구를 지닌 것으로 생각하면 주변 사람들에 의해 "제 정신이 아닌" 상태로 간주될 수도 있음을 시사한다고 할 수 있다(Rich 469). 이와 같이 제인과 버싸의 연관성을 일관성 있게 함축하는 비사실적인 부분에는 여성문제에 대한 인식이 담겨 있다.

상징적인 의미망을 구축하는 또 하나의 요소로는 제인이 결혼식 전에 꾼 꿈을 들 수 있다. 그 꿈은 제인이 아이를 안은 채 사라져가는 로체스터를 따라가는 내용을 담고 있다. 꿈속에 나타난 아이는 "너무 어리고 연약해서 걷지도 못하는, 그리고 나의 차가운 팔 안에서 떨며 애처롭게 슬피 우는 아주 작은 아이"로 묘사된다(247). 이 아이는 어린 제인의 모습과 닮았다. 어린 시절 제인은 주변의 부당한 억압에 반발하고 그로 인해 질책당한 후 슬프게 울곤 했다. 그런데 제인은 우는데 그치지 않고 자신이 옳다고 생각하는 바를 당당하게 주장하며 행할 수 있었다. 가령 제인은 붉은 방 사건 후 리드 부인이 브로클허스트에게 자신을 거짓말쟁이로 매도한 사실을 알았을 때 거짓말쟁이는 바로 리드 부인 자신이라고 용감하게 반박한다(31). 제인은 습관적인 굴종에서 벗어나 솔직하고 대담하게 자신을 주장할 수 있었다. 이렇듯 어린 제인의 경험을 통해 집약적으로 드러나는 것은 억압당하면서도 이에 항거하며 정체성을 지키려 하는 모습이다. 그런 면에서 꿈속에 나타나 슬피 우는 아이는 제인이 결혼함으로써 자유를 잃게 될 것을 우려하는 어린 시절 제인의 독립적인 자아라고 볼 수 있다. 꿈속에서 제인은 아이 때문에 어려움을 당하면서도 그 아이를 떼어 놓을 수 없고 그렇다고 해서 로체스터를 따라가지 않을 수도 없다. 이런 관점에서 볼 때 꿈은 로체스터를 향한 제인의 낭만적 사랑에의 열망과, 그 열망에 저항하는 독립적인 자아 사이의 심리적 갈등을 상징적으로 나타낸다.

제인이 이러한 꿈을 꾸게 된 배경을 살펴보면 이 꿈이 결혼 후 독립성을 잃어버리지 않을까 두려워하는 제인의 심리상태를 반영하고 있음이 분명해진다. 주변의 억압에 반항했던 어린 시절과 사춘기를 지나 여성으로 성장한 제인은 쏜필드에서 로체스터에게 매혹된다. 제인에게 있어서 새로운 생각과 삶을 간접 체험하게 해준 로체스터는 우상이다. 제인은 그의 자아 속에 함몰되고 싶은 유혹을 강하게 느낄 만큼 그에게 매료된다. 그녀가 불가항력적으로 로체스터에게 끌린다는 사실은 "나는 그를 사랑하지 않을 수 없었다(163)"는 고백에서 잘 드러난다. 제인이 로체스터를 사랑하게 되면서부터는 로체스터와의 관계를 묘사할 때 현재형을 사용하는데 이는 그에게 어쩔 수 없이 끌려 들어가는 심적 상황을 효과적으로 잘 전달해준다. 제인은 로체스터를 향한 강한 사랑 때문에 자신도 모르게 감정을 토로해 버리기도 하고 (216), 그 앞에서 말문이 막히기도 한다(219). 제인의 사랑을 알아차린 로체스터는 집시 점장이로 가장하여 그녀로 하여금 이성에 따를 것이 아니라 감정에 충실하여 자신을 더욱 더 사랑하도록 종용한다. 그는 제인으로 하여금 특별히 할 일이 없어도 거실에 나와 지체 높고 아름다운 처녀인 잉그램(Ingram)과 자신 사이의 다정한 모습을 보게 만든다든지 하여 제인이 더욱 더 자기에게 관심을 갖도록 조종하기도 한다.

쏜필드에서 제인은 로체스터의 조종과 지배하에 놓이느냐 아니면 주체적인 자아를 지키느냐의 모순적인 두 충동 사이에서 어느 하나를 포기해야 하는 선택의 기로에 선다. 제인은 로체스터가 그녀를 미인 취급한다거나 화려한 색깔의 비단 옷을 사서 입히고 보석으로 치장하려 할 때 그를 "회교도 군주"에, 자신을 "노예"로 비유하는 가운데 비하감과 불편한 심기를 노출한다(297). 자신의 정체성이 위협받고 있음을 깨달은 것이다. 제인은 자신이 로체스터에 의해 "동화 속 요정(226)", "보물(250)", "마술장이(247)" 그리고 자기에게 도움을 주고자 하늘에서 내려 온 "천상의 사자(179)"로 간주되는 것에 거부감을 느낀다. 실제 모습을 그대로 받아들인다기보다는 낭만적인 맥락에서 자기가 원하는 방식대로 바라보려 하는 로체스터의 태도를 못마땅해 하는 것이다. 제인은 현재의 행복을 "백일몽(227)"으로 표현하고 다가오는 결혼을 피하고 싶어 한다. 경제적, 사회적 지위의 차이로 인한 현실적인 불평등 속에서 항상 로체스터에게 종속될 수밖에 없음을 인식하고 그와의 결혼에 불안을 느끼기 때문이다. 이러한 불안감이 어린 아이가 등장하는 꿈을 통해 표출된 것이다.

자신이 처한 처지에 대한 불안감이나 불만족감 그리고 로체스터에게로 지나치게 기우는 감정으로부터 스스로를 지켜야 한다는 제인의 중압감은 버싸의 존재나 출현으로 상징되기도 한다. 제인이 더 이상 감당할 수 없을 정도로 불안감이 고조된 시점에서 버싸가 그 존재를 드러낸다. 가끔씩 들리는 버싸의 웃음소리, 한밤에 버싸가 그레이스(Grace)의 감시망을 뚫고 나와 로체스터의 방에 불을 지른 사건, 메이슨(Mason)에 대한 버싸의 공격 등이 그 예이다.

흥미롭게도 버싸가 그 존재를 드러내는 장면은 제인이 로체스터의 지배와 조종 하에 놓여 있는 관계로 판단력과 생기를 상실한 채 상투적이고 진부하게 장면을 묘사하는 대목 바로 다음에 이어진다. 그럼으로써 그 장면은 다른 부분의 묘사와 강하게 대비된다. 가령 로체스터가 잉그램 일행을 초대해서 개최한 파티에서 그들의 대화 내용이나 관계 그리고 다분히 제인을 의식한 로체스터의 잉그램을 향한 구애에 대한 묘사는 활력과 활기를 잃어 지루하기조차 하다. 그러한 상태에 이르게 된 주된 이유는 제인이 사건이나 상황을 주체적이고 독자적으로 해석하거나 분석하지 못하고 로체스터가 꾸민 이야기를 수동적으로 듣는 등 그의 지배를 받기 때문이다. 로체스터는 동화와 종교적인 텍스트를 이용하여 이야기를 인위적으로 만들거나 낭만적으로 포장하기도 하며 정부 셀린(Celine)에 얽힌 이야기를 할 때는 자신의 과오를 운명 탓으로 돌리면서 합리화하기도 한다. 버싸를 둘러싼 진실을 숨기려 하기 때문에 로체스터가 해주는 이야기는 애매하고 환상적이며 수수께끼 같다. 그는 버싸의 웃음소리에 대해 의구심을 갖는 제인에게 그럴듯한 이야기를 꾸며대며 진실을 감춘다. 로체스터는 줄곳 제인으로 하여금 실제 체험과 꾸며낸 이야기 사이에서 혼돈을 일으키도록 조종하는 것이다(Bodenheimer 165). 제인이 이러한 심적 상태에 처해 있을 때 그 모습을 드러내는 버싸는 로체스터가 꾸며낸 이야기의 허구성을 드러냄과 동시에 제인으로 하여금 로체스터의 조종에서부터 벗어나 사태를 냉철하게 바라볼 수 있는 계기를 마련해주는 상징적인 역할을 한다.

따라서 버싸는 로체스터의 조종과 속임수에 대한 제인의 잠재적인 분노를 대신 표출하는 인물이라고 할 수 있다. 버싸가 "고아 제인의 성난 면모"와 동일시되기도 하는 이유는 바로 여기에 있다(Gilbert & Gubar 360). 특히 결혼식 전날 밤 찾아와 면사포를 찢는 버싸의 행위는, 제인이 로체스터의 정부가 되는 것은 자아를 상실한 채 종속됨을 의미하는 것임을 상징적으로 드러낸다. 온전한 인간의 위상마저도 상실한 버싸는 종속성을 극대화한 상징이라고 할 수 있기 때문이다. 버싸는 꿈속에 나타난 아이와 마찬가지로 독립적인 삶을 포기해 버리려는 제인의 유혹에 대해 경고하는 역할을 한다.

비사실적인 부분들에 일관성 있게 함축된 상징적인 의미 때문에, 제인은 로체스터를 향한 낭만적 사랑이라는 유혹을 물리치고 진정한 독립을 지키기 위해 그를 떠날 수 있게 된다. 물론 제인이 로체스터를 떠날 결단을 내리기까지의 과정은 쉽지 않다. 결혼식 전날 밤 버싸가 나타나 면사포를 찢어버린 이야기를 로체스터에게 할 때 까지만 해도, 제인은 그 사건이 "반은 꿈이고 반은 현실"인양 말한다(251).

일부러 잘못 이해한 척 하면서 스스로 그 경험을 해석해주는 로체스터의 조종을 여전히 받고 있기 때문이다. 로체스터가 이중결혼을 하려 한다는 사실을 안 후 제인은 자신의 낭만적 환상에 회의를 품게 되지만, 로체스터의 회유와 애원 뿐 아니라 스스로도 그의 곁에 남고 싶은 강력한 충동을 느끼므로 선뜻 떠날 결심을 하지 못한다. 그렇지만 제인은 마침내 무엇이 옳은가에 대한 올바른 판단을 바탕으로 스스로를 존중하겠다는 결론에 다다른다(279). 제인은 로체스터의 정부로서의 삶이란 주체성을 부인하는 삶임을 깨달을 수 있게 된 것이다.

제인이 어린 시절 붉은 방에서 감금된 체험, 꿈속에 나타난 어린아이 그리고 유령 같은 버싸의 출현 등의 사실적 차원을 벗어난 부분들은 서로 긴밀한 관계 속에 일정한 맥을 형성하면서 상징적인 의미망을 구축한다. 이러한 맥락에서 볼 때 제인이 로체스터를 떠나기로 할 때 붉은 방에 얽힌 꿈을 꾸는 것은 매우 시사적이다. 쏜필드에 그대로 남아 있으면 버싸처럼 될지 모른다는 제인의 잠재된 우려가 꿈을 통해 상징적으로 표출되었다고 할 수 있기 때문이다. 이러한 부분들은 일관성 있게 여성의 주체성 추구라는 주제를 받쳐주고 있다.

4) 두 서술의 병존 양상의 변모

로체스터를 떠나기까지의 전반부에서 제인이 느끼는 갈등은, 계급적 성적 억압에 맞서 자유와 독립성을 지키려는 열망과 주변에서 인정받고 기존의 가치기준에 순응하고 싶은 욕구 사이의 갈등이었다. 이 갈등이 표면상으로는 성장소설 형식을 띠고 있는 서술과 긴장을 유지하면서 병존하고 있는 비사실적인 차원의 서술을 통해 전개된다.

전반부에서는 이 두 서술의 병치 속에서 여성의 주체성 확립 문제나 독립된 자아를 지탱하는 문제가 탐구된 것이다. 그런데 존 리버즈(John Rivers)와의 관계를 포함한 무어하우스(Moor House)에서의 경험이나 로체스터와의 해후 및 결혼을 내용으로 하는 후반부에서는 전반부에서와는 달리 제인의 주체성 확립 문제를 함축하는 비사실적인 요소가 나타나지 않는다.

전반부에서 로체스터와 제인의 관계에서는 사회적으로 우월한 위치에 있는 남성과의 관계에서 주체적인 자아를 지키려는 여성의 노력이 중요하게 부상했었다. 로체스터가 제인에게 행사하는 주도적이고 지배적인 자세는 당대 사회의 일반적인 역학관계를 그대로 드러내는 것으로 제시된다. 반면 존과의 관계가 서술되는 후반부에 오면 성적, 계층적 억압 문제가 크게 부각되지 않는다. 여성에게 허용된 제한된 영역을 넘어선 더 넓은 세계에서 자유롭고 활동적인 삶을 갈구하던 제인의 예전의 태도도 나타나지 않는다. 가령 제인은 소농들의 딸을 가르치게 됨으로써 자신의 일을 갖게 되었을 때 소감을 간단히 피력한다거나 교사로서의 경험도 간략하게 추상적으로 서술하는데 그친다. 교사로서 일할 때 제인은 자신의 진가가 인정받거나 발현되지 못하고 있다고 생각하며 더 나아가 빈곤이나 무지 그리고 거침 때문에 자기의 품위가 깎이게 된 것을 불만족해 한다(316). 그 후 교사가 된 것이 만족스럽다고 언급하기도 하지만 이는 자기체념의 발언에 불과한 것으로 판명된다. 재산 상속을 받아 부유해지자 이내 교사 일을 그만두기 때문이다. 재산이 생긴 후 집안을 꾸미는데 열중하는 제인에게 존이 그런 가정적인 영역에서의 일보다 더 폭넓은 사회 활동을 할 것을 권고하자 제인은 "왜 나는 편안한 삶을 영위할 권리가 없는가(344)"라고 반문한다. 또한 제인은 다이어너(Diana)나 메리(Mary)가 가정교사

일을 해야만 한다는 사실을 안타까워한다. 이제 제인은 가정교사나 교사로서의 직업을 여성이 돈이 없을 때 불가피하게 해야만 하는 노동으로 생각하는 것이다. 이는 로우드에서 비록 "노역"일지라도 행동이 있는 새로운 경험을 원했던 과거의 태도와 대조된다(75).

그런데 흥미롭게도 이러한 제인의 변모와 거기에 함축된 의미는 중요하게 부각되지 않는다. 오히려 그 변모를 초래했다고 할 수 있을 다른 요인들이 첨가됨으로써 제인의 태도상의 변모는 큰 관심을 끌지 못하게 되고 또한 그것이 갖는 진정한 의미도 드러나지 않게 된다. 가령 재산을 상속받게 되어 경제적 독립을 확보했다는 여건상의 변화가 첨가되며 남녀관계에 있어서 '사랑'의 존재 여부가 중요하게 부상한다. 존이 과거 제인이 갈망하던 적극적이고 활동적인 삶을 살아갈 것을 종용할 때 제인은 그러한 삶을 살아갈 용의는 얼마든지 있지만 존이 사랑 없는 결혼이라는 굴레에 자신을 집어넣으려 하기 때문에 그것을 거부할 수밖에 없다고 응수한다. 이런 식으로 제인의 변모가 갖는 의미에 초점이 주어지지 않는 것이다.

제인이 존을 거부한 가장 중요한 이유는 그가 진정으로 자신을 사랑하지 않는다는 사실 때문인 것으로 제시된다. 이제 결혼을 고려할 때 사랑과 열정만 있으면 주체성의 확보 여부는 문제가 되지 않는다는 식의 해결책이 제시된 셈이다. 쏜필드에서 제인으로 하여금 로체스터를 결연히 떠나게 한 힘은 독립된 자아를 지키겠다는 강한 욕구였다. 전반부에서부터 탐색해 왔던 바를 일관성 있게 지속하려 했다면 후반부에서도 독립성이나 주체성의 확립 문제에 계속 초점이 주어져야 했을 것이다. 제인이 결국 존을 거부하고 로체스터를 찾아 나선 것도 비인간적으로 의무를 강요한 존 보다는 로체스터의 인간적인 열정이나 사랑을 선택한 행위로 그 의미가 축소되어 버린다. 로체스터와 대립하고 충돌하는 장면에서는 제인의 독립과 자유에의 추구가 그를 거부하는 가장 핵심적인 요소로 부각된 반면, 이제는 청혼하는 남성이 제인을 한 여성으로서 인간적으로 사랑하느냐의 여부가 보다 중요한 요소로 부각된다. 이 소설은 이제 남녀간의 진정한 사랑 문제가 그 무엇보다 우선권을 갖는 낭만적인 사랑 이야기로 변모된다.

또한 존이 가진 문제는 로체스터와는 달리 개인적인 것으로 묘사된다. 제인을 통제하고 조종하며 억압하려 한다는 면에서는 존 또한 로체스터와 유사하지만 두 인물의 형상화에는 차이가 있다. 로체스터가 계급이 낮은 가난한 여성에게 보이는 지배적인 태도는 당대 신사계층 남성이 지닐 수 있는 일반적인 것으로 나타나 있다. 로체스터가 보여준 성적, 계급적 억압은 한 개인의 문제로서 한정되었다기 보다는 당대 남성 중심 이데올로기를 전형적으로 보여준 것이라고 할 수 있다. 반면에 존은 비뚤어진 종교적 열정으로 인해 경직된 인물로서 즉 한 개인으로서의 문제점을 지닌 남성으로서 형상화된다. 즉 그의 문제는 편협한 종교인이 심리적, 정서적으로 왜곡된 결과 초래된 것이다. 물론 신의 섭리를 언급하며 그 가르침에 입각한 삶을 제인에게 강요하는 존이 내세우는 종교적인 대의명분은 자기부정적이고 엄격하며 고행을 강조한다는 점에서 가부장제적인 종교 이념을 대표하고 있기는 하다. 하지만 이 소설에서는 그것이 일반적인 성적, 계급적 억압 문제로서 부각된다기보다는 존의 개인적인 문제로 축소되어 있다고 할 수 있다.

이와 함께 후반부에서 제인이 존에게 보인 태도는 그녀가 로체스터에게 보낸 태도와 비교해볼 때 아주 분명하고 단호하다는 사실도 그냥 지나치기 어렵다. 존을 묘사할 때 제인은 점잖게 보이는 얼굴을 묘사한 후 독자가 그를 관대하고 호감을 주는 인물로 보는 것을 막기 위해 그의 실물을 보면 고상하다는 느낌은 받지 않는다고 덧붙여 그를 깎아내린다(305). 또한 존은 설교 일에 열심이지만 진정으로 내적인 평화를 찾은 것처럼 보이지는 않는다고 냉정하게 평가한다(309). 존에 대한 제인의 이와 같이 단호한 태도는 그녀의 변모와 그것이 갖는 의미를 축소시키기 위해서 그의 개인적 문제점을 일부러 과장해서 반복적으로 강조하고 있는 것은 아닌가하는 의구심을 불러일으킨다.

전반부에서는 로체스터와의 관계에서 제인이 심리적 갈등을 크게 겪었고 이는 비사실적인 부분을 통해 형상화되었었다. 반면 존에 대해서는 처음부터 비우호적인 언급이 지속될 정도로 제인은 그와의 관계에서 심리적 갈등을 거의 겪지 않는다. 따라서 제인의 갈등을 함축하는 비사실적인 대목이 후반부에서는 거의 나타나지 않게 된다. 물론 후반부에서도 비사실적인 부분이 전혀 없는 것은 아니다. '불과 얼음'의 이미지로 상징되는 제인의 두 가지 속성 중 얼음과 연관되는 면 즉 봉사와 의무를 다해 자기희생의 삶을 살려는 마음 때문에 존의 강요 및 회유에 굴복해 버릴 위기의 순간에, 제인이 로체스터의 목소리를 들음으로서 그에게 돌아가게 되었다는 내용이 그 예이다. 그런데 제인과 로체스터 사이의 영적인 교류를 함축하는 장면은 전반부에서의 비사실적인 부분과는 성격이 다르다. 전반부에서 여러 비사실적인 서술은 여성이 당대 사회에서 당면한 성적, 계급적 문제를 함축하면서 유기적인 연관성을 지니고 있다. 제인이 로체스터를 떠날 수 있었던 것은 어린아이의 꿈이나 어린 시절 붉은 방에서의 경험, 그리고 버싸의 출현 등을 비롯한 비사실적인 서술 속에 함축된바 자아의 주체성을 지키려는 의지였다. 반면에 제인이 존을 떠나 로체스터에게 되돌아가는 이유는 초자연적인 영혼의 교류로 발전될 수 있을 만큼 강렬한 두 사람 사이의 열정적인 사랑 때문인 것으로 처리된다.

이 소설은 기존 사회의 테두리를 그대로 유지하는 가운데 제인이 당면했던 문제를 개인적이고 인위적으로 해결하는 것으로 결말지어진다. 제인이 로체스터와 평등한 관계를 맺을 수 있게 된 것은 갑작스럽게 재산상속을 받아 경제적 독립을 획득함으로써이다. 버싸가 쏜필드에서 불을 지른 후 죽음으로써 제인과 로체스터가 아무런 장애가 없는 합법적인 결혼을 할 수 있게 된 것도 너무 인위적이라는 인상을 준다. 두 사람이 완전한 화합에 이른다는 결말에서도 성적, 계급적 억압에 대한 문제의식은 회피되어 버린다. 화재 사건으로 로체스터가 장님이자 불구가 되어 제인에게 의지해야만 하는 처지에 놓인다는 부자연스러운 장치 때문이다.

두 사람의 관계는 쏜필드에서의 그것과 비교해 볼 때 여러 갈등을 통해 새롭고 건설적인 방향으로 재정립되었다고 보기는 어렵다. 펀딘(Ferndean)에서 재회 후 나눈 제인과 로체스터 사이의 대화를 보면 두 사람의 관계는 그 이전 쏜필드에서의 그것과 비교해볼 때 주종관계만 뒤바뀌었을 뿐 동일한 패턴을 띠고 있다. 서술자 제인은 로체스터와의 관계가 이상적인 평등관계로 변모되었음을 주장하지만 사실은 예속적인 관계로 귀결된 면이 강하다. 제인이 펀딘에서 얻은 권위는 이상화된 아내이자 어머니로서의 권위와 상통하다. 따라서 제인은 남성의 정신적 지주이자 도덕적 귀감이라는 당대 여성에게 부과된 이데올로기를 재생산한다고 할 수 있다.

로체스터와의 결합으로 주위 사람들에게서 인정과 사랑을 받고자 했던 제인의 욕구는 충족되었다고 할 수 있다. 그렇지만 주변의 성적, 계급적 억압에 반발하며 자신의 주체성을 지키는 동시에 자유롭고 보다 적극적이며 활동적인 삶을 꿈꾸었던 제인의 갈망이 펀딘이라는 폐쇄적인 세계에서 충족되리라고는 보기 어렵다. 소설의 전반부에서 제기된바 여성의 삶을 둘러싼 문제가 손쉬운 해결에 머무르고 만 것이다. 따라서 브론테의 여성문제 인식은 후반부에 와서 약화되었다고 평가 받았다.

후반부에서는 로체스터의 죄와 처벌, 그리고 회개와 보상이라는 구도에 입각한 이야기로서의 도덕적 의미가 더 강조된다. 제인이 로체스터를 떠날 때부터 종교적인 언급이 많아진 것이나 방종의 삶을 청산하고 죄를 회개한 로체스터가 신을 빈번히 언급하는 것 그리고 그 후 종교적 가르침에 입각하여 경건한 삶을 살아간 로체스터가 결국 구원받는다는 내용은 교훈적이다. 이 소설은 빅토리아 시대의 전형적인 결말처럼 도덕적이고 경건하게 끝맺음되는 것이다. 이 소설은 처음에는 제인이 여성에게 규범적인 삶을 요구하는 사회의 기준에 순응하지 않는다는 점에서 통념을 벗어난 요소를 다분히 지니고 있었다. 그렇지만 결국 여성에게 요구되는바 자기희생, 인내, 용서라는 사회의 가치기준을 중요한 것으로 인정한 것으로 보인다. 로체스터와의 결혼 생활은 제인의 편에서 보면 자기희생과 봉사의 삶이라고 할 수 있기 때문이다. 이는 브론테의 여성문제 인식이 약화된 결과로 볼 수 있는 소지를 제공한다. 브론테가 사회의 가치기준과 타협했다고 할 수 있기 때문이다. 여성주의 비평가들의 관점이 바로 그것이다.

그러나 브론테의 여성문제 인식이 약화되었다고 보기는 어렵다. 부자연스럽게 처리된 결말부에서 어떤 의미를 읽어낼 수 있기 때문이다. 결혼 후 10년간의 경과를 기록하는 마지막 장에서는 "독자여, 나는 결혼했다(395)"라는 언급이 있을 뿐 결혼 생활이 구체적으로 형상화되지 않는다.[7] 대신 제인이 존이나 그가 회상시키는 사람들의 운명을

---

[7] 제어(Zare)는 이 대목에 19세기 소설 속의 여주인공들의 경우에서 보여지듯이 일단 결혼하고 나면 의사전달을 멈추는 현상이 그대로 재현되었다고 본다. Zare 213.

간단히 언급하며 성경 구절을 인용하는 것으로 끝맺어진다. 애초에 존이라는 인물은 제인이 로체스터에게 돌아가는 것을 정당화시켜주기 위한 방편으로서 형상화된 측면이 강하다. 그런데 존의 말을 인용함으로써 소설이 끝맺어진다는 사실은 소설 전개상 자연스럽지 못하다. 이는 독자로 하여금 제인이 선택하지 않은 다른 종류의 삶의 가능성에 주의를 기울여 보게 하기 위해서라고 볼 수 있다(Williams 62). 이러한 결말은 제인과 로체스터의 결합을 다른 각도에서 바라볼 수 있게 해준다. 즉 그것이 과연 과거 제인이 갈구하던 바람직한 삶이었는지를 독자로 하여금 다시 한번 생각해보게 해주는 것이다. 브론테가 아주 전복적인 방식으로 정신적인 자서전을 쓰고 있다는 해석이 설득력을 갖는 것은 그러한 이유에서다(Peterson 109). 따라서 이 소설의 표면적인 결말을 보고 브론테의 여성문제 인식이 약화되었다고 단언할 수는 없다.

5) 맺음말

이 소설은 두 개의 서술 층으로 구성되어 있다. 성숙한 서술자가 과거를 회고하면서 사실적으로 서술한 이야기는 국외자이던 제인이 서서히 사회에 편입되어 가는 과정에 관한 것으로 이는 성장소설의 틀에 따라 전개된다. 다른 한편 사회의 기준에 순응하기 이전의 제인이 성적, 계급적 억압에 대해 느낀 반항, 반발심 그리고 거기에서 초래된 여러 체험과 그 체험 속에 함축된 의미는 비사실적인 서술을 통해 상징적으로 형상화된다. 사실적인 서술이 제인의 의식에 기반하고 있는 반면 비사실적인 요소는 제인의 무의식이나 잠재의식의 차원에서 벌어지는 심리적 갈등에 관한 것으로 여성문제 인식과 일정하게 연관된다. 전반부까지 이 두 서술은 긴장 속에 병존한다. 두 서술의 병존은 여성문제 인식이 드러나는가 하면 다른 한편 은폐되는 긴장감 넘치는 상황을 연출한다.

여성문제 인식이 나타난 대목은 열장에 걸쳐 서술된바 어린 시절과 사춘기에 제인의 억압에의 반발이 폭발한 순간과 그 때문에 붉은 방에 감금된 경험, 어린아이가 등장하는 꿈, 또 버싸라는 인물의 등장과 제인과 버싸의 유사성을 함축한 부분이다. 그러나 서술자 제인은 그 부분들에 내포된 상징적 의미를 언급하지 않는다. 가령 붉은 방에서 제인이 경험하는 억압의 성격이 장면 묘사에는 함축되지만 서술자가 평가하는 부분에서는 드러나지 않는다. 즉 과거의 제인은 억압의 부당성에 분개하지만 서술자 제인은 침묵한다. 대신 서술자는 통념에 어긋난 과거의 제인의 태도나 행동을 옹호하며 변명해준다. 이와 같이 여성문제 인식은 비사실적이고 상징적인 서술에 함축될 따름이기 때문에 그것은 서술의 전면에 부상하지 않게 된다.

이 사실은 작가가 여성문제 인식을 서술에 직접적으로 드러내려 하지 않았음을 보여준다. 서술자 제인으로 하여금 비사실적인 부분이 특별한 의미를 갖지 않은 양 대수롭지 않게 넘기는 태도를 취하게 한 것도 이러한 맥락에서 이해해 볼 수 있다. 다음의 장면이 그 예이다. 제인은 다락방에서 버싸의 "비극적이고 원초적인 웃음소리"를 듣는다. 그러나 때는 "정오"였고 "귀신이 출몰할 어떠한 상황"도 아니었으며 웃음의 주체로 간주되는 그레이스는 그저 평범한 여성으로서 전혀 낭만적이거나 괴기스러운 분위기를 풍기지 않았다고 서술자는 덧붙인다. 아이러니하게도 서술자는 "낭만적인 독자"에게 그레이스가 늘상 흑맥주 한 병을 소지하고 다녔다는 "평범한 사실"을 이야기해야만 함을 사과한다(96). 독자는 낭만적인 것을 기대하지만 자신은 그보다는 '진실' 즉 있는 그대로의 사실을 서술한다는 입장을 표명한 것이다. 이와 같이 작가는 고딕적이고 낭만적인 묘사가 사실적 토대 위에 굳건히 뿌리를 내리게 함으로써 역으로 거기에 함축된 의미에 독자가 주의를 기울이게 한다.

한편 제인이 로체스터를 떠나기까지의 전반부와는 달리 후반부에서는 여성문제 인식을 함축한 비사실적인 대목이 거의 나타나지 않는다. 후반부에서는 제인의 갈등을 일으켰던 문제의 본질적인 의미가 퇴색하고 개인적인 차원의 것으로 축소, 전환되는 것이다. 이러한 전, 후반부에 있어서의 서술 상의 차이는 브론테의 여성문제 인식을 온당하게 자리매김해 줄 단서를 제공해준다. 브론테는 한편으로 여성이 처한 위치에 불만족해 하지만 다른 한편으로는 그 사회에서 더 이상을 기대할 수는 없다는 현실적인 인식도 하지 않을 수 없었던 것으로 보인다. 이러한 상황에서 브론테는 자신의 여성문제 인식을 이제는 사회에 순응한 서술자가 자유와 독립을 찾고 싶어 했던 과거 자신의 이야기를 서술하는 일인칭 자서전 소설의 형식에 담아낸다. 경제적, 신분적인 지위가 낮은 여성이 사회에서 당하는 억압에 항거한 과거의 모습을 이제는 사회의 가치기준을 수용한 성숙한 서술자의 관점이라는 틀 안에다 담아내는 것이다. 그 결과 태도상의 차이를 노정하는 서술자 제인과 과거의 제인의 모습이 함께 형상화되면서 거기에 함축된 긴장과 갈등이 효과적으로 전달된다. 여성문제 인식을 갖고 있으나 이를 노골적으로 제시하기를 꺼려했던 브론테가 의도적으로 일인칭 자서전 형식을 사용하여 실제 경험의 성격과 서술자 제인이 내리는 평가 사이의 괴리를 보여주는 가운데 독자로 하여금 그것에 함축된 의미를 느끼게 해준다고 할 수 있다. 이러한 방식으로 작가는 당대 여성이 당면해야 했던 문제에 대한 인식을 형상화하면서도 그것을 원만하게 나타낼 수 있었다. 브론테가 남성 필명을 사용함으로써 서술자 제인과의 사이에 일정한 거리를 유지한 것도 이러한 맥락에서 이해해 볼 수 있겠다.

또한 두 종류의 서술이 병존한다는 사실에 주목해보면 성적, 계급적 억압을 포함하는 여성문제를 제기하던 이 소설이 결국 개인적인 차원에서 인위적이고 낭만적인 해결을 제시한 사실도 새로운 시각에서 해석할 수 있다. 물론 서술자 제인의 여성문제 인식이 차차 약화된 것은 사실이며 이는 제인의 한계성일 수도 있다. 그러나 이러한 결말을 보고 작가 브론테의 여성문제 인식에 불만을 표하는 것은 온당하지 않다. 오히려 여기에는 여성에게 자아를 성취할 수 있는 기회를 부여하지 못하는 당대 빅토리아조 사회의 한계성이 반영되었다고 보는 것이 보다 타당하다고 할 수 있기 때문이다. 제인이 성적, 계급적인 면에서의 열악한 처지에서 비롯된 어려움을 극복하고 자신이 원하는 바를 추구하여 제한된 범위에서나마 이룩한 바는 그 나름대로 당시 여성이 얻을 수 있는 성취의 범위와 한계를 보여준다는 의미가 있다. 이 소설은 두 서술을 긴장 속에 병존시켜 자신의 여성문제 인식을 완곡하게 드러낸 브론테의 독창성을 유감없이 보여준다고 할 수 있다. 브론테는 사실주의적 서술기법을 사용하면서도 억압된 여성의 욕구를 비사실적인 서술 안에 담아낸 것이다. 보수적인 독자층을 의식하지 않을 수 없는 빅토리아조 여성작가로서 브론테는 두 서술을 병존시킴으로써 독자로부터의 거부감을 유발함이 없이 여성이 겪는 체험의 복합적인 의미와 거기에 대한 자신의 문제인식을 형상화해낼 수 있었다.

< 인용문헌 >

Boumelha, Penny. *Charlotte Brontë*. Hemel Hempstead: Harvester Wheatsheaf, 1990.
Bodenheimer, Rosemarie. "Jane Eyre in search of Her Story." *The Brontës*. Ed. Harold Bloom. New York: Chelsea House Publishers, 1987.
Brontë, Charlotte. *Jane Eyre*. New York: Norton, 1987.
Gilbert, Sandra & Susan Gubar. *The Madwoman in the Attic: The Woman Writer and the Nineteenth-Century Literary Imagination*. New Haven: Yale UP, 1979.
Leavis, Q. D. "Introduction." *Charlotte Brontë: Jane Eyre*. New York: Penguin Books, 1966: 7-29.
Peters, Joan D. "Finding a Voice: Towards a Woman's Discourse of Dialogue in the Narration of *Jane Eyre*." *Studies in the Novel* 23: 2 (Summer 1991): 217-36.
Peterson, Carla L. *The Determined Reader*. New Brunswick: Rutgers UP, 1986.
Poovey, Mary. *Uneven Developments: The Ideological Work of Gender in Mid-Western England*. Chicago: U of Chicago P, 1988.
Rich, Adrienne. "*Jane Eyre*: The Temptations of a Motherless Woman." *On Lies, Secrets, and Silence: Selected Prose, 1966-1978*. New York: Norton, 1979: 462-75.
Williams, Carolyn. "Closing the Book: The Intertextual End of *Jane Eyre*." *Victorian Connections*. Ed. Jerome J. McGann. Charlotteville: U of Virginia P, 1989.
Zare, Bommie. "Jane Eyre's Excruciating Ending." *CLA Journal* 37: 2 (Dec. 1993): 204-20.

4. 엘리엇의 절제된 여성문제 인식: 『애덤 비드』의 서술전략

1) 머리말

조지 엘리엇(George Eliot)의 본격적인 첫 장편 소설인『애덤 비드』 (*Adam Bede*)는 1858년 11월 일기에서 언급되고 있듯이 감리교 설교가 였던 숙모 새무엘(Samuel)에게서 전해들은 바 자기 아이를 죽인 죄로 투옥된 미혼모 소녀에 관한 실화를 바탕으로 쓰여졌다. 미혼모의 고백을 들은 숙모와 그 미혼모를 모델로 하여 다이너(Dinah)와 헤티 (Hetty)가 창조된 것이다. 따라서 집필 당시 이 소설의 근간을 이루는 축은 헤티의 비극적 삶과 설교가로서의 다이너의 역할이었다고 할 수 있다.

영아를 살해한 혐의로 사형선고를 받게 될 상황에 처한 미혼모인 헤티가 다이너의 감화를 받아 사건의 진상을 고백하게 되었다는 이야기는 헤티의 성장소설로 발전될 수 있는 소지를 다분히 갖는다. 사회에 대한 반역죄와 회개, 그에 따른 구원이라는 성장소설의 형식에 부합될 수 있는 요소를 내포하고 있기 때문이다. 그럼에도 불구하고 이 소설은 후반부로 갈수록 여성 인물 헤티의 성장 대신 남성 인물인 애덤(Adam)의 도덕적 성장 이야기로 변모된다. 이와 함께 헤티와 아더 도니쏜(Arther Donnithorne)의 비극적인 사랑 이야기는 애덤의 도덕적 성장을 가져오는 하나의 계기 내지는 도구로 전락하고 만다.

이 소설의 전반부에서 헤티 못지않게 극적 초점을 받는 인물은 다이너다. 다이너는 여성 설교가이자 제분소에서 일하는 여성으로서 정신적으로나 경제적으로 독립성을 확보하고 있다. 이러한 점에서 다이너는 당대의 일반적인 여성들과 구분되지만 헤티와는 사회적 규범을 벗어났다는 공통점을 공유한다. 전반부에서는 다이너와 헤티라는 두 여성의 이야기가 비교, 대조되는 가운데 여성문제가 제기된다. 그렇지만 다이너를 통한 여성문제 탐구는 후반부에서 지속되지 않는다. 다이너 또한 헤티와 마찬가지로 주인공의 위치에 이르지 못하고 도덕적으로 성장한 애덤에게 보상으로 주어지는 이상적인 신부감의 역할에 그치고 마는 것이다.

최근까지 이 소설에 대해서는 도덕적인 공감의 확대라는 주제 연구와 심리탐구 소설로서의 연구가 진행되었다. 도덕적인 문제에 관심이 많은 작가가 부단히 도덕적 본보기를 주고자 노력했다거나(Johnstone 59), 교훈을 주기 위해서 "매력 없는" 인물인 다이너와 애덤을 이상화하게 되었다는 해석이 그 예들이다(Hardy 39). 이와 함께 이 소설은 심리 묘사가 탁월한 '심리극'으로 평가되었다(Ashton 31). 반면에 여성문제는 주목받지 못했고 다이너와 헤티는 주인공으로서 간주되지도 않았다. 가령 어윈(Irwin) 씨, 마틴 포이저(Martin Poyser), 그의 아내 포이저 부인, 아더, 애덤과 세쓰(Seth)만이 중심인물로서 언급될 따름이다.

그런데 이 소설의 서술 상에서 도덕적 성장의 문제는 여성문제와 병존하고 있다고 할 수 있다. 이 소설이 표면적으로 내세우는 주제는 도덕적 성장이나 공감의 확대이지만 그 기저에는 이 소설을 배태한 씨앗이 된 바 미혼모와 여성 설교가의 이야기가 중심축을 형성하면서 여성문제가 함축되기 때문이다. 한편 두 서술의 병존과 관련지어 주목해야 할 것은 서술자의 일관성 없는 태도 문제이다. 가령 서술자는 타인에 대한 사랑이나 공감을 확대할 필요성을 역설하지만 헤티에게는 이러한 입장을 적용하지 않은 채 가혹하게 대하는 모순된 태도를 드러낸다. 이는 헤티가 사회의 규범을 벗어난 여성이라는 사실을 감안할 때 흥미롭다. 서술자의 모순된 태도를 여성문제에 대한 그의 인식과 연관시켜 조망해볼 수 있는 실마리를 제공하기 때문이다.

물론 서술자의 목소리는 소설의 출판 당시부터 주목을 받아왔다. 거의 모든 문제에서 주저없이 자신의 목소리를 내는 서술자는 대부분 삼인칭 전지적 작가의 시점을 택하고 있지만 일인칭으로 독자에게 직접 말하기도 한다. 서술자의 담론은 작가의 성가신 참견이라는 평가를 받기도 했고(Pinion 93 재인용), 도덕적인 목적 추구라는 작가의 사적인 필요성 때문에 비롯된 것으로서 예술적 성취를 방해한다고 비판되기도 했다(Leavis 32).

그런데 문제는 과연 작가와 서술자를 동일시 할 수 있는가의 여부다. 동일시할 경우 서술자의 일관성 없음은 작가의 모순된 심리상황 때문인 것으로 해석될 수도 있을 것이다(Johnstone 60). 그러나 서술자의 언급과 태도를 추적해보면 작가가 서술자에게서 일정한 거리를 두면서 그의 모순과 갈등을 보여주고 이를 통해 어떤 의미를 함축시키고 있다는 사실을 발견하게 된다.

최근 여성주의 비평은 공통적으로 성과 계층 사이의 관계를 탐색하는 가운데 사회가 산업화되면서 남성 중심의 공적인 영역과 여성 중심의 가정이라는 사적인 영역 즉 두 개의 영역으로 확연히 나눠지게 되었다고 파악한다. 메리 푸비(Mary Poovey)와 낸시 암스트롱(Nancy Armstrong)이 그 대표적인 예이다. 19세기 영국에서 계층과 성의 상호 형성이 갖는 의미를 탐구하는 가운데 "공적이고 정치적인 영역에서의 남성" 대 "가정화되고 도덕화되는 여성"이라는 두 개의 영역으로 나뉜 현상을 주목하면서 푸비는 "가정적 이상을 중요시함으로써 19세기 중반부의 계층문제는 비정치화되었다. 그것은 부분적으로는 계층적 차이 대신 심리적이거나 도덕적 차이를 강조함으로써 가능했다"고 지적했다(9). 암스트롱 또한 19세기 소설에서 개인의 심리가 강조되는 현상을 통찰한다. 암스트롱에 의하면 빅토리아 중, 후반부에 중산계층이 압도적인 위치를 점유하게 됨에 따라 여성 자아에 있어서 사적이고 심리적인 면을 강조하는 작업이 병행되었다. 이러한 여성주의 비평은 정치, 사회적인 맥락 안에서 여성을 가정 안에 제한시키려는 현상을, 심리적이거나 도덕적인 면이 강조되는 현상과 연관시켜 넓은 차원에서 이해하고 분석했다는 점에서 일정한 성과를 거두었다고 할 수 있다. 특히 심리나 도덕 등의 내적인 문제에 깊은 관심을 보인 엘리엇의 작품 평가에 있어서 여성주의 비평의 이러한 접근 방법은 상당한 타당성을 확보한다. 그렇지만 문제는 기존의 여성주의 비평이 결말부에서의 다이너의 갑작스러운 변모를 예로 들며 엘리엇의 여성문제 인식이 후퇴하여 기존체제나 관념에 순응했음을 비판한다는 사실이다.

본 논문은 여성주의 비평의 공과는 인정하되 엘리엇의 여성문제에 대한 인식이 후퇴했다고 보는 기존의 여성주의 비평과는 달리 그것이 의도적으로 절제되었음을 주장하고자 한다. 작가의 여성주의 인식이 어떻게 절제되었는지 그리고 그것이 억제된 이유는 무엇인지를 서술상의 부자연스러운 전개나 서술자의 일관성이 없고 모호한 태도 및 병존하는 두 담론 사이의 상관관계를 분석함으로써 밝혀보겠다.

2) 서술에 잠재된 여성문제 인식

1859년에 발표된 이 소설은 엘리엇이 살았던 시대보다 더 과거인 1790년대 후반을 시간적 배경으로, 전형적인 옛 농촌마을 로움셔의 헤이슬롭 마을을 공간적 배경으로 삼고 있다. 엘리엇이 이 책의 출판 업자인 존 블랙우드(John Blackwood)에게 보낸 편지에서 밝히고 있듯이 엘리엇의 표면적인 집필 의도는 전통적인 영국 농촌을 이상적인 모습으로 재현하는 것이었다. 그러나 실상 이 소설에서 묘사된 세계는 전원적이고 목가적인 것만은 아니다. 평온한 자연 풍경 묘사 이면에서는 비극이 일어날 가능성이 전조되면서 헤티와 아더의 비극적인 사랑 이야기가 전개되기 때문이다. 이와 같이 이 소설에서는 서로 모순되는 두 개의 서술 층이 병존한다.

이 사실은 서술자가 서술 대상에 대해 경우에 따라서 각기 다른 태도를 보인다는 데서도 찾아볼 수 있겠다. 한편으로 서술자는 객관적인 자세로 과거의 안정되고 체계 잡힌 농촌 공동체 사회를 관조하는 태도를 취한다. 이때 서술자는 관광객으로 설정된 독자를 이끌고 다니며 도시에서부터 멀리 떨어져 있어서 시대적 변화의 영향을 거의 받지 않은 시골을 소개해주는 안내자의 역할을 한다.[8] 그는 과거를 되돌아보기도 하고 멀리서 경치를 서술하기도 한다. 이때 묘사되는 것은 포이저 가의 홀 농장(Hall Farm)을 중심으로 한 전통적이며 목가적인 농촌 사회이다. 다른 한편으로 서술자는 시대의 변화상을 구체적으로 형상화하면서 변화에 휘말린 인물들의 심리를 꿰뚫고 들어가 분석하기도 한다.

그런데 서술자와 서술 대상 사이의 거리의 문제는 서술자가 의식적으로 이상적인 시골의 전원시적 재현에 몰두하고 있는지, 아니면 심적 진실을 숨김없이 드러내면서 역사적인 문제를 심도 있게 취급하느냐에 따라 좌우된다. 가령 서술자는 17장에서 역사적인 사실과 있는

---

[8] George Eliot, *Adam Bede* (New York: New American Library, 1961), 63. 이후 본문 인용은 이 책에 따르며 괄호 안에 면수만 표기하기로 한다.

그대로의 진실에 충실해야 한다는 입장을 표명한다. 이러한 태도는 이 소설이 중산계층의 부상과 함께 그들 나름의 가치 체계가 서서히 생성되던 전환기적 시점을 시대적 배경으로 삼고 있다는 사실과도 관련이 있다. 이 시기는 귀족계층의 세력이 완전히 상실되지는 않았지만 쇠퇴의 길로 접어든 반면 중산계층이 서서히 주도세력으로 그 힘을 형성해가기 시작하는 때이다. 엘리엇은 계층 이동이라는 역사적 상황을 애덤의 인물 형상화를 통해서 포착한다. 애덤은 처음 부모 집에서 임금을 버는 목수이면서 자기 나름의 일을 하여 여분의 돈을 버는 신분으로 하층장인이나 노동자계급에 속해 있다. 그렇지만 그는 그후 도니쏜 숲의 관리인으로, 또한 전 고용인의 사업체를 사들일 만큼 성장한 사업가로서 중산계층이 된다. 부상하는 중산계층의 가치관이기도 한 근면과 성실, 정직과 자기 일에 대한 자부심 등의 애덤의 미덕은 소설 안에서 옹호된다. 1807년으로 시간 매김 된 "하나의 극적 장면(tableau)"이라고 할 수 있는 에필로그에서는 애덤의 번창하는 핵가족이 새로운 세력으로 부상된다는 사실이 생생히 부각된다(Homans 158). 비록 애덤의 집이 아직까지는 그의 일터지만 애덤이 가정으로 돌아오는 순간에 서술의 초점이 맞춰짐으로써 빅토리아 시대에는 가정과 일터가 분리되어 있다는 환상이 조성된다는 지적은 이러한 맥락에서 충분한 설득력을 갖는다(Homans 158). 다이너와 애덤이 이루는 가정은 노동의 현장이던 홀 농장과 대조되는 것으로 빅토리아 중산 계층 가정을 전조한다고 할 수 있다.

엘리엇의 역사에 대한 깊은 관심은 헤티의 비극적 사랑 이야기 속에 개재된 여성문제 인식으로 이어진다. 이 소설의 시간적 배경이 계층적 구분은 점차 희석되지만 성적인 구분은 더욱 심화되는 역사적 전환기라는 사실은 그렇게 주장할 수 있는 하나의 근거이다. 후반부로 갈수록 계층적 차이는 점차 느슨해지는 대신 성차는 더욱 두드러지는 당대 사회의 시대적 분위기가 그대로 포착된다. 아더에게 "남자 대 남자(290)"의 관계를 고집한 애덤의 발언을 통해 계층간의 구분이 희박해지는 시대상이 반영된 26장 이후부터는 계층적인 차이 문제는 부각되지 않는 반면 성차문제는 중요한 문제로 부상한다(Homans 161). 이 사실이 특히 잘 드러난 부분은 53장이다. 포이저 부부가 일꾼들을 위해 준비한 추수 기념 파티를 묘사한 이 장에서는 포이저 부인과 바틀(Bartle)사이의 논쟁이 벌어진다. 여성의 약삭빠름을 조롱하는 바틀에게 포이저 부인은 신이 남성들과 조화를 이룰 수 있도록 여성을 창조했다고 응수한다. 바틀은 이 "조화를 이루다(match)"는 표현에 강하게 반발하며 여자들은 남성들을 괴롭히는 방해물에 지나지 않는다고 단정한다(495). 이에 포이저 부인은 당대의 여성관이나 여성혐오론을 신랄하게 비난한다. 남자들이 아내에게서 바라는 것은 마치 생명이 없는 그림처럼 남편의 말에 억지웃음을 웃고 발로 차도 감사해야 할 만큼 복종하며 남편이 일러주기 전까지는 아무 것도 알지 못한 것처럼 보여야 하는 가련한 존재라는 것이 포이저 부인의 주장이다(495). 그런데 소작인의 신분인 포이저 부인이 지주 도니쏜의 위협이나 협박에 결코 굴하지 않고 꿋꿋하게 맞서 말싸움에서 완승을 거두는 21장과는 달리 여성관에 있어서 첨예한 대립을 보이는 포이저 부인과 바틀 사이의 말다툼에서는 주위 남성들의 큰 목소리 때문에 승부가 가려지지 못한다. 21장과 53장의 대조는 계층간의 구분은 상당히 희석되고 있는 반면에 성차는 오히려 더 강화되는 역사적 현실을 잘 보여준다고 할 수 있겠다.

이와 같이 성차문제를 부각시킴으로써 작가는 당대의 여성관에 대한 비판적인 시각을 드러낸다. 이 사실은 작가가 53장에서 애덤으로 하여금 당대 여성관을 비판하는 포이저 부인을 옹호하게 해준다는 대목에서 보다 분명히 확인된다. "온통 예리한 바늘로 만들어진 무서운" 여인이라는 바틀의 비난에 대해 애덤은 그녀의 말은 예리하지만 가슴은 따뜻함으로 가득 차있는 솔직하고 선량한 여성이라고 변호한다.

　바틀의 여성혐오론을 비롯한 당대의 여성관에 대한 문제 제기는 애덤에 의해 이루어진다. 바틀은 바깥일뿐만 아니라 집안일에 관해서도 남성인 자신이 여성보다 더 잘할 수 있다는 입장이다. 아이를 낳는 일 즉 재생산하는 일 이외에는 여성이란 쓸모없는 존재라는 것이 바틀의 주장이다. 반면 애덤의 의하면 여성은 가정을 깨끗이 하고 편안하게 유지해주는 역할을 한다. 애덤은 여성들의 '유용성'을 강조한 것이다. 그런데 바틀의 여성혐오론을 반박하며 여성을 옹호하는 애덤의 반대 논리를 유심히 살펴보면 애덤조차도 여성의 존재를 집안일에 한정시키는 당대의 관습적 여성관을 그대로 답습하고 있다. 엘리엇은 애덤조차도 관습적인 여성관을 뛰어넘지 못한 인물임을 부각시킴으로써 여성에 대한 부정적인 관념이 얼마나 당대 사회에 뿌리 깊게 자리잡고 있는가를 여실히 보여준다.

　이상에서 살펴보았듯이 과거 전원생활의 이상적인 재현이라는 서술의 표층 아래에는 여성문제를 포함하여 당대 사회에 대한 작가의 역사인식이 잠재되어 있다. 표면적으로는 과거에 대한 향수에 젖어 있는 듯하지만 실제로는 중산계층의 부상과 함께 초래된 여성의 사회적, 경제적 입지 축소에 대한 작가의 문제의식이 일관성 있게 표현된다.

3) 두 여성인물과 여성문제

(1) 헤티의 이야기에 함축된 여성문제

사회규범을 벗어난 두 여성인물 헤티와 다이너의 이야기에는 여성문제가 내포되어 있다. 물론 헤티라는 인물과 그녀의 비극 속에 여성문제가 함축되어 있다고 말하기는 일견 어려워 보인다. 그녀가 맞는 비극의 원인이 그녀 자신의 개인적 문제점에 있는 듯하기 때문이다. 헤티는 윤나게 닦여진 접시에 자기 모습을 비춰보기를 즐기는 등 미모에 자아도취된 채 자신의 세계에만 몰입할 뿐 타인과 바깥 세상에 관심이 없다. 그녀는 "모든 과거를 던져버릴 수 있는(155)" "뿌리 없는 식물(154)"같은 존재로서 "어린애(15)"에 불과하다. "헤티의 마음은 자갈처럼 단단(156)"하다는 포이저 부인의 평가에서도 드러나듯이 헤티는 정신적으로나 도덕적으로 미숙하다. 그녀는 농장일 하기를 싫어하며 자신의 모습이나 옷이 망쳐질 것을 우려하여 아이들을 "매우 귀찮은 존재들(155)"로 간주하여 돌보기 싫어하는 등 무책임한 면모도 보인다. 따라서 헤티에게 일어나는 비극은 그 원인이 상당부분 그녀 자신의 편협성과 유아적 이기심에 있음을 부정하기 어렵다.

그렇지만 헤티의 불행이 초래된 데에는 그녀의 책임 못지않게 사회에게도 책임이 있는 것으로 서술된다. 사회의 가치관이나 여성관이 헤티로 하여금 아더에 대한 헛된 환상을 품게 한 측면이 있다는 것이다. 그 하나의 예로는 헤티가 "다른 사람의 마음을 혼란시키는(89)" 미모의 소유자라는 등 그녀의 아름다움이 인물 설정에 매우 중요한 요소로서 강조된다는 사실을 들 수 있다. 헤티의 아름다움이 그토록 강조된 이유는 그것이 남성들의 관점에서 볼 때 그녀를 좋아하게 만드는 중요한 기준이라는 사실을 드러냄으로써 역으로 여성의 미를 중시하는 당대 사회의 여성관을 비판하기 위해서라고 할 수 있다. 그녀의 아름다움이 "새끼 고양이나 아주 작고 부드러운 어린 오리, … 혹은 막 기기 시작한 아기(90)"같은 어린애의 속성을 지닌 것으로 묘사된다는 사실도 주목을 요한다. 헤티의 아름다움이 남성들에게 호소력을 갖는 것은, 여성을 조종하기를 원한 남성들이 여성안의 어린애 같음을 이상화했기 때문이라고 주장할 수 있는 소지를 제공하기 때문이다. 여성의 이미지를 애매모호하게 이상화함으로써 여성을 부정하려 한 당대 남성들의 여성관이 이러한 헤티의 묘사에 반영되었다는 지적도 설득력이 있다(Lefkovitz 84).

여성의 미에 큰 가치를 부여한 당대 남성들의 통념적인 여성관은 애덤에게서도 찾아볼 수 있다. 아더와 마찬가지로 애덤도 헤티의 미에 반했고 그것과 사랑에 빠졌으며 그것에 의해 눈멀었다. 그녀는 그에게 있어서 아름다운 대상에 불과할 뿐 그 이상이 아니다. 애덤은 아더와 헤티의 관계를 깨달았을 때 아더에게 "배반당해" 헤티를 "도둑맞았다"고 느낄 정도로(289) 여성을 소유물처럼 생각하는 등 남성중심적으로 사고한다. 애덤은 여성을 하나의 동등한 인격체로 간주하지 않기 때문에 단지 외모로만 판단하는 관습적인 여성관을 보여준다.

이와 같은 사회 분위기 속에서 미모를 갖춘 헤티가 아더와 결혼하여 "귀부인"이 될 거라는 허영심을 갖는 것은 자연스러운 현상이다. 사회가 여성의 아름다움에 큰 가치를 두어왔기 때문에 그녀는 그렇게 믿었다. 따라서 헤티의 허영심은 사회의 산물이라고 해도 과언이 아니다(Lawless 256). 계층적 차이 때문에 아더와는 맺어지기 어려운 관계인데도 헤티가 아더와의 결혼을 꿈꿀 만큼 사회 현실에 대해 무지하다는 사실에서도 사회의 책임을 찾아볼 수 있다. 그녀의 현실에 대한 무지는 분별력을 길러주는 교육의 기회가 여성들에게 좀처럼 허용되지 않았기 때문에 초래된 현상이다. 교육받지 못해 독서량이 적은 헤티는 자기의 생각에 형태를 부여할 수 없고(138), "단순한 사고나 습관을 넘어선 모든 것에 무지"하기 때문에 그녀의 미래에 대해 "어떤 분명한 개념도 가지고 있지 않았다(355)."

헤티가 성인이 된 죄인으로서가 아니라 "혼돈상태에 빠진 아이"로 묘사된다는 사실 또한 여성 교육을 도외시한 사회의 희생자로서 그녀를 보게 만든다(Harris 179). 헤티의 아이와 같은 정신적 미숙성은 여러 차례 강조된다. 일례로 귀부인에 대한 헤티의 환상을 들 수 있다. 그녀는 귀부인의 생활이 멋진 옷을 입고 사치스런 생활을 향유하며 "일찍 일어나지 않아도 되고 아무에게도 야단맞지 않아도 되는" 것으로 생각한다(105). 어린애 같은 환상에 불과한 그녀의 귀부인에 대한 개념에서 책임의식이라고는 찾아볼 수 없다. 아더를 찾아 나섰다가 실패한 후 절망 상태에 빠진 헤티에게서도 어린애처럼 환경에 좌우되는 면모가 드러난다. 헤티가 아이를 죽게 방치하는 장면에서도 내적 갈등을 잘 소화해내지 못하는 어린애 같은 심적 상태가 엿보인다. 헤티의 문제는 사악함이기보다는 극도의 미숙성인 것이다(Harris 180). 헤티는 고양이 새끼나 오리, 양, 송아지, 나비, 비둘기, 카나리아 등으로 비유됨으로써 정신적으로 저급한 동물의 수준에 머물러 있음이 반복적으로 시사된다. 이러한 비유는 헤티가 자신의 행위에 책임을 질 수 없는 상태에 머물러 있었음과 그러한 상황을 초래한 사회의 책임을 환기시켜준다.

헤티는 바로 철없음과 무지 때문에 자신이 당하는 고통의 의미조차 이해하지 못한다(319). 그녀는 마차에 깔린 애완용 개에게 연민을 느끼는데 이는 희생자로서의 헤티의 이미지를 연상시키는 역할을 한다

(356). 서술자는 비록 헤티가 이런 비극을 초래한 일차적인 원인제공자라는 점에서 겉으로는 헤티를 단죄하지만 자신도 모르는 사이에 비극에 휘말려든 그녀의 곤경에 무의식적인 연민이나 공감을 보낸다. 엘리엇이 내심으로는 헤티를 매우 동정했다는 지적도 이러한 관점에서 나온 것이다(Allen 101).

사회가 헤티의 비극에 상당한 책임을 지고 있음은 그 곳이 전통과 인습에 얽매여 구성원들을 구속하는 것으로 묘사된다는 사실에서도 드러난다. 헤티를 둘러싼 헤이슬롭 공동체 사회를 대표하고 있는 포이저 가는 명예와 체면으로 집약되는 관습적인 가치를 준수한다(393). 헤티가 유아 살해죄로 법정에 서게 되자 아저씨인 포이저씨는 자기네 가문이 불명예와 모욕을 당했다고 분개하며 "결코 그녀 옆에 서지 않을 것"이라면서 차가운 태도를 견지한다(394). 포이저씨가 그녀의 편을 들어주기를 거부한 이 대목에서는 헤티에 대한 동정이 적극적으로 표명되지는 않지만, 평상시에는 헤티를 못마땅해 하던 포이저 부인이 오히려 헤티를 동정해 주었다는 서술이 첨가됨으로써 곤경에 처한 조카에게 무심한 포이저씨의 경직된 태도가 은연중 비판된다. 그런데 흥미롭게도 포이저씨가 헤티를 거부한 자세와 헤티의 영아 살해 행위 사이에는 밀접한 상관관계가 있다. 포이저 가의 엄격하고 융통성 없는 가치기준은 10살 때 그 집에 들어온 헤티로 하여금 경직된 도덕관을 지니게 했기 때문이다(Harris 181). 이 둘의 병치에는 전통에 매달린 헤이슬롭의 편협한 도덕성에 대한 작가의 비판이 함축되어 있다고 할 수 있다.

전통과 인습에 얽매인 사회의 압력이 헤티를 얼마나 짓눌렀는지는 아더가 아일랜드로 떠난 것을 알고 실망한데다 설상가상으로 돈마저 떨어져 절박한 상황에 봉착하게 된 헤티의 다음과 같은 생각 속에 잘 드러난다. 헤티는 교구에 가서 구걸해볼까 생각하다가 주변 사람들이 가난에 대해 몰인정했으며 빈곤을 게으름과 악덕의 표징으로 간주했던 것을 생각해내고는 "수치에 대한 두려움"에 그 생각을 포기한다 (361). 타인의 시선을 지나치게 의식하는 헤티의 이런 행동에는 여성이 사회가 요구하는 규범을 어겼을 때 받게 될 비난에 대한 공포가 숨어 있다. 이 두려움 때문에 그녀는 비극적 사건에 조금 더 유연하게 대처하지 못한 것이다.

또한 헤티가 처한 사회, 경제적 상황이 그녀로 하여금 불만을 갖게 하기에 충분하다는 사실도 간과되고 있지 않다. 헤티는 홀 농장의 부유한 소작농인 포이저씨의 조카로서 대지주 도니쏜으로 대표되는 귀족계층과 하층 농업노동자계층 사이에 위치한 중간계층에 속한다. 그렇지만 헤티는 일반적인 중간계층 여성들보다 더 열악한 처지에 처해 있다고 할 수 있다. 포이저 부인의 집에서 하녀 내지는 유모와 다를 바 없기 때문이다. 헤티의 비극에는 당대 여성에게 일어날 개연성이 있는 여성문제가 함축되어 있는 것이다.

한편 이와 같이 헤티의 비극에 있어서 사회적인 책임이 강조되면서도, 중간계급 여성의 표본이라 할 만한 포이저 부인의 삶이 바람직스러운 여성적 삶의 한 가능성으로 제시되기도 한 것 또한 사실이다. 이는 중간계층 여성의 삶에 아무런 문제가 없다는 환상을 만들어 내면서 여성문제에 대한 비판의식을 희석시키는 역할을 한다. 농부의 아내는 모두 와서 그녀의 부엌을 "본보기(87)"로 삼아야 한다는 아더의 칭찬을 받는다거나, 새 소작농을 들이겠다고 위협하는 노지주 도니쏜을 재치 있게 무찌르는 역량을 보이는 등 포이저 부인은 건강한 중간층 여성을 대변한다. 따라서 포이저 부인은 농부의 아내에 대한 거의 플라톤적인 이상으로서 칭찬받기도 했다(Allen 100). 그러나 포이저 부인의 삶이 여성문제에 대한 대안으로 제시되었다고는 할 수 없다. 기질적으로 농장일이나 집안일에 만족하며 살 수 없는 헤티 같은 여성에게 포이저 부인과 같은 삶을 강요할 수는 없다는 사실 또한 분명히 시사되어 있기 때문이다.

엘리엇이 헤티를 공감적으로 이해하면서 그녀를 통해 여성문제를 제기하려 했다는 사실은 헤티의 문제가 절박해지자 매우 빠른 속도로 긴박한 위기 상황을 표현하며 이야기를 전개한다는 데서 더욱 분명해진다. 제 5권 특히 그중에서도 36장과 37장의 "희망찬 여행"과 "절망스런 여행"을 중심으로 이야기는 앞 부분의 느린 진행과는 달리 매우 빠른 속도로 박진감 있게 진행된다. 이 장의 "여행"이라는 제목부터가 동작을 함축한다. 이는 평화로운 전원생활을 정적으로 관조하던 이전의 서술방법과 대조된다. 또한 첫 단락에서는 스타카토처럼 딱딱 끊어지는 어귀를 사용하기, 반복 어귀로써 문장의 조응을 꾀하기, "duty", "dread" 등에서 보이는 바 두운법을 사용하기, 그리고 문장부호 콜론(:)이나 세미콜론(;)을 이용하여 대담한 생략기법으로 묘사하기 등이 구사되어 마치 시처럼 간결하게 쓰여졌다.

36장에서는 강하고 목표의식이 분명한 사람의 경우에도 긴 여행은 힘들었을 텐데 정처 없이 헤매는 헤티의 경우에는 얼마나 힘들었을까 라는 언급을 통해 헤티가 겪었을 곤경이 동정된다. 윈저에서 아더를 만나지 못하게 되었음을 알고 절망에 빠지는 37장에서는 헤티의 심적 갈등, 즉 죽고 싶은 마음과 살고자 하는 마음의 교차상태가 잘 포착된다(368). 열정적이기도 하고 동시에 열정이 없는 모순된 헤티의 상황, 즉 물 속에 빠져 죽기를 원하면서도 차마 죽음을 대면하지는 못하는 자신의 모습에 비참함을 느끼고 그 다음 순간 아직 살아있다는 사실에 희열을 느끼는 헤티의 복잡한 심적 상황이 생생하면서도 절박하게 묘사되어 있다. 이 대목에서 서술자의 설교가 같은 목소리는 완전히 사라지는 대신 헤티의 가련한 영혼이 의식을 회피함으로써 위안을 찾으려 했다면서 그녀에게 동정적인 목소리가 등장한다. 이는 서술자대신 작가가 직접 그 모습을 드러낸 대목으로서 헤티를 향한 엘리엇의 진정한 입장을 엿볼 수 있게 해준다고 할 수 있다.

헤티에게 연민을 갖게 만드는 또 하나의 장치는 내용의 병치라는 구조이다. 예컨대 교수형이 선고된 후 헤티가 기절하는 내용이 담긴 43장 다음에 이어지는 44장에서 아더는 헤티가 애덤과 결혼함으로써 문제가 잘 해결되었을 거라며 자기만족적으로 편리하게 생각하기 때문에 흡족한 마음으로 귀환한다. 이 두 장의 병치는 아이러니의 극치를 이룬다.

애덤을 통해 헤티를 동정적으로 볼 수 있는 관점이 제시되기도 한다. 진정으로 인간적인 어머니의 사랑으로 보면 헤티의 무감각해지고 차가운 모습에서도 자애롭게 보살펴 주어야 할 아이의 모습을 찾아볼 수 있을 것인데 애덤이 보기에 헤티가 그렇게 보였다는 것이다(409). 헤티를 동정하는 애덤과 전혀 동정하지 않은 바틀의 태도 사이의 병치 및 대조 또한 중산층 남성으로 설정된 독자로 하여금 그들 자신이 취하고 있는 엄격하고 경직된 태도를 반추해 보게 만든다.

(2) 헤티에 대한 서술자의 이중적 태도

한편 흥미롭게도 사회의 책임을 부각시키며 헤티를 동정해줄 수 있는 근거를 제공하는 서술자는 다른 한편으로 어떤 때는 아주 가혹하게 헤티를 대한다. 가령 서술자는 헤티의 개인적인 결함을 지적하는 가운데 그녀가 서술자나 독자와는 다르다고 말하면서 거리를 둔다.

37장에 나오는 다음의 대목이 그 하나의 예이다.

> 방황하는 가련한 헤티 - 어린애 같은 포동포동한 얼굴과 절망적인 영혼 및 비좁은 마음과 편협한 생각을 지닌 채 자신의 슬픔 외에는 슬퍼할 여유가 없어서 더 격렬히 비통하게 자신의 슬픔을 맛보는 헤티! 지쳐 걷는 그녀를 볼 때 마음이 아프다. 그 종말은 무엇일까? 단지 자존심을 통해서만 인간을 좋아하며 단지 쫓기는 상처 입은 짐승처럼 생명에 집착하는 모든 사랑과는 별개인 그녀의 정처없는 방황의 끝은 무엇일까? 그런 비참한 운명이 시작되지 않도록 신이 당신과 나를 보호하길! (371)

위 인용문에서 서술자는 헤티의 고통에 가슴아파하면서도 그녀의 정처 없는 방랑이 여전히 "모든 사랑과는 별개"임을 분명히 한다. 맨 마지막 문장에서 드러나듯이 서술자는 "당신"인 독자를 자신과 같은 집단에 속하는 것으로 상정하는 반면 헤티로부터는 거리감을 유지한다. 헤티의 살고자 하는 욕구를 동물적인 삶의 집착으로 파악하는 가운데 독자나 서술자와는 이질적인 부류로 취급해 버리는 것이다.

서술자가 헤티를 가혹하게 대한 사실에 대해 뇌플메이처(Knoepflmacher)는 작가의 동정은 가장된 것이었으며 헤티가 도덕가인 엘리엇에 의해 처형당했다고 보았으며, 크리거(Creeger)는 헤티를 준엄하고 가혹한 엘리엇 자신의 "희생자"로 본다.[9] 아우어바흐(Auerbach)는 엘리엇이 헤티의 야심에 찬 성적인 면에 대해 가차 없는 준엄함으로 벌을 내린 듯하다고 평가한다(40).[10] 동시에 그는 "풍만하고 성적인" 헤티에게 이상하게도 "에로틱한 삶이 없음"을 지적한다(49). 아우어바흐는 엘리엇을 단순히

---

[9] Johnstone 60 참조.
[10] 이런 식의 접근은 David Cecil, Ian Greger, Michael Squires를 거쳐 지속되어온바 엘리엇을 청교도 도덕가로 보는 비평적 입장이다.

청교도적 도덕가로 간주하기에는 석연치 않은 구석이 있음을 감지해 낸 것이다. 그렇지만 그는 그 이상으로 논의를 전개시키지는 못한다.

그런데 헤티에 대한 서술자의 가혹한 태도는 한 단계 더 나아가 다른 각도에서 생각해 볼 수도 있다. 냉정하고 편협한 사회의 목소리로 헤티를 평하는 서술자를 통해서 작가는 자신이 사회의 일반적인 기준을 수용하고 있는 양 가장한다는 것이다. 따라서 헤티에게 가혹한 서술자의 태도는 역설적으로 헤티에게 준엄한 사회의 규범이나 가치관에 대한 간접 비판이 된다고 할 수 있다. 이는 독자로 하여금 그들 자신의 공감의 결핍을 느끼게 만들기도 한다. 이러한 형식을 통해 작가는 헤티 같은 여성의 문제도 공감적으로 이해해줄 필요성이 있음을 역설적으로 주장하는 것이다.

이와 같이 파악할 수 있는 근거로는 서술자의 헤티에 대한 태도에 일관성이 없다는 사실을 들 수 있다. 서술자는 헤티를 가혹하게 대하는가 하면 또 어떤 때는 독자로 하여금 헤티를 이성적으로 이해하기는 어렵겠지만(242), 다른 관점에서 바라보면 이해할 수도 있다는 식으로 공감을 유도해 내려 한다(132, 326). 헤티가 애덤의 고통에는 전혀 아랑곳하지 않는 장면을 묘사할 때도 서술자는 그녀가 백일몽에 깊이 빠져 있었기 때문에 그렇게 보였음을 반어법을 사용하여 설명하면서 공감을 보여주기도 한다(106).

남성적인 목소리를 가장한 서술자는 여성적인 목소리로써 헤티를 동정하기도 한다. 가령 "여성의 마음으로 보면(142)"이라는 구절을 써서 리스벳의 심리를 꿰뚫어 보기도 한 서술자는 여성의 입장에서 헤티가 처한 상황을 다음과 같이 동정의 시선으로 바라본다.

> 그녀가 젊은 날의 무지로써 어리석음과 헛된 희망의 가벼운 망을 짜 넣

는 여성의 운명을 타고난 여성이라고 생각하는 것은 너무 가슴 아픈 일이다. 그녀의 어리석음과 헛된 희망은 언젠가 원한이 깃든 독이 묻은 의복이 되어 그녀 주위를 휘감아 짓누르면서 그녀의 하찮고 펄럭거리는 느낌을 깊은 인간적 고뇌의 삶으로 변화시킬 것이다. (243-44)

서술자의 헤티에 대한 가혹한 태도가 부자연스럽다는 사실은 그가 헤티가 아닌 다른 인물들 특히 남성인물인 애덤과 아더에게는 동정적이라는 데에서 보다 명확해진다. 서술자는 어여쁜 외모처럼 헤티의 마음도 예쁘리라는 착각에 빠지는 등 미망에 빠져있는 애덤을 옹호하는 차원에서 서술한다. 서술자는 "헤티를 사랑하는 것은 세상에서 가장 범하기 쉬운 어리석은 일(152)"이라거나 "헤티같은 어여쁜 신부를 얻는 남자는 얼마나 큰 상을 받는 것일까!(153)"라는 언급 등을 통해 애덤의 태도를 지극히 당연한 것으로 변호한다. 애덤이 헤티를 자기 식대로 판단하여 실제의 헤티가 아닌 다른 이미지를 만들어낸 것도 그가 순진하고 여성에게 둔감했기 때문이라고 변호된다. "애덤이 어떻게 헤티의 내면이 편협하고 이기적이며 무정하다고 상상이나 할 수 있겠는가? 그는 폭넓고 이기적이 아니며 부드러운 자기 마음에 비추어 그가 믿는 미덕을 만들어냈던 것이다(339)"라는 화자의 언급도 같은 맥락에서 이해할 수 있다.

엘리엇은 헤티에 대해 공감과 동정을 보내기는 하지만 여성문제가 개재된 헤티의 이야기를 서술의 전면에 부각시키지는 않는다. 여성문제에 대한 인식을 직접적이고 분명하게 드러내기를 꺼려했기 때문이다. 이 소설이 헤티의 비극에 관한 것이 될 수 있었음에도 불구하고 후반부에서 애덤의 도덕적 성장 이야기로 갑작스럽게 변모되는 것도 이러한 이유에서다. 애덤이 서술자가 중시하는 가치관 즉 공감적 이해의 중요성을 결국은 수용한 인물로서 제시되면서 도덕적인 주제가 급부상하게 된다. 물론 소설의 전반부인 제 2권 17장에서도 애덤이 "교리가 아닌 감정 즉 깊은 인간적 공감이 중요하다는 사실" 다시 말하면 인간의 내면적 삶의 중요성을 깨닫게 된 인물임이 시사되고 있기는 하다. 그렇지만 제 3권 첫 장, 첫 단락에 오면 앞으로 전개될 내용이 제 1, 2권의 내용과 달라질 것임이 암시되기 시작한다. 가령 제 3권 첫 장에서 전조되는 비극은 헤티의 비극뿐만 아니라 사랑의 좌절을 맛보게 될 애덤의 비극으로서의 의미를 띠게 되기 때문에 애덤의 이야기가 중요하게 부상할 실마리를 제공한다. 그런데 제 3권에서는 두 개의 주제가 교차되기는 하나 아직 템포가 빨라지지는 않았다. 헤티의 비극적 사랑 이야기가 애덤의 도덕적 성장 이야기로 급전환 되는 시점은 제 4권부터이다. 제 4권에서는 헤티의 비극이 다가오고 있는데도 그녀의 심적 고통보다는 애덤과 아더의 고통이 더 크게 부각된다.

 제 4권의 첫 장인 27장의 제목은 "위기"이다. 첫 단락은 홍수가 나서 추수가 지연되었다면서 이번 추수가 실패할지도 모른다는 내용을 담고 있다. 이어 이 비극을 인간들끼리 도와가면서 극복해야 한다는 취지의 언급이 덧붙여진다. 헤티의 비극적 이야기에서부터 그 비극을 딛고 일어서는 애덤의 성장 이야기로 이끌어 가려는 것이다. 아더에게 버림받고 임신까지 하여 난관에 부딪친 헤티가 심각한 위기에 봉착해 있음에도 불구하고 애덤이 당할 심적 고통에 더 큰 비중이 주어지면서 의도적으로 애덤의 관점에서 이 위기가 묘사된다. 특히 두 번째 단락에서 "충분히 익지 않고 껍질에서 떨어져 너무 일찍 씨앗으로 흩어진(282)"이라는 묘사나 추수가 망쳐질지 모른다는 언급은 독자로 하여금 헤티를 연상케 함에도 불구하고, 애덤을 그 다음 단락의 주체로 삼음으로써 이 "위기"를 애덤과 연관시키는 것이다. 이는 "앞으로

닥칠 가능성이 있는 폭풍(241)"이 막 익으려 하는 수확물을 망가뜨릴 수 있다는 언급 바로 뒤에 헤티를 주체로 삼음으로써 이야기 전개의 중심을 헤티에게 두었던 22장과 대조된다. 27장과 28장의 제목도 헤티가 아닌 남성인물인 애덤과 아더의 관점에서 붙여졌다. 또한 헤티의 비극이 시작된 시점부터 애덤은 "나의 친구(338)"나 "우리의 친구(208)"라는 친근한 호칭으로 불러지기도 한다. 더 나아가 "애덤을 존경한다(338)"라는 극단적인 입장까지 표명되면서 그는 서술의 중심에 자리잡는다. 그 결과 33장부터는 본격적으로 애덤의 도덕적 성장의 이야기로 변모되는 것이다.

이와 함께 헤티가 처한 비극적 상황에서 거리를 유지하기를 원하기라도 한 듯 33장 처음 부분에서는 헤티와 아무런 상관이 없는 서술이 이어진다. 자연의 객관적인 태도, 즉 무심한 세월의 흐름이 이야기되는 가운데 헤티의 문제는 전면에 부각되지 않는다. 33장 마지막 단락에 가서야 헤티가 언급되는데 그때조차도 헤티의 심리가 직접 다루어지기 보다는 다른 사람이 달라진 헤티의 모습과 태도를 보면서 추정하는 관점이 소개된다(336). 애덤도 헤티의 변화를 감지하는 인물 중의 하나가 된다. 35장부터 37장까지는 헤티에게 초점을 맞추어 그녀의 비극을 강조하는 듯 하다가 37장 맨 마지막 단락에서 다시 헤티에게 거리를 유지하면서 급작스럽게 그녀를 떠나버린다. 헤티가 해산한 후 아이를 죽도록 방치하고 그 죄로 감옥에 갇히는 과정은 어윈 목사가 애덤에게 전하는 말을 통해 전달될 따름이다. 헤티의 심리 상태는 한, 두 쪽에서 시종 건조하고 냉담하게 자유간접화법으로 그려지는데 그칠 뿐이다(320-21). 따라서 아더가 얻어온 사면장의 덕택으로 생명을 구하게 되는 헤티의 이야기에는 아무런 비장미가 없다.

이러한 헤티의 결말 처리는 부자연스러운 것인 만큼 많은 평자들의 불만을 사왔다. 이러한 결말이 멜로드라마처럼 신빙성이 없고 작위적이라는 것이다. 또한 클라이맥스가 상투적이라는 비난도 받아왔다(Ashton 31). 중요한 것은 애덤의 성장이며 헤티는 그 도구이므로 헤티가 굳이 죽을 필요까지는 없었다는 지적도 있다(Martin 757-62).

제 6권에서는 이야기의 방향이 애덤과 다이나로 옮겨가면서 헤티는 비극적 여주인공의 위치에 오르지 못하고 애덤이 도덕적으로 성장하는데 필요한 하나의 수단으로 전락하게 된다. 이제 헤티가 고통을 당한 것은 순전히 애덤으로 하여금 더 큰 행복을 누릴 수 있게 해주기 위해서였다는 느낌을 준다고 해도 과언이 아닐 정도이다. 에필로그에서는 애덤과 다이너가 결혼한 지 1년 뒤의 생활상이 그려지면서 비극이 지나간 수년 후 공동체 사회가 예전으로 회복되었음이 보여진다. 헤티에 대해서는 냉정한 몇 마디의 언급이 있을 뿐이고 죽음 소식도 간단히 전해진다. 따라서 "헤티가 없는 결말부의 목가풍이 소설 전체의 진행을 반박하는 듯하다"면서 추방된 후의 헤티의 변호된 모습이 그려지지 않았음이 비판되기도 한다(Harris 194).

(3) 다이너를 통한 여성문제 탐색과 그것의 억제

다이너를 통해 시도된 여성 문제 탐구 또한 지속적으로 진행되지 않는다. 처음 다이너라는 인물을 형상화할 때는 사회의 관습적인 여성관을 초월한 여성이라는 사실이 명확하게 부각된다. 그녀는 "면공장(32, 114)"에서 공장 노동자로 일해 번 돈으로 장소를 이동하며 전도 생활을 해내가는 순회설교가로서 사회적으로나 경제적으로 독립성을 확보한 존재이다. 다이너는 "주님의 영은 나에게 있다. 그가 나로 하여금 빈자들에게 설교하도록 정하셨기 때문에(35)"라는 예수가 쓴 텍스트를 도전적으로 인용함으로써 자신의 목소리의 권위를 주장할 만큼 통념적인 여성상에서 벗어나 있다(Lawless 258). 설교 때 모자도 벗고 장갑도 끼지 않은 다이너는 급진적인 여성상을 보여준다. 이러한 다이너를 작가는 우호적으로 형상화한다. 다이너는 여성의 몸인데도 "거친" 남성들 사이에서조차도 무시당하지 않고 존중된다는 것이다. 가령 마을 사람들은 감리교나 여성 설교가를 못마땅해 하지만 다이너의 가벼운 발걸음, 분명하고 맑은 회색빛 눈, 그리고 "자의식이라고는 전혀 없는 거동(33)"이나 자신감에 놀라워하며 그녀만은 마지못해 수용해준다. 이러한 다이너의 인물 형상화를 통해 엘리엇은 여성이란 존재는 연약하기 때문에 집 안에 묶여 있어야 한다는 관념에 도전한다. 전통과 인습을 넘어선 다이너의 삶 속에는 여성문제에 대한 엘리엇의 냉철한 현실 인식이 표현된 것이다. 따라서 다이너의 이야기는 여성문제를 축으로 할 때 헤티의 그것과 동일한 범주에서 탐색되고 있다고 할 수 있다.

물론 전반부에서는 다이너와 헤티라는 두 여성 사이의 차이점을 근간으로 하여 두 사람을 비교, 대조하는데 서술의 초점이 맞추어진다. 포이저 씨의 조카인 헤티와는 달리 포이저 부인의 조카인 다이너는 외양뿐만 아니라 성격 등 여러 면에서 헤티와 대조된다. 다이너의 삶은 이타적이고 종교적이라는 점에서 헤티의 삶과 대극을 이룬다. 다이너는 남편을 잃은 애덤의 어머니를 위로해 주는가 하면 포이저 부인의 아이들을 잘 돌봐주는 등 항상 자신보다 다른 사람을 먼저 생각한다. 이러한 성품 때문에 다이너는 리스벳에 의해 천사로 착각되기도 한다(114). 창문으로 바깥을 내다보는 장면이나 재판 때 헤티 곁에 있어주는 행동 등에서 나타나는 다이너의 고결한 성품은, 자아에 몰입되어 눈에 보이고 만질 수 있는 감각적인 것에만 몰두하는 헤티의

"저급한 본성(160)"과 대조된다. 이는 헤티가 낮은 곳에서 날개를 팔딱거리며 나는 작은 새로 비유된 반면에 다이너는 지상 위로 비상하는 제비나 종달새로 비유된다는 사실에서 보다 분명해진다.

그렇지만 두 여성은 명백한 차이점에도 불구하고 공통점도 지니고 있다. 헤티가 세속적인 신분 상승욕구를 가진 반면 다이너는 지극히 정신적이며 종교적인 천직에 대한 소명의식을 지니고 이를 실천하려 한다는 점에서 다르기는 하지만, 두 여성은 각기 나름의 자아실현 욕구를 갖고 있다는 면에서는 동일하다. 따라서 두 여성은 당대의 관습적인 여성관에 부합되지 않는다.

다이너가 당대의 통념적인 여성상에서 벗어나 있다는 사실은 여러 주요 남성인물들의 비판적 시각을 통해서도 드러난다. 바틀은 굳게 닫힌 헤티의 마음을 열어 고백하게 만든 다이너의 진가를 인정하지만 설교가라는 직업에 대해서는 여전히 불만스러워 한다. 포이저씨도 설교가라는 사실을 다이너의 유일한 흠으로 지적한다. 애덤 또한 여성에 대해 보수적인 태도를 지니고 있었기 때문에 여성이 설교가로 활동한다는 사실을 좋지 않게 생각한다(316). 이러한 애덤에게서 다이너가 "가부장(98)"의 모습을 발견하는 것은 시사하는 바 크다. 심지어 거침없는 언변으로 자신만만하게 자신의 주장을 거리낌 없이 개진한다는 점에서 관습적인 여성상의 틀을 뛰어넘은 포이저 부인조차도 다이너의 설교가로서의 활동을 탐탁치 않게 여긴다. 이는 다이너가 당대 사회의 기준으로 볼 때 얼마나 통념적인 여성관을 초월해 있었는지를 반증해준다.

그런데 작가는 이 소설의 씨앗이 여성 설교가에 관한 이야기에 있었음에도 불구하고 다이너를 소설의 극적 초점으로 삼으려 하지 않는다. 헤이슬롭에서 30마일 떨어진 곳에서 온 이방인이자 그곳 사람들에게 생소한 종파인 감리교 설교가인 다이너를 소설에 등장시킬 때도 직접적으로 소개하지 않고 남성인물들 즉 여행자와 마을 사람들의 대화 및 여행자의 관점을 통해 그들의 눈에 비친 모습을 제시하면서 독자로 하여금 다이너를 만날 준비를 시킨다. "어린 소년처럼 외양을 의식하지 않는 것처럼 보이는(33)" 다이너의 동요 없는 안정된 태도는 여행자를 놀라게 하며 일종의 경외감을 불러일으킨다는 것이다. 이렇게 함으로써 작가는 여성 설교가에 대한 일반적인 통념 때문에 독자들이 느낄 수 있는 거부감을 불식시키는 것이다. 감리교도가 과거에는 현재와 같지 않았다는 사실의 부언도 작가의 이러한 의도가 드러난 또 하나의 예이다. 더 나아가 다이너는 독자들을 포함한 "우리"의 공감을 얻을만하다고 옹호되기도 한다(48). 엘리엇의 실제 숙모는 아주 강한 의지의 여성이고 설교 스타일 면에서 매우 열렬했는데, 숙모를 모델로 하여 형상화된 다이너는 중심적인 인물로도 강한 성격의 인물로도 등장하지 않는다는 사실 또한 이와 동일한 맥락에서 이해할 수 있다(Lawless 253-33).

여성문제에 대한 인식을 절제 내지는 은폐하려는 엘리엇의 의도는 후반부로 갈수록 더욱 두드러진다. 후반부에서는 애덤에게 서술의 초점이 맞춰지고 다이너는 애덤의 바람직한 아내감으로 자리 매김된다. 가령 제 6권에서는 도덕적으로 성장한 애덤이 다이너에게 청혼해서 결혼에 이르는 과정이 집중 추적된다. 애덤과 다이너의 결혼에서는 훌륭한 아내감인 다이너가 성숙해진 애덤에게 포상으로 주어진다는 인상이 짙게 풍겨난다. 물론 표면상 애덤과 다이너를 결합시킨 가장 중요한 동인은 헤티의 비극 뒤 깨닫게 된 상대방에 대한 애정인 것으로 묘사된다. 가령 자신의 사랑을 감지하지 못하는 애덤에 대해 서운함을 품는다거나, 돌층계에서 부축하려고 팔을 잡아준 애덤의 호의에 얼굴을 붉히는 다이너의 애절한 마음이 본격적으로 조명된다. 그럼으로써 그들의 결혼 과정은 충분히 설득력이 있는 것으로 보일 수 있다. 따라서 두 사람의 결혼을 긍정적으로 보는 평자들도 많다. 다른 사람의 잘못에 대해 냉정하던 애덤이 이제는 연민을 느낄 만큼 성장하였으므로 다이너와의 결혼은 당연하고도 바람직한 결합이라는 견해가 그 하나의 예이다(Palliser 69). 애덤은 "세상을 조금 더 좋은 곳으로 만들기(446)" 위해 노력하며, 다이너는 추방된 헤티의 자리를 대신함으로써 완전함과 회복의 느낌을 준다는 지적도 있다(Knoepflmacher 123, 125). 이들 평자들이 이러한 견해를 갖는 것도 무리는 아니다. 표면적으로 볼 때 이 소설은 전반부와 마찬가지로 전원적이고 목가적인 묘사로 결말을 맺기 때문이다.

엘리엇은 헤티의 비극적인 이야기나 다이너의 독립적인 삶을 통해 사회의 급진적인 변화상을 그리지만 결국에는 거기에서 벗어나 옛날의 생활방식을 찬미하면서 이상화된 과거를 축복하는 듯하다. 가령 제 6권에서 전반부에서의 완만하고 느긋한 스타일을 되찾은 서술자는 '여가'(leisure)에 대한 이야기로 탈선한다. 여기에서 서술자는 바쁜 현대 사회에서 사라져버린 과거의 목가적이고 전원적인 삶의 방식에 대해 향수에 젖는다. 증기기관으로 대표되는 현대 문명이 인류에게 더 많은 여가를 창조해 줄 것으로 생각하는 사람이 있는데 "그런 사람들의 말을 믿지 마라(484)"고 서술자는 회유하는 어투로 독자에게 충고한다. 현대적 기준으로 옛날의 여가를 판단내릴 수 없다면서 서술자는 옛 여유를 그리워하기도 한다(485). 소설의 결말부에 이르면서 보수주의 색채가 더 짙어진다는 평가도 이러한 문맥을 감안해보면 나름대로의 타당성을 갖는다(Manheimer 543).

따라서 여성주의 비평의 관점에서는 다이너의 변모가 지극히 불만족스러운 것으로 비판되었다. 다이너는 '주체'이기보다는, 자기희생적인 아내이자 어머니로 정착한다는 점에서 '집안의 천사'라는 빅토리아 시대의 이상적인 여상상을 충분히 구현하면서 바람직한 신부감이라는 '대상'으로 다시 자리 매김된다는 것이다(Manheimer 541). 따라서 이 소설의 결말부에는, 여성은 남성에게 복종하며 보다 "고상한 운명"을 완결 짓기 위해서 가정에 봉사해야 한다는 메시지가 담겨 있다고 해석되어 왔다(Lawless 262). 당대 여성에게 주어진 현실과 타협한 작가는 다이너의 결혼을 통해 순종적 여성상을 미화했다는 것이다. 다이너가 꼭 결혼해야 한다고 생각하는 엘리엇 자신이야말로 가장 의존적인 여성이라는 비판도 있다(Haldane 153). 이들 여성론 평자들의 비판도 나름대로 설득력이 있다. 사실 다이너의 결혼은 설교가로서의 삶을 소명으로 삼고 독립적으로 살던 다이너가 독자적인 성취의 꿈을 포기하고 당대 결혼제도 안에 수동적으로 편입된 결과로 해석될 소지가 충분하기 때문이다. 감리교단이 "여성들에게 설교를 금하는(506)" 조치를 취했다는 외부적인 요인도 고려할 수 있겠지만 다이너는 원래의 독립적인 위치를 포기하고 결국 애덤이라는 강인한 남성에게 의존하는 아내이자 어머니로서의 역할에 만족한다는 사실도 부정하기 어려워 보인다.

그렇지만 엘리엇이 여성문제 인식에 있어서 그처럼 좁은 비전을 지니고 있었다고 할 수는 없다. 그 보다는 사회가 여성 설교가를 수용해주지 못한다는 사실 그 자체를 부각시킴으로써 엘리엇은 역으로 그 사회에 경종을 울린다고 보는 것이 더 타당할 것이다. 결말부 처리의 부자연성이 이렇게 해석할 수 있는 근거를 제공한다. 다이너는 자의 반 타의반 이제껏 삶의 목표로 삼고 있던 설교를 포기하고 애덤의 순종적인 아내가 되는데 전자의 인상이 너무 강해 후자의 역할이 어울리지 않아 보인다. 또한 세쓰가 청혼할 때 하나님 뜻과 부합되지 않는다며 거절하면서 초연하게 평범한 여성과는 다른 삶을 살던 다이너가 갑자기 애덤에게서 남성적인 매력을 느껴 그의 청혼을 받아들이는 것은 설득력이 없다. 이 결혼은 작품의 흐름과 맞지 않는 억지로 끼워 맞추기식의 결말로 볼 수 있는 소지가 다분하다는 사실도 또 하나의 근거로 들 수 있다. 작가의 원래 의도에는 없었지만 루이스(G. H. Lewes)의 권유로 급조되었다는 애덤과 다이너의 결혼은 너무 급작스럽고 부자연스러운 처리라는 인상을 떨쳐버리기 어렵다.

그렇다면 엘리엇이 결말부를 부자연스럽게 처리한 진짜 의도는 과연 무엇이었는지가 작품 이해의 관건이 된다. 엘리엇의 본 의도를 짐작하게 해주는 실마리는 에필로그에서 제공된다. 에필로그에서는 두 아들의 어머니이자 애덤의 아내로서의 다이너의 행복하고 단란한 가정이 묘사된다. 그런데 모든 문제가 해결되어 평온을 되찾았다는 표면적인 서술 이면에는 소설 첫 장에서 설교가로 등장하던 때의 다이너의 모습과 현재의 모습 사이의 대조가 시사된다. 다이너의 변모상은 그녀가 자신의 불쌍한 어머니와 다를 바 없다는 세쓰의 지적으로 더 두드러지게 부각된다. 이제 의무감 있는 충실한 아내나 어머니로서 사회의 기대를 충족시켜주는 다이너는 리스벳으로 대표되는 통념적인 여성상과 거의 다를 바 없다. "애덤 어서 와요. 오늘은 참 힘들었죠?(507)"라는 다이너의 말은 전통적인 여성상인 리스벳의 모습을 연상시킨다. 아이러니하게도 다이너는 "새로운 비드부인"(Lawless 261)이 된 것이다. 엘리엇은 다이너의 변모에 함축된 의미를 독자로 하여금 음미하게 만든다. 여성론적 인식을 직접적으로 표명하는 대신 부자연스러운 결말 처리를 통해 자신의 입장을 드러낸 것이다.

이와 같이 해석할 수 있는 또 하나의 근거로는 다이너의 아내로서의 변모에 함축된 사회, 문화적인 의미가 간과되지 않고 오히려 부각된다는 점을 들 수 있다. 가령 다이너가 애덤 집에 와서 청소해주고 정리해주는 장면을 보면 여성인 다이너는 집안일을 성의껏 질서정연하게 잘 처리하는 등 가사 일에 능숙한 반면, 남성인 애덤에게 그것은 다분히 장난기어린 일에 불과하다는 사실이 시사된다. 이는 당대 사회에서 남성의 영역과 여성의 영역이 분리되는 현상을 함축적으로 나타낸다고 할 수 있다(Homans 165). 설교가로서의 다이너가 집안일을 하는 편리한 "노예"로 개종되었다는 암시도 또 하나의 예이다 (461). 또한 농장의 "집안 경제"에 적극적으로 참여했던 포이저 부인과는 달리 다이너가 생산적인 가내수공업에 가담하지 못한다는 사실 이면에는 여성에게 경제적 주체로서의 역할을 할 수 있는 기회를 부여해주지 않는 당대 사회 현상에 대한 엘리엇의 폭로가 들어 있다는 지적이 타당성이 있어 보일 만큼(McLaughlin 70), 애덤의 아내로서의 위치에 만족해하는 다이너의 묘사 이면에는 여성의 자아성취가 어려웠던 당시의 상황에 대한 작가의 문제의식이 함축되어 있다고 할 수 있다. 엘리엇은 중산계층의 남성에게 힘을 부여해주는 반면 여성을 주변화하는 당대 사회 현상을 비판적으로 이해했던 것이다. 애덤은 다이너가 종파를 바꾸면 설교할 수 있을 거라는 세쓰의 말을 묵살하는데, 이때 애덤의 모습에 완고한 가부장적인 풍모가 강하게 부각된다는 사실도 이러한 추정을 보다 확실하게 뒷받침해준다.

(4) 여성문제 인식이 절제된 이유

그렇다면 엘리엇이 여성문제에 대해 예리하고 심오한 인식을 지니고 있었음에도 불구하고 여성문제를 분명하게 제기하지 못한 이유를 밝혀볼 필요가 있겠다. 그 실마리는 엘리엇이 다이너 뿐만아니라 그 밖의 다른 여성 인물들을 관습적인 상투형에 부합되도록 묘사한다는 사실에서 찾아볼 수 있다. 가령 상류계층이 아니더라도 남성인물인 애덤이 유식하고 유창한 언변으로 자신만만하고 단도직입적으로 말할 수 있는 것과는 대조적으로 여성인물들은 속이 좁고 잔소리 잘하며 의존적이다. 다이나와 포이저 부인을 제외한 모든 여성은 이러한 인물형에 부합된다. 가령 남편의 익사 사건 때 리스벳이 보인 감정적이고 충동적인 아이 같은 행동은 애덤의 분별력 있는 행동과 명확히 대조된다(Lawless 261).

엘리엇이 이와 같이 통념적인 여성관을 수용하는 자세를 취한 이유는 당대 중산계층 남성들의 거부감을 불식시키기 위해서였다고 할 수 있다. 중산계층을 주 독자층으로 삼은 여성작가로서 그들을 의식하지 않을 수 없었기 때문이다. 엘리엇의 편지를 보면 그녀가 다른 사람들의 평가에 매우 예민하게 반응했음을 알 수 있다. 그녀는 비판을 듣거나 읽으면 신경이 곤두서 더 이상 글을 쓰지 못했으며 자신의 능력에 대한 불안과 회의에 시달렸다고 한다. 그렇기에 엘리엇으로서는 사회에 큰 파장을 불러일으킬 수 있는 여성문제를 제기할 때 신중을 기하지 않을 수 없었던 것으로 보인다. 따라서 여성문제에 대한 인식을 전원적이고 목가적인 농촌 사회의 재현이라는 표면 아래 은폐한다. 동시에 공동체 사회에 있어서 전복적인 존재로서의 헤티의 이야기에는 구 질서에 대한 심각한 위협과 도전이 개재되어 있기 때문에 엘리엇은 헤티의 성장소설로 발전시키지 않고 애덤의 도덕적 성장 이야기로 변모시키는 것이다(Harris 190).

엘리엇이 서술자를 창조하여 자신과 서술자를 구분하는 동시에 서술자의 성을 불분명하게 놓아두거나 오히려 '남성'이라는 인상을 풍기는 것도 이러한 맥락에서 이해할 수 있다. 서술자는 여성적인 목소리를 내기도 하고 어떤 때는 남성의 목소리로 말하기도 한다. 그 동기는 작가가 메어리 에반스(Mary Evans)라는 본명 대신 조지 엘리엇이라는 남성적인 필명을 사용한 동기와 동일하다고 할 수 있다.

엘리엇이 "나의 철학적인 독자여"라고 부르면서 "당신이 만일 극도로 이성적이라면 여성들의 본성을 결코 이해하지 못할 것(243)"이라고 언급하는 등 독자를 중산계층 남성으로 상정한다는 사실에서도 독자를 의식하는 작가의 입장이 분명히 드러난다. 엘리엇은 동시에 서술자 내지는 자신도 중산계층으로 자리매김한다. 독자를 사회의 일반적인 가치기준이나 신념체계를 공유하는 "우리(394)"라는 공동체로서 간주한 서술자는 "나", "우리", 그리고 "당신" 등 대명사를 혼용하거나 대화체를 이용하여 친근하게 말을 건네면서 독자를 자신의 이야기 세계 속으로 끌어들인다. "당신도 그러할 것이다"라는 식으로 말하면서 독자가 서술자와 생각이나 느낌을 공유한다고 간주하며(465) 독자와의 유대감을 확보하기 위해 노력한다. 또한 독자의 반응을 추정한 다음 그 반응에 자신도 공감한다고 맞장구를 치기도 한다(326).

동시에 서술자는 독자가 자신과 다른 의견을 가질 수 있음을 인정한 다음 독자를 논리적으로 설득해서 자신의 견해를 수용하도록 만드는 성의도 보인다(338). 가령 헤티가 귀걸이를 꺼내어 보기를 좋아했다고 언급한 다음 서술자는 "아, 아마도 당신은 이렇게 생각할지 모른다. 그러나 그건 그렇지 않다. 우리는 이러이러한 사실을 고려해야만 한다"라는 식으로 차분하게 설득한다(338, 326). 또한 아더가 양심에 근거해서 신중한 결론에 도달했으니 그에 관해 우호적이지 않게 생각할 정당한 근거가 "우리"에게는 없다며 독자가 자신의 견해에 동의하도록 유도하기도 한다(128).

한편 작가는 서술자로부터 일정한 거리를 유지한다. 아더에게 공감과 동정을 보내는 서술자의 언급에 아이러니가 함축되어 있다는 사실이 그 증거이다. 가령 아더가 직감 있는 숙녀들에 의해 "멋진" 사람으로 생각될 만한 "좋은 친구"라는 서술자의 평가는 따옴표 안에 넣어진다(127). 즉 그러한 평판이 가능할 수도 있다는 것이지 작가 자신의 진솔한 평가는 아님을 드러내고자 한 것이다.

작가와 서술자 사이의 거리는 작가로 하여금 서술자가 유대감을 느끼고 있는 중산계층 독자들로 부터도 일정한 거리를 두고 그들의 사고 체계나 행동양식을 비판할 수 있는 틈새를 제공해준다. 아더의 자기만족적이고 자기중심적인 사고 체계에 대한 비판이 그 예이다. 아더에게는 그가 저지른 도덕적 잘못도 물질로 보상하기만 하면 시혜자로서의 예전의 위상을 되찾을 수 있다는 허위의식이 있다. 또한 그는 "신은 그를 엄하게 대하지 않으리라(303)"고 절대적으로 확신할 만큼 자기 위주로 편하게 생각한다. 헤티를 떠난 후 후일 애덤과 헤티에게 후히 보상해 주겠다는 아더의 결심도 이런 허위의식 내지는 자기기만의 연장선상에 있다(301, 417). 작가는 아더에 대해 간접적으로 아이러니를 보내는 한편 애덤의 입을 통해 직접적으로 아더의 자기편의적인 사고를 비판한다. 애덤은 아더가 돌이킬 수 없을 만큼의 잘못된 행동을 하더라도 보상을 통해 해결할 수 있다는 자기기만에 빠져있음을 발견하고 거기에 대해 모욕을 느낀다. 애덤이 생각하기로는 사람은 잘못을 저지른 후 그것을 상쇄시키기 위해 희생을 하는데 문제는 희생을 한다고 해서 그것을 없었던 것으로 되돌려 놓을 수는 없다. 소설의 결말부에서 "결코 보상해줄 수 없는 종류의 악이 있는 것(507)"이라는 애덤의 말이 옳았음을 아더가 인정한다는 사실을 통해, 아더로 대표되는 자기만족적이고 자기중심적인 체계는 다시 한번 명확하게 비판된다.

엘리엇은 이와 같이 중산계층 남성으로 설정된 독자와의 일체감을 강조하는 서술자를 창조하여, 중산계층의 경제적, 문화적 부상을 옹호하는 가운데 자신도 중산계층적인 가치 기준을 지니고 있는 듯이 보이게 한다. 그렇지만 실상은 이러한 가정 하에 중산계층이나 상류계층 남성들의 자기합리화나 남성본위의 사고방식을 비판한다. 모든 단계의 삶에 공감을 확대시키는 일이 필요하다고 강조하는 것은 중산계층 독자들이 공감을 결여하고 있다는 반성에서 비롯된 것이라 할 수 있다. 가령 17장에서는 작가의 견해에 이견을 다는 독자가 상정된 후 인물이나 행위에 있어서 제한된 인식에 머무르고 마는 독자들이 좀더 확장되고 폭넓은 이해를 하도록 부추겨진다. 이때 공감은 표면적으로 일반적인 의미에서의 도덕적 공감을 뜻하는 듯하지만 사실은 여성문제를 포함한 모든 면에서의 공감을 의미한다고 할 수 있다.

4) 맺음말

『애덤 비드』에서는 비극적인 사랑 이야기를 통해 여성문제가 잠시 제기되다가 마술이 순식간에 사려져 버리듯이 재빨리 그 문제는 뒤덮여지는 듯 하다. '이상적인' 것만을 추구하는 사람이 가장 편협하고 하찮은 사람으로 평가되던 17장에서와는 대조적으로 결말부에서는 여러 문제가 봉합된 채 '이상적으로' 끝맺어지는 듯 하므로 소설 자체가 일견 모순적으로 보이기도 한다. 따라서 이 소설은 일관성이 없다거나 작가의 여성문제 인식이 후퇴하여 보수주의와의 타협으로 귀결되었다고 비판받기도 했다. 그러나 이제까지 확인되었듯이 결말부의 평온한 분위기는 엘리엇이 여성문제에 대한 자신의 인식을 절제한 결과 조성된 것이다.

그런데 여성문제에 대한 인식을 절제하려 한 엘리엇의 태도는 다른 남성작가들의 여성문제 처리 방식과 대조를 이룬다. 예컨대 남성작가인 토마스 하디(Thomas Hardy)와 헨리 제임즈(Henry James)가 창조한 여성인물인 테스(Tess)나 이자벨(Isabel)은 비극의 주체로까지 격상되지만 여성작가인 엘리엇이 창조한 헤티는 객체나 대상에 머무르고 만다. 테스에게 전폭적인 동정을 보내는 하디와는 대조적으로 엘리엇은 헤티에게 동정과 가혹한 비판이 뒤섞인 복잡한 감정을 보여준다. 테스나 이자벨의 심리적 갈등은 생생하게 형상화되기 때문에 비장미를 주는 반면, 헤티나 다이너는 한 인물로서의 형상화라는 측면에서도 실감나지 않는다. 다이너가 비현실적인 이물로 보이는 이유도 작가가 여성 문제를 직접적이고 분명하게 제기하기를 주저한 결과라고 할 수 있다. 다이너가 좀더 실감나는 인물로 보일 때는 사회 관습에 순응하여 애덤의 아내가 되어 있을 때라는 역설적인 사실도 이러한 맥락에서 이해될 수 있다.

이 사실은 유부남인 루이스와의 동거 생활도 불사할 만큼 기존의 여성관을 벗어난 삶을 살아간 엘리엇 자신의 전기적 배경을 상기시켜 볼 때 흥미롭다. 엘리엇이 자신의 삶에 버금가는 진보적인 삶을 소설 속의 여성 인물들에게 허용해줄 수 없었다는 것은 당대 중산계층 남성 독자들이 지닌 통념의 높은 벽을 의식하지 않을 수 없었기 때문이다.

여성작가로서 남성 독자층을 결코 무시할 수 없었던 시대적 배경을 고려해 본다면 여성문제에 대한 인식을 드러내되 그것을 보수적인 독자들이 수용해 줄만한 범위에서 절제하여 드러내야 했던 엘리엇의 어려움이 이해될 수 있다. 이 같은 어려움 속에서도 엘리엇이 전통적인 영국 농촌의 재현이라는 표층담론 아래에서 여성문제를 함축한 담론을 전개시키는 방법이나, 서술자라는 인물을 형상화하여 독자층의 거부감을 불식시키면서도 다른 한편 서술자로부터의 거리라는 틈새를 통해 자신의 여성문제 인식을 표현해낼 수 있었다는 사실은 엘리엇의 여성문제 인식의 깊이와 탁월한 예술적 형상화 능력을 잘 보여준다고 할 수 있겠다.

< 인용문헌 >

Allen, Walter. *George Eliot*. London: Weidenfeld & Nicolson, 1964.

Armstrong, Nancy, *Desire and Domestic Fiction: A Political History of the Novel*. New York: Oxford UP, 1987.

Ashton, Rosemary. *George Eliot*. Oxford: Oxford UP, 1983.

Auerbach, Nina. "The Rise of the Fallen Woman." *NCF* 35 (1980): 29-52.

DuPlessis, Rachel Blau. *Writing Beyond the Ending: Narrative Strategies of Twentieth-Century Women Writers*. Bloomington: Indiana UP, 1985.

Eliot, George. *Adam Bede*. New York: New American Library, 1961.

Gunn, Daniel P. "Dutch Painting and the Simple Truth in *Adam Bede*." *Studies in the Novel* 24 (1992): 366-80.

Haight, Gordon S. Ed. *Selections of George Eliot's Letters*. New Haven and London: Yale UP, 1985.

Haldane, Elizabeth S. *George Eliot and Her Times: A Victorian Study*. Folcroft Library Editions, 1974.

Hardy, Barbara. *The Novel of George Eliot*. London: Athlone, 1963.

Harris, Mason. "Infantitude and Respectability: Hetty Sorrel as Abandoned Child in *Adam Bede*." *English Studies in Canada* 9 (1983): 177-96.

Homans, Margaret. "Dinah's Blush, Maggie's Arm: Class, Gender, and Sexuality in George Eliot's Early Novels." *Victorian Studies* 36 (1993): 155-78.

Johnstone, Peggy Fitzhugh. "Self-Disorder and Aggression in *Adam Bede*: A Kohutian Analysis." *Mosaic* 22 (1989): 59-70.

Gregor, Ian and Brian Nicholas. *The Moral and the Story*. London: Faber and Faber, 1962.

Knoepflmacher, U. C. *George Eliot's Early Novels: The Limits of Realism*. Berkeley & Los Angeles: U of California P, 1968.

Lawless, Elaine J. "The Silencing of the Preacher Woman: the Muted Message of George Eliot's *Adam Bede.*" *Women's Studies* 18 (1990): 249-68.

Leavis, F. R. The *Great Tradition*. New York: Stewart, 1950.

Lefkovitz, Lori. "Delicate Beauty Goes Out: *Adam Bede's* Transgressive Heroines." *The Kenyon Review* 9 (1987): 84-96.

Manheimer, Joan. "The Problem of Parenting in the Victorian Novel." *Feminist Studies* 5 (1979): 530-46.

Martin, Bruce K. "Rescue and Marriage in *Adam Bede.*" *Studies in English Literature 1500-1900* 12 (1972): 745-63.

McLaughlin, M. W. "*Adam Bede*: History, Narrative, Culture." *Victorian Institute Journal* 22 (1994): 55-73.

Miller, Janet. *Women Writing about Men*. New York: Pantheon, 1986.

Pinion, F. B. A. *George Eliot Companion: Literary Achievement and Modern Significance*. London and Basingstoke: Macmillan, 1981.

Poovey, Mary. *Uneven Developments: The Ideological Work of Gender in Mid-Victorian England*. Chicago: U of Chicago P, 1988.

Roberts, Neil. *George Eliot: Her Beliefs and Her Art*. Pittsburgh: U of Pittsburgh P, 1975.

Thale, Jerome. *The Novels of George Eliot*. New York: Columbia UP, 1959.

5. 『테스』에 나타난 이원적 관점

1) 머리말

1970년대 들어 비평가들은 토마스 하디(Thomas Hardy)를 운명론자 내지는 결정론자로 간주해 오던 기존의 지배적인 비평 경향을 탈피하고 그를 진화론적 사회개량론자로 평가하기 시작한다. 그들은 하디의 소설 속에서 당대 사상가들, 특히 진화론자들의 영향을 찾아내면서 비극적 상황을 개선하려는 인간의 의지에 초점을 두어 그의 작품을 해석했다. 사회개량론에 이어 하디의 사회개선 의지에 주목한 평자들은 1977년 퍼난도(Fernando)가 하디 소설에서 신여성의 주제를 밝혀낸 이래 시작되어 1980년대에 활발하게 전개된 여성론 비평가들이다.[11] 여성과 사회라는 구체적인 관계를 중심으로 하디의 소설을 해석한 여성론 비평은 하디의 여성인물들이 사회적 관습을 벗어난 의식을 갖고 인습에 저항하는 양상과 그 결과를 살펴본다.

이러한 비평들은 하디 스스로 자기에게 부쳐지는 비관론자의 칭호를 거부하고 자신을 사회개량론자로 불러주기를 원했다는 사실에 힘입은 바 크다(Hardy "Apology" 52). 이 사실은 하디의 작품 속에 나타나 있는 비극적인 분위기를 작가의 사회인식과 연관시켜 살펴볼 수 있는 계기를 마련해준다.

그런데 하디를 사회개량론자로만 보고 그의 소설 속의 운명의 비극적인 힘을 배제해 버리는 논의는 그를 염세주의자로 보고 작품 속의 운명적 비관성에만 주의를 기울이는 결정론적 태도만큼이나 편협한 것이다. 하디의 소설은 거의 비극적이고 그의 주인공들은 운명의 희

---

11) Fernando 129-46 참조.

생자로 보이며 작가 또한 작품 내용의 비극적 요소를 다분히 운명과 연관시키고 있기 때문이다. 따라서 앞서의 두 비평 경향을 변증법적으로 통합하는 비평 관점이 필요해진다. 즉 비관론자로서의 하디의 성향과 사회개량론자로서의 그의 입장이 작품 속에서 어떻게 나타나 있고 어떠한 관계를 맺고 있을까라는 근본적인 문제에 대한 관심과 이해에의 시도가 그것이다.

이러한 관계에 대한 앞선 비평가들의 견해는 하디가 관념적으로는 인간이 운명을 타고 난다고 믿었으나 실제적으로는 인간 스스로가 자신이 처한 상황을 개혁 내지는 개선시킬 수 있다고 생각했다는 것이다(Collins 157). 또한 하디가 외면상으로만 사회개량주의를 표방할 뿐이고 사실은 비관적인 성향에 흠뻑 젖어 있었다는 설명도 있다(Millgate 410-11). 그런가 하면 하디 자신은 인간이 통제할 수 없는 운명에 대한 소설을 쓰려고 한 것이 아니었음에도 불구하고 결국에는 자유의지가 없는 인물들을 창출한 바 그러한 현상은 하디가 심리적으로 한 인간으로서의 자신과 소설가로서의 또 다른 자신 사이에서 갈등을 겪었던 결과라고 해석되기도 한다(Southerington 125).

그런데 이들 비평가들은 하디의 비관적인 성향과 사회개선의 의지가 작품 속에서 어떤 방식으로 표현되고 있고 그 두 가지 사실 사이의 역학관계는 무엇인지를 구체적이고 설득력 있게 분석하지는 못했다. 따라서 본 논문에서는 하디의 비관적 성향과 사회개량론자라는 입장 표명 사이의 이원성을 소설 『테스』(*Tess of the d'Urbervilles*)에서 여주인공 테스가 맞는 비극의 직접적인 원인과 그 배경을 규명해봄으로써 고찰해 보고자 한다.

2) 비관론적 운명론 검토

주인공 테스가 비극적 삶을 죽음으로 마감하는 이 소설에는 비관주의적 운명론자로서의 하디의 성향이 표현되었다고 할 수 있는 소지가 다분히 내포되어 있다. 세실(Cecil), 웹스터(Webster), 할러웨이(Holloway) 등의 비평가들은 테스가 운명을 좌우하는 잔인한 능력자의 손에 붙들린 하디의 인물들 중 하나라고 본다. 테스가 자신의 의지나 노력과는 무관하게 신의 변덕스러운 뜻에 따라 운명이 좌우되는 희랍 비극의 주인공들의 경우와 마찬가지로 자기의 운명을 스스로 개척할 수 없는 인물이라는 것이다. 실제로 "정의가 행해졌고 신들의 통치자가 테스를 희롱하는 것을 끝냈다"라는 이 소설의 마지막 구절이 이와 같이 해석할 수 있는 실마리를 제공하고 있기도 하다.

그렇지만 하디 소설의 비극은 희랍 비극과는 달리 운명론적 성격이 부족하다(Morrell 91, 140-41). 전통적인 비극 작품에서는 주인공들이 비극적인 결함(hamartia), 즉 지나친 오만과 자신(hubris) 때문에 비극을 맞이한다. 반면에 하디의 인물들은 신과 같은 능력과 지혜가 있다고 믿고 오만하게 행동한 것이 아니면서도 비극의 주인공이 된다. 그들은 자신들이 처해 있는 주변 상황에 적절하게 대처하지 않았기 때문에 비극을 맞게 되는 것이다(Morrell 167).

한편 하디가 지적한 바 있는 우주에 내재하여 인간의 의지와는 관계없이 맹목적으로 움직이는 변덕스러운 의지 즉 내재의지(Immanent Will)라는 개념 또한 인간의 고통과 불행이 인간 스스로에게 책임이 있다고 하기 보다는, 외적인 요인 즉 불가항력적인 어떤 우주의 작용에 의하여 인간의 의지와는 무관한 힘에 의해 운명이 좌우되고 있다는 결정론적인 해석을 낳을 충분한 소지를 안고 있다. 이에 많은 평자들은 하디가 자신의 소설을 "성격과 환경 소설"로 본 것에서 출발하여 인간이 태어날 때부터 주어진 "성격과 환경"에 의해서 불가피하게 결정되기 때문에 하디의 인물들에게는 선택의 폭이 거의 없다고 본다.

이 작품에서 환경적인 요인을 주목한 비평가들은 테스가 비극을 맞게 된 시발점이라고 할 수 있는 테스와 알렉(Alec) 사이의 관계에서 사회경제적 및 역사적 요인과 그 때문에 희생되는 개인 간의 관계라는 역학적 의미를 읽어낸다. 이러한 해석을 시도하는 사람들은 알렉의 집안이 과도기적 사회의 부산물로 간주될 수 있다는 사실에 유의한다. 그의 집안은 원래 상인 계층인데 돈으로 명문 가보를 사서 귀족 행세를 하고 있었기 때문이다. 알렉의 스톡(Stoke)가는 오랜 전통에 뿌리박고 있는 고색창연한 집일 것이라는 테스의 기대와 달리 "돈"의 냄새가 물씬 풍기는 신식 건물이다. 테스가 알렉의 집을 찾아가는 동기는 말 프린스의 죽음이 자기의 잘못 때문이라는 심한 자책감과 가족에 대한 책임감이지만 보다 근본적인 배경은 그녀가 경제적 궁핍에 처해 있었다는 환경적 요인이다. 그러한 테스의 사정을 알게 된 알렉이 자신이 지닌 물질의 힘을 미끼로 테스를 유혹한 것이다.

이러한 경제적 요인에 주의를 기울인 비평가들은 케틀(Kettle)과 브라운(Brown)이다. 케틀은 이 작품의 주제를 영국 농민층의 파괴라고 단정하고 테스가 알렉에게 희생당하는 것을 당대 영국 농민층의 역사적 운명의 반영으로 본다. 테스의 운명은 역사 속에서 일반화된 인간 상황에 대한 "도덕적 우화"라는 것이다(Kettle 49-62). 브라운은 테스의 곤경이 도시의 침략으로 위기에 처한 농촌의 메타포라고 지적한다.12) 그렇지만 테스와 알렉의 관계를 단순히 사회경제적 요인을 배경으로 한 유혹자와 희생자의 관계로 규정할 수만은 없다. 그녀를 단순히 알렉의 힘이나 간계, 또한 사회적 변혁과 그에 수반되는 압력과 위기에 휘말린 희생자로만 간주할 수는 없는 것이다.

테스를 그녀 자신의 성의 희생자로 간주하는 접근 또한 그녀의 개인적인 문제를 도외시하고 있다는 점에서 아쉬움을 남긴다. 스텁즈(Stubbs)에 따르면 테스는 여성을 도덕적으로 우월한 존재로 이상화 시켜 놓고 성적인 억압이나 이용에 무력한 존재로 만들어 버리는 당대 현실 하에서 순결의 이데올로기를 그대로 수용한 무력한 희생자이다(Stubbs 82-3). 부멜라(Boumelha)에 의하면 테스에게서 자연적으로 흘러나오는 성적인 매력 즉 전혀 의도하지 않았는데도 남성으로부터 에로틱한 반응을 유발시키는 면이 그녀의 비극적 운명을 초래하는 요인이다.[13]

그러나 실제로 하디의 작중 인물들은 자기들의 자유의지를 행사했다면 충분히 비극을 피할 수 있었는데 그렇지 못함으로써 비극을 맞았다. 그 비극의 책임이 바로 작중 인물 자신에게 있는 것이다. 예컨대 테스가 알렉에게 순결을 빼앗기는 비극적 시발점의 원인은 그녀 자신의 약점에 있음을 간과할 수 없다. 모렐(Morrell)은 테스가 결정적인 순간에 용기가 부족했으므로 비극을 맞는다고 본다. 테스는 자유의지로써 에인젤에게 자신의 과거를 고백하여 비극적인 결말을 피할 수 있는 기회가 많았음에도 불구하고 수동적으로 상황에 자신을 내맡긴 채 도덕적인 책임을 회피해 버렸다는 것이다(Morrell 91). 한 개인 테스의 분열된 심리가 작가의 관심사임을 지적한 그레거(Gregor)도 테스를 수동적인 희생자로 본다(Gregor 198).

사실 소설 『테스』의 초반부에는 테스가 단순히 외부적인 요인에

---

12) Brown 89-98 참조.
13) Boumelha 117-34 참조.

의한 희생자인지 아니면 그녀의 성격적 결함이 비극의 원인인가의 여부가 상당히 모호하다. 이는 테스의 비극을 불러온 순결성 상실이 애매모호하고 불분명한 그녀의 성격적 결함에 기인한바 크다는 사실에서 연유하는 것이기도 하지만 하디의 서술 방법의 모호성 때문이기도 하다.

하디는 처음 테스의 복합적인 감정을 부각시켜 그녀가 알렉의 폭력과 술수에 일방적으로 당한 것뿐이라는 식의 편리한 변명을 하지 않으려고 의도한 듯하다. 알렉을 대하는 그녀의 복잡한 심리상태란 그녀가 직관적 분별력을 갖게 될 때와 본능적 열정에 지배될 때와의 갈등상태로 요약될 수 있다. 테스는 알렉의 태도나 거동이 수상쩍었기 때문에 그와의 관계가 위험하리라는 것을 직감한다. 그렇지만 테스는 알렉을 경계하면서도 한편으로 그에게 이끌린 채 그가 하자는 대로 복종한다. 알렉에 의해 그녀의 성이 자극되었기 때문이다(Lawrence 483-84). 테스는 알렉을 거부하는 마음과 그에게 이끌리는 마음의 갈등상태에서 알렉을 대하는 것이다. 그 예로서는 처음 트랜트리지(Trantridge)가를 찾아갔을 때 알렉의 적극적인 공세에 대한 테스의 반응을 들 수 있다. 알렉이 그녀의 입에 딸기를 넣어줄 때 그녀는 "반은 즐겁고 반은 내키지 않는" 태도로 그 딸기를 먹는다. 알렉이 장미꽃을 그녀의 가슴에 꽂아주고 바구니에 담아줄 때에도 테스는 마치 꿈을 꾸고 있는 사람처럼 몽롱하고 막연한 상태에서 그가 하는 대로 내버려 둔다. 그렇지만 다른 한편으로는 직관적으로 알렉과의 관계에 내포된 위험성을 알아차린다. 장미 가시가 그녀의 턱을 찌를 때 테스는 그것이 "나쁜 징조(ill omen)"라고 생각하는 것이다. 알렉을 향한 "반은 즐겁고 반은 내키지 않는" 테스의 이율배반적인 심리상태는 그에게 휘파람을 배우는 장면이나 함께 마차를 타고 가는 장면에서도 잘 나타나 있다.

또한 숲에서 알렉이 길을 잘못 들었을 때의 테스의 꾸지람은 "낭패감과 교태(archness and real dismay)"가 뒤섞인 것으로 나타난다. 이 단계에서 보이는 알렉을 향한 테스의 심리상태에는 상반된 감정이 팽팽한 긴장을 이루고 있다. 이와 같은 테스의 심리적 긴장은 알렉에게 순결성을 상실하게 될 때 깨지고 만다. 테스가 알렉의 공세 앞에서 무방비 상태에 처하게 되자 그동안 팽팽한 균형을 유지하고 있던 그녀 내부의 모순된 감정들이 긴장을 잃고 무너져 내린다. 다시 말해서 알렉과의 관계에 내포된 위험성을 깨달을 수 있었던 테스의 직관력이 그 힘을 잃은 것이다.

그녀가 그러한 상태에 처하게 된 것은 알렉이 테스에게 그녀의 집에 말 한 필을 보낸 사실을 알릴 때이다. 알렉의 호의가 자신에 대한 성적 욕망 때문임을 알아차린 그녀는 그에 대해 "복종"의 눈물을 흘린다. 브레이디(Brady)가 지적하듯이 알렉은 바로 이 순간에 테스의 심리상태를 전환시키는데 성공한다. 그는 바로 앞 대목에서 그의 말을 올라탈 때 의기양양했던 테스의 상태를 이제 그에게 수동적으로 복종하는 상태로 바꿔버린 것이다(Brady 413-14). 이 눈물은 테스가 상대방의 주도적인 의지에 자신을 내맡길 때 흘리는 체념의 눈물이다. 테스는 알렉에게 정조를 잃게 된 바로 그 순간에도 눈물을 머금은 채 잠들어 있다. 그렇게 볼 때 "알렉이 테스를 정복할 수 있었던 것은 테스의 의식 속에 내재된 근본적인 갈등을 이용했기 때문이다"라는 그레거의 지적은 상당히 설득력 있다(Gregor 194).

테스의 상반된 심리상태의 팽팽한 균형이 깨질 때 그녀가 순결성을 잃게 되었음은 알렉을 떠날 때 그녀의 모습을 묘사하고 있는 장면에서도 확인된다. 체이스 숲에서 순결성을 잃고 수 주일이 지난 후 테스는 알렉의 집을 몰래 빠져 나와 집을 향해 걸어오는데, 뒤늦게 그 사실을 알고 추격해 온 알렉의 말에 타게 된다. 이 장면은 테스가 순결성을 상실하기 전 알렉의 말을 타고 있는 장면과 병치, 대조되어 순결성을 상실할 때 테스의 심리상태를 더욱 분명하고 효과적으로 부각시켜 주는 역할을 하고 있다. 순결성을 상실하기 전 테스는 말을 빨리 모는 등 그녀에게 간접적으로 주도적인 의지를 행사하며 키스를 강요하는 알렉의 공세에 강한 의지로 저항한다. 그 결과 알렉에게서 다시는 그녀를 놀래게 해주지 않겠다는 다짐을 받기도 한다. 반면 이 장면에서 테스는 알렉의 주도적인 의지력에 자신을 종속시켜 버렸음을 인정한 채 마치 꼭두각시처럼 그의 행위에 자신을 내맡긴다. 가령 그녀는 알렉의 키스에 마치 석고 조각처럼 무심코 응한다. 또한 아이러니하게도 기독교 교리를 상기하며 다른 쪽 뺨도 "똑같이 수동적인 자세"로 그에게 내민다. 키스를 받는 그녀의 뺨이 차가운 물기가 어린 버섯으로 비유되고 있듯 그녀의 상태는 생기와 활기를 잃은 채 마치 죽어있는 것과 흡사하다(Howe 118). 이렇듯 순결을 상실하기 전의 태도와 대조되는 이 장면에서의 수동적인 태도 속에 그녀가 알렉에게 순결을 잃을 때의 심리상태가 함축되어 있다고 볼 수 있다.

  그런데 테스의 복합적이고 불분명한 태도를 비극의 원인으로 보여주려던 작가는 순결성 상실이라는 결정적인 순간의 묘사에서 애매모호하게 서술함으로써 테스가 맞게 된 비극의 원인을 불명확하게 처리하고 만다. 예컨대 제 11장 체이스(Chase) 숲 장면에서 안개 낀 밤의 정황은 극히 애매하게 전달된다. 테스가 알렉에게 처녀성을 잃는 장면묘사에서는 테스와 알렉의 관계에 대한 구체적인 언급이 없이 그녀가 알렉에게 강간당한 것인지 아니면 유혹된 것인지의 여부가 불분명하게 처리되어 있기 때문에 테스의 입장을 명확하게 밝히는 일이 어려워진다. 그 결과 테스는 단순한 희생자이자 자기 운명에 책임이 있기도 한 애매모호한 위치에 있게 된다(Brady 129-30). 이 장면에서는 알렉이 길을 찾기 위해 테스를 남겨두고 떠났다가 돌아와 잠들어 있는 테스의 뺨에 자기 뺨을 댄다는 정황만이 묘사되어 있다. 이와 함께 주변의 자연환경 즉 새, 나무, 토끼가 그들에게 완전히 무관심했다는 상황만이 전달되고 있을 따름이다. 그 뒤를 잇는 장면 설명도 어떤 확고한 판단기준이나 정보를 전달하기보다는 여러 각도로 이 장면을 해석해 보려는 시도에 불과하다. 테스가 처한 상황을 여러모로 분석하면서 서술자는 일관성 있게 자신의 입장을 견지하고 있지 않다. 오히려 그는 비록 그것들이 서로 모순된다 할지라도 테스가 처한 상황을 다양한 관점에서 조망하고자 한 것이다. 서술자는 테스가 순결을 잃는 장면을 해석해 보기 위해 크게 세 가지 각도로 접근한다. 첫 단계로 서술자는 테스의 수호신과 섭리가 어디에 있었느냐는 의문을 제기한다. 두 번째 단계는 섬세하고 아름다운 여자가 거친 자에 의해 짓밟히고 또한 착한 여자가 못된 남자에 의해 정복당하는 운명에 대한 강한 의문제기다. 세 번째 단계로 서술자는 테스의 처녀성 상실을 인과응보로서 설명해 보고자 한다. 그녀는 선조들이 저지른 죄의 대가를 치루고 있다고 볼 수 있겠다는 것이다.

일견 이 부분에서 서술자의 목소리는 테스의 운명을 좌우하는 신의 무관심을 지적하는 듯하다. 그렇지만 서술자가 테스를 맹목적인 운명의 희생자로 파악하고 있다고는 보기 힘들다. 그 이유로는 첫째 이 부분이 서술자의 다각적인 시도의 한 단계에 지나지 않음을 들 수 있다. 두 번째 이유는 이 대목에 신의 존재, 즉 테스의 운명을 결정하는 존재가 아예 없다는 뜻이 함축되어 있다는 사실이다. 라잇(Wright)이 예리하게 지적하듯이 이 대목에 어떤 사악한 존재가 실제 존재하면서도 테스에게 무관심하다는 의미가 내포되어 있다고 보기는 어렵다. 오히려 이 장면에는 아무런 존재가 아니 아무런 신의 섭리가 없다는 아이러니가 포함되어 있다고 할 수 있다(Wright 25). 또한 앤더슨(Anderson)은 더 나아가 이 장면에서 자연이나 주변 세계의 침묵이 강조된 것은 테스 스스로 자신이 처한 상황을 파악해서 자유롭게 선택하여 행동하고 그에 따른 책임을 져야 한다는 의미를 함축한다고 지적한다.

요컨대 테스가 처녀성을 잃는 장면이 불분명하게 처리된 이유는 물론 거기에 테스의 복잡한 심리문제가 개재되어 있었기 때문이기도 하지만, 작가가 테스를 비극적 운명의 희생자로 보는 관점과 테스 자신의 개인적인 약점 즉 그녀가 수동적 복종 상태와 분별 있는 판단력 사이의 갈등에서 균형을 잃었기 때문에 비극을 맞았다는 관점, 이 두 개의 관점 사이에서 어디에 더 중점을 두어야 할지 망설였기 때문인 것으로 보인다. 분명히 테스에게는 수동적이고 불분명한 면이 있다. 그러나 그녀의 비극은 오로지 성격적 결함에서 비롯된 것이 아니라 맹목적인 운명의 장난에 의한 희생의 측면도 있음이 작가의 애매한 서술 방법에 의해 시사되고 있는 것이다.

하디가 운명론적 입장에서 테스의 비극을 그리고 있다는 해석을 가능하게 하는 또 하나의 대목은 에인젤(Angel)이 그녀를 거부할 때 테스가 보여주는 반응을 묘사하는 부분이다. 별거를 단행하는 에인젤에게 적극적으로 매달리지 않고 그를 떠나보내는 테스의 태도를 설명하는 서술자의 관점에서 그렇게 해석될 수 있는 실마리가 주어진다. 테스의 태도를 서술자는 두 가지 관점에서 해석하고 있다. 첫 번째로 서술자는 테스가 기절한다거나 히스테리 하게 울었더라면 아무리 까다로운 에인젤이라도 차마 그녀를 버리지 못했을 것이라면서 아쉬워

한다. 두 번째로 시도하는 해석에서 서술자는 테스의 복종을 그녀 자신의 개인적 성향과 연결시켜 본다. 거기에는 자존심뿐만 아니라 더버빌가의 유전적 특징인 운명에 순응해 버리는 무모한 성향이 개재되어 있다는 것이다. 그렇지만 이러한 서술자의 해석은 운명론에 입각하고 있기보다는 제 11장 체이스 숲에서의 그것과 마찬가지로 여러 가능성들을 제시해 본 것에 불과하다. 그것을 확실한 원인 규명이라고는 할 수 없다. 테스의 수동성에 대해서도 다른 각도에서 설명해 볼 수 있다. 그 대표적인 평자가 로렌스(Lawrence)인데 그는 서술자의 두 번째 해석을 중요하게 받아들여 테스가 에인젤을 굳이 붙잡지 않은 것은 그녀의 "귀족"다운 품성 때문이었다고 지적한다. 테스는 스스로를 받아들이기 때문에 일견 수동적으로 보이는 태도를 견지하고 있다는 것이다(Lawrence 483).

에인젤에게 버림받은 테스가 알렉에게 되돌아간 것도 사회적 인습의 압력에 순종해 버리겠다는 자포자기의 심정에서였다고 할 수 있기 때문에 비관론적 운명론으로써 해석될 가능성이 있음을 부정할 수 없다. 테스가 알렉에게 되돌아갈 때의 모습을 중점적으로 주목한 밀러(Miller)는 테스가 "일생 내내 자기 행위의 의미를 알지 못한 채 잠결에 걷는 사람처럼 방황했다"고 해석한다(Miller 141). 이러한 밀러의 견해는 알렉과 재결합하고 그를 살해하는 바로 이 시점에 있어서의 테스의 심리묘사로는 적합하다. 그러나 모든 사건에 테스의 이러한 심리가 나타난다는 그의 견해는 수긍하기 어렵다. 콜린즈(Collins)는 밀러의 견해를 비판하면서 테스가 항상 자신이 처한 상황을 민감하게 의식하고 있었다고 주장한다. 그럼에도 불구하고 테스는 육체와 영혼간의 갈등을 겪고 있었고 이 갈등으로 인해 자기 자신으로부터 소외되었다는 것이다. 콜린즈가 지적한 것처럼 테스가 시종일관 비관적인 체념상태에 빠져 있었던 것은 아니지만 이 대목은 그렇게 분석될 수 있는 여지를 남기고 있다고 할 수 있다. 그렇지만 테스의 이러한 비관적인 상태에서는 하디의 비관주의적 운명론을 읽어낼 것이 아니라 테스를 그러한 상태에 빠지게 한 배경 및 동기에 더 중점을 두고 있는 하디의 의도에 주목해야 할 것이다.

테스가 알렉에게 되돌아간 배경에 그녀가 맞닥뜨리게 된 사회경제적 압력도 중요한 역할을 한다는 점에서, 이 부분에서 하디가 환경의 희생자라는 비관적인 입장에서 테스의 비극을 보고 있지 않나 하는 의문도 충분히 제기될 수 있다. 테스가 알렉을 다시 만나게 된 배경은 플린트콤 애쉬(Flintcomb-Ash)[14]인데 이 장면의 중요성은 그곳에서 테스에 대한 알렉의 지배력과 그녀에 대한 탈곡기계의 지배력이 병치되어 묘사됨으로써 사회경제적 압력이 계속적으로 그 힘을 가중시켜 그녀에게 가해지고 있음을 보여준다는 데 있다. 그레거가 지적하듯이 플린트콤 애쉬 장면에서는 두 개의 주제가 융합되어 서로를 강화시켜 주고 있다. 이 두 개의 주제란 알렉의 테스에 대한 위협과 테스가 속한 시골 공동체 사회에 대한 기계의 위협이다.[15]

탈곡기계는 "여성들이 섬기게 된 붉은 독재자"로 또한 여성들의 인내심을 "전제적으로 요구"하는 가혹한 존재로 묘사된다. 그것은 일꾼

---

[14] 이곳은 당시 부재지주의 촌락으로써 그곳에서의 비인간적인 노동현장을 전형적으로 보여주는 곳이다. 그 곳은 당시의 세 가지 촌락, 즉 현지에 정착한 지주가 다스리는 소작인들의 촌락, 땅을 소작에 부치고 무관심한 부재지주의 촌락, 그리고 자유보유권자의 촌락이라는 세 가지 등급의 촌락 가운데 부재지주의 촌락에 속한다. 여기에서 여성은 저렴한 임금으로 순무 캐는 일이나 이삭 베는 일에 고용되었다. 테스가 이곳에서 비인간적인 격심한 노동에 시달린다는 사실은 당대 여성이 겪는 노동 현실을 반영한다. 다시 말해서 하디가 「도셋의 노동자」(The Dorsetshire Labourer)에서 상세히 기술하고 있듯이 플린트콤 애쉬에서 일꾼들이 겪는 비인간적인 노동은 당대 전형적인 노동현실에 기반하고 있다.
[15] Ian Gregor, "The Novel as Moral Protest: *Tess of the d'Urbervilles*," *Tess of the d'Urbervilles*, Ed. S. Elledge (New York: Norton, 1965), 460에서 재인용.

들을 인간으로서가 아니라 기계의 부속물 정도로 취급하고 있는 듯하다. 그것을 다루는 낯선 기술자들도 농촌 사회에 속해 있는 것이 아니라 외부에서 잠시 이곳에 들려 머물고 있는 이방인으로 묘사되고 있다. 그와 탈곡기계는 이곳 일꾼들을 주체적인 인간으로서 대하는 것이 아니라 집단으로서 추상화시켜 버린다.

　탈곡기계의 지배력은 알렉의 그것과 병치되어 더욱 강한 힘으로 테스를 억압하게 된다. 그것의 지배력 아래 놓이게 된 테스 앞에 알렉이 등장하여 지배적인 의지를 행사하기 시작한 것이다. 탈곡기계와 알렉의 지배를 받는 가운데 테스는 정신적으로 마비되어 버린다. 이러한 사실은 알렉이 주도적 의지를 행사하고 떠난 후 테스가 탈곡기계에 밀단을 채워 넣는 장면에서 더욱 명료해진다. 테스는 마치 꿈꾸고 있는 사람처럼 멍한 상태에서 기계적인 반복 작용으로 밀단을 채워 넣는다. 탈곡기계의 압력과 맞물린 알렉의 지배력이 이와 같은 테스의 마비상태를 초래한 것이다.

　그렇지만 테스가 에인젤에게 버림받은 후 알렉에게 되돌아가는 과정의 묘사에서는 하디가 운명론적 입장에서 테스의 비극을 일반론적으로 형상화하고 있다고 볼 수는 없다. 그 보다는 하디가 테스의 이러한 운명론적 체념 상태를 에인젤과의 역학관계 속에서의 그녀의 심리적 변모 양상 중의 한 단계로서 보여주고 있다고 이해해야 할 것이다. 따라서 이 장면에서는 하디의 운명론적인 비관론을 읽어낼 것이 아니라, 테스가 이 단계에서 순간적으로 운명론에 빠져 버리게 되었다는 전제하에 그 원인을 주목함이 보다 온당할 것이다.

3) 하디의 사회개선 의지

비록 하디는 비관론적 운명론으로 해석될 소지가 있는 모호한 서술 방식을 구사하고 있기는 하지만 사회개량론적 입장을 나타내고자 의도했다. 이는 그가 테스의 비극을 사회 인습상의 문제점이라는 관점에서 조명해 보고자 했다는 사실에서 분명해진다. 알렉에게 정조를 잃은 후 교회에서 수근덕거리는 소리를 듣고 괴로움을 느끼던 테스는 어느 날 저녁 숲속을 거닐게 되는데 인간사회에서 동떨어진 자연 속에서 정신적 자유를 맛본다. 그녀가 순간적으로나마 자유를 누릴 수 있는 이유는 인간 세계를 멀리함으로써 사회가 부과하는 관습의 억압을 벗어날 수 있었기 때문이다. 그러나 그때에도 테스는 자신이 내적으로 수용하고 있는 사회적 인습의 압력을 피할 수 없다. 그녀의 내면에 새겨진 관습의 정체와 그것이 그녀에게 가하는 압력의 양상은 다음과 같이 제시되고 있다.

> 한적한 언덕과 골짜기를 고요히 거니는 테스의 걸음은 그 자체가 주위 숲의 한 부분이었다. 고요히 움직이는 그 자태는 이곳 풍경에서 뗄 수 없는 중요한 부분을 이루고 있었다. 때로는 주위 자연의 진행 자체가 지신의 기구한 이야기의 일부라는 부질없는 공상을 하기도 했다. 아니 그녀에겐 일부가 되어버리고 말았다. 왜냐면 세상은 심리적 현상에 불과하고, 자신의 마음이 생각하는 대로이기 때문이다. … 비가 내리는 날은 테스가 '하느님'이라고도 할 수 없고 또 아니라고도 할 수 없는 어떤 막연한 윤리적 존재가 그녀의 연약함에 대한 치유할 수 없는 슬픔을 느끼게 했다.
> 그러나 인습의 조각을 발판으로 테스가 멋대로 만들어놓은 이런 환경은 그녀에게 반감을 품은 온갖 환영과 음향으로 테스를 아프게 했다. 테스가 공상으로 빚은 창조물은 공연히 겁을 주는 도덕이라는 도깨비의 무리들이었다. 현실과 조화되지 않는 것은 테스가 아니라 바로 이

것들이었다. … 테스는 자신이 순결한 세계를 침범한 죄지은 자라고 생각했다.

이처럼 테스는 구별이 없는 곳에 구별을 지음으로써 자기는 그 아름다운 자연과는 어울릴 수 없는 이물질이라고 생각했지만 사실은 자연과 아주 잘 조화를 이루고 있었다. 테스는 기성 사회의 법을 어겼지만, 자신이 변종이라고 여기고 있는 지금 이곳의 자연 환경의 법을 위반한 것은 아니었다.16)

이것은 사회적 관습의 작용을 받고 있는 테스의 심리적 갈등과 의식에 대한 그림이다. 서술자는 그것을 하나의 틀로 만들어 비평을 곁들이면서 설명해 주고 있다. 여기에서 세계는 인간의 의식에 따라 달라지는 "심리적 현상"으로 전제된다. 인간의 의식이 세상을 실제 존재하지도 않는 어떤 것으로 변모시킬 수 있다는 것이다. 그렇듯이 테스로 하여금 "쓰라린 비난"이나 "그녀의 연약함에 대한 치유할 수 없는 슬픔"을 느끼게 만드는 것은 "막연한 윤리적 존재"로서의 그녀의 마음임을 서술자는 지적한다. "막연한 윤리적 존재"란 테스가 타고난 본모습이 아니라 그녀가 내적으로 관습을 인정하고 있기 때문에 자기 마음 속에 자리 잡게 된 "도덕적 도깨비(moral hobgoblin)"라는 것이다. 그녀가 아닌 이것들이 바깥세상과 균형을 이루고 있지 못하다는 대목에서 "그녀(she)"와, "이것들(they)" 다시 말하면 관습이나 사회적 윤리 때문에 그녀 마음에 출몰하게 된 유령들은 동일하지 않음이 분명해진다. 그리고 그녀로 하여금 이토록 죄책감에 시달리도록 만드는 것은 사회에서 부과한 인위적인 법일 뿐 자연의 관점에서 보면 결코 그녀가 자연 속에서 변종으로 느낄 필요가 없다는 것이다. 테스의 의

---

16) Thomas Hardy, *Tess of the d'Urbervilles* (1981; rpt. New York: Penguin, 1978), 134-35. 이하 본문 인용은 이 책에 따르며 괄호 안에 면수만 표기한다.

식을 짓누르는 "도덕적 도깨비"가 기독교 사회의 인습일 것이라는 사실은 제 13장에서 교회에 모인 회중들이 경건함을 가장하는 장면과 테스 자신의 죄책감에 대한 묘사 장면의 대조를 통해 명확해진다. 이상에서 알 수 있듯이 알렉과의 관계 이후는 내면화된 사회적 관습의 압력이 테스에게 매우 큰 영향을 미치는 것으로 부각된다.

여기에서 더 나아가 하디는 인습의 압력이 자연의 관점에서 볼 때는 부당하다는 점을 강조하여 인습을 부과하는 사회에 대한 비판적인 입장을 분명히 드러낸다. 가령 테스가 생동감이 넘치는 자연에 상응하여 본능적인 생명력을 느끼고 정신적 자유를 맛보면서 죄의식의 정체를 다시 한 번 돌아보는 장면에서, 작가 내지는 서술자는 테스의 지나친 자책감이 그녀의 의식이 만들어 낸 "하나의 환영(141)"에 불과한 것임을 밝힌다. 여기에서 그녀로 하여금 죄책감을 느끼게 만드는 의식은 사회적 관습의 압력에 기초를 두고 있다고 할 수 있다. 왜냐하면 테스는 주변 사회가 자신이 처한 상황을 비난한다고 스스로 생각해왔기 때문이다. 그런데 이 장면은 자연의 영향으로 인해 테스의 삶에 대한 의지가 되살아나게 되었다는 대목에 이어지고 있다. 이는 인위적인 관습의 압력이 자연의 관점에서 볼 때는 전혀 새로운 각도에서 조망될 수 있다는 의미를 함축한다.

사회적 관습에 대한 하디의 비판적 시각과 더불어 테스가 맞는 비극적 결말의 원인이 알렉에 의한 순결성 상실이 아니라는 사실도 작가가 테스의 비극을 비관론적 운명론이나 성격상의 결함만으로 파악하지 않고 있음을 알 수 있게 해준다. 알렉에게 순결을 잃었다는 사실 그 자체가 테스에게 비극적 결말을 가져다 준 결정적인 요인이라고 할 수 없는 이유는 정조를 잃은 후에도 그녀의 삶에 대한 불굴의 의지와 적응력이 결코 꺾이지 않기 때문이다. 태양이 따사로운 8월 추수기가 되자 테스는 "새롭고 즐거운 독립의 느낌"을 맛보고자 들판에 나가 일한다. 그녀는 "과거는 과거다"라는 단호한 결단력으로 새로운 삶을 설계하는 적극적인 의지를 보이는 것이다.

알렉에 의한 처녀성 상실은 어떤 면에서는 테스에게 인간적 성숙을 가져다주는 계기가 되었다고도 말할 수 있다. 알렉과의 체험은 "교양과정(liberal education)"이었을 따름이고 결코 테스의 영혼을 꺾지는 못했다(150). 여기에서 "교양과정"은 진보적이라는 뜻을 아울러 함축하고 있는 단어 "liberal"이 시사해주듯 보수적인 것과 대조를 이룬다. 그런데 보수적인 태도란 사회적 관습에의 순응이나 안주와 통한다고 할 수 있다. 따라서 "진보적 교육"이라는 의미를 함축하고 있는 "교양과정"은 사회적 관습에서 벗어날 수 있음을 의미한다. 이는 테스가 알렉과의 경험을 계기로 사회적 인습을 객관적으로 바라볼 수 있게 되었음을 뜻한다. 그리고 테스의 영혼이 꺾이지 않았다는 것은 육신은 비록 인습의 압박에서 자유롭지 못한 상태에 처해 있을지언정 영혼만은 그것이 잘못된 것임을 직관할 수 있다는 의미를 함축하고 있다.

알렉과의 경험을 통해 사회적 관습을 새로운 관점에서 바라볼 수 있게까지 된 테스를 비극으로 몰아넣은 직접적이고 결정적인 요인은 바로 에인젤과의 관계와 경험 그리고 그 경험의 영향이라고 할 수 있다. 하디가 에인젤이라는 인물을 창조하여 그에게 테스의 비극에 더 큰 책임을 부과하는 것은 비관론적 운명론을 나타내기보다는 당대사회의 순결관념이라는 관습 문제에 초점을 맞추기 위해서다. 하디는 궁극적으로 사회개량론적 입장을 표명하기 위해 테스의 비극이 에인젤의 문제점에 기인한다는 사실에 주안점을 두는 것이다. 에인젤은 기독교를 비판하는 등 사회적 관습과 가치체계에 구애받지 않으려 노력하므로 외면상 진보적인 인물로 보인다. 에인젤의 진보성의 예로는 그의 형들에 대한 그의 입장을 들 수 있다. 그는 대학에서의 체계적인 신학 공부 덕에 탄탄한 이론으로 무장하고 있고 외면상으로는 흠잡을 데 없는 도덕적 본보기인 형들이 사실은 원리만을 중시할 뿐 선행에 무관심한 것을 보고 그들이 만족한 교리주의자에 불과하다고 생각하는 것이다. 그렇지만 그는 내적으로는 순결관념을 비롯한 사회적 인습을 전적으로 수긍하는 한계성을 지니고 있다. 그는 관념적으로만 반관습적 견해를 견지할 수 있을 뿐이다. 그는 인습을 넘어서려고 애쓰지만 그것에서 결코 자유로울 수 없는 한계성을 지니고 있는 것이다.

에인젤의 한계성은 테스의 고백을 계기로 표출된다. 테스가 이미 순결을 잃었다고 고백할 때 그의 진보적 사고는 마비된다. 에인젤이 테스를 거부하는데 직접적인 영향을 끼친 것은 바로 그의 마음 속에 깊게 내면화된 기독교적 순결관념이었다. 기독교 사회에서 여성은 정서적이고 도덕적인 면에서 남성을 지도하는 등 기독교 윤리를 적극적으로 실천하는 존재로서 받아들여졌는데 이중 가장 강조되는 것이 여성의 순결이었다. 남성이 명실상부한 상속자를 얻기 위해서는 아내의 정조가 필수적인 것으로 생각되었기 때문이다. 여성에 대한 순결관은 육체를 거부하고 영혼을 숭상하는 기독교 사회체계 내에서의 여성관과 밀접한 연관성을 맺고 있다. 당대 기독교 사회의 관습 하에서는 여성의 육체적 속성, 즉 여성의 성적 본능이 도외시되며 여성에게 있어서 성은 고통일 따름이지만 단지 모성 본능과 희생 정신 때문에 가능한 것으로 생각된 것이다. 이는 여성을 이상화하도록 유도하는 요인이 된다고 할 수 있다. 여성을 도덕적으로 순결하고 너그러우며 자신을 기꺼이 희생하는 존재로 격상시키는 것이다. 따라서 여성을 하나의 구체적인 실체로 보지 않고 관념 내지는 이상형으로 본다. 이러한 기독교의 성 이데올로기에 따라 에인젤은 테스를 "순수한 자연의 딸"이라는 관념 내지는 육체가 없는 정신의 구현이자 순결의 상징으로 파악한다. 테스와의 연애 시절 새벽녘에 서 있는 테스를 에인젤이 하나의 구체적인 여성으로 보지 못하고 아르테미스, 디미터 등 여신의 이름으로 부르는 데서 알 수 있듯이 그는 관념으로 만들어 놓은 이상형의 틀에 테스를 짜맞추어 놓고 그 허구의 이상상과 사랑에 빠져 있었던 것이다. 이러한 이상화에 대한 반작용으로 에인젤은 처녀성을 잃은 테스를 결코 아내로서 받아들일 수 없었던 것이다. 고백 후의 테스는 그의 마음 속에서 "순수한 자연의 딸"의 위치에서부터 속임수를 쓰고 있는 괴상한 자연으로 격하되었기 때문이다. 그렇지만 그녀는 내내 그녀 자신이었지 에인젤에게 속임수를 쓴 것은 아니었다. 테스가 분명하게 표현하고 있듯이 그가 화내고 있는 것은 그녀 자신에게가 아니라 "에인젤의 마음 속에 있는 그 무엇"에 대해서였던 것이다. 테스의 고백을 듣고 격분한 에인젤이 그녀에게 토로하고 있듯이 그가 사랑한 것은 "당신의 형상을 하고 있는 또 하나의 다른 여성(another woman in your shape 299)"이었다. 이 사실은 에인젤이 여성을 추상화하고 관념화하는 기독교 특히 청교도의 영향 하에 형성된 여성관을 그대로 내면화하고 있음을 보여준다.

에인젤의 타고난 본성이 그가 내적으로 인정하고 있는 편협한 사회적 관습에 의해 얼마나 왜곡되고 억압받고 있는지는 그가 기독교적 인습의 지배를 받는 의식과 무의식적인 본능적 감정 사이에서 심리적 갈등을 겪고 있다는 사실에서 잘 나타난다. 이는 그의 심리가 강하게 투사되어 있는 부분, 즉 그가 '몽유병 상태에서 걷는 장면'(sleepingwalking scene)에서 찾아볼 수 있다. 테스의 고백을 들은 후 어느 날 밤 에인젤은 마치 수의를 덮듯이 그녀를 침대보에 싸서 석관에 매장한다. 그러면서 그는 "나의 아내는 죽었어, 죽었어!"라고 중얼거린다. 이는 에인젤이 이상적인 여인상으로 꿈꾸어온 순결한 신부 테스의 이미지를 묻어 버린 것을 의미한다. 이와 함께 이 장면에서는 에인젤의 테스에 대한 솔직한 감정이 나타나 있다. 잠자는 상태, 즉 이성의 지배를 받지 않은 상태에서 그의 감정은 솔직해진다. 에인젤은 잠 속에서 "나의 가여운, 가여운 테스 - 내가 가장 사랑하는 테스! 그렇게도 착하고 그렇게도 진실된!(318)"이라고 숨김없이 자신의 감정을 토로한다. 이는 그가 이성적으로는 부인하지만 본능적으로는 테스를 여전히 사랑하고 있음을 나타낸다. 이러한 에인젤의 한계성은 끝내 매정하게 테스에 대한 애정을 억눌러 버린다는 점에서 그 심각성이 있다. 그의 내부에 숨겨져 있는 완고한 관습의 힘으로 그는 육체적 본능과 감정을 냉정하게 부인하고 테스와의 결별을 선언한 것이다.

에인젤의 거부는 테스에게 크나큰 영향을 준다. 그녀는 에인젤의 관습에 따른 결정에 수동적으로 복종한다. 에인젤과의 관계에서 테스는 자신의 영혼이 내린 판단에 의존할 수 없게 된 것이다. 바로 이 사실 때문에 에인젤이 테스의 비극을 초래하는데 결정적인 영향을 미쳤다고 할 수 있다. 하우(Howe)가 지적하듯이 알렉이 테스를 육체적으로 공략했다면 에인젤은 그녀의 영혼을 침해한 것이다(Howe 122). 테스는 알렉에게 처녀성을 잃었음에도 불구하고 영혼만은 꺾이지 않았지만 에인젤의 거부 후 그녀의 정신은 에인젤에게 종속되어 있다. 이것은 나중에 알렉도 지적하고 있는 바이다.

에인젤이 테스에게 그토록 커다란 영향을 끼친 이유는 관습에서 결코 자유롭지 못한 것으로 판명이 난 그의 모습이 그녀로 하여금 결코 넘을 수 없는 사회적 인습의 높은 벽을 느끼게 했기 때문이다. 이러한 테스의 상태는 에인젤을 만나기 전의 그것과 대조된다. 에인젤을 만날 무렵의 테스는 한편으로 사회적 관습을 완전히 뛰어 넘어 설 수 없으면서도 다른 한편으로는 꺾이지 않는 영혼의 힘으로 그것이 결코 정당한 것이 아님을 깨닫고 있다. 예컨대 테스는 탤보세이즈(Talbothays) 낙농장 사람들 앞에서 유령에 대해 아는 바는 없지만 우리가 살아있을 때에도 영혼이 육체 바깥으로 나갈 수 있음을 알 수 있다고 말한다. 밤에 풀 위에 누워 빛나는 별에 마음을 집중시키면 영혼은 육체로부터 수백만 마일 벗어나 있음을 느낄 수 있다고 테스는 이야기한다. 그런데 그녀가 육체와 영혼이 분리될 수 있다고 느낀 배경이 알렉과의 쓰라린 경험임을 전제할 때 사회적 관습에 속박되어 있는 것은 육체이고 이것의 영향을 벗어날 수 있는 것은 영혼이라고 생각해 볼 수 있다. 따라서 이 장면은 알렉과의 경험 이후 한편으로는 그녀 내면에 자리 잡고 있는 사회적 관습의 압력 때문에 죄책감에 시달리기도 하지만 또 다른 한편으로는 꺾이지 않는 영혼의 힘으로써 인습의 압력을 떨쳐버릴 수 있는 테스의 심리 상태를 암시한다고 볼 수 있다.

이러한 심리 상태에서 그녀는 기독교 교리에 회의를 품고 목사가 되기를 거부한 에인젤에게서 많은 것을 기대한다. 에인젤이야말로 사회적 관습의 압력에 대한 그녀의 비판적 관점이 옳은 것임을 확신시켜 줄 수 있는 인물일 거라고 예상한 것이다. 다시 말해서 테스는 에인젤이 육신을 속박하는 인습을 초월할 수 있는 영적인 존재이기를 바랬다. 따라서 그녀의 에인젤에 대한 사랑은 지상적이기보다는 천상적이고 영적인 것이다. 그렇기에 테스는 그의 사랑 또한 육체적 순결에 연연하지 않는 영적인 사랑이 될 것임을 기대한다. 이와 같이 에인젤에 대한 큰 기대 때문에 테스는 그를 사랑함으로써 지난 과거의 슬픔과 우울함 그리고 수치심 등을 잊을 수 있다. 그녀는 과거의 쓰라린 망령들이 마치 늑대처럼 도사리고 있는 것을 알지만 그것들을 묶어 둘 수 있는 마력, 즉 적극적으로 살아가려는 의욕을 느낄 수 있었다.

그러나 자신의 고백에 대한 격렬한 거부반응, 몽유병에 걸려 걷는 장면, 그리고 그녀와 결별을 단행하는 모습 등에서 에인젤의 한계성을 분명히 보게 되는 테스는 이와 함께 자신과 에인젤의 공통점을 발견한다. 그 또한 그녀 자신과 마찬가지로 내면에 각인된 사회적 관습과 그것의 영향에서 벗어날 수 있는 직관 사이에서 갈등하고 있음을 알게 된 것이다. 그런데 자신과 비슷한 난관에서 에인젤이 굴복해 버린다는 사실은 그 난관을 딛고 일어서려는 테스 자신에게 결정타를 가하게 된다. 테스에게 있어서 에인젤과의 만남은 결과적으로 그녀의 의식을 짓눌러온 사회적 관습을 직접 대면한 것과 같았다.

에인젤의 거부를 계기로 인습에 굴복해 버린 테스의 상태를 잘 보여주는 것은 에인젤과 헤어진 지 8개월 후의 그녀의 모습이다. 영혼이 꺾인 지금 그녀는 정신적으로 완전히 침체 상태에 빠져 있다. 과거의 고통을 이겨내기보다는 자신의 정체성을 망각해 버림으로써 그녀는 과거로부터 자신을 분리시킨다. 이제 그녀에게서는 예전의 모습을 찾아보기 어렵다. 이전의 그녀는 자신의 내면에 자리 잡고 있으면서 죄책감을 느끼게 만드는 사회적 관습의 압력에도 불구하고 새로운 삶에 대한 욕구로 가득 찰 수 있었다. 한편 지금의 그녀는 죄책감과 자기 학대 그리고 자기부정에 휩싸여 있다. 그녀가 이와 같이 극도의 죄의식에 사로잡혀 고통을 받는 것은 "자연에 기반을 두지 않은 임의적인 사회의 법"에 굴복해 버린 결과다.

테스가 에인젤의 거부 후 얼마나 인습에 억눌려 있는지를 반증해 주는 것은 에인젤에게 가죽 장갑을 내던져 그의 입에서 피가 나게 한 그녀의 행위다. 이 장면에서는 그녀가 순간적으로 인습에 격렬하게 반항하는 모습이 잘 나타나 있다. 사회적 관습이 온당하지 못함을 깨닫고 있었던 테스의 직관은 에인젤이 그녀를 아내로서 수용해 주기를 거부한 이후 억압당해 왔었다. 그런데 설교가로 변신한 모습으로 테스 앞에 우연히 재등장한 알렉은 테스에게 자신을 유혹하지 않겠다는 맹세를 강요하는 등 예전과 마찬가지로 그녀에게 이기적으로 지배력을 행사한다. 자신이 그녀의 진정한 남편임을 주장하기 위해 에인젤을 비난하기조차 한다. 테스의 직관은 에인젤의 문제점을 꼬집는 알렉의 언급에 촉발되어 격렬한 반작용을 일으키며 표출된다. 그때 그녀의 머리 속에는 너무도 가혹하게 고통을 주는 관습이 부당하지 않느냐는 생각이 불현듯 떠오른 것이다. 그 결과 테스는 인습에 반항하는 심리에서 알렉에게 가죽 장갑을 내던져 버린다.

그런데 그와 같이 격렬한 행위 자체보다 더 주목할 것은 그 뒤 테스가 보인 태도다. 그녀는 알렉 앞에 주저앉으면서 자신을 처벌해 달라고 말한다. 그때 테스의 태도는 포획자가 목을 비틀어 버리기 전에 절망적으로 반항하는 참새의 이미지로 상징되어 있다(411). 테스는 순간적인 저항을 보인 다음 자신이 그녀의 진정한 남편임을 주장하는 알렉의 지배적인 의지에 복종하겠다는 의사를 밝힌 것이다. 이제 그녀는 사회적 관습의 압력에 완전히 굴복해 버린다. 테스는 "한번 희생자가 되면 항상 희생자로 남게 되죠 - 그것은 법이에요(411)"라고 말한다. 여기에서 "희생자"라는 표현은 맹목적인 운명의 수동적 희생자가 되겠다는 의미이기보다는, 관습이 부과하는 "법"에 의거하여 기꺼이 "희생자"가 되기로 결심했음을 의미한다. "법"을 사회적 관습에 따른 법으로 이해 할 수 있기 때문이다. 그녀는 이제 인습에 완전히 순응해 버릴 준비가 된 것이다. 이러한 테스의 태도에 대해 알렉은 예전에 그가 그녀를 지배했듯이 다시 한 번 그녀의 주인이 되겠다고 선언한다.

에인젤의 거부 이후 직관적 분별력을 상실해온 그녀는 이미 이 장면에서 알렉의 주도적인 의지행사와 압력에 수동적으로 자신을 내맡길 준비가 된 것이다. 그레거도 이 사실에 대해 동일한 지적을 하고 있다. 알렉은 "테스 내부의 분열을 그녀 스스로 인정하도록 유도하여" 그녀를 정복했다는 것이다(Gregor 194). 그레거의 지적에서 "분열"은 테스 내부에 자리 잡고 있는 사회적 관습의 압력과 그것의 부당성을 직시할 수 있는 직관적 분별력 사이의 갈등상태로 이해해 볼 수 있다. 이 장면에서의 테스의 상태는 에인젤에게 버림받기 전의 그녀의 모습과 비교, 대조된다. 예컨대 테스가 에인젤이 켜는 하프 소리를 듣고 영혼이 고양됨을 느끼는 6월 여름날 저녁 장면에서 테스는 하프에 "매혹된 새"처럼 그 자리를 떠날 줄 모른다. 그리고 연주하는 사람에게로 자신도 모르게 다가간다(178-79). 테스가 잡초에 상처를 입으면서도 그것을 의식하지 못한 채 음악에 취해 정원을 나올 수 있었던 이유를 테스의 영혼이 육신 바깥으로 나갈 수 있었기 때문이라고 설명하는 그레거의 견해는 상당히 설득력이 있다. 그러나 테스가 꿈꾸는 듯이 멍한 상태를 타고 났다는 전제하에 이러한 상태가 나타났다고 설명하는 그레거의 지적은 이 장면에 함축된 의미를 충분히 해석해 주지 못한다. 이 장면은 영혼이 사회적 관습의 속박을 받는 육체, 즉 현실세계를 벗어날 수 있음을 암시한다고 볼 수 있다. 따라서 이 장면에서의 테스의 상태와 에인젤에게 거부당한 후 알렉에게 되돌아갈 때의 상태와의 대조는 테스의 변모를 잘 보여준다.

알렉과 재결합할 때의 테스의 심적 상태가 어떠했는지는 본문 중에 자세히 나타나 있지 않다. 그렇지만 에인젤에게 보낸 편지 속에서 테스의 심정을 짐작해 볼 수는 있다. 편지 속에는 자신이 수동적으로 상황에 내맡겨질지도 모른다는 공포심과 위기의식이 팽배해 있다. 그것은 관습적인 도덕 기준의 벽을 다시 한 번 느낀 후 더욱더 커진 것으로 보인다. 그녀의 과거를 문제 삼은 마을 사람들 때문에 그녀 가족들이 고향에 머무를 수 없게 된 후 그녀는 관습의 압력을 또다시 느끼고 무릎을 꿇어버린 것이다.

테스가 알렉에게 되돌아 갈 때의 심리상태는 에인젤의 눈에 비친 그녀의 모습을 통해서도 추정해 볼 수 있다. 자신의 잘못을 뉘우치고 테스를 찾아온 에인젤의 눈을 통해 전달되는 그녀의 모습은 움직이려고 하지만 움직일 수 없는 도망자와도 같다. 또한 그녀의 영혼은 자신의 육체를 인정하지 않고 무시해 버리고 있다. 살려는 의지를 잃은 채 그녀는 육체를 마치 시체처럼 조류에 표류하도록 방치하고 있는 것이다. 이것은 테스의 육체와 영혼이 분리 상태에 있음을 의미한다. 이러한 상태는 탤보세이즈 낙농장에서 그녀가 피력한 육체와 영혼의 분리 상태를 상기시킨다. 그렇지만 이 단계에서의 테스의 심리상태는 탤보세이즈에서의 그것과 동일하지 않다. 탤보세이즈에서의 그녀는 꺾이지 않은 영혼의 힘으로 사회적 인습의 압력을 받는 육체를 벗어날 수 있었다. 반면 이제는 영혼이 꺾인 채 육체를 거부하고 부정해온 테스의 상태가 극단적으로 표출된 단계다. 에인젤이 그녀를 아내로서 받아들이지 않고 이별을 단행함으로써 영혼의 힘이 꺾인 테스는 육체를 무시해 왔던 것이다. 따라서 에인젤의 눈에 비친 테스의 모습은 그녀가 삶에 대한 의욕을 상실한 자포자기 상태에서 알렉에게 되돌아 간 것임을 시사해 주고 있다고 볼 수 있다(Miller 218-19). 테스는 살아가고 있기보다는 마치 죽음의 상태에 빠져 있는 것처럼 상황에 자신을 수동적으로 내맡겨 버리고 있다.

이상에서 테스라는 한 인간을 비극적 죽음에 이르게 한 것은 불가피한 운명의 힘이기보다 순결관의 압력과 또한 그것에 대한 에인젤의 모순된 태도임이 분명해졌다. 작가는 당대 사회의 순결 관념에 문제의식을 제기하고자 한 것이다. 여기서 더 나아가 하디는 이러한 사회적 인습이 개선될 가능성이 있음을 나타내고자 했다.

하디의 사회개선 의지는 테스의 비극의 결정적 원인이 된 에인젤의 한계성을 당대의 전형적인 사회 문제로 부각시키고 작품전체를 통해 일관성 있게 형상화 하면서 이것이 개선될 수 있음을 보여주고자 했다는 사실에서 입증된다. 에인젤이 기독교적 사회 관습을 벗어난 진보성을 표방하면서도 아직 그것으로부터 자유롭지 못한 당대 과도기적 사회의 전형적인 인물이라는 사실은 그의 한계성이 지적되어 있는 부분에 함축되어 있다. 그는 지난 25년간의 본보기이자 모범적인 젊은이 그리고 인습의 노예로 요약된다. 여기에서 흥미로운 것은 모범적인 젊은이가 인습의 노예로 표현되어 있다는 사실이다. 또한 에인젤이 본보기라는 표현에는 테스를 거부한 그의 판단과 행위가 당대의 표준적인 것이라는 의미가 함축되어 있다.

그런데 이러한 관습의 억압성을 개선시킬 수 있는 방안이 무엇인지는 에인젤의 진보적 관점이 지니는 문제점이 시사된 대목과 그가 인습을 뛰어넘을 수도 있다는 가능성을 보여주는 부분을 병치시켜 분석할 때 짐작해볼 수 있다. 에인젤이 순결성을 잃은 테스를 수용하지 못하는 이유는 그의 진보적 관점이 구체적인 체험을 통해서 얻어진 것이 아니라 독서에 기반을 둔 이론적인 것에 불과해서 그것을 실제의 경험에 적용하지 못했기 때문이다. 이는 그로 하여금 구체성을 외면하고 추상적인 관념에 머무르게 한다. 가령 테스의 고백 후 에인젤이 보인 반응을 보면 그는 테스의 순결성 상실이라는 구체적이고 특수한 상황에 직면했을 때 자신이 갖고자 노력했던 진보적인 관점을 적용하지 못한다. 이러한 경향은 탤보세이즈 농장에 처음 왔을 때 그가 시골 사람들을 대하는 태도에서도 나타난다. 처음 시골사람들을 대할 때 그는 그들의 삶에 동화되기보다는 방관자로서 그들을 관찰하기를 즐긴다. 그에게는 "일반적인 인상을 위해서 외부장면의 세부적 사항들을 무시해 버리는 습관이 있었던 것이다(175)." 구체적 초점이 없는 시선을 고정시켜 무언가를 오랫동안 응시하면서 막연하고 애매한 생각에 골똘히 빠지는 습관이 있는 그의 외형적인 모습도 이러한 그의 성향을 반영해 주고 있다.

일반적인 원칙을 구체적인 체험에 적용하지 못하는 그의 성향은 계층적 편견에서도 나타난다. 테스가 자신의 과거를 고백한 후 그것을 변명하려 할 때 그가 보인 반응에서 결정적으로 명시되듯이 그는 상대방을 구체적인 개인 차원이 아닌 계층 차원으로 일반화해서 판단하는 성향을 보인다. 이는 테스와 같은 계층의 시골 사람들에 대한 선입관과 편견에 기인한 바 크다. 그런데 이러한 태도는 그가 세운 일반적인 원칙과 상충하는 것이다. 그는 지적인 자유를 희생하지 않은 채 독립을 얻을 수 있는 일은 농사일이라 생각하고 자신의 신분을 벗어나 시골 사람들의 삶에 동화되는 것을 일반적인 원칙으로 삼았던 것이다.

반면 이 소설 결말부의 에인젤은 이와 대조적인 태도를 보여준다. 에인젤은 브라질에서 고통을 겪으면서 실제 부딪친 경험과 그곳에서 만난 세계평화주의자의 포괄적인 관점의 영향으로 인습을 객관적으로 바라볼 수 있게 된다. 그는 편협한 사회적 인습과 법규에서 자유로워진 것이다. 에인젤은 테스라는 한 개인의 구체적인 성향을 전혀 고려하지 않은 채 사회적 규범에 따라 기계적으로 판단해 버린 자기의 잘못을 뉘우치게 된다. 그래서 그는 테스를 다시 받아들이기 위해 돌아온다. 그의 변모에는 관념적인 진보론이 아니라 실제의 구체적인 경험을 통해 체화된 진보적 태도가 억압적인 인습을 개선할 수 있다는 하디의 생각이 함축되어 있다고 할 수 있다.

하디가 운명론적 비관론자적인 관점에서 테스의 비극을 그리고 있지 않고 사회 개선에의 의지를 표명하려 노력했음은 에인젤뿐만 아니라 테스에게도 인습을 뛰어넘을 가능성을 부여한다는 사실에서 다시 한 번 찾아볼 수 있다. 하디는 테스를 수동적인 체념 상태에 계속 빠져있게 하지 않고 비록 부정적이기는 하지만 적극적으로 행동하게 만든다. 테스의 살인행위는 알렉에게 돌아감으로써 관습에 완전히 굴복해 버렸던 그녀가 그 관습에 순간적으로 격렬히 반항한 결과다. 에인젤이 그녀를 거부한 이후 이제까지 그녀는 그가 사회적 인습에 따라 내린 심판에 묵묵히 따랐었다. 그가 심판을 내린 이후에는 인습에 비판적이던 그녀의 직관이 억눌려 왔던 것이다. 그러한 상태에서 에인젤이 사회적 규율이 잘못된 것임을 깨닫고 귀환했다는 사실은 그녀로 하여금 자신을 과중하게 짓눌러온 인습의 압력이 부당한 것이었다는 확신을 갖게 해준다. 따라서 그녀는 인습에 대한 저항의 표시로 알렉을 살해한 것이다. 그녀는 살인이라는 방법으로 인습과 인위적인 규범에 도전한 것이다. 이 살인행위는 알렉에게 가죽장갑을 내던진 행위에 비해 훨씬 격렬하게 드러난 것이지만 행위 동기 면에서는 동일 선상에 있다고 할 수 있다. 그러나 그 반작용이 지나칠 정도로 격렬했기 때문에 그녀는 살인범이 된 것이다. 테스는 살인 후 에인젤과의 짧으나마 행복한 생활을 통해서 심리적 불균형 상태를 벗어나게 된다. 직관적 분별력과 사회적 관습의 압력 사이의 심리적 갈등에서 자유로워질 수 있게 된 것이다. 보다 정확하게 말하면 그녀는 마침내 기독교 사회적 인습의 압력을 뛰어넘어 해방감을 맛보게 된다. 테스의 이러한 상태가 잘 나타나 있는 곳은 스토운헨지(Stonehenge) 장면에서다. 기독교 이전의 이교도적 종교의식이 거행되던 장소인 그곳에서는 사회의 이목과 규율의 압력을 받지 않을 수 있다. 그곳에서 테스는 자신을 "이교도"라고 불렀던 에인젤의 말을 상기하는 한편 두 사람 이외에는 이 세상에 아무도 없는 듯이 느끼며 편안해 한다. 이는 그녀가 그곳에서 기독교적 관습에서부터 자유로워짐을 느꼈기 때문이다. 경찰에 포위됨을 알았을 때도 테스는 담담하게 "전 각오가 되어 있어요"라고 말한다. 결연한 의지로 처형을 받아들이는 것이다. 테스는 에인젤과의 관계를 통해 성취한 본능적 '충족감(fulfilment)' 속에서 그녀의 육체를 억압해온 사회적 인습을 완전히 초월할 수 있게 되었기 때문에 담담하게 죽음을 맞이할 수 있는 것이다. 그녀는 사회적 인습을 영원히 벗어나 자연으로 돌아간다(Cecil 39, 153). 또한 육체적인 면을 뛰어 넘을 수 있었던 테스의 관점에서 보면 그것은 영적인 승리가 될 수도 있다(Casagrande 200).

이 소설에서 살인범 테스로 하여금 충족감과 영적인 승리를 느끼게 하고 더 나아가 "순결한 여인"이라고 옹호한 작가의 의도는 인위적인 사회관습과 법규, 좀 더 구체적으로 말하면 관습적 순결관념에 대한 도전이나 사회개선 의지의 표명이라고 할 수 있다. 그는 이 작품을 통해 당대 기독교적 사회 관습 중에서도 특히 여성의 순결을 강요하는 정조관념에 강력한 의문을 제기하면서 "사회의 기둥"을 뒤흔들어 보려 했던 것이다. 테스가 처형된 후 떠오르는 태양을 배경으로 에인젤과 테스의 정신의 상징인 여동생 리자루(Liza-Lu)가 손을 잡고 걸어가는 맨 마지막 장면에서도 그들이 앞으로 관습을 뛰어넘을 가능성이 있다는 희망의 분위기가 느껴진다. 매독 로렌스(Maddock Lawrence)가 지적하듯이 소설의 마지막 부분에서 구름이 걷히고 태양이 모습을 드러낸 것은 테스의 희생 속에 희망이 내포되어 있음을 암시하는 것이다. 테스의 삶 속에서 행복한 시기에는 항상 태양이 빛났기 때문이다 (Maddock Lawrence 8). 희망을 상징하는 태양이 작품의 결말부에 등장한 것은 하디가 사회 개선에의 희망을 강하게 표현하려고 노력한 결과라고 볼 수 있다.

4) 맺음말

하디의 작중 주인공 테스의 비극적인 삶은 흔히 하디를 비관론자 또는 운명론자로 평가하는 중요한 근거가 되어 왔다. 사실 테스가 알렉에게 처녀성을 잃는 장면은 모호한 서술방법으로 처리됨으로써 테스의 비극은 성격적 결함뿐 아니라 운명이나 경제사회적 환경 때문에 초래되었고 따라서 그녀는 운명이나 환경의 희생자라는 해석을 낳을 소지를 안고 있다. 그러나 테스가 맞게 된 비극의 직접적인 원인은 순결성 상실이 아니라 에인젤의 거부라는 점에서 그녀는 단순히 운명적인 힘에 희생당한다기 보다는 에인젤의 순결관념에 대한 모순된 태도라는 한계성 때문에 비극을 맞는다고 할 수 있다. 하디는 내면화된 사회관습의 문제점을 지적하고자 이를 에인젤을 통해 형상화한 것이다. 여기에서 더 나아가 하디는 사회가 점차로 개선될 수 있다는 믿음을 나타내고자 했다. 의식적인 노력에도 불구하고 내적으로는 관습을 전적으로 수용한 채 그것에 따라 판단하고 행동할 수밖에 없는 에인젤의 한계성이 극복될 가능성이 있다고 믿은 것이다. 그의 한계성은 모든 인간이 불가피하게 갖게 되는 한계성이 아니라, 구체적이고 절박한 경험을 겪지 않은 상태에서 진보적 관점을 단지 추상적이고 피상적으로만 받아들였기 때문에 초래된 자기모순성이기 때문이다.

그렇지만 사회개량론에도 불구하고 하디의 소설에서는 그의 비관적인 성향이 나타난다. 하디의 사회개선에의 믿음이 구체적인 현실인 삶의 장에서 실현될 가능성이 있는 것으로 제시되지 못했다. 테스는 관습의 압력이 부당하다는 인식을 갖고는 있었지만 에인젤이 그녀를 거부한 후 결국 그 인습의 압력에 굴복해 버리는 모습을 보였고 궁극적으로는 살인이라는 부정적이고 극단적인 방법을 통해서 인습과 도덕적 규범에 도전할 수 있었을 따름이다. 이것이 인위적인 제도와 관습을 향한 적극적인 도전의지로 이어지지 못한 것은 작가의 비관적인 성향의 한 표현으로 볼 수 있을 것이다.

또한 이 소설의 낙관적이고 희망적인 결말에 진실로 하디의 사회개량 의지가 절실히 나타났다고는 볼 수 없다. 에인젤이 관습을 비판적으로 바라보며 자신의 문제점을 인식할 수 있게 되기까지의 과정이 실감나게 묘사되지 않고 단지 요약적인 설명에 그치고 있다. 때문에 에인젤이 자신의 문제를 해결하는 대목 안에 전체 사회 구성원들이 그들의 문제를 해결할 수 있을 가능성이 설득력 있게 나타났다고 할 수 없다. 에인젤은 작품의 결말부에서까지도 그가 인습을 초월했다는 확신을 독자에게 심어주지 못한다. 가령 그는 리자루와 결혼해 달라는 테스의 부탁을 처제라는 이유로 거절한다든가 죽은 후 다시 두 사람이 재결합할 수 있다고 생각하느냐는 테스의 물음에 대답하지 못한다.

테스의 사회적 관습과 법규에 대한 승리 또한 죽음으로써 현실사회를 초월할 때서야 비로소 얻어진다. 그녀는 현실사회 속에서 살아가면서 관습을 뛰어넘은 것이 아니다. 따라서 그것은 실현 가능성과는 거리가 먼 다분히 이상주의적인 결말일 따름이다.

하디 소설에서 그의 비관적인 성향과 사회개량 의지는 은밀히 교직되어 있다. 하디는 비관적 성향에서 벗어나 사회개량 의지를 표명하려고 노력하고 있음에도 불구하고 그 성향에서 완전히 자유롭지 못한 한계성을 지닌다. 소설 『테스』에서 에인젤이 사회적 관습에서 벗어난 진보적인 태도를 견지하고자 노력하고 있음에도 불구하고 결코 그 관습의 압력에서 벗어나지 못한 한계성을 지니고 있는 것과 흡사하다. 이 소설에서 하디는 실현 가능성과는 거리가 먼 다분히 이상적인 결말을 내림으로써 현실사회 내에서의 해결을 모색하기보다는 사회현실을 초월할 때서야 가능해지는 초월적 비전을 제시한다. 이는 사회개선에 대한 의지와 비관적인 성향 사이의 심리적 갈등 속에서 그가 비관적인 성향을 의식적으로 억누르고 적극적으로 사회개선 의지를 표명하기 위한 노력의 결과라고도 할 수 있겠다.

그렇지만 하디가 후기 작품으로 갈수록 사회개선에 대한 희망적 비전을 구체적으로 제시할 수 있었다는 사실은 그가 왜 자신을 사회개량론자로 칭했는지에 관한 설득력 있는 근거가 되며 그의 사회개량의지를 긍정적으로 평가할 수 있게 해준다. 하디가 비관적인 성향에도 불구하고 그의 소설 속에 사회의 개선이 가능하다는 자신의 생각을 표현해낼 수 있었던 것은 기독교 사회적 문명과 관습을 예리한 비판적 안목으로 조망할 수 있었기 때문에 가능했으리라고 생각된다. 이와 함께 관습을 둘러싼 에인젤과 테스의 한계성과 그 극복의 과정이 리드미컬하게 대비와 반복 패턴을 통해 형상화됨으로써 비관적인 색채가 짙은 이 소설의 내용 속에 작가의 사회 개선의 의지가 교직될 수 있었다는 사실은 하디 소설의 심오한 깊이를 잘 보여준다.

< 인용문헌 >

Boumelha, Penny. *Thomas Hardy and Women*. Sussex: The Harvester Press, 1982.

Brady, Kristin. "Tess and Alec: Rape or Seduction?" *Thomas Hardy Annual* No. 4. Ed. Norman Page. London: Macmillan, 1986: 127-47.

Brown, Douglas. *Thomas Hardy*. London: Longman, 1954: Rpt. Westport: Greenwood Press, 1980.

Casagrande, Peter J. *Unity in Hardy's Novels*. London: Macmillan Press, 1982.

Cecil, David. *Hardy the Novelist: An Essay in Criticism*. London: Constable, 1943.

Collins. D. L. *Thomas Hardy and His God: A Liturgy of Unbelief*. New York: St. Martin's Press, 1990.

Fernando, Lloyd. *"New Women" in the Late Victorian Novel*. Penn State, College Park: The Pennsylvania State UP, 1977.

Gregor, Ian. *The Great Web: The Form of Hardy's Major Fiction*. London: Faber and Faber, 1974.

Hardy, Thomas. "Apology." *Hardy: Personal Writings*. Ed. Harold Orel. London: Macmillan, 1967.

Howe, Irving. *Thomas Hardy*. New York: Macmillan, 1967.

Kettle, Arnold. *Introduction to the English Novel*. Vol. 2. London: Hutchinson U. Library, 1953.

Lawrence, D. H. "Study of Thomas Hardy." *Phoenix: The Posthumous Papers of D. H. Lawrence*. Ed. Edward D. McDonald. New York: Viking Press, 1972.

Lawrence, Maddock. "*Tess of the d'Urbervilles: The Last Paragraph.*" *The Cea Critic* Vol. 27, No. 3 (December 1964): 8.

Miller, J. H. *Thomas Hardy: Distance and Desire*. Cambridge: Harvard UP, 1970.

Millgate, M. *Thomas Hardy: A Biography*. Oxford: Oxford UP; New York: Random House, 1982.

Morrell, Roy. *The Will and the Way*. Kuala Lumpur: U of Malaya P, 1965.

Southerington, F. R. *Hardy's Vision of Man*. New York: Barns & Noble, 1971.

Stubbs, Patricia. *Women and Fiction*. London: Methuen, 1981.

Wright, Terence. *Tess of the d'Urbervilles*. London: Macmillan, 1987.

Ⅲ. 20세기 영국소설

1. 대립구조를 통한 대화 : 『연애하는 여인들』

1) 머리말

로렌스(D. H. Lawrence)의 소설에서는 적극적으로 생을 개척하려는 활기에 가득 찬 여성인물들이 등장한다. 일반적인 통념을 벗어난 자유로운 여성인물이 남성인물과 맺는 관계, 그 관계 정립에 있어서의 남녀간의 역학을 로렌스만큼 생생하고 솔직하게 천착한 소설가는 드물다. 로렌스의 이러한 특징이 특히 잘 나타난 소설은 그의 대표작이라고 할 수 있는 『연애하는 여인들』(Women in Love)이다.

『연애하는 여인들』에서 로렌스는 일반적인 통념에서 자유롭고 자기주장이 강한 여성을 등장시켜 내용 전개나 주제 구성에 있어서 중요한 위치를 부여하며 그러한 여성 인물에게 공감을 보낸다. 그런가하면 남성의 우월성을 표방하는 인물을 통해 여성이 남성의 지도력에 복종할 것을 주장하기도 한다. 이러한 양면성 때문에 이 소설에 나타난 로렌스의 여성관에 대해서는 비평적 합의가 이루어지지 못했다. 사실 이 소설 뿐만 아니라 다른 소설들에서 강력한 여성인물을 창조한 로렌스가 정작 그러한 유형의 여성에 대해 어떠한 태도를 지녔는가의 문제는 간단하게 대답될 수 있을 만큼 단순하지 않다.

로렌스의 여성관을 가늠하기가 어려운 까닭은 여성에 대한 로렌스의 태도가 고착된 것이 아니라 시간의 흐름에 따라 변모를 겪었다는 사실에 기인한 바 크다. 로렌스의 여성관은 제 1차 대전을 전후로 변화한다. 그런데도 로렌스 비평에서 이 사실이 인정된 것은 최근에 이르러서였다. 그 이전에는 로렌스를 여성에 호의적인 작가로 보는 시각과 여성을 혐오한 작가로 간주하는 서로 상반된 입장이 병존했다. 이와 같이 서로 극단적으로 엇갈리는 두 개의 관점은, 여성에 대한 로렌스의 태도를 고정된 것으로 보며 그의 여러 소설을 제대로 파악하지 못한 채 어떤 한, 두 소설만을 주목한데서 기인한다고 할 수 있다. 이러한 단면적인 고찰에 대한 점검과 재평가는, 1975년 리디아 블랜차드(Lydia Blanchard)가 여성을 다루는 로렌스의 방식에 복잡성이 내포되어 있음을 지적한 것을 계기로 이루어졌다. 그 후 1980년대를 기점으로 하여 시작되었다고 할 수 있는 최근의 여성론 비평에 이르러서야, 로렌스의 여성관이 시간의 흐름에 따라, 더 구체적으로 말해보면 제 1차 세계대전을 겪고 난 후 변모를 겪었다는 데 비평적 합의가 이루어졌다.

그 이전에 로렌스는 주로 여성혐오증의 작가나 가부장적 대부로 비판되었다. 특히 여성론 비평가들이 그와 같이 매도했다. 대표적인 평자로는 시몬느 보봐르(Simone de Beauvoir)와 케이트 밀렛(Kate Millett)을 들 수 있다. 1949년에 출간된 『제 2의 성』(*The Second Sex*)에서 '여자는 태어나는 것이 아니라 만들어지는 것'이라는 혁명적인 선언을 하여 서구 여성론 비평의 선구자 역할을 한 보봐르는, 로렌스가 가부장제적인 이념과 관행에서 벗어나지 못한 것으로 평가한다. 보봐르에 따르면 로렌스는 여성을 남성의 '대상'으로 규정하는 사회 통념을 그대로 수용한 존재를 이상적인 여성상으로 간주한다(Beauvoir 209).

보봐르 이후 로렌스에 대한 본격적인 여성론 비평가라고 할 수 있는 밀렛 또한 1970년에 출판된 『성의 정치학』(*Sexual Politics*)에서 남성의 여성 지배를 공고히 한 작가 중의 하나로 로렌스를 지목한다. 밀렛에 의하면 로렌스는 여성을 항상 남성의 지배아래 놓아두려 했다. 따라서 로렌스는 남성의 전유물로 간주되어온 지적인 직업의 영역에 여성이 침범해 들어와 그 자리를 차지하는 현상을 못 마땅해 했다는 것이다. 로렌스의 불안정성, 여성에 대한 공포, 거세 우려가 이러한 태도로 귀결되었다는 것이 밀렛(Millett)의 견해이다.

그렇지만 사실 진정으로 바람직한 남녀관계 정립과 그 관계를 정립하는데 있어서의 남녀간의 역학관계에 큰 관심을 보인 로렌스의 많은 소설에서, 일반적인 통념으로부터 자유롭게 자신의 목소리를 분명히 내는 여성 인물은 우호적으로 묘사되고 있다. 로렌스가 여성의 심리를 완전히 이해하여 표현한 남성작가였으며(Anais Nin, Hilary Simpson 13 재인용), 여성이 당면한 특수한 문제에 민감하게 반응할 수 있었다는 사실(Blanchard 436) 또한 부인하기 어렵다.

그밖에도 로렌스의 여성관을 간단하게 매도해 버릴 수 없는 이유를 몇 가지 더 들어볼 수 있다. 첫째는 로렌스가 당시 1903년부터 1914년에 걸쳐 팽크허스트(Pankhurst) 부인의 '여성 사회정치연합(Women's Social and Political Union)'이 이끄는 여권 운동을 목도하면서, 여권운동에 깊은 관심을 표명해왔다는 점이다. 둘째는 그 때문에 당대 여권의식에 눈 뜬 여성들이 로렌스에게 우호적인 반응을 보였다는 사실이다. 셋째 이유로는 당대 남성 중심의 문단과 지성인들이 인습을 뛰어넘은 듯한 강력한 여성 인물의 출현이 여성해방의 잠재적 열망과 다르지 않다고 생각하면서 로렌스 소설에 내포된 체제 전복의 힘을 경계했다는 사실을 들 수 있겠다. 넷째 로렌스는 서로 다른 속성을 지닌 남녀간의 균형 또는 관련성을 강조한다. 가령 1915년에 발표된 「토마스 하디 연구」(The Study of Thomas Hardy)를 보면, 로렌스에게 있어서 성은 개인적 충족이며 모든 삶의 원천은 위대한 남성과 여성의 이원성과 통일성이다. 「토마스 하디 연구」와 거의 동시에 쓰여진 「왕관」(The Crown)이나 소설 『무지개』(The Rainbow)에서도 로렌스는 영원한 투쟁이나 대립으로부터 확보되는 균형을 중요시했다. 남성이나 여성 그 어느 쪽에도 치우치지 않는 균형을 중시한 것이다.

그렇다면 로렌스가 여성혐오증의 작가나 가부장적 대부로 지나치게 단순화되어 비판받은 이유는 무엇인가? 그것은 세계 1차 대전을 경험하면서 로렌스의 생각에 변화가 일어났고 이러한 변화가 그가 쓴 산문이나 편지 그리고 소설에서 적나라하게 드러나 있기 때문이라고 할 수 있다. 로렌스의 마음속에 변화의 물결이 일고 있음은 1918년 캐서린 맨스필드(Katherine Mansfield)에게 보낸 편지에서 목격된다. 이 편지에서 로렌스는 아내인 프리다(Frieda)가 '매그나 마터'(Magna Mater)적인 존재로 자신에게 군림하고 있다고 불평하며 남성 우위에 대한 심경을 밝힌다. 이 편지 직후에 집필한 단편소설 「표 보여 주세요」(Tickets, Please.)와 「여우」(The Fox)를 보면 바로 이 무렵 로렌스의 남녀관계에 대한 태도가 갑자기 새로운 경향으로 경직되었음이 다시 한번 확인된다. 이 소설들에서 로렌스는 이전의 작품들과는 달리 남녀간의 주종관계를 중심적 주제로 다루었다. 이어 1922년에 쓰여진 「무의식의 환상곡」(Fantasia of Unconsciousness)에서 로렌스는 남성과 여성의 영역은 구별되어 있으며 남녀 관계의 균형을 이루기 위해서는, 이성적이고 능동적인 남성은 지배적 영역에서 지도자적 역할을 수행하고, 감성적이며 수동적인 여성은 종속적인 영역에서 순종적 역할을 수행해야 한다고 주장한다. 남성은 지배적 위치에서 그리고 여성은 복종적 위치에서 상호관계를 유지하기 위해서는 여성은 남성의 지도력에 굴복하도록 이끌어져야 한다는 것이다. 로렌스는 이제 경직된 성 사이의 이분법으로 흐르게 된 것이다(Simpson 95).

그 후의 소설 작품에서 로렌스는 남근숭배 입장에서 남성의 우위를 주장하고 여성으로 하여금 남성에게 무조건 복종하고 굴복할 것을 강요하기에 이른다. 전쟁으로 인하여 위축되었던 남성의 권위를 되찾기 위해서는, 남성은 강한 지도력을 과시해야 하고 여성은 그러한 지도력 밑에서 독립심과 자아를 포기해야 한다는 생각을 내비치기도 한다. 따라서 1918년 이후에 쓰여진 로렌스의 산문이나 소설 작품에만 주의를 기울인다면 그를 남성중심주의자로 매도해버린 것이 어쩌면 당연하다고 할 수 있을 것이다.

그런데 문제는 로렌스의 남성 우월적인 사고가 어느 소설부터 나타나기 시작했느냐이다. 이에 대해서는 평자들의 견해가 엇갈리는데, 이 논의에서 쟁점이 되는 소설은 『연애하는 여인들』이다. 이 소설에 나타난 로렌스의 여성관에 대한 논의는 로렌스의 남성 우월적인 입장이 나타난다는 평가와 그렇지 않다는 평가로 대별된다. 전자에 속하는 대표적인 평자로는 코넬리아 닉슨(Cornelia Nixon)과 디바티스터(DiBattista)를 들 수 있다.

로렌스가 강한 여성을 혐오하게 된 원인을 그의 동성애적 성향을 포함한 개인적인 강박관념에서 찾는 닉슨은, 『연애하는 여인들』이 발표되기 일년전인 1915년을 그의 여성관이 변화를 맞이하는 기점으로 삼는다(Nixon 220-34 참조). 닉슨에 따르면 "로렌스는 1915년을 사회적 혁명의 해가 될 것으로 낙관하였으나 그 기대가 허물어지자 염세가로 전락하였고 이때부터 여성을 공격하기 시작하였다(Nixon 15)." 그 결과 1916년에 발표된 『연애하는 여인들』에서 로렌스의 남성 우월적인 사고가 나타나기 시작한다는 것이 닉슨의 입장이다. 디바티스터 또한 이 소설에 이르러 여성을 보는 로렌스의 시각이 변화했고 마침내 남성우위를 주장했다고 주장한다(DiBattista 138). 한편 1982년에 발표된 『로렌스와 페미니즘』(D. H. Lawrence and Feminism)에서 로렌스의 여성관이 변화한 원인을 역사, 사회적인 맥락 안에서 해석하려 한 힐라리 심프슨(Hilary Simpson)의 입장도 이들과 유사하다. 심프슨에 따르면 『무지개』(The Rainbow)에서는 여성을 대지인 어머니(earth-mother), 생명의 제공자(life-giver)로 보던 로렌스가, 『연애하는 여인들』에서는 주도적으로 힘을 행사하려 하는 거모에 반발하는 태도를 보인다(Simpson 92). 로렌스가 이러한 변화를 보인 이유에 대한 심프슨의 해석은 다음과 같다. 제 1차 대전 중 남성의 인력이 부족하게 되어 전통적으로 남성의 영역에 속하던 일을 여성이 맡게 되자 한 남성으로서 이에 불안감을 느끼게 된 로렌스가 여성참정권 요구 등 여성운동에 대한 종래의 우호적인 태도를 바꾸었다는 것이다(Simpson 107).

그런가하면 이와는 달리 로렌스가 반여성적인 입장을 취한 것은 1918년 이후에 쓰여진 소설에서이고, 그 이전에 쓰여진 『무지개』와 『연애하는 여인들』에서는 여성에 우호적인 태도를 보여준다고 간주하는 입장도 있다. 사실 『무지개』와 그 연작 소설이라고 할 수 있는 『연애하는 여인들』에서는 공통적으로 어슐라(Ursula)라는 적극적으로 생을 개척하려는 개성 있고 활기찬 여성이 등장하여 자아 성취를 위해 노력하는데, 로렌스는 어슐라에 대해 공감을 보낸다. 따라서 두 소설에서 공히 로렌스는 여성에 우호적인 태도를 보인다고 간단하게 평가되기도 한다.

그런데 로렌스의 여성관을 고찰할 때 주목해야 할 것은 그것을 단순화하기가 어렵다는 사실이다. 로렌스가 어떤 소설에서는 남성중심주의적인 태도와 여성에게 공감하는 모습을 동시에 보여주기 때문이다. 특히 『연애하는 여인들』에서 그러한 특징이 여실히 드러난다. 『연애하는 여인들』에서는 남성 중심적인 가치관이나 이념이 그 모습을 드러내고는 있지만 거기에 아무런 저항이나 유보가 없는 것은 아니다. 오히려 남성으로서의 우월성을 내세우는 인물에게 적극적으로 맞서는 여성 인물이 등장하여 나름의 목소리를 낸다.[1] 이러한 여성 인물을 통해서 로렌스는 남성 중심적인 통념으로부터 자유로와 지고 싶어 하는 여성의 갈망을 재현했다고 할 수 있다. 로렌스는 여성을 소심한 희생자로 재현했던 가부장제에 젖은 다른 작가들과는 달리, 자신이 처한 종속적인 위치에 분개하면서 남성의 권위에 반발한 여성 인물을 창조했는데, 여성 인물의 우렁차고 분명한 목소리는 종종 로렌스의 여성을 혐오하는 교리의 의미를 깎아 내리기도 한다(Siegel 15-6). 그는 권위를 내세우는 남성 인물을 등장시키면서도 동시에 그것을 조롱하는 여성 인물을 형상화하여 두 개의 상반되는 목소리를 병치한 것이다. 두 목소리를 객관적으로 병치시키므로 그의 서술은 여성적 관점과 남성적 관점을 교대로 취하고 있는 것으로 보이기도 한다.

물론 로렌스의 모든 소설 속에서 서로 상반되어 보이는 목소리들이 균형 속에서 병존하는 것은 아니다. 어떤 소설에서는 균형을 잃기도

---

[1] 최근에 언어적 다양성에 관심을 기울이면서 로렌스 소설 속에 나타난 여성의 목소리를 되살리려는 비평가들의 연구도 활발하게 전개되었다. Dale Bauer, Wayne Booth, Frank Kermode 등이 이 문제에 특히 관심을 보였다. Siegel 7-9 참조.

한다. 서술자의 목소리와 그와는 다른 입장을 취하는 작중 인물의 목소리, 혹은 서로 다른 관점을 취하는 남성 인물과 여성 인물의 목소리를 동시에 등장시키는 과정에서 로렌스는 모순된 태도를 보이기도 하는 것이다. 가령 남성 중심적인 사고에 강력하게 반대하는 자기주장이 강하고 통념에서 자유로운 여성의 목소리에 공감을 보내는가 하면, 그러한 여성을 비판적으로 형상화하기도 한다.

로렌스의 소설이 모순적이라는 사실은 여러 비평가들이 지적한 바이다. 특히 의미는 영원히 고정된 것이 아니라 우연적인 것이라는 불확실성에 주의를 기울이는 현대의 포스트모더니즘 비평에서 그러하다. 그들은 로렌스의 소설에서 양립되는 감정의 병존과 모순, 긴장, 그리고 불확정성을 찾아낸다. 게이미니 살게이도(Gamini Salgado), 다니엘 쉬네이더(Daniel Schneider), 다니엘 오하라(Daniel O'hara), 그리고 토니 핑크니(Tony Pinkney)가 이러한 평자들에 속한다. 특히 살게이도는 로렌스가 일련의 모순이나 갈등을 통해 더 큰 전체를 보여주기보다는, 비전을 말할 필요성과 그것이 불가능하다는 사실 그리고 때로는 그것이 바람직하지 않다는 사실 사이의 계속되는 긴장을 드러낸다고 본다.[2] 그렇지만 적어도 『연애하는 여인들』에서는 로렌스가 그러한 모순을 노정하지 않고 남성적 시각과 여성적 시각 사이에서 균형을 취하고 있다는 것이 본 논문의 입장이다.

본 논문은 『연애하는 여인들』에서 로렌스의 남성 우월적인 입장이나 모순된 태도를 찾아내는 기존의 많은 평자들의 견해와는 달리, 다른 후기 작품에서는 몰라도 적어도 『연애하는 여인들』에서는 로렌스가 남성적 입장과 여성적 입장 사이에서 균형 잡힌 시각을 견지하고

---

[2] Widdowson 20 참조.

있음을 밝히고자 한다. 버킨(Birkin)의 남성 우위적 주장이 나타나는가 하면 이에 맞서는 어슐라를 포함한 여러 여성들의 목소리가 나타나 끊임없는 대립과 갈등 속에 균형을 유지하고 있을 뿐 아니라, 제럴드 (Gerald)와 구드런(Gudrun)에 치중하는 후반부에서도 남성중심주의적 시각과 이에 맞서는 여성적 시각 사이에 균형이 유지되고 있음을 논증하는 것이다.

로렌스가 일관성 있게 균형 잡힌 시각을 유지하고 있음을 밝히기 위해서 전반부에서는 남성과 여성의 서로 다른 두 입장이 '대화적'으로 병치된 양상에 주목하고자 한다.3) 어슐라가 갈등 끝에 버킨의 비전을 수용하기까지의 과정과 그 과정 중에 버킨의 생각이 여성인물들과의 대립을 통해 어떻게 긍정적으로 변모되는지, 즉 버킨의 주장이 그와는 상반된 어슐라의 견해와 창조적으로 상호 작용하여 변증법적 통합을 이루는 양상을 고찰해 보겠다. 이어 상호 반대되는 의견들 사이의 '대화'가 전반부의 버킨과 어슐라의 관계 형상화에서 뿐만 아니라 남성중심주의적 입장을 견지하는 제럴드와 이에 반항하는 구드런 사이의 갈등의 극화에 더 중점이 주어진다고 할 수 있는 후반부에도 계속된다는 사실을 살펴보겠다. 즉 제럴드와 구드런의 관계를 형상화하는 후반부에서도 로렌스가 균형 및 중립을 유지하고 있음을 밝히는 것이다. 이를 위해 현대 산업사회에서의 남성중심주의 즉 지배욕과 소유욕 그리고 여성을 도구화하는 성향을 지닌 제럴드와 이에 대해 반

---

3) 서로 다른 입장을 취하는 작중 인물의 목소리가 동시에 등장하여 그들 사이에 매순간 강렬한 '대화'가 일어나는 로렌스 서술에의 주목은, 똑같은 주제나 대상에 대한 다른 사람의 담론에 반응하면서 그것을 간접적으로 공격하는 또 하나의 목소리가 존재한다는 사실에 주목하는 바흐찐의 이론에 힘입은 것이다(76). 그러나 다른 한편 이는 여성의 목소리에 본격적으로 초점을 맞춘다는 점에서, 바흐찐의 비평과는 차이가 있다. 바흐찐의 비평에서는 살아있는 여성의 목소리가 배제되고 성적 차이가 남성과 여성이 말하는 방식이나 담론 상의 특별한 효과에 영향을 미칠 것이라는 사실이 도외시되기 때문이다. Bakhtin 참조.

발하는 구드런이 부딪침으로써 초래되는 파국이, 두 사람 편에서 모두 '비극'적 차원을 확보할 만큼 어느 한 쪽의 입장에 치우침이 없이 객관적이고 실감나게 형상화되었음을 고찰해보고자 한다.

2) 상반된 입장의 병치: 버킨과 어슐라의 창조적 상호작용

『연애하는 여인들』에 대한 평자들의 일반적인 평가는 이 소설에 로렌스의 남성중심주의가 강하게 배여 있다는 것이다. 그들은 다음 몇 가지 사항을 그 근거로 든다. 첫째 로렌스의 대변인이라 할 버킨이 남성 우위적 견해를 피력한다. 둘째 그러한 버킨의 견해에 맞서서 활발한 자기 주장을 개진하던 어슐리가 '놓여남'(Excurse) 장 이후부터는 버킨에게 굴복하여 활기 없는 인물로 변화하며 이와 함께 후반부로 갈수록 두 사람의 대립되는 의견간의 상호작용이 약화되어 남성적 관점과 여성적 시각 사이에서 팽팽하게 유지되던 균형이 깨뜨려진다. 셋째 여성과 여성간의 관계 성립 가능성은 열어놓지 않으면서도, 제럴드의 죽음을 애석해하는 버킨을 통해 결말부분에서까지 남성과 남성간 관계의 필요성을 부각시킨다. 그렇다면 이 소설에서 과연 로렌스의 남성우위 사고가 드러났는지를 고찰해보기 위해서는 그들이 제시한바 이상의 근거들이 타당한지를 점검해 볼 필요가 있겠다.

물론 소설의 초반부에서 버킨이 남성우위를 주창한다는 사실을 부인하기는 어렵다. 버킨은 '미노'(Mino) 장에서 암 고양이 앞에서 으스대고 폭력을 행사하는 수 고양이 미노의 행위를 옹호한다. 그것은 정처 없이 떠돌아다니는 암 고양이에게 안정을 줌으로써 암수의 평형관계를 조성하려는 노력이라는 것이다. 버킨은 이러한 해석을 여성에 대한 남성의 우위 주장으로 발전시킨다. 여자에게는 자신을 복종시키기를 원하는 의지와, 뛰쳐나가 자기 위에 탄 사람을 파멸로 내던지고 싶어하는 의지 즉 이중의 의지가 있다는 것이다. 버킨에 따르면 여성은 "의지를 더 높은 존재에게 내맡김"[4])이 필요하다.

버킨의 이러한 주장만을 고려한다면 이 소설에는 남성우위 사상이 팽배해 있다고 할 수 있다. 그런데 간과해서는 안 될 중요한 사실은 버킨의 남성 우위적인 입장이 끊임없이 어슐라의 반대의견에 봉착하여 조롱을 받는다는 것이다. 버킨이 권력과 의지에의 강한 의지를 지니고 있음을 간파한 어슐라는 미노의 행동이 지배하고 으시대는 '위협'의 표현이지 결코 조화로운 관계를 지향하는 노력이 아니라면서 버킨의 견해를 반박한다. 그것은 상대를 "윽박지르려는 욕망"이고 "권력에의 의지"라는 것이다(167).

어슐라로 하여금 버킨의 주장을 조롱하며 반발하게 한다는 것은 로렌스가 일방적으로 남성중심주의를 주창한 것은 아님을 분명히 해준다. 이 사실은 버킨 스스로도 자신의 남성 우위적인 입장을 바꾼다는 데서도 다시한번 확인된다. 여성의 복종을 은연중에 강요하는 버킨에 대해 어슐라는 그가 남에게 봉사하려 하지 않고 단지 "일방적으로(one-sided 281)" 봉사를 받으려고만 하는 "이기적인" 인물이라고 맹렬하게 비난한다. 버킨은 그러한 어슐라의 모습에서 "여성으로서의 자아(your female ego 282)"를 찾아내고 그것을 혐오한다. 분노한 어슐라는 버킨이 자신에게서 바라는 것은, 상대 남성을 결코 비난하지 않고 스스로를 옹호할 수도 없는 "단순한 사물(a mere things 283)"이라고 꼬집는다. 버킨은 어슐라의 "강하게 자신을 주장하는 자아(your

---

4) D. H. Lawrence, *Women in Love* (New York: Penguin, 1921), 156. 이하 본문 인용은 이 책에 따르며 괄호 안에 면수만 표기한다.

assertive will 283)"를 강하게 비난한다. 이에 어슐라는 버킨이야말로 진정으로 자기 자신의 집착에서 벗어나지 못한 채 거기에 매여 있는 사람이라고 꼬집으며 "주일학교 선생(Sunday school teacher 283)," "설교가(preacher 283)" 같은 그의 태도를 조롱한다.

어슐라의 격렬한 비난에 강하게 맞서면서도 다른 한편으로는 그 비난 속에 상당한 진실이 담겨 있음을 깨닫게 된 버킨은 자기 내면으로 눈을 돌려 자신의 모순성과 그 모순에서 비롯되는 갈등 그리고 자신의 의지만을 강요하는 독선을 반성하게 된다. 어슐라만이 자신의 의지를 고집스럽게 강요하는 것이 아니라 그 자신 또한 좁은 틀에서 벗어나지 못하고 있음을 인식한 것이다. 이어 버킨은 자기 존재의 일면이 깊은 관능을 원하고 있고, 또 다른 일면은 얼음과 눈으로 표현된 북구의 추상적인 지식과 정신성에 몰두하고 있음을 깨닫는다. 그의 정신적인 면으로의 편향성을 제럴드가 대표하는바 정신과 의지의 절대적인 힘을 신봉하는 서구 백인의 삶의 방식인 "결빙의 파괴적 지식의 신비 극(a mystery of ice-destructive knowledge 286)"과 연결 짓게 된 버킨은 그것이 결국 창조적 삶의 부정에 귀착될 수 있음을 인식한다. 정신성의 경도로 인해 초래된 공허감을 채우고 지배의지를 행사하기 위한 방편으로 관능에 비정상적일 만큼 맹목적으로 몰두하는 것 또한 아프리카 사람들이 장구한 세월을 두고 추구해온바, "정신을 배제한 채 순전히 관능적인 감각만을 추구하다가(mindless progressive knowledge through the senses 285)" 와해와 붕괴에 이르는 길임을 깨닫는다. '감각'과 '정신'이라는 두 가지 면을 조화시키지 못하고 어느 한쪽으로 기울어지면 결국 자기파멸로 귀결되리라는 사실과, 그가 은연중에 드러낸 남성으로서의 '권력에의 의지'도 감각과 정신을 조화시키지 못한 자신의 내부적 모순 때문에 초래된 것임을 인식하게 된 것이다.

그 후 버킨은 "자유의 길(the way of freedom 287)"을 깨우치게 된다. 타인과의 관계를 유지하기 위해서는 어느 한편이 다른 한편에 대해 우위를 점하는 것이 아니라, 사랑에 복종할 의무를 수용하면서도 결코 "개개의 개체성(proud, individual singleness 287)"을 잃지 않음으로써 "순수하고 고유한 자아(pure, single being 287)"에 도달해야 하고 바로 그때 자유가 보장된다는 것이다.

이와 같이 버킨은 어슐라와의 창조적인 상호작용 덕택으로 자신의 독단적인 생각에서 벗어날 수 있게 된다. 어슐라가 이 소설에서, 『무지개』에서와는 달리 남성 인물에게 헌신하는 전통적인 여성 인물이 되어버렸다며 불만을 토로하는 평자도 있지만, 상호 대조되는 견해를 병치시켜 변증법적으로 통합해낸다는 구조적인 관점에서 보면 어슐라는 중요한 위치를 차지하는 인물이라는 사실이 명확해진다.

버킨이 어슐라와 창조적으로 상호 작용한 결과 발전적으로 변모한다는 사실은, 버킨의 태도가 남성우월주의자로 보이기도 하고 그렇지 않기도 하는 등 일관성 없이 모순된다는 평자들의 견해에 대한 적절한 반론의 근거를 제공해준다. 물론 버킨에게 모순적으로 보이는 면이 있음을 부인할 수는 없다.[5] 자신 안에 양립할 수 없는 것으로 보이는 서로 다른 면들이 있는 듯한 버킨은 종종 자신과도 모순되기 때문이다. 이러한 면은 작중 인물에 의해서도 지적되는 바이다. 가령 버킨은 제럴드에 의해 "자기비판력이 부족하다(297)"고, 허마이어니(Hermione)에게서는 "불안정하고 일정하지 않으며" "항상 빠르게 변화하는" "뒤

---

[5] 작가 로렌스의 남성중심적 사고를 대변하는 인물로 평가되는 버킨이 확고한 모습을 보여주지 못하는 모순적인 인물로 형상화되고 있는 까닭은 로렌스 자신이 모순적이기 때문이라는 입장으로 종종 비약되기도 한다.

틀린" 사람이라고 비판받는다(332). 실제로 버킨은 '기차안에서'(In the train) 장의 제럴드와의 대화에서는 여자와의 "궁극적 사랑(the finality of love 63)"이 그들의 삶에 있어서 핵심적인 요소라고 말한다. 그러나 '섬'(An Island) 장에서 버킨은 사랑을 원하지 않는다는 입장을 밝힌다(143). 또한 그는 여자와의 사랑을 넘어선 '남자와 남자와의 관계'를 갈망하는 모습을 보인다(231-32). 따라서 버킨의 태도가 모순된다고 말할 수도 있겠다. 그렇지만 '브레달비'(Breadalby) 장에서 허마이어니의 갑작스러운 공격에 큰 충격을 받고 나서 버킨이 그것을 여성이 지닌 소유욕의 극명한 표현으로서 이해하고 그의 입장을 바꾸기 때문에 그렇게 볼 수만은 없다.

이 소설에 남성중심주의가 드러났다고 보는 평자들이 즐겨 인용하는 또 하나의 예는 어슐라가 결국에 가서는 버킨의 주장을 수용하고 만다는 것이다. 그렇지만 두 사람의 관계는 한 쪽이 다른 한 쪽에 일방적으로 흡수되기보다는, 서로 건설적으로 상호 작용하는 관계로 보아야 한다.

이를 뒷받침해 줄 수 있는 예로는 '사랑'을 둘러싼 두 사람의 의견 차이와 그 차이를 변증법적으로 해결해 가는 과정을 들 수 있다. 허마이어니와의 관계로 인해 정신성으로 편향되어 생긴 공허감을 메우기를 원했던 버킨은 어슐라에게서 그 자신이 원하던 무의식적인 관능의 충족과 정서적 친밀감을 이룩할 가능성을 발견하기 때문에 어슐라를 선택한다. 그렇지만 어슐라는 남녀 관계에서 통상적인 낭만적 사랑 즉 남녀 각자의 개성 포기를 바탕으로 한 완벽한 사랑과 극도의 친밀감을 원한다. 버킨이 보기에 어슐라가 이러한 사랑에 끈질기게 집착하는 것은 사랑이라는 미명 하에 '거모'의 위치에서 남성을 움켜쥐려는 탐욕스러운 소유의지에서 비롯된 것이다. 버킨은 어슐라가 상대 남성을 마음대로 지배하고 싶어하는 '소유욕'이 강한 여성이라고 생각하며 그녀의 지배의지를 혐오한다.

버킨은 어슐라가 주창하는 종래의 사랑 개념을 대체하는 '새롭고 더 나은 개념'으로서 '별들의 균형' 관계를 제시한다. 그것은 별들이 거리를 두고 궤도를 운행하듯이 남녀 공히 각기 일정거리를 유지함으로써 각자의 개체성과 고유성을 견지함을 전제로 한 "독자성을 지닌 두 존재 사이의 순수한 균형"이다(164). 버킨은 남녀 각자의 고유성과 독립성을 인정하고 상호 자유를 향유하는 '별들의 균형'을 내세우는 것이다. 이미 '미노' 장에서 버킨의 남성우위 사고를 간파한 그녀가 보기에 버킨은 여자를 하나의 위성으로서 곁에 두고 군림하려는 군신이나 다름없다. 따라서 어슐라는 버킨의 생각에 반발한다. 두 사람은 서로 상대방에게서 지배받고 종속되지나 않을까 우려를 한 것이다.

그들 사이의 의견 충돌과 이에 따른 갈등은 '일요일 저녁'(Sunday Evening) 장에서 버킨이 달을 향해 돌을 던지는 상징적인 장면에서 그 절정에 달한다. 여기에서 돌을 던지는 버킨의 행위는 남성의 복종을 강요하는 어슐라의 여성 의지에 대한 격렬한 저항을 나타낸다고 할 수 있다. 돌을 던지는 버킨의 행위를 어슐라가 몰래 지켜보게 된 후 그들의 갈등은 표면화되고 이는 상대방을 굴복시키려는 서로의 '의지'에 대한 격렬한 비난으로 표출된다. 어슐라는 자기주장을 포기하도록 종용하는 버킨의 "독선적인 의지(283)"에 맞서며 사랑에 대한 자신의 신념을 굽히지 않는다. 버킨 또한 어슐라의 강한 의지에 심한 반감을 느낀다.

두 사람의 갈등은 '놓여남'(Excurse) 장에서 극적인 전기를 맞는다. 버킨이 허마이어니의 초대에 따라 저녁 식사에 참석하려하자 어슐라는 불만을 터뜨리고 이에 버킨이 허마이어니에 대한 그녀의 질투심을 비난하게 되면서 두 사람의 갈등은 극에 달한다. 어슐라는 버킨에게 자신이 중오하는 것은 허마이어니가 아니라, 그녀가 상징하는 세계 즉 이성과 의지 그리고 "겉만 번지르르한 정신성"이라고 반박한다 (346). 그녀는 더 나아가 애초에 버킨이 허마이어니와 친하게 지냈던 이유는 정신성에 몰두하는 그의 성향 탓이었음을 예리하게 꼬집는다. 사실 앞서 지적된바 버킨은 한편으로는 깊고 어두운 관능을 원했지만, 다른 한편으로는 얼음과 눈으로 표현된 북구의 추상적인 지식과 정신성에 편향된 면을 지니고 있었다. 한때 버킨이 허마이어니와 가깝게 지냈던 것은 후자의 성향 때문이었다. 버킨은 어슐라의 냉철한 지적에 타당성이 있음을 인정하지 않을 수 없었지만 동시에 그녀의 소유욕과 지배의지에 질린다. 그들의 갈등은 격렬한 말싸움으로 이어진다. 그렇지만 뒤이은 소강상태를 거치면서 어슐라와 버킨은 스스로를 반성하게 된다. 그 후 두 사람은 완전한 성의 극치에 도달하고 상대방에 대해 의지를 강요하는데서 비롯된 내적 갈등을 해소한다. 두 사람은 마침내 "살아있는 타자의 존재가 명백히 드러남(a palpable revelation of living otherness 361)"을 실감하며, 어슐라는 사랑이라는 미명 하에 자신의 의지를 강요하던 '거모'의 속성을 버리고 "놓여남(release 353)"을 경험한다. 두 사람은 상호간의 발전적인 변화에 도달하게 된다.

이후 어슐라는 버킨의 생각을 이해해주고 수용하게 되지만 그의 강한 주장에 일방적으로 승복하는 모습을 보이기보다는, 결말부분에서까지도 그의 의견과 상이한 견해를 피력하는 인물로 남는다. '남성간의 관계'를 끝까지 버리지 않은 버킨에 대해 어슐라가 그것은 "고집이고 이론이며 비뚤어짐(It's an obstinacy, a theory, a perversity. 541)"이라고 비난하는 것이 그 하나의 예이다. 따라서 두 사람 사이의 관계 정립 과정과 그 관계의 실상을 제대로 파악한다면 이 소설에서 로렌스가 남성우위 사고를 드러냈다고 단언할 수는 없음이 분명해진다.

『연애하는 여인들』은 버킨이 제럴드의 죽음을 아쉬워하며 그가 '또 하나의 사랑' 즉 남성과 남성간의 관계에 대한 자신의 제안을 받아들이지 않았음을 한탄하는 말로 끝맺음된다. 이는 이 소설에 로렌스의 남성 중심적인 사고가 드러나 있다고 주장하는 평자들이 인용하는 또 하나의 예이다. 물론 로렌스가 '남성과 남성간의 관계'를 중시하면서도 여성간의 유대 가능성을 열어놓지 않았다는 점에서 이러한 주장이 전혀 타당하지 않은 것은 아니다. '카페트'(Carpeting) 장에서, 여성에게는 두 가지 의지가 있다고 주장하는 버킨에 대한 반발로 어슐라와 허마이어니는 "깊은 애정과 친근감이라는 갑작스러운 유대의 끈(united in a sudden bond of deep affection and closeness 157)"으로 뭉치지만 그러한 유대감을 끝내 발전시켜 나가지 못한다. 어슐라와 구드런 사이의 관계 또한 건설적인 방향으로 진전되지 못한다. 두 사람은 어슐라가 버킨의 청혼을 거부해 버린 직후 한때 깊은 연대감을 느끼기도 하지만 자매지간의 우애를 뛰어넘는 보다 더 끈끈한 여성간의 동지애로 뭉치지 못하는 것이다. 또한 이 소설은 남자들 사이의 온전한 관계에서 희망을 찾을 수 있으리라는 여운을 남기는 열린 결말로 끝맺음된다.

그렇지만 이 결말은 다른 각도에서 다음과 같이 해석될 수 있다. 의지의 절대화와 정신성으로의 편향, 그로 인한 자기소외감과 공허감, 그에 대한 필연적인 반작용으로서 관능에로의 탐닉으로 이어지는 현대 산업 사회에서 삶을 영위하기 위해서는, 남녀관계뿐만 아니라 그와 더불어 남자와 남자 사이의 친밀한 관계가 필요하다는 의미가 결말부분에 함축되어 있다는 것이다.

이에 덧붙여 보다 적극적인 해석도 가능하다. 바람직한 남녀관계를 통해서 확보한 충족감과 그에 기초한 역동적인 힘으로 제럴드 같은 인물을 구원함으로써 현대 산업 사회의 비극적 파국을 막을 수 있으리라는 기대와 희망에서 버킨이 남자와 남자 사이의 "피의 동맹(Blutbrudershaft 232)" 관계를 원했다는 것이다. 버킨은 자신이 제안한 남성간의 관계를 받아들이지 않은 것을 제럴드가 파멸을 피할 수 없게 된 원인 중의 하나로 파악하고 있는데 이 사실은 이러한 해석을 뒷받침해준다.

따라서 『연애하는 여인들』에서 남성간의 관계가 강조되었다고 해서 이것이 로렌스의 남성우위 사고를 드러낸다고 단순화시킬 수는 없다. 그 보다는 로렌스가 남성과 여성에 대해 어느 한쪽으로 치우치지 않은 객관적이고 균형 잡힌 입장을 견지한다고 보는 편이 더 타당하다. 버킨과 어슐라의 상호대립 되는 견해를 병치하고 거기에서 비롯되는 변증법적인 통합을 이룩한 데서 그 예를 찾아볼 수 있음은 앞서 살펴본 바이다. 로렌스가 버킨과 어슐라의 서로 다른 관점 사이의 상호관계와 그것의 창조적인 발전 과정을 형상화한다는 것은, 그가 "버킨이면서 동시에 어슐라"(Bloom 14)의 입장에 설 수 있었음을 반증한다.

3) 객관적인 극화: 제럴드와 구드런의 상호파괴 작용

어슐라와 버킨이 활발한 의견 개진을 통해 창조적으로 상호작용을 함으로써 건설적으로 변모한 전반부 이후, 제럴드와 구드런의 관계가 비극으로 치닫는 양상이 그려지는 후반부에서는 상반된 입장 사이에서 유지되던 팽팽한 긴장이 느슨해진 것으로 보인다. 이러한 인상을 받는 주된 이유는, 대립 속에서 병존하는 서로 다른 견해 사이의 충돌과 그것의 창조적 역학관계에 초점이 주어지던 전반부에서와는 달리, 후반부에서는 인물들 사이의 갈등을 극화하는데 중점이 주어지기 때문이라 할 수 있다. 현대 사회가 그 안에 내재한 문제점 때문에 파멸로 치닫고 있다는 버킨의 우려와 경고가, 후반부에 와서는 제럴드와 구드런 사이의 관계 극화를 통해서 하나의 '비극'으로 형상화되는 것이다. 버킨에 의해 다소 추상적으로 지적된 바 현대 사회가 파멸을 향해 나아가는 두 갈래의 길이 함축하는 의미와, 실제로 그 비극의 길로 향하는 인물들의 삶의 양상을 제럴드와 구드런의 관계를 통해서 생생하고도 구체적으로 보여준다.

버킨에 의하면 현대 사회에서 인류는 두 개의 극단적인 방향으로 치닫고 있다. 하나는 "감각과 양명한 정신간의 관계가 깨어져버린 (285)" 역사의 한 극단이다. 즉 버킨이 서부 아프리카 목상에서 발견하는 "감각에 머물고 그것으로 끝나는 지식, 붕괴와 소멸에 대한 신비한 지식(285-86)" 즉 관능의 맹목적 추구이다. 다른 하나의 방향은 북구 백인들이 택한 바 "결빙의 파괴적 지식의 신비 극(286)"이다. 얼음과 눈의 북극 이미지로 상징되는 지성에의 편향은 현대 서구 산업 사회에서 현대인들이 인간적인 면을 배제하고 기계적인 원리로 환원되는 경향을 보인다는 점에서 파괴성을 내포한다. 두 방향으로의 나아감은 각기 정신이나 감각적 관능 어느 한 쪽에 치우친 채 변증법적인 통합과 조화에 이르지 못한 까닭에 파멸을 향하고 있다.

그런데 이 두 극단적인 진전 방향 사이에는 밀접한 관련성이 있다. 아프리카 목상으로 상징되는 관능과 감각에의 탐닉은, 현대 서구 백인들이 절대의지를 행사하여 비인간화의 과정을 가속시키는 가운데 내면에서 억눌린 본능적인 면이 왜곡된 형태로 표출되는 양상과 상통하기 때문이다. 예컨대 허마이어니와 구드런 그리고 제럴드가 보여주는 '편향된 정신성'은 권력과 지배에의 의지 행사로 이어짐과 동시에,

제럴드에게서 극명하게 보여지듯이 내면적 소외감이나 공허감을 메우기 위한 맹목적인 관능과 감각의 탐닉으로 표출되기도 한다. 그런데 제럴드로 대표되는 서구 남성의 경우에 있어서 이러한 경향은 남성우월적인 사고와 밀접한 상관관계를 맺고 있다.

정신과 의지의 절대적인 힘을 신봉하는 제럴드는 서구 현대 남성의 전형이다. 그는 최소의 비용을 통한 최대의 생산과 이윤 추구라는 경제 원칙을 실현하기 위해, 효율성과 생산성의 향상을 목표로 하는 기계적 산업자본주의를 선봉에 서서 구현한다. 거대한 생산기계를 구축하고자 한 것이다. 이를 위해서 그는 절대적이고 강력한 의지를 가차없이 행사한다. 그는 모든 사물을 종속과 억압의 대상으로 삼아 지배하고자 한다. 강한 의지로써 지배력을 행사하려 드는 제럴드의 이러한 자세는 말이나 토끼에 대한 그의 태도에서도 확인된다. 그렇지만 그가 구축한 '거대한 생산기계'는 아이러니하게도 그 자신을 불필요한 존재로 만들어버린다. 그 결과 그는 공허감과 무기력증에 시달린다. 제럴드는 무기력과 공허감을 해소시키기 위해서도 의지를 발휘하는데, 그 이유는 매사에 의지를 강요하는 것이 습관이 되어버렸기 때문이다. 자신의 허전함과 공허감을 채워주는 도구로 그가 택한 대상은 바로 여성이다. 제럴드는 계층적 우월감뿐 아니라 성적 우월감에 가득 차 관능을 채워주는 하나의 도구로서 여성을 이용하고 지배하고자 한다. 그의 이러한 태도는 미넷(Minette)과의 관계에서뿐만 아니라 구드런과의 관계에서도 표출된다.

처음 구드런은 제럴드의 모습에서 풍겨 나오는 잔인할 정도로 지배적인 의지에 매혹된다. 가령 그녀는 그가 말과 토끼를 굴복시키는 장면을 본 것을 계기로 그에게 깊은 관심을 갖게 된다. 구드런 또한 제럴드와 마찬가지로 자아를 극대로 주장하고 자신의 의지를 남에게 가차없이 강요하려는 성향을 지녔기에 그에게서 동질성을 발견하고 매료된 것이다. 그렇지만 두 사람의 강한 지배의지는 서로를 강렬하게 끌어들이는 요인이면서 동시에 서로 양보할 수 없는 의지력간의 싸움의 동인으로 작용한다.

제럴드나 구드런은 공히 권력에의 강한 의지를 소유하고 있기 때문에 서로 강렬히 끌리면서도 상대방에게 결코 양보하지 않는다. 그 결과 그들의 관계는 상호 파괴작용으로 귀결된다. 구드런이 제럴드의 주도적인 의지에 쉽게 굴복해버리는 만만한 여성이 아니므로 두 사람의 갈등은 극도로 깊어지며 결국은 비극적 파국을 향해 치닫는다.

두 사람 의지간의 격렬한 갈등과 투쟁은 알프스의 눈 덮인 산에 머무를 때 그 절정에 달한다. 그 곳에서 구드런은 황홀경에 빠진다. 자신이 추구하던 바 인간사로부터의 단절과 절대적 자유가 실현됨을 느끼기 때문이다. 구드런은 "마침내 모험의 도정을 접어 마감하고 흰 눈의 중심점에 수정처럼 내려앉았다. 그리고는 가버렸다(450)." 여기에서 실제 세계를 덮어버리고 봉해버린 듯한 '눈'은 완전히 단절된 고립과 절대적인 자유를 상징한다. 눈은 모든 것이 '흰색'으로 와해됨을 상징하기도 한다. 또한 버킨이 예언한바 서구 백인들이 택한 결빙의 파괴적 지식의 추구이자 파멸을 향한 나아감을 함축한다고도 할 수 있다. 이 장면은 제럴드와 구드런의 본질적 유사성을 시사해주는 동시에, 구드런이 제럴드와는 달리 한 걸음 더 나아갈 수 있음을 보여준다. 구드런은 세계로부터 자신을 완전히 분리시키는 단계에 도달한 것이다.

제럴드에게는 구드런이 마치 사면이 막히고 완결된 상자 속의 물건처럼 수정같이 단단하고 완고하게 자신만의 세계에 갇혀 그녀 자신만으로 충족감을 느끼는 인물로 보인다. 이러한 모습의 구드런이 제럴드에게 끼치는 영향은 치명적이다. 냉담하게 자기만족감에 도취해 있는 구드런의 모습은 그의 소외감과 고립감을 증폭시킨다. 이는 그로 하여금 더더욱 구드런을 필요로 하고 그녀에게 의존하지 않을 수 없게 만드는 악순환을 초래한다. 그는 급기야 구드런을 강간하기에 이르고, 이는 구드런의 강한 반발을 유발하여 그를 파멸로 치닫게 하는 계기가 된다.

그런데 로렌스는 제럴드와 구드런의 관계가 비극적 파멸로 치닫고 결국 제럴드의 비극적 죽음으로 귀결되는 과정을 보여주면서도 객관적이고 담담한 자세로 이를 '극화'한다. 뿐만 아니라 제럴드와 구드런의 심리 상태를 실감나게 형상화한다. 때문에 그들이 운명을 향해 나아가는 필연적인 과정은 알레고리로 떨어지지 않고 구체적인 사실성을 지닌다.

제럴드와 구드런 사이의 관계의 '극화'는 아리스토텔레스(Aristotle)에 의해 정의된 바 '비극'의 정의에 상응하는 차원에 이른다. 아리스토텔레스의 정의에 의하면, '비극'적 인물이라 함은 성격적 결함을 지니고 있음으로 인해 고통을 겪는 인물인데, 전적으로 훌륭하거나 나쁜 사람이라기보다는 보통보다 좀더 나은 비범한 인물이다. 즉 비극의 주인공은 선과 악 어느 한 쪽에 뚜렷이 치우치지 않는 인물이지만 그의 성격의 힘에 있어서는 비범하고 훌륭한 면이 있어야 한다. 성격의 강력함과 자존심은 비극의 주인공의 숭고함과 위엄의 원천이 된다. 비극의 주인공은 성격적 결함을 갖는다는 점에서는 평범한 인간이지만, 강렬한 성격적인 힘 때문에 외부 세계의 압력과 위협에 굴복하거나 수동적으로 희생당하는 것이 아니라 대등한 힘으로 맞선다.

제럴드와 구드런에게는 이러한 비극의 주인공의 요소에 부합되는 면이 적지 않다. 제럴드는 현대 산업 사회의 거물로서 기계적 산업 자본주의를 선봉에 서서 구현한 비범한 용기와 대담성을 지닌 인물이다. 그러나 그에게는 치명적인 성격적 결함이 있다. 버킨이 감지하는 바에 따르면 제럴드가 지닌 비극적 약점은 "마치 하나의 존재 형태, 하나의 지식, 하나의 행위에 한정된 듯한" "치명적인 불완전함(fatal halfness)" 이다(232). 제럴드는 "두드러진 편향성(a marked one-sidedness)"을 갖고 있다(Bradley 13). 제럴드가 물질적인 효율성만을 쫓아 탄광 사업에서 큰 성공을 거둔 것은 이러한 성향 때문이라고 할 수 있다. 그렇지만 "치명적인 불완전함"으로 인해 그는 내적인 공허감에 시달린다. 외적인 성공 뒤의 내적 허전함은 아버지 토마스 크리치(Thomas Crich)의 죽음 앞에서 극에 달한다. 때문에 그는 아버지가 세상을 떠난 날 구드런의 침실로 찾아와 그녀에게 사랑 행위를 하지 않을 수 없었던 것이다. 그렇지만 그는 그러한 심리가 왜 생기는 것인지 그 정체를 알지 못한다. 그러한 자신의 행위가 구드런을 이용해 자신의 허전함을 채우는 이기적인 행위였음을 그 스스로는 깨닫지 못하고 있었던 것이다. 구드런이 알프스 산에서 그때의 일을 상기시키며 제럴드를 비난할 때서야, 그는 자신이 온전하지 못한 인물이며 그렇기 때문에 구드런에게 필사적으로 매달리지 않을 수밖에 없었음을 마침내 깨닫게 되는 것이다. 구드런에게 의존할 수밖에 없는 상황에서 그녀가 냉담한 태도로 날카롭게 그의 약점을 꼬집자 이제 제럴드에게 남은 것은 삶의 목적을 상실한 자기포기이다. 그래서 그는 정처 없이 눈 덮인 알프스 산을 헤매다가 결국 죽음에 이르게 된다. 제럴드의 죽음에서는 '비극'의 주인공들에게서 보여지는 파멸 앞에서의 흔들림 없는 당당함 내지 승리감을 찾아보기는 어렵지만, 자기의 운명을 받아들이는 모습에서 장렬함과 연민은 느껴진다.

구드런 또한 비범한 용기와 대담성을 지닌 존재라는 점에서 비극의 주인공에 부합된다. 가령 구드런은 주변 세계에서부터 소외되어 방관자적 위치에 있으면서도 어슐라가 누리는 무의식적인 자기충족감이나 '만물과의 친교'에서 비롯되는 안정감 그리고 삶의 참여자로서의 모습에 이끌리고 올바른 삶의 길을 어렴풋이 인식한다. 또한 그녀는 런던의 예술가들이 모이는 폼파두어(Pompadour) 카페의 분위기가 천박함을 알아차릴 수 있는 통찰력도 지녔다. 그녀의 비범성을 분명하게 보여주는 예로는 뢰르케(Loerke)의 조각품 사진을 보고 수치스러워 하면서 그의 의식 능력이 일면적임을 간파한다는 것과, 제럴드의 의지의 결함이라는 치명적 약점을 꿰뚫어 볼 수 있는 능력을 가졌다는 사실을 들 수 있다. 그녀는 제럴드가 겉보기와는 달리 내면이 허약하며 그 때문에 그 내면을 채워주는 도구로써 여성을 이용한다는 사실을 간파한다. 여성으로서 자기 정체성을 지키려는 그녀는 제럴드의 그러한 결함을 참을 수 없다. 따라서 그녀는 제럴드의 결함을 의식하지 않은 채 그냥 지나칠 수도 있고 또 회피해 버릴 수 있었을 텐데도, 이를 비극적일 만큼 강렬한 집념으로 추적해서 폭로한다. 제럴드가 대표하는 바에 한편으로는 치명적으로 매혹되면서도, 그 결함으로 인해 궁극적으로 귀착되는 상태로까지 그를 몰고 가서 그것을 가차 없이 밝혀낸다는 점에서 구드런의 예사롭지 않은 비범성을 찾아볼 수 있다. 구드런의 이와 같은 비극적인 치열함은 불가피한 운명을 향한 필연적인 동인으로까지 보인다.

제럴드와 구드런의 비극은 평범한 개인들의 사소한 문제점으로 인한 일상적인 낭비와 상실의 비극으로 보이지는 않는다. 오히려 현대 서구 산업 사회의 일반적인 문제점을 함축하고 있다. 그 때문에 비극적으로 부딪치는 두 사람 사이의 파국은 보다 심각하고 진지한 비극으로 와 닿는다. 이런 점에서도 두 사람은 비극의 주인공에 부합된다고 할 수 있다. 아리스토텔레스가 비극의 행위는 숭고해야 한다고 말하고 있는 데서 알 수 있듯이, 비극의 주인공이 하는 행위는 집단이나 공동체 전체에 영향을 미칠 정도로 심각한 것이다. 그런데 제럴드의 비극은 어느 한쪽으로만 편향된 채 강렬한 의지력을 행사하는 성격 때문에 비롯된 것으로서, 이는 그에게만 국한된 개인적인 차원의 문제가 아니라 현대 서구 산업 사회를 이끌어 가는 사람들의 문제점을 대표하는 면을 지닌다. 이러한 점에서 그의 비극은 현대 사회 전체의 문제점을 환기시키는 심각성을 갖는 것이다.

아리스토텔레스에 의하면 비극의 주인공은 고통을 당하다가 뒤늦게 비극적 인식을 하므로 그가 맞이하는 비극은 보는 사람의 연민과 공포를 불러일으킨다. 그런데 이는 제럴드에게도 적용된다. 제럴드가 죽음에 다다르기까지의 과정은 독자의 연민과 동정을 불러일으킨다. 제럴드는 "전체에 대한 약간의 애착, 선함과 의로움 그리고 궁극적 목적과의 일치에 대한 필요성에 구속되어 한계가 지어져 있었다(509)." 가령 알프스의 눈 속에서 사면이 막힌 상자 속의 물건처럼 완결된 채 자신만으로 충족의 상태에 이르는 구드런과는 달리 그는 그렇게 하지 못한다.

제럴드는 세계로부터 자신을 완전히 단절시킬 수는 없었고 그것이 그가 결국 비극적 죽음을 맞이하지 않을 수 없었던 한계였다. 그는 이 사실을 고통스럽게 인식하는 것이다. 이와 같이 현대 산업사회의 선봉에 서서 가차없이 '거대한 생산기계'를 구축해낸 '산업계의 거물'인 그가 강력한 외면과는 달리 허약하게도 결정적인 순간에 의지행사를 포기하게 된 배경이 정연한 내적 논리와 심리적 개연성을 따르고 있어 독자의 공감을 불러일으킨다.

그런데 제럴드는 비극적 연민뿐만 아니라 비극적 공포를 자아내는 면이 있다. 그는 단지 구드런의 파괴적인 영향의 여파로 인해서만 파멸하는 것은 아니다. 불가항력적으로 비극적 죽음을 맞는 것은 아닌 것이다. 스스로의 파멸을 뚜렷이 의식하는 그는 구드런처럼 자기한테만 몰두하면 그것을 피할 수 있음을 알지만 그렇게 되기 위한 의지를 가하지 않는다. 이 점에서도 그는 고전비극의 주인공과 유사하다. 제럴드가 현대 산업사회의 전형적인 인물이라는 점에서, 또 버킨이 진단한바 현대인이 향하고 있는 파멸에의 길을 그대로 밟고 있다는 점에서 독자는 비극적 공포를 느끼게 된다.

한편 제럴드를 죽음으로 몰아넣었다고 할 수 있는 구드런 역시 앞서 살펴 본대로 그녀 나름대로 그를 그렇게 대할 수밖에 없었던 심리적인 이유가 있었고 이 점이 여실히 포착되고 있으므로 결코 비난만 할 수는 없는 인물이 된다. 이와 같이 로렌스가 객관적인 입장에서 남성인물인 제럴드와 여성인물인 구드런 모두 비극의 차원에 도달한 비극적인 인물로 형상화할 수 있었음은, 그가 남성적인 입장과 여성적인 시각사이에서 어느 한 쪽에 치우치지 않은 채 균형감각을 견지하고 있었음을 보여준다.

뢰르케라는 인물의 창조는 제럴드가 독자의 연민을 불러일으키는 비극적 인물이 될 수 있게 하는데 일정한 역할을 한다. 인간의 삶을 기계의 동작으로 인식하는 뢰르케는 여성 조각상에서 드러나듯 여성을 하나의 개체로서 존중하기보다는 전체 형식의 일부로, 전체를 형성하는 하나의 도구로 간주한다. 이런 점에서 그는 제럴드와 상통한 면이 있다. 그렇지만 그는 제럴드보다 더 부패한 영혼의 소유자이다. 제럴드의 도구주의가 부정적인 면에서 더 극한으로 치달을 때 나타날 수 있는 양상이 뢰르케를 통해 형상화된다고 할 수 있다. 제럴드는 뢰르케와 마찬가지로 인간적이지 못한 방향으로 한 걸음 더 나아갔더라면 오히려 죽음을 피할 수는 있었을 텐데 그렇게 하지 못했기 때문에 죽게 된 인물이다. 뢰르케와 비교해 볼 때 분명해지듯이 제럴드는 치명적인 결함이 있음에도 불구하고 인간적인 면을 지니고 있기 때문에 밉지만은 않은 인물이 된다.

제럴드의 비극적 결함을 객관적이고 균형 잡힌 관점에서 탐색할 수 있었던 로렌스는 구드런에 대해서도 예리한 통찰력을 보여줌과 동시에 객관적인 태도를 견지한다. 로렌스는 극대한의 자아를 주장하고자 하는 구드런이 타자를 지배하고 착취하려는 권력욕을 지닌 남성에게 매혹될 뿐만 아니라 그와 동시에 그 남성을 향해 반항 심리를 갖고 그의 약점을 파헤쳐 버리고 싶어하는 욕구를 지니고 있음을 여실히 형상화한다. 로렌스는 제럴드에게 매혹되면서도 그의 세계를 내부로부터 뒤엎어 파멸로 몰아가는 '하피'(Harpy) 같은 여성인 구드런을 강하게 비판하지 않는다. 그는 그녀에게서 일정한 거리를 유지하며 그녀의 문제점뿐만 아니라 비범성까지 드러내는 객관적인 입장을 유지하면서 그녀를 비난만 할 수는 없는 인물로 형상화하는 것이다.

그렇다고 해서 로렌스가 구드런의 건강하지 못한 측면을 간과하는 것은 결코 아니다. 자의식이 강한 그녀는 주위 사물과 세계에 대해 지나치게 긴장한다. 그녀는 자기 이외의 사람들에게 거리를 둔 채 초연하게 무관심한 것 같은 외양을 보여주지만, 실제로는 과도한 자의식 속에서 자기 소외를 겪고 있다. 그녀는 그 반작용으로서 강한 자기주장을 하고 싶어 한다. 이 욕구는 그녀의 무의식 속에 잠재해 있다가 어느 순간 도발적이고도 격렬한 행위를 통해 분출된다. 소 앞에서 나체로 춤을 추는 장면이나, 위험을 경고하며 그녀의 행위를 제지하는 제럴드의 뺨을 충동적으로 때리는 장면은 그 예가 된다. 그렇기에 그녀는 제럴드나 뢰르케에게서 자신의 그것과 일맥상통한 문제점을 감지하면서도 그것을 적극적으로 뛰어넘으려는 용기를 내지 못할 뿐 아니라, 제럴드를 비극적 운명에서 구원해낼 힘을 발휘하지 못한다.

허마이어니의 인물형상화는 구드런의 문제점뿐 아니라 비범성을 드러내는데 일조 한다. 허마이어니는 어슐라나 구드런과 더불어 자유롭고 독립적인 삶을 추구하는 현대 여성의 한 유형에 속한다. 그런데 허마이어니는 구드런의 문제점이 부정적인 방향으로 치달을 때 나타날 수 있는 치명적인 약점을 안고 있다. 버킨이 보기에, 추상적이고 생명 없는 지식을 과도하게 추구하는 허마이어니에게는 단지 "앎에 대한 고집과 의식의 자만심과 권력을 향한 욕망밖에는 없다(46)." 이에 따른 "내적 존재의 결여(18)"로 그녀는 소외감과 공허감을 겪지만, 겉으로는 자신만만하게 정치적 개혁과 사회적 공의를 부르짖는다. 내면적인 허전함은 버킨을 마음대로 지배하고 싶은 욕망을 낳고 이는 그를 완전히 소유하려는 극단적인 행동으로 이어진다. 버킨에 대한 허마이어니의 집착은 본능이나 자연스러운 감정에 기초한 애정의 표현이 아니다. 그 보다는 그녀의 강한 의지가 위협적으로 표출된 결과이다. 이러한 허마이어니와 나름대로의 탁월성을 지닌 구드런을 비교하고 대조시킴으로써, 로렌스는 구드런을 공감과 동정을 받을만한 '비극'적 인물로 형상화할 수 있게 된다.

로렌스는 여성으로서 구드런이 경험하는 심리 상태에 대해서도 깊은 이해를 보인다. 가령 그는 구드런이 여성이라는 이유로 제럴드와는 달리 극대한의 자아를 주장하기가 쉽지 않다는 현실적 상황을 제시하는데 초점을 맞춘다. 구드런이 철로 가에서 말을 길들이는 제럴드의 모습에 매료되는 장면 바로 다음에는, 광산 노동자들이 자신들의 성적 욕구를 충족시켜 줄 수 있는 하나의 성적 대상으로서 그녀를 바라보는 장면이 뒤따른다. 이 두 장면이 병치됨으로써 구드런도 제럴드와 마찬가지로 지배의지를 갖고 있지만 여성이기 때문에 지배받고 종속될 '대상'에 불과할 따름이라는 현실적 상황이 부각된다. 그렇기에 구드런의 내면에는, 주도적인 의지력을 절대화하는 제럴드라는 남성을 하나의 도구로 사용하고 싶은 욕구가 자리잡게 된다. 가령 구드런은 제럴드의 힘과 권위를 빌어 자신도 그것을 누려보고 싶어 한다. 구드런이 제럴드와 포옹할 때 그가 광부를 지배하는 광산주라는 사실에 만족해하고 흥분을 느낀다는 사실은 이를 예증한다. 이와 같이 로렌스는 구드런의 심리 상태 배후에 놓여있는 내적 논리를 설득력 있게 제시한다.

이와 같이 로렌스는 구드런에 대해 객관적이고 균형 잡힌 시각을 견지한다. 그 결과 구드런은 실감나는 구체적인 인물로 잘 형상화되었고, 독자는 구드런을 비판하면서도 동시에 그녀에게 공감과 동정을 느낄 수 있다. 남성우위의 사고를 노정 하는 버킨으로부터 객관적 거리를 두고 그와 상반되는 견해를 지닌 어슐라를 등장시켜 두 사람 사이의 대화를 병치한다는 사실은 앞서 확인되었다. 따라서 이 소설에 로렌스의 남성우위 사고나 여성을 혐오하는 태도가 나타났다고는 할 수 없다.

4) 맺음말

로렌스는 남녀관계를 형상화함에 있어서 어느 한 쪽에도 치우치지 않은 균형 잡힌 입장을 취했기 때문에 남녀의 상충하는 견해를 "대화"적으로 병치시키거나, 남녀 인물간의 갈등과 그로 인한 비극적 파국을 객관적으로 극화해 낼 수 있었다. 전반부에서는 버킨과 어슐라 간의 논쟁이 '대화'를 통해 창조적으로 상호작용하는 양상이 형상화되었다면, 후반부에서는 제럴드와 구드런 사이의 갈등 및 충돌이 구체적이면서도 상징적인 장면을 통해 극화된다. 전, 후반부에 일관되게 작가의 균형 잡힌 시각이 유지되는 것이다.

버킨의 철학적인 사변과 그의 의견을 반박하는 어슐라 사이의 '대화'적 서술을 통해서 바람직한 남녀 관계에 대한 자신의 비전을 객관적으로 피력한 로렌스는, 그 비전의 현실적인 정당성을 확보하기 위해서, 후반부에서는 파괴적인 결말로 치닫는 제럴드와 구드런의 관계를 구체적인 현실 차원에서 극화해낸다. 이로써 남녀간의 관계정립에 대한 이야기가 추상적이고 일반적이며 관념적인 차원에 머무르지 않고 절박한 현실적 문제점을 그대로 담아낼 수 있게 되며, 바람직한 남녀관계에 대한 버킨의 비전이 설득력을 확보할 수 있게 된다. 전반부에 나타난 버킨의 관념적이고 사변적인 철학이, 후반부에 와서 구드런과 제럴드 사이의 관계가 실감나게 극화됨으로 말미암아 구체성과 신빙성을 확보한다고도 할 수 있겠다.

로렌스는 대립하는 인물과 인물간의 갈등을 형상화할 때 그 갈등이 드러나는 표면적인 차원뿐 아니라 그것을 넘어선 본질적인 면에서 그 갈등이 발생하게 된 요인을 천착한다. 그는 각 인물의 심리상태를 의식적인 면에서뿐 아니라 무의식의 차원에서도 포착해낸다. 때문에 이 소설은 사실적이면서도 극적이고 또한 시적이다. 이러한 면이 잘 나타난 부분으로는, 제럴드가 말이나 토끼를 제압하는 광경이나 구드런이 소 떼 앞에서 발가벗고 춤추는 장면, 버킨이 달을 향해 돌을 던지는 장면과 그것을 보고 화가 난 어슐라가 그와 다투는 장면 등을 들 수 있다. 또한 제럴드나 구드런의 관계가 파국을 맞이할 때 그 배경이 되는 알프스 산이라는 공간적 배경이나 그 곳의 풍경 묘사는 사실적이면서도 상징적 의미를 함축하고 있다.

로렌스는 더 나아가 인물 개개인의 심리문제에 국한하지 않고, 그것을 각 개인이 그 일원으로서 밀접한 관계를 맺고 있는 현대 산업사회 동학과의 연관성 상에서 파악한다. 제럴드, 구드런 뿐만 아니라 허마이어니, 뢰르케, 보헤미언 예술가 등 현대사회의 여러 인물 층들이 지극히 구체적인 실제 개인이면서 동시에 현대인의 여러 다양한 유형들을 전형적으로 대표할 수 있는 인물로 형상화된 것이 그 예이다. 로렌스는 그들을 비교, 대조시킴으로써 그들이 표상하는 각 인물군들의 문제점을 정확히 간파해서 심층적으로 진단해낸다. 이 사실은 현대 사회의 제 문제에 대한 로렌스의 날카로운 통찰력과 현대인이 당면한 여러 문제에 대한 예리한 비판의식, 그리고 보다 나은 건전한 삶을 지향하는 그의 깊은 고심을 여실히 확인해준다.

로렌스는 제반 문제점을 내포한 현대 사회에서 과연 어떻게 살아가는 것이 진정으로 인간다운 삶인지를 버킨과 어슐라의 변증법적인 의견 교류를 통해 부단히 모색한다. 그는 개인과 개인간의 관계, 구체적으로 말하면 남녀간 그리고 남자와 남자간의 바람직한 관계 정립에서 그 답을 찾고 있다. 남녀가 서로를 소유하려 하지 않고 개체성을 유지할 수 있는 자유로운 상태와, 더불어 남자와 남자간의 형제애 같은 관계가 그것이다. 그렇지만 로렌스는 자신의 비전을 절대적인 진리로 주장하거나 일방적으로 강요하지 않을 뿐만 아니라 현실성을 넘어선 소원 성취적인 차원에서 무리하게 그 비전을 실현시키려고도 하지 않는다. 남자와 남자간의 관계가 필요하다는 버킨의 신념에 대한 어슐라의 의문제기는 결말부분까지도 여전히 지속되며 버킨 또한 자신만만한 태도로 그의 견해를 강요하는 독선을 범하지 않는다. 로렌스가 버킨을 통해 자신의 비전을 제시하면서도 독자와의 '대화' 가능성을 열어둔 것이라 할 수 있다.

로렌스는 상호대립 되는 남녀간의 견해를 병치시켜 둘 사이의 대화를 유도한다. 대립구조 속에서 부단히 진행되는 대화를 통해 자신의 비전을 설득력 있게 제시하기 위해서다. 독자 편에서는 이러한 구조 때문에 서로 다른 두 견해를 다각도에서 입체적으로 조망할 수 있을 뿐만 아니라 자기 나름의 독자적인 견해를 정립해 볼 수 있는 여유를 갖게 된다. 『연애하는 여인들』에서 상호대립 되는 입장의 객관적 병치 및 극화는 작품 속에 팽팽한 긴장을 조성하며 로렌스 소설 특유의 역동성과 박력의 원천이기도 하다.

< 인용문헌 >

Bakhtin, M. M. *The Dialogic Imagination*. trans. Carl Emerson & Michael Holquist. Ed. Michael Holquist. Austin: U of Texas P, 1981.

Beauvoir, Simone de. *The Second Sex*. trans. and Ed. H. M. Parshley. 1953. New York: Bantam, 1961.

Blanchard, Lydia. "Love and Power: A Reconsideration of Sexual Politics in D. H. Lawrence." *Modern Fiction Studies* 21 (3 1975): 431-43.

Bloom, Harold. Ed. *D. H. Lawrence*. New York: Chelsea Publishers, 1986.

Bradley, A. C. *Shakespearean Tragedy*. London & Basingstoke: Macmillan, 1974.

DiBattista, Maria. *First Love*. Chicago & London: U of Chicago P, 1991.

Lawrence, D. H. *Women in Love*. New York: Penguin, 1980.

Nixon, Cornelia. *Lawrence's Leadership Politics and the Turn against Women*. Berkeley: U of California P, 1986.

Siegel, Carol. *Lawrence among the Women: Wavering Boundaries in Women's Literary Traditions*. Charlottesville & London: U of Virginia P, 1991.

Simpson, Hilary. *D. H. Lawrence and Feminism*. London & Canberra: Droom Helm, 1982.

Widdowson, Peter. Ed. *D. H. Lawrence*. New York: Longman, 1992.

2. 『인도로 가는 행로』의 이중구조

1) 머리말

　포스터(E. M. Forster)의 소설 『인도로 가는 행로』(*A Passage to India*)는 1920년대 제국주의 시대를 배경으로 지배민인 영국인과 피지배민인 인도인 사이의 긴장과 갈등관계를 천착하고 있다. 때문에 이 작품은 일견 정치 소설이나 사회비평 소설로 보인다. 그러나 이 작품에는 이러한 유형의 소설로 단순하게 규정지을 수 없는 또 다른 측면이 있다. 소설의 제목이 모든 사람들은 융합될 수 있다는 믿음을 나타낸 19세기 미국의 낙관적인 시인 왈트 휘트먼(Walt Whitman)의 시 제목 "Passage to India"와 유사하다는 사실에서도 시사되듯이, 이 소설에서는 인간들이 진실한 관계 속에서 통합될 수 있는지의 가능성이 탐색되어 있다. 정치를 둘러싼 문제의식과 인간관계의 모색이라는 두 개의 서로 다른 측면에서의 접근 시도가 이 소설의 독특한 구조를 낳았다고 할 수 있다.

　이 소설의 구조는 크게 두 개의 차원으로 나뉘어져 있다. 하나는 제국주의 영국의 피지배국인 인도에서의 정치, 사회적 갈등과 두 국민 사이의 인간관계 수립의 가능성과 그 문제점을 다루는 사실적 차원이다. 여기에서는 피지배민인 인도인과 지배민인 영국인의 갈등 양상이 개인과 전체라는 양면에서 조망되면서 인간의 한계성, 특히 작가의 비판의 대상이 되고 있는 영국인의 문제점이 추적된다고 할 수 있다. 다른 하나는 자연이 여러 가지 신비하고 불가지적인 모습으로 나타나서 인간사의 비논리적이고 설명될 수 없는 요소들과 관련지어지는 상징적이고 신비적인 차원이다. 이 부분에서는 자연의 원리가 인간의 한계성과 확연히 대조되면서 그것을 노정해 주는 척도로서 여러 각도로 나타나고, 더 나아가 그 자연의 원리는 실제 현실 상황에서 진실한 인간관계를 성립시켜 주는 방안으로 제시되어 있다고 할 수 있다. 우주적이고 자연적인 면을 다루는 여기에서 화합의 길에 이르는 길이 모색되고 있다.

본 논문은 이러한 가정 하에서 자연의 원리가 상징적이고 신비한 차원에서 어떻게 제시되는지를 밝혀 본다. 그 다음 자연의 원리를 실생활에서 실천하는 태도가 갈등이 첨예하게 표면화되는 실제 상황, 즉 사실적인 차원에서의 제반 문제점을 제대로 해결할 수 있는지 작품 분석을 통해 살펴보겠다. 마지막으로 자연의 원리가 인간이 자신의 편협성을 넘어서서 올바른 인간관계를 수립할 수 있게 해 주는 비전으로 일관성 있게 제시되고 있는지를 고찰해 보겠다. 이와 함께 작가가 제 3부, 특히 결말부에서 문제 해결을 유보하고 있는지의 여부와 만일 유보되었다면 그것이 어떠한 양상으로 나타나고 있고 작가가 그렇게 선회한 이유는 무엇인지를 이중구조의 성패 문제 내지는 작가의 성향 및 태도와 연관시켜 점검해 보고자 한다.

2) 비전으로서의 자연의 원리

이 소설의 구조가 두 개의 차원으로 이루어져 있다는 사실은 작품 전체의 의미가 축약되었다고 할 수 있는 제 1부, 1장에서부터 시사된다. 제 1장은 먼저 구체적인 현실 차원을 주목하다가 무한대의 우주적 관점으로 시야를 넓혀 그것을 좀더 넓은 안목에서 조망해 보는 원근법에 따라 묘사되고 있다. 그런데 여기에서 독자의 시선을 사로잡는 것은 이러한 구조의 역동적인 전개가 변증법적인 의미의 통합을 함축하고 있다는 사실이다.

제 1장의 처음 두 단락에서는 영국인과 인도인의 거주지역이 대비됨으로써 그들의 생활태도, 방식, 기질 등의 차이가 부각된다. 무질서와 더러움이 뒤섞여 있는 인도인의 거주 지역은 모든 것을 차별 없이 포용하는 인도인의 사고방식을 대변해 준다. 그 곳의 숲과 거주민들은 모두 진흙으로 환원되어 가고 있는 모습을 보이지만 "어떤 저급하나마 결코 파멸되지 않는 삶의 형태"를 유지하고 있다. 그곳은 추하고 불결하지만 원초적인 생명력을 보존하고 있다. 반면 기찻길을 사이에 둔 영국인의 거주 지역은 청결하고 질서 있는 모습이지만 아무런 감정도 불러일으키지 않는 무미건조한 곳이다. 붉은 벽돌집과 직각으로 만나는 교차로는 합리적이고 이성적인 영국인의 기질을 나타내 준다.

세 번째 단락에서는 서로 상반되어 대극을 이루고 있는 영국인 거주지역과 인도인 거주지역이 공유하는 유일한 공간으로 하늘이 제시되어 있다. 이 두 곳을 포용하고 있는 하늘은 자연의 일부분으로서 무한대의 우주와 연관된다. 무한대의 우주적 관점에서 인간이 살아가는 모습을 내려다보면 현실 사회에서의 차이점은 사소하고 부질없다는 생각이 이 단락의 저변에 흐르고 있다고 할 수 있다. 이는 하늘이 땅에 행사하는 거대한 힘을 보여줌으로써 상대적으로 그 힘에 지배되는 인간의 왜소함이 부각된 네 번째 단락에서 더욱 분명해진다.

요컨대 제 1부, 1장의 전반부에서는 사실적 차원이, 후반부에서는 우주 및 자연의 차원이 언급되어 있다. 이 소설의 내용이 두 개의 차원, 즉 이중구조 내에서 전개되리라는 사실이 작품 서두에서부터 분명해진 것이다. 더 나아가 제 1부, 1장의 후반부 즉 셋째와 넷째 단락에서 하늘이 극단적으로 대조되는 두 인종의 거주 지역을 넓은 시야에서 폭넓게 포용하고 있다는 묘사에는, 하늘에 무차별 평등의 원리가 함축되어 있음이 시사되어 있다고 할 수 있다. 이 사실은 이후 하늘이 상징적이고 신비한 차원에서 무한히 확장되는 이미지로 다음과 같이 그려짐으로써 보다 넓은 의미망을 구축하게 된다.

> 공중에서는 솔개들이 아무런 편견 없이 떠돌았고 솔개들 위로 독수리가 날아갔으며 공평함에 있어서는 모든 것을 능가할 짙은 빛깔이 아닌 반투명의 하늘이 온몸으로 빛을 쏟아내고 있었다. 그런 식의 이어짐은 거기에서 끝날 것 같지 않았다. 하늘 위에는 하늘 전체를 뒤덮는, 하늘보다 더 공평한 무언가가 존재하는 게 아닐까? 또 그 너머에는…6)

이러한 하늘의 이미지는 하늘에 무차별 평등이라는 원리가 함축되고 있음을 잘 보여 준다. 이는 위의 하늘의 이미지가 영국인의 불평등과 편협성을 극단적으로 보여 주는 "교량 파티(Bridge Party)" 장면 바로 다음에 이어진다는 사실에서 보다 확연해진다. 이 장면에서 터톤(Turton), 히스롭(Heaslop)으로 대표되는 영국인 관리들은 "인도인에게 기분 좋게 대하기" 위해서가 아니라 "정의를 행하기 위해" 인도에 왔다는 이념을 내걸고 왕처럼 군림하는 자신들의 지배를 정당화한다. 그들이 "인간관계의 존엄성"을 지켜주려는 범위는 영국인으로 국한된 것이기에 인도인에게는 차별대우를 한다. 그들은 인도인의 클럽 출입을 금하는 등 엄격한 차등주의를 고수하면서도 일종의 제스처로서 "교량 파티"를 개최한다. 그 파티에서 영국인과 인도인은 그들 사이의 거리감을 허물지 못한 채 서로 어울리지 못한다. 그런데 "교량 파

---

6) E. M. Forster, *A Passage to India*. 장상호 편저 (서울: 신아사, 1985), 62. 이하 본문 인용은 이 책에 따르며 면수만 표기한다.

티"는 애초부터 실패할 수밖에 없었다. 왜냐하면 파티의 초청장이 많은 계층의 인도인들을 제외시키고 있기 때문이다. 서술자 내지는 작가가 암시하듯이 무차별 평등과 포용의 원리를 내포한 하늘의 관점이 아닌 영국인의 차별적인 관점에서 인간관계를 맺고자 노력하는 것은 오히려 그 간극을 벌일 뿐이다(59).

우주 및 자연의 원리가 무차별 포용과 평등이라는 사실은 영국인 선교사 그레이스포드(Graysford), 솔리(Sorley)와 무어 부인(Mrs. Moore)이 말벌을 대하는 태도가 대조적으로 병치된다는 점에서도 명확해진다. 그레이스포드와 솔리는 하느님의 사랑이 모든 인간에게 해당된다는데 관해서는 의견의 일치를 본다. 그러나 인간을 넘어서 동물에 이르면 그레이스포드는 부정적이 된다. 좀더 진보적인 솔리조차도 말벌에 이르면 불안해지고 무생물에 대해서는 그것들을 하느님의 사랑의 대상에서 제외시켜야 한다고 생각한다. 이들이 기독교 사상을 전파하는 선교사라는 사실을 감안해 보면 기독교 사상은 포용의 한계를 가지고 있다고 보아도 무방할 것이다. 반면 배타적이고 편협한 기독교적인 신을 만족스럽지 못한 것으로 생각하는 무어 부인은 이들과 대조되게도 말벌을 "나의 사랑스런…"이라고 말하면서 말벌조차도 사랑의 대상에 포함시킬 수 있을 정도로 넓은 포용력을 지녔다. 그런데 무어 부인은 이 소설에서 자연과 격의 없이 교감하고 일체감을 느낄 수 있을 정도로 자연을 이해할 가능성이 있는 여성이다. 그녀는 "아치 바깥에는 항상 또 아치가 있는" 자연 및 우주는 무한하다는 보다 폭넓은 시야를 가지고 있다. 따라서 자연의 원리는 무차별 포용과 평등임을 여기에서 다시 확인할 수 있다.

하늘로 대표되는 자연 속에 무차별 평등의 원리가 함축되고 있다는 사실이 제 1부에서는 간헐적으로 장면이나 상황의 병치를 통해 암시되었다고 한다면, 제 2부에서 자연은 하늘과 동일 차원에서 묘사된 마라바(Marabar) 동굴을 매개로 집약적으로 나타나 그 원리를 함축한다. 마라바 동굴과 하늘의 유사성은 태초 이래 마라바 동굴의 역사적 무구성과 시간적 무한성이 그려지는 제 2부, 12장에서부터 시사된다. 마라바 동굴은 "유구한", "믿기 어려울 만큼의 역사"를 지니고 있는 만물이 생겨나기 이전의 원형적인 모습을 드러내고 있다. 이 곳은 먼 옛날 지구가 태양에서 떨어져 나오기 전에는 태양의 일부분이었던 곳이다. 이러한 마라바 동굴의 시공적인 무한성과 비교해 보면 인간사는 너무도 짧고 하찮은 것이다. 또한 마라바 동굴은 하늘과 마찬가지로 인간의 영역에서 멀리 떨어진 곳에 자리 잡고 있다. 그 곳은 "인간이 접촉해 보지 못한", "봉해져 있는" 곳으로 신비성을 지니고 있다. 마라바 동굴이 하늘과 궤를 같이하고 있다는 사실은 그 곳이 밤하늘처럼 신비한 아름다움으로 빛난다는 묘사에서 재차 확인된다. 이 동굴은 혼돈을 상징하는 컴컴한 곳이면서도 동시에 신비한 아름다움을 지닌 장소임이 암시되어 있다. 컴컴한 동굴 속에서 성냥불을 켜면 잘 닦여진 거울 벽면에 또 하나의 불빛이 생겨나는데 "서로 부딪쳐 마주치면 금방 꺼져 버린다." 그 짧은 순간은 밤하늘처럼 신비한 아름다움으로 빛난다는 것이다. 마라바 동굴은 그것을 이해할 수 있는 준비가 안 된 상태에서 일견 피상적으로만 보는 사람에게는 단지 당혹감만을 줄 뿐이다. 그러나 그 안에는 순간적으로 번득이다 사라져 버리므로 쉽게 붙잡을 수 없는 신비한 아름다움이 있다. 그곳에는 인간의 언어로써는 표현하기 어려운 범상함이 있는 것이다.

마라바 동굴은 하늘과 동일 차원에서 묘사되어 있을 뿐 아니라 하늘과 마찬가지로 자연의 원리를 내포하고 있다고 할 수 있다. 이는 마라바 동굴 안의 반향이 함축하는 의미에서 추정될 수 있다. 마라바 동굴 안에서는 무슨 말을 하든지 아무런 차이 없이 단조롭게 "baum", "bou-oum", "ou-boum"으로 끝나 버린다. 반향과 그것을 일으키는 마라바 동굴은 자연의 원초적인 모습을 띠고 있다. 이 사실은 반향을 묘사하는 다음과 같은 이미지에서 확실해진다. "또아리를 트는 작은 벌레", "작은 뱀들로 이루어진 뱀", "코가 납작한 어떤 것", "죽지 않는 벌레"와 같은 표현들은 제 1장의 "비천하나마 파괴할 수 없는 생명"의 형태를 상기시키는 원초적인 생명체와 연관되는 이미지들이다. 또한 반향에서는 무슨 말이든지 똑같은 소리가 되어버리는 즉 궁극적으로는 무차별이 되는 상태가 된다. 그런데 동굴의 반향은 인간이 만들어낸 것임을 감안할 때 누가 무슨 소리를 내든지 간에 아무런 차이 없이 "boum"으로 끝난다는 것은 인간이 만들어낸 모든 것이 망상(illusion)임을 시사한다고 할 수 있다. 그렇지만 여기에서 한 걸음 더 나아가 생각해 보면 마라바 동굴의 반향은 모든 삼라만상이 똑같이 평등하다는 의미를 함축하고 있다고 할 수 있다. 이러한 동굴의 반향 속에서는 인간의 모든 개별적인 자아의 차이점이 지워져 버리기 때문이다.

마라바 동굴에서는 심지어 선악조차도 구별 없이 포용되는 원초적인 자연 상태가 유지되고 있다. 따라서 마라바 동굴과 그 반향은 선악을 분명히 구별하는 기독교적 사고체계로는 이해하기 어렵다. 이것은 선악의 문제를 개인적인 차원이 아닌 전체 우주의 문제로 이해하면서 선과 악을 신의 양면으로 파악하는 포용의 자세를 가져야만 비로소 이해될 수 있다. 이러한 입장을 취하는 인물이 바로 우주 및 자연의 원리와 밀접한 관계를 맺고 있으며 그 원리를 이해하는 데 관건이 되는 고드보울(Godbole) 교수이다. 그가 마라바 동굴 사건에 대해 아지즈(Aziz)의 무죄를 주장하며 동의를 구하는 필딩(Fiedlding)에게 피력하는 견해를 보면, 마라바 동굴에서의 경험을 바라보는 그의 시각의 바탕을 이루는 생각은 우주적인 차원의 수용의 원리다. 그에 따르면 선과 악은 신의 양면인데 선한 행위를 할 때는 신이 존재해 있는 것이고 악한 행위를 할 때는 신이 자리를 비우고 있는 상태다. 이처럼 선과 악을 신의 양면으로 수용하는 포용의 원리는 선악을 분명히 구별하는 배타적인 기독교적 질서체계와는 상반되는 것이다. 그런데 고드보울에게 있어서 신이 부재한다는 것은 신이 존재하지 않는다는 말이 아니라 신이 존재함을 반증해 준다. 이와 같이 마라바 동굴, 특히 그 반향 속에서는 모든 차이와 차별이 없어지고 선과 악조차도 신의 양면으로 수용된다.

이 소설의 이중구조 중 신비하고 상징적인 차원을 다루는 부분에서는 하늘과 마라바 동굴로 대표되는 자연이 무차별 포용과 평등의 원리를 내포하고 있음이 나타나 있다. 이는 편협하고 배타적인 차별주의로 가득 찬 현실 사회와 병치되는 가운데 그 의미를 서서히 드러낸다.

3) 자연의 원리의 의미

상징적이고 신비한 차원에서 함축적으로 제시된 무차별 포용의 자연의 원리는 제 2부에서 편협성이라는 인간의 한계성과 대비되어 그것을 노정해 주는 척도로 사용된다고 할 수 있다. 제 2부는 서구 문명의 테두리 안에서 성장해 온 두 영국 여성 무어 부인과 아델라(Adela)의 마라바 동굴로의 여행, 그 경험이 두 사람에게 준 충격과 대응 방식, 그 결과 아델라가 여행에 동반한 아지즈를 강간 미수 혐의로 고발하고 그것은 두 인종간의 정치문제로 비화되어 엄청난 갈등을 초래하는 결과를 가져온다는 내용으로 짜여 있다. 여기에서 초점은 아델라와 무어 부인의 마라바 동굴로의 여행 경험과 그 경험에 대한 반응 양식, 그리고 거기에서 추정되는 그들의 한계성이다.

이성으로 설명될 수 없는 것을 이해하지 못하는 아델라는 마라바 동굴 안에서 갑자기 울려 퍼지는 반향음을 듣고 아지즈가 자신을 육체적으로 범하려 했다는 정신적 착란을 일으킨다. 약혼자 로니(Ronny)를 만나러 그의 어머니인 무어 부인과 인도에 도착한 아델라는 이성과 상식에만 의존하는 전형적인 영국인이다. 그녀에게 있어서 이성의 범주를 넘어서는 것은 혼돈일 따름이다. 마라바 동굴의 반향은 로니와의 결혼문제로 혼돈에 빠져 있던 아델라에게 그 혼돈 상태를 정면으로 마주치게 한다. 인도에 와서 변해버린 로니의 모습을 보고 그와의 결혼을 주저했던 아델라는 그들이 탄 나왑 바하더(Nawab Bahadur)의 차가 사고를 당해 그와 자연스럽게 육체적 접촉을 하게 되는데 이를 계기로 다시 결혼을 약속했던 것이다. 그러나 그 후에도 로니와의 결혼문제 때문에 계속 혼돈 상태에 빠져 있던 그녀는 마라바 동굴에 들어가면서 "사랑"에 생각이 미치자 자신이 없어진다. "사랑은 무엇인가"라는 생각을 하다가 바위 위에 새겨진 두 개의 발판 자국을 보고 아델라는 나왑 바하더의 차바퀴가 남긴 자국을 연상하게 된다. 이는 아델라로 하여금 자기와 로니는 사랑하고 있지 않으면서도 차 사고로 인한 육체적 접촉 때문에 결혼을 약속하게 되었다는 사실을 정면으로 맞닥뜨리게 한다. 자신들의 결혼 약속이 정신적 차원이 아닌 육체적 차원에서 비롯되었다는 중대한 발견을 너무도 급작스럽게 하게 되었기 때문에 아델라는 큰 충격을 받고 당황한다. 반향은 아델라로 하여금 자신과 로니의 관계가 사랑이 배제된 공허한 관계임을 인식하게 해준 것이다. 사랑 없는 결혼이란 강간과 같다고 생각하는 이성적인 아델라로서는 자신이 동물적인 본능에 의해 결혼을 결심했다는 사실을 설명할 수도 용납할 수도 없었다. 존 콜머(John Colmer)가 지적하듯이 그녀는 합리적인 상식으로는 받아들일 수 없는 어떤 힘과 갑작스럽게 마주친 것이다(Colmer 49).

아델라는 선악이 분화되지 않은 채 원초적인 자연 상태를 보존하고 있는 마라바 동굴 안에서 자신의 무의식 속에 자리 잡고 있음에도 불구하고 이성에 억눌려서 감지되지 않았던 동물적 본능을 자각한다. 인간의 본능이 결코 도덕적으로 악한 것으로 단정될 수 없는 자연스러운 현상임에도 불구하고 엄격한 이성주의자인 그녀는 그것을 도덕적으로 악한 것으로 생각한다. 그리고 자신이 그러한 악한 마음을 가졌다는 사실 때문에 죄의식에 휩싸인 그녀는 죄를 저질렀다는 생각을 용납할 수 없어서 아지즈에게 그것을 투사해 버린 것이다.

요컨대 아델라가 마라바 동굴에 이런 식으로 반응하게 된 궁극적인 이유는 이성만을 믿고 의존하는 자신의 편협한 틀에서 벗어나지 못했기 때문이라고 할 수 있다. 바꿔 말하면 좁고 경직된 틀을 넘어서 무차별 평등과 포용의 정신을 지닐 때에서야 자연을 제대로 이해할 수 있는 것이다. 그 예로는 아델라가 아지즈의 무죄를 인정하고 그에 대한 고소를 취하한 경위를 들 수 있다. 아델라가 정신적 착란에서 서서히 깨어나 잘못을 깨닫게 된 결정적인 동기는 법정에서 부채를 부치고 있는 천민의 모습이다. 최고의 완벽한 미의 모습으로 현시된 이 천민은 인간 사회에서의 범주와 계층의 구별이 얼마나 하찮은 것인가를 보여 주는 듯하다. 인간의 운명에서부터 멀리 떨어져서 운명을 관장하는 신과 같이 모든 일에 무관심한 듯한 그의 모습을 보고 아델라는 "그녀 고통의 왜소함"을 깨닫고 자신의 편협성을 되돌아본다. 자신의 부족함을 느꼈을 때 아델라는 동굴에 들어가기 전 사랑이 아닌 순간적 본능에 의해 결정된 로니와의 결혼문제를 생각하고 "충격"을 받았음을 인정하게 되고 아지즈에 대한 고소를 취하한다. 그녀는 자신이 받은 고통의 "왜소함"을 깨닫고 이성으로 설명될 수 없는 부분이 있음에도 불구하고 모든 것을 이성으로 파악하려 했던 편협성을 깨달음으로써, 아지즈에게 잘못이 있는 것이 아니라 그녀에게 잘못이 있음을 인정할 수 있게 된 것이다. 다시 말해서 그녀는 고통이란 순전히 자신의 개인적인 문제이고 마라바 동굴에는 편협한 개인적인 차원을 넘어선 보다 큰 차원의 의미가 함축되어 있음을 어렴풋이 인식한 것이다. 이는 고통이란 순전히 개인적인 문제지만 선악의 문제는 전체 우주의 곧 신의 양면성의 문제라는 고드보울의 해석과도 연관된다.

그렇지만 아델라는 끝내 이성으로 설명될 수 없는 신비를 이해하지는 못한다. 따라서 그녀는 자신의 부족함을 인식하는 데 그쳤을 뿐 그 천민이 무차별 평등이라는 자연의 원리를 현시하고 있음을 깨닫지는 못한다. 또한 아델라는 마라바 동굴의 반향에도 자연의 신비가 내재되어 있음을 인식하지 못하게 된다. 후에 필딩과의 대화에서 그녀는 자기가 본 것이 "귀신"일지 모른다며 신비를 간접적으로 수용하지만 이내 초자연적인 것을 부정해 버린다. 아델라가 인도의 신비를 끝내 이해하지 못하고 혼돈으로 보았음은 인도를 떠나 지중해에 당도했을 때 편안함을 느끼는 묘사에서 재차 확인된다. 그녀는 지중해의 명료성 앞에서 인도의 혼돈이 모두 씻긴다고 느끼며 안도하는 것이다.

이성과 상식에만 의존하는 아델라와는 달리 감정이나 직관을 통해 사물이나 다른 사람들을 이해해 보려는 무어 부인 역시 마라바 동굴의 반향을 제대로 이해하지 못한다. 그녀는 마라바 동굴을 여행하고 난 후 삶의 의욕을 잃고 결국 죽고 만다. 무어 부인이 마라바 동굴의 반향을 올바로 받아들이지 못하는 이유는 그녀가 무질서한 것을 수용하지 못하기 때문이다. 물론 그녀는 아델라를 포함한 다른 영국인들과는 달리 이성적으로는 설명될 수 없는 신비를 이해할 소지를 보인다. 예컨대 아델라와 로니를 태운 나왑 바하더의 차가 알 수 없는 물체와 부딪쳤다는 이야기를 듣고 무어 부인은 무심코 "귀신이군"이라고 말한다. 그런데 그 말은 인도인 나왑 바하더의 생각과 일치한다. 그녀는 이성에 의거한 언어보다는 감정으로 전달될 수 있는 "동족들 간의 비밀"을 직관적으로 이해했던 것이다. 그녀는 논리나 이성으로 설명할 수는 없어도 어떤 질서를 내포하는 신비를 좋아한다. 그렇지만 질서를 지니고 있지 않은 것을 받아들일 수 없기에 혼돈을 싫어한다. 그래서 그녀는 고드보울 교수의 종교 노래를 이해할 수 없다. 고드보울의 노래는 리듬이 없이 혼란스러웠는데 그것을 이해할 수 없는 사람들은 미로와도 같은 소음 속에서 방황해야 했다. 무어 부인 또한 혼돈을 이해할 수 없었기에 내적 무감각 상태에 빠진다. 마라바 동굴의 반향 역시 그녀에게는 혼돈일 뿐이다. 이 반향은 무어 부인의 정신상태를 근본적으로 뒤흔들어 놓는다. 고드보울의 노래를 듣고 심리적으로 뒤죽박죽이 된 상태에서 인간관계에 대해 회의하게 되었던 무어 부인은 반향을 듣고 난 후에는 모든 것이 무의미하다고 생각하게 된다. 이제 그녀에게 기독교는 "가련하고 하찮으며 말만 많은" 것에 불과하다. 심지어는 삶까지도 무의미하다고 느끼는 그녀는 살려는 의욕조차 상실한다.

무어 부인이 인간 간의 교류조차도 원치 않게 된 것은 마라바 동굴에서 받은 비전에 완전히 굴복하고 만 결과이다. 무어 부인이 마라바 동굴의 의미를 이해하지 못하고 끝내 좌초하고 말았다는 것은 자연의 원리를 체득하기가 그만큼 어렵다는 것을 반증해 준다. 그녀가 자연의 원리를 수용할 수 있는 가능성이 있는 인물이었으면서도 마라바 동굴의 반향을 이해하고 제대로 받아들일 수 없었던 이유 또한 아델라와 마찬가지로 편협성을 벗어날 수 없었기 때문이다. 그녀는 남다른 이해의 폭을 가지고 무한에 대해서 생각해 보고 말벌에게까지 사랑을 확대할 수 있었지만 모든 것이 궁극적으로 평등하다는 생각을 할 수는 없었다. 따라서 그녀에게 우주는 무한히 열려 있는 것이 아니라 닫힌 "왜소한" 것이며 또한 우주는 모든 것의 가치를 무화시켜 버리므로 "두려운" 것이다. 다시 말해서 그녀는 우주에 대한 "두려움"과 그것의 "왜소함"을 동시에 느끼는 "황혼과 같은 이중적 비전(the twilight of the double vision)"을 갖게 된 것이다. 그녀는 반향의 의미를 깨달을 수 있는 단계까지는 이르지 못하고 모든 것이 망상이니까 무의미하다고 받아들이는 단계에 머무르고 만다. 포스터가 지적하는바 무어 부인은 "돌아선 비전"[7]을 본 것이다. 마라바 동굴은 무어 부인의 비전처럼 모든 것의 가치가 무화된 무의미한 상태가 아니라 그 나름의 원리를 함축하고 있다. 그럼에도 불구하고 무어 부인은 선악이 미분화된 자연 상태의 마라바 동굴에서 신이 부재한 세상을 보자 그 상태가 전부라고 생각하면서 좌절한 것이다.

자연의 원리를 완전히 이해하고 수용하는 일이 얼마나 어려운지는 무어 부인이 끝내 좌초하고 만다는 사실에서 보다 명확해진다. 인도를 떠나려는 무어 부인 앞에 자연이 나타나 비웃는 상징적 장면 속에 그녀가 자신의 한계성을 깨달았다는 확실한 언명이 없다. 배를 탄 무어 부인에게 보이는 것은 영원히 파괴될 수 없는 사람들의 삶, 그들의 얼굴들 그리고 집들이다. 그런데 그것들은 그녀가 받은 고통을 이

---

7) Angus Welson, "A Conversation with E. M. Forster," *Encounter* (November 1957), 11. 김명렬, "포스터의 『인도로 가는 행로』," 백낙청 편. 『리얼리즘과 모더니즘』 (서울: 창작과 비평사, 1984), 261에서 재인용.

해하는 차원이 아니라 하나의 대상 그 자체로서만 나타난다. 한 개인의 고통이란 개인적인 문제로서 거대한 자연에게는 아무런 영향도 미치지 못하고 자연은 그저 영원히 신비하고 불가지적인 자신의 섭리에 따라 움직이고 있을 따름이다. 수백 그루의 코코넛 나무가 무어 부인 앞에 나타나 작별 인사를 고하면서 그녀가 마라바 동굴로 대표되는 자연의 실상을 완전히 파악하지 못한 채 일부분만을 보는 데 그쳤음을 비웃는다(257-58).

요컨대 제 2부에서는 영국인 아델라와 무어 부인이 마라바 동굴과 그 반향을 이해하지 못하는 것은 자신들의 편협성에 갇혀서 포용정신을 지니지 못했기 때문이라는 사실이 부각되어 있다. 더 나아가 인간의 편협성의 문제와 마라바 동굴의 반향이 갖는 의미가 대비됨으로써 자연을 대표하는 마라바 동굴과 그 반향에 무차별 포용의 원리가 함축되어 있음이 지속적으로 시사된다.

4) 필딩과 아지즈의 인간관계 가능성 모색

자연 속에 무차별 평등이라는 원리가 내포되어 있음이 상징적인 차원에서 시사되었다고 한다면, 그러한 자연의 원리 터득과 이해가 인간관계 성립의 관건이라는 사실을 확인하는 작업은 실제 현실 상황을 그린 사실적인 차원에서 이루어진다. 이 작품에서 구체적 정치 현실 속에서 성립되는 인간관계는 비단 개인 대 개인의 문제가 아니라 제국주의하의 지배민과 피지배민이라는 구체적인 정치 현실 하에서 영국인과 인도인 간의 관계로 설정되어 탐색된다. 이제 사실적 차원에 주목해서 자연 및 우주적 차원에서 인간관계를 확립시킬 수 있는 비전으로서 제시된 사랑과 포용의 원리가 현실적인 문제 해결에 어떠한 양상으로 작용할 수 있고 어떻게 수용될 수 있는지를 살펴본다.

제국주의하의 지배민과 피지배민이라는 정치적 상황이 크게 감지되지 않은 상태에서 영국인과 인도인의 개인 차원에서의 관계 수립은 큰 난관 없이 가능한 듯이 보인다. 대표적인 것은 영국인 필딩와 인도인 아지즈의 인간관계다. 두 사람은 처음 순탄한 교제를 맺는다. 그들의 교류가 가능했던 것은 두 사람 모두 정치 문제에 얼마만큼 초월해 있었기 때문이다. 무어 부인과의 친교 이후 영국인과의 관계에 가능성을 느끼고 있었던 의사 아지즈는 동료 인도인들의 정치적 논쟁에 별 흥미를 느끼지 못할 정도로 정치에 무관심하다. 필딩 또한 정치적 이념이나 집단 심리보다는 개인적 고결성의 가치를 더 중요시한다. 그는 "세상이란 서로에게 다가서려는 사람들이 살고 있는 곳이며, 선의, 교양, 그리고 지성을 갖추고 그와 같은 화합을 이루려 할 때 가장 잘 이루어진다"고 믿는 이성주의자다. 또한 그는 인종적인 편견을 초월하여 기꺼이 인도인 친구를 사귀려 하는 진보적 인도주의자다.

그러나 개인 차원에서는 가능했던 인간관계는 정치적인 문제가 개재되자 지배민과 피지배민이라는 필연적 구도 안에서 집단 대 집단의 관계로 파악될 것이 강요된다. 아지즈와 필딩의 관계에 첨예한 정치 문제가 개입되게 된 계기는 마라바 동굴 사건이다. 무어 부인과 아델라에게 마라바 동굴을 구경시켜 주기 위해 동행한 아지즈가 동굴에서 아델라를 강간하려 했다는 혐의로 고소당한 것이다. 이 사건은 영국인과 인도인 사이의 정치적인 문제로 비화되어 심한 갈등과 대립을 야기한다. 피지배민인 인도인에게 강간당할 뻔했다는 아델라의 말은 인도인에 대해 항상 잠재적으로 감정적 편견을 지니고 있던 영국인들 사이에 아무런 의심 없이 확실한 사실로 받아들여진다. 정치 문제가 배재된 개인적인 차원에서는 인도인과 친근한 대화를 나눌 수 있었던 영국인들조차도 정치 상황을 염두에 둔 채 한 집단으로서 인도인을 보는 시각은 판이하게 다르게 나타난다. 영국인 중위가 그 한 예가 되는데 그는 이 사건이 발생하기 전 메이든(Maiden) 광장에서는 아지즈와 친근하게 폴로 경기를 할 수 있었음에도 불구하고 그 후 영국인들의 모임에서 인도인의 강간 미수 사건이 거론되자 진상을 분명히 규명해 보려는 노력 없이 인도인의 범죄를 확신하고 흥분한다. 그들은 집단행동을 하면서 구성원들에게 개인적인 견해가 아닌 "집단행동 노선에 따를(toe the line 213)"것을 강요한다.

정치 문제가 표면위로 부상한 상황에서 새로운 전기를 맞게 된 아지즈와 필딩의 관계는 다른 영국인들에게 배반자로 낙인찍히면서도 집단 심리에 휘둘리지 않고 이성적인 판단과 정의감으로 아지즈의 무죄를 주장한 필딩의 영웅적인 태도로 인해 일단은 더욱 친밀해진다. 필딩과 아지즈의 관계는 정치 문제가 첨예하게 개재된 상황에서도 지배민과 피지배민의 일원이라는 사실 때문에 초래되는 필연적 대립과 갈등상태를 뛰어넘은 것이다. 그렇지만 두 사람은 결국 헤어져 필딩은 영국으로 돌아가고 아지즈는 영국인을 피해 힌두 자치국인 마우(Mau)로 은거하고 만다. 정치적인 문제까지도 뛰어넘을 수 있었음에도 불구하고 두 사람이 결별하게 된 것은 그들이 바람직한 상호이해에 기초한 친분상태에 도달하지 못했기 때문이다. 그 중요한 이유로는 두 사람 사이의 상반된 기질로 인한 한계성을 들 수 있다. 기질 차이로 인한 문제점은 처음 아지즈와 우정을 맺을 때 필딩에게 조금은 예감된다. 아내의 사진까지 보여 주며 친근감을 표하는 아지즈와 우정을 맺으면서도 그는 두 사람 사이의 불가피한 거리감을 인식한다. 필딩의 정신원리는 이성으로서 그는 아지즈와 명료한 이성이 허락하는 범위 내에서만 우정을 맺고자 하는데 마라바 동굴 사건을 계기로 아지즈가 요구하는 우정이라는 것이 이성의 범위 내에서의 우정이 아님을 알게 되자 필딩은 불안해진다. 그들은 각각 이성적이고 감정적인 사람들로 기질상 큰 차이를 지니고 있는 것이다. 그렇지만 이러한 기질의 차이점은 정치 문제가 배재된 개인 차원의 관계에서는 그다지 크게 노정되지 않았었다.

 잠재되어 있던 두 사람 사이의 상반된 기질 차이는 정치 문제로 비화된 마라바 동굴 사건을 계기로 극명하게 표출된다. 원래 정감적이고 충동적이며 비논리적이었던 아지즈는 마라바 동굴 사건으로 인해 이성의 절제를 완전히 상실한 채 극단적인 감정주의에 빠져 버린다. 그는 감정에만 의존하는 편협한 인간이 되어 아델라를 이해해주고 용서하려 하지 않고 적으로 간주하며 자기가 당한 만큼의 고통을 그녀에게 되돌려 주려 한다. 그는 영국인과 인도인 모두에게 배척당하는 곤경에 직면한 아델라를 냉철한 이성적 판단에 의거해서 보살펴 주는 필딩을 이해하지 못한다. 필딩의 보살핌이 필딩과 아델라의 관계에 대한 이상한 소문으로 와전되는데 그 소문을 아지즈는 이성적으로 생각해 볼 겨를도 없이 감정적으로 이를 기정사실화하여 필딩을 오해한다. 아지즈는 필딩에게 "동양에 굴복할 것"을 강요하기도 한다. 필딩은 아지즈가 요구하는 우정이 이성의 범위를 크게 벗어나는 것임을 깨닫고 두 사람 사이의 거리감을 절감하게 된다.

 그런데 여기 제 2부에서는 두 사람이 원활한 인간관계를 맺지 못하는 원인이 감정적인 아지즈에게도 있지만 이보다는 영국인 필딩의 한계성에 있음이 더 크게 부각되어 있다고 할 수 있다. 제 2부까지는 지배민인 영국인이 우월한 입장에 있으므로 피지배민을 감싸 안아야 한다는 관점에서 주로 영국인에게 초점이 주어지고 있기 때문이다.

아델라나 무어 부인조차도 그랬듯이 필딩은 신비한 자연의 원리를 끝내 포착하지 못하고 아지즈를 포함한 그 누구하고도 "마음을 통한 신비한 이해"를 할 수가 없다. 그는 사랑과 포용의 원리를 실생활에서 실천하지 못하는 것이다. 이는 이성에만 의존하며 이성으로 이해할 수 없는 것을 받아들일 수 없는 그의 성향과 밀접한 연관성이 있다. 필딩은 아지즈로 하여금 아델라에게 요구한 엄청난 보상금을 면제해 주도록 이성적인 논리로 호소하지만 그를 설득하지 못한다. 결국 필딩이 아지즈의 마음을 돌리게 할 수 있었던 것은 무어 부인의 이름을 자주 환기시킴으로써이다. 필딩은 아지즈에게 그토록 큰 영향을 주는 무어 부인이 과연 어떤 존재인지를 이해해 보려 하지만 끝내 깨닫지 못한다. 그녀와 아지즈와의 친교는 이성이 아닌 직관적인 이해에 바탕을 두고 있음을 간파할 수 없었던 것이다.

필딩의 한계는 마라바에 대한 그의 반응에서 명확히 드러난다. 아지즈의 무죄를 주장한 반역적인 태도로 인해 클럽에서 추방되어 밖으로 나온 그는 사건의 발단이 된 마라바 동굴의 반향 때문에 혼돈 상태에 빠진다. 저녁 때 그가 멀리서 바라본 마라바 동굴은 "몬살바트며 발랄라이고 성자와 영웅들이 살고 있고 꽃으로 뒤덮인 성당의 탑들"로 보인다. 그렇지만 그는 무어 부인과 아델라가 본 마라바가 아닌 또 다른 면의 마라바, 즉 순간적으로 빛나는 신비한 아름다움을 포착하지는 못하고 만다. 그것은 여왕처럼 기품 있는 아름다움이자 하늘의 아름다움이 되어 전 우주에 퍼지는 것이다. 그런데 그가 이러한 마라바의 미를 간과해 버린다는 사실은 하늘, 즉 전체 자연의 원리를 수용하지 못하고 있음을 의미한다고 할 수 있다. 따라서 그는 반역자로 몰리면서까지 용기 있게 옹호해 준 아지즈에게서 완벽한 신뢰를 받지 못한다. 마라바를 이해 못하는 자신의 한계를 어렴풋이 느긴 그는 재판이 끝난 후 아델라와 함께 자신들의 합리주의에 불만을 느끼고 "아마도 인생은 혼돈이 아니라 신비일지 모른다"고 생각하지만 끝내 그의 한계를 뛰어넘지 못한다.

그렇기에 필딩은 인도인뿐 아니라 영국인과의 관계에서도 불완전한 친교를 맺는데 그치고 만다. 이 같은 성취가 인생의 무궁한 신비에 비하면 얼마나 초라한 것인지는 이들의 우정을 자연의 관점, 즉 아득한 천국에서 내려다 본 난장이들의 악수에 비유하고 있는 장면에서 더욱 확연해진다(319).

필딩이 아지즈와 결별하고 인도를 떠나는 장면을 묘사한 제 32장에서도 그의 한계가 암시되고 있다. 그는 혼돈스러운 인도를 떠나 지중해에 당도한다. 그때 그는 혼돈을 넘어서 형식의 미를 지니고 있는 문명을 보고 "지중해가 인간의 규범"이라고 생각하며 편안해 한다. 여기에서 '지중해'는 이성을 중시하는 서양의 질서체계나 사고방식을 가리킨다. 따라서 필딩은 끝내 자신의 좁은 테두리를 벗어나지 못했다고 할 수 있다.

요컨대 제 2부에서 필딩과 아지즈가 완전한 친교를 맺지 못한 원인은 정치 문제에 있다기보다는 마라바 사건을 계기로 노정된 그들 사이의 기질 차이와 그로 인한 이해부족, 그리고 그들이 무차별 평등에 기반한 사랑과 관용을 베풀지 못한 한계성에 있다. 특히 지배민인 영국인 필딩이 포용의 한계를 보인다는 점이 그들이 헤어지고 마는 데 중요한 요인으로 작용한다. 이는 무한한 사랑과 포용이야말로 인간들 사이의 관계를 맺어 줄 수 있는 비전임을 반증한다고 할 수 있다.

5) 유보된 비전 제시

 상징적이고 신비한 차원의 이야기와 사실적 차원의 이야기가 병존하는 제 3부에서도 무차별 평등이라는 자연의 원리 구현이 과연 실제 현실상황에서 인간관계를 확립해 주는 방안인지를 확인하는 작업이 시도된다. 제 2부에서 첨예한 정치적인 상황 속에서 표출된 기질상의 극명한 차이 때문에 헤어진 필딩과 아지즈의 관계가 제 3부에서 다시 한번 모색된다. 힌두 자치국 마우에서 두 사람이 재회하는 시점은 크리슈나(Krishna) 탄생 축제가 벌어지고 있는 때인데 이러한 시공적 배경 하에서 두 사람의 인간관계 확립 가능성이 새로운 차원에서 탐색되는 것이다.

 이제까지 상반된 두 인종간의 인간관계를 원활히 맺어줄 방안으로 일관성 있게 제시된 자연의 원리의 의미는 제 3부에서 더욱 명확해진다. 자연의 원리가 제 3부에서 가장 강력하고 분명하게 나타났다고 할 수 있는 이유로는 제 1, 2부에서는 우주 및 자연의 원리를 깨닫고 있다고 암시되는데 그쳐 애매모호하고 비현실적인 인물로 보이던 고드보울이, 제 3부에서는 힌두교의 사제라는 구체적이고 실감나는 인물로서 중요하게 부각된다는 사실을 들 수 있다. 또 다른 이유는 사제로서 축제를 주재하는 고드보울의 의식 속에 무어 부인이 나타나게 함으로써 무어 부인에게 "돌아선 비전"에 그치고 말았던 비전의 온전한 의미를 크리슈나 탄생 축제를 통해 보여주고 그것이 인간관계 회복에 중대한 영향을 끼침을 보여 준다는 점이다. 인도의 자연을 통해 현시된 자연 및 우주의 원리가 제 3부에서는 인도의 정신을 상징하는 힌두교와 연결되는 것이다.

 제 3부의 첫 장 33장에서는 시적으로 함축적인 의미를 전달해 주

던 각 부의 첫 장에서와는 달리 관찰자적인 입장에서 크리슈나의 탄생 축제 장면이 기술되어 그 속에 담겨진 정신이 시사된다. 크리슈나 탄생 축제를 통해 현시된 힌두교의 정신은 무차별적 포용과 관용이다. "신은 존재하고, 존재하지 않았고, 존재하지도 않고, 존재했다(He is, was not, is not, was. 341)"라는 역설이 단적으로 보여 주듯이 여기에는 논리적 차원이 초월되어 있으며 상반되는 모든 것이 화합을 이루고 있다. 크리슈나 탄생축제는 개인적 차원이 아니라 우주적 차원 즉 신의 양면성이라는 포용의 원리 하에 모든 것이 다 동참하는 천지 만물의 축제다. 신의 사랑을 인간에게만 국한하는 배타적인 기독교에서와는 달리 힌두교에서는 모든 천지만물 안에 신성이 구현되었다고 보기 때문이다. 천지만물은 나와 하나가 되고 나와 나 아닌 것 사이에는 구별이 없어져 무차별, 평등 상태가 이루어진다. "God is love"에 혼돈이 개입되어 "God si love"가 된다. 이것은 배타적인 기독교적 사랑이 아니라 만유를 무차별적으로 포용하는 관용을 의미한다. 따라서 인도 정신의 정화라 할 수 있는 미의 축제가 서양인의 눈에는 "혼돈이고 이성과 형식의 좌절"로 보일 것이다. 서양인은 이성과 논리를 초월한 신비한 경지, 즉 무차별 평등이 이루어지는 상태를 이해할 수 없기 때문이다.

　제 3부에서는 무차별 평등의 자연의 원리를 구현하는 것이 인간관계를 맺어줄 수 있는 비전이라는 사실이 중점적으로 부각된다. 필딩과 아지즈가 크리슈나 탄생 축제 때 일시적이나마 인간관계를 회복한 것이다. 그런데 그것은 자연의 원리가 묵시적으로나마 작용했을 때 가능했음이 크게 두 측면에서 암시되어 있다. 하나는 무차별 평등과 포용의 자연의 원리를 이해하고 수용할 가능성을 지녔던 무어 부인의 상징적 영향력 하에서 필딩을 비롯한 영국인에 대해 닫혀 있던 아지

즈의 마음이 새롭게 열리기 시작했다는 사실이다. 아지즈의 마음이 열리기 시작한 계기는 필딩이 아델라가 아닌 무어 부인의 딸 스텔라(Stella)와 결혼한 사실과 무어 부인의 아들 랄프(Ralph)와의 만남이다. 아지즈는 랄프도 무어 부인처럼 직관적인 이해력을 지닌 사람임을 발견하고 영국인과의 관계에서 새로운 가능성을 감지한 것이다.

자연의 원리를 실제 현실 속에서 실천하는 일이 인간관계 수립에 작용했다는 또 다른 암시의 하나는 제 3부의 구조에서 찾아볼 수 있다. 아지즈와 필딩 일행 사이의 관계가 진전되는 것과 자연의 원리를 내포하고 있는 크리슈나 탄생 축제의 행렬이 병치되고 있는 것이다. 외형상 별개로 보이는 두 사건이 합치되어 연결되는 지점은 그들이 탄 배가 충돌하는 장면이다. 이 사건을 계기로 아지즈와 필딩은 우정을 회복한다. 그런데 그들이 배의 충돌로 물에 빠진 때는 진흙으로 만든 모형들이 물 속에 던져지는 축제의 절정기였다. 이 흙탕물은 무차별로 무한한 사랑을 베푸는 크리슈나의 정신을 상징한다. 그러므로 이 흙탕물 속에 필딩과 아지즈가 빠지고 난 후 우정을 회복한 것은 자연 및 우주의 원리이자 크리슈나 신의 원리인 무차별적 사랑과 포용의 정신 속에서 그들이 오해를 풀고 새롭게 인간관계를 정립했음을 의미한다고 할 수 있다.

그런데 문제는 앞서 지적한 두 장면이 너무 상징적이고 애매하게 처리되어 있다는 사실이다. 이는 자연의 원리가 구체적인 현실 상황 속에서 인간관계를 확립해 줄 수 있는 비전으로 강력하고도 신빙성 있게 제시되지 못하고 있음을 의미한다. 무어 부인의 인물 처리도 이 사실을 뒷받침해준다. 이성이 아닌 감정으로 전달될 수 있는 것도 직관적으로 이해할 수 있는 무어 부인은 인도의 신전에서 우연히 만난 초면의 아지즈와도 순간적으로 마음이 통할 수 있게 되고 그와 순수한 인간관계를 이룩하게 된다. 그녀는 다른 영국인들과는 달리 폭넓은 포용력을 지니고 있으면서 인종, 문화, 정치적 차이에도 불구하고 인도인들과 상호이해에 바탕을 둔 인간관계를 수립할 수 있었던 것이다. 대다수 영국인들의 배타성이나 편협성과 대조되는 무어 부인의 포용력은 상반된 두 국민 간에 진정한 관계가 수립될 수 없다는 한계성을 해결할 수 있는 방안으로 부상하는 듯 보인다. 그렇지만 그녀는 마라바 동굴의 반향을 제대로 이해하지 못한 채 충격을 받아 세상을 떠남으로써, 자연의 원리를 깨닫고 그것을 구체적인 현실 사회에서 구현하는 인물로 설정되지 못했다. 또한 죽기 전에 자연의 원리를 터득했다는 확실한 언명도 없이 그녀는 죽은 후에 "에스미스 에스무어(Esmiss Esmoor)"라는 힌두교의 여신으로 추앙되고 사랑과 포용의 화신으로서 다른 사람들에게 영향을 미치는 상징적인 인물로 처리된다. 따라서 동양인과 서양인이라는 상반된 기질, 피지배민과 지배민이라는 정치 상황에 처한 그녀와 아지즈와의 관계도 하나의 이상적인 모형으로 보일 뿐이다. 이러한 사실들은 작가가 자신의 비전에 대해 확신이 없음을 반영해 주는 것이 아닌지 의구심이 들게 한다.

  자연의 원리를 구현하는 일이 인간관계 확립에 중대한 영향을 미칠 수 있다는 비전이 이 작품의 결말부까지 지속적으로 제시되지 못하고 있음을 시사해 주는 또 하나의 사실은, 이제까지는 두 사람의 상반된 기질 차이가 두 사람 사이의 관계에서 걸림돌이 되었던 반면에, 제 3부 결말부에서는 정치 문제가 보다 더 강력한 장애물로 작용하게 된다는 점이다. 제 1, 2부에서는 개인적인 기질 차원에서 감정적인 인도인들보다는 이성을 뛰어넘지 못하는 영국인의 합리주의와 기독교 문명권에 속하는 사람들의 편협성과 배타성이 바람직한 인간관계를 가로막는 주된 장애물로 지적되었다. 그러나 제 3부에서는 정치적인 문제를 더 첨예하게 느끼지 않을 수 없는 인도인 아지즈에 초점을 맞추어 영국인과 인도인의 관계를 개인적인 차원이 아닌 정치 현실에 더 주안점을 두어 조망해 본다. 이 사실은 특히 제 2부에서 필딩과 아지즈가 결별하는 장면과 제 3부 결말부에서의 그것을 비교, 대조해 볼 때 더욱 두드러진다.

직접적인 정치 문제가 화제로 등장하지 않던 제 2부까지와는 달리 정치문제가 필딩과 아지즈의 대화 전면에 부상하자 두 사람 사이에는 커다란 정치적 시각차가 노정된다. 비록 마라바 사건을 계기로 영국인에 대한 반감에서 감정적으로 반영주의자가 되었기 때문에 성숙한 정치의식을 보여주지는 못하지만 정치 현실 문제를 고려하게 된 아지즈는 제국주의 영국을 비난하고 인도의 독립을 주장한다. 그는 정치적 평등의 기반 위에서만 두 개인 사이의 진정한 우정이 성립될 수 있다고 말하면서 인도가 독립 국가가 되고 모든 지배자로서의 영국인이 영원히 인도를 떠나야만 그들은 진정한 친구가 될 수 있다고 말한다. 반면 필딩은 아지즈의 말에 냉소를 보내고 조롱하는 듯한 어조로 인도를 무시한다. 그는 이제 제국주의의 허구성을 간파하지 못하고 인도 독립의 당위성을 이해하지 못한 인물로 판명된다. 이제까지는 문제시되지 않았던 필딩의 부정적인 면이 부각된 것이다. 정치 문제를 도외시한 채 필딩은 두 사람이 친구가 되는 것은 그 자신이 원하는 바이고 또 아지즈가 희망하는 바라고 말하면서 개인적 차원에서의 우정 성립을 갈망한다. 그렇지만 결국 두 사람의 우정관계는 유보되고 만다.

그런데 여기에서는 흥미롭게도 힌두 정신을 상징하는 신전, 하늘, 땅 등 자연도 두 사람의 우정을 바라지 않는 것으로 묘사된다. 무차별적 평등과 포용의 원리를 구현하고 있는 자연과 인도 정신이 역설적이게도 두 사람의 친교를 원하지 않는 것이다. 심지어는 제 1부, 1장에서 모든 차이를 폭넓은 관점에서 포용하고 있다고 제시된 하늘마저도 "안 돼, 거기서는 안 돼"라고 말하면서 그 두 사람의 우정을 희망하지 않는 것으로 나타나 있다. 제 1부, 1장의 하늘의 묘사와 제 3부 결말부에서의 그것이 대조를 이루고 있는 것이다. 다시 말하면 제 1부, 1장부터 시작하여 제 3부 전반부까지는 자연의 원리가 모든 것을 초월할 수 있는 방안으로 제시되었으면서도, 결말부에서는 정치 현실적 여건이 충족되지 않으면 인간관계가 제대로 성립될 수 없다는 생각이 개진된 것이다. 이는 작가가 애초에 나타내고자 한 비전과 모순된다.

6) 맺음말

『인도로 가는 행로』는 이중구조 즉 정치 현실이라는 사실을 다루는 차원과 자연의 원리라는 비전을 제시하는 상징적 차원으로 구성되어 있다. 상징적 차원에서는 한계성을 지닌 인간이 타인과 상호이해에 바탕을 둔 관계를 확립할 수 있는 방안으로 자연의 원리가 제시된다. 그런데 제 3부의 결말부에서는 제국주의 하의 피지배국이라는 현실을 도외시한 채 개인적인 차원에서의 우정을 지속하자는 필딩의 제안보다는 정치적 평등이 진정한 우정을 성립시킬 수 있는 선결 요건이라는 아지즈의 반응에 더 무게가 실린 채 끝맺어진다. 자연의 원리라는 비전을 통한 문제 해결방안이, 정치 현실이 개재되지 않을 수 없는 상황에서는 그다지 큰 역할을 하지 못함이 판명된 것이다.

이는 각 개인의 인간관계를 무엇보다 중시하며 집단과 단체, 제국주의를 비롯한 이념들을 불신한 작가 포스터의 일면과 정치 현실 문제를 고려하지 않을 수 없었던 또 다른 면 사이의 갈등의 소산이라고 할 수 있다. 그는 한편으로는 개인적인 차원에 국한시켜 일반적인 인간의 문제에 관심을 가졌는가 하면 다른 한편으로는 정치 현실을 고려한 상태에서 인도의 독립을 두둔하는 입장을 보인다. 다시 말하면 그는 인도와 영국의 관계라는 국제 상황 속에서 인도의 독립을 옹호하는 정치 소설가의 면모를 보이는가 하면, 다른 한편으로는 극단적인 정부의 압력이나 강압적인 정치 및 정책에 얽매이지 않은 각 개인의 자유를 믿었다. 개인 차원의 관용을 중시하는 작가의 한 일면이 제 3부 전반부까지에서 정치 문제에 그다지 큰 비중을 두지 않게 한 것이지만, 또 다른 일면이 결말부에서 정치적 상황을 도외시한 채 개인 차원에서의 우정 성립을 원하는 필딩에게 공감을 할 수 없게 만든 것이다.

이러한 심적 갈등상태 속에서 포스터는 한편으로는 상징적이고 신비한 차원을 통해 낭만적 비전을 제시하면서도 결코 정치를 포함한 사회 현실을 도외시하지 않는다. 이 사실은 애초에 작가가 인간의 한계와 자연의 원리를 탐구해 보는 소재로 제국주의하의 피지배국인 인도를 택해서 영국인과 인도인의 관계를 천착한다는 사실에서도 분명해진다. 영국인과 인도인의 갈등 양상을 제시하고 그 해결 방안을 모색하는 것은 단순히 동일 국민간의 인간관계를 다루는 것보다 훨씬 더 복잡한 문제 접근이 된다. 영국인과 인도인은 정치적, 사회적, 문화적, 종교적 그리고 기질적으로 서로 상반되기 때문이다. 또한 그것은 막연하고 추상적이며 안일한 문제 해결을 용납하지 않고 구체적인 현실의 삶에 대한 예리한 인식을 요구하게 된다. 여기에는 자신이 살고 있던 제국주의 시대에 대해 날카로운 문제의식을 갖고 해결 방향을 모색해 본 작가의 진지한 일면이 나타나 있다고 할 수 있다.
　결말부에서 자연의 원리 구현을 바람직한 인간관계 수립의 방안으로 제시하던 작가의 분명한 입장이 한 걸음 후퇴한 이유는 무차별 포용이라는 자연의 원리가 두 국민 간에 개재된 모든 문제를 해결할 수 있을지에 관해서 그 자신 회의적이기 때문이라고 할 수 있다. 개인 차원에 주목하고 이를 중시하는 성향과 정치 현실을 도외시할 수 없는 입장 사이에서 갈등하던 작가는 제국주의 그 자체 즉 정치적 문제가 해결되지 않는 상태에서 단순히 개인 간의 인간관계를 개선하는 것은 일시적이고 부분적인 해결 방안에 그치고 말며 근본적인 인간관계는 확립될 수 없음을 예리하게 인식하지 않을 수 없었던 것이다. 이러한 현실 인식 때문에 그는 다분히 낭만적이고 추상적인 비전을 문제 해결의 방안으로 제시할 수 없었다.
　인간관계를 원활히 맺어줄 수 있는 비전으로 자연의 원리를 제시하고자 한 작가의 입장이 제 3부 결말부에서 유보되었다고는 하지만 이 소설은 탄탄한 구성을 지니고 있다. 『인도로 가는 행로』의 상징적 차원에서 인간관계 확립의 비전으로 제시된 무차별 평등과 포용의 자연의 원리는 세 부로 나누어지는 각 부의 첫 장에서 하늘로 대표되는 자연, 그 자연이 집약적으로 나타나는 마라바 동굴과 그 반향, 자연의 원리와 맥이 통하는 인도 정신의 정화인 크리슈나 탄생 축제를 통해서 중점적으로 암시된다. 이로써 일견 무관하게 보이는 각 부의 첫 장은 유기적으로 연결되어 자연의 원리를 드러내는데 공헌하고 점진적으로 그 의미망을 구축해 나간다. 그 의미는 제 1, 2부에서 구체적인 인간사에서 노정되는 인간의 한계성과 대조, 대비되면서 암시되다가 제 3부에서 좀더 명확하고 분명해진다. 요컨대 상징적 차원에서 함축된 자연의 원리는 일관성 있게, 사실적인 차원에서의 구체적인 인간사를 좀더 포괄적인 안목에서 조망해 보는 표준으로, 또한 인간의 한계와 대조되어 그것을 초월할 수 있는 방안으로 그 의미를 점진적으로 형성하고 확대해가면서 제시되고 있는 것이다. 이러한 이중구조 사이의 긴밀한 상호 관련성은 각 장의 대조와 장면의 병치를 통해 보다 효과적으로 맺어지고 있다고 할 수 있다.

　작품 전체를 통하여 일관성 있게 중심 골격을 형성하고 있는 이중구조, 즉 영국인과 인도인 간의 관계를 다루는 구체적인 정치 현실적 차원과 보다 넓은 안목에서 두 국민간의 바람직한 인간관계를 조망하고 비전을 모색해 보는 상징적 차원이 긴밀하게 상호작용을 하면서 역동적으로 의미망을 구성하는 양상은 정연한 건축미마저 느끼게 한다. 이러한 면이 작가의 비전 제시에 있어서의 불확실한 태도를 상당 부분 상쇄해 주고 있다고 할 수 있다.

< 인용문헌 >

김명렬. "구조로 본 의미." 한국영어영문학회 편.『20세기 영국소설 연구』. 서울: 민음사, 1981.

김명렬. "*A Passage to India*와 프로페시." 정병조 편.『현대영미소설 연구』. 서울: 신아사, 1982.

김명렬. "포스터의『인도로 가는 행로』." 백낙청 편,『리얼리즘과 모더니즘』. 서울: 창작과 비평사, 1984.

Beer, John. Ed. *A Passage to India: Essays in Interpretation.* London: Macmillan, 1985.

Bradbury, Malcolm. Ed. *E. M. Forster: A Selection of Critical Essays.* London: Macmillan, 1970.

Colmer, John. *E. M. Forster: A Passage to India.* London: Edward Arnold, 1967.

Forster, E. M. *A Passage to India.* 장상호 편저. 서울: 신아사, 1985.

Levine, June Perry. *Creation and Criticism: A Passage to India.* London: U of Nebraska P, 1981.

Trilling, Lionel. *E. M. Forster.* London: Oxford UP, 1982.

Ⅳ. 19, 20세기 미국소설

1. 억제된 역사인식과 로맨스 형식: 『주홍글자』

1) 머리말

『주홍글자』(The Scarlet Letter)의 시대적 배경은 작가 호손(N. Hawthorne)이 살았던 19세기 당대가 아니라 17세기 초기 청교도 사회다. 이 소설 속의 교회, 시장, 처형대, 주요 건물과 행사 등이 1640년대의 실제 그대로 묘사되고 있고 심지어 벨링햄 지사(Governor Bellingham), 윌슨 목사(Reverend Wilson), 히빈즈 부인(Mrs. Hibbins) 등도 그 당시의 실제 인물들이었다. 이러한 사실에 대한 비평가들의 일반적 통설 중의 하나는 퀘이커 교도를 무자비하게 박해하고 세일럼(Salem)의 마녀 재판에 참가하여 마녀를 처형하는 일에 깊이 관여했던 자기 조상들의 냉혹함과 잔인성에 대해 죄의식을 강하게 느낀 호손이 그 시대를 그대로 형상화했다는 것이다.

한편 작가는 이 소설의 서두에 붙인 '세관'(The Custom House)에서 작품의 소재가 실제 이야기에 기반을 둔 것임을 강조하면서도 실제와 허구를 뒤섞어 인물이나 배경을 창조하고 분위기도 사실적인 면과 비사실적인 면을 교묘히 혼합하는 독특한 로맨스라는 형식에 이야기를 담아내겠다고 공언했다. 이 형식에 맞춰 호손은 애매모호한 서술기법을 구사했다. 많은 평자들은 리얼리티에 대한 그의 해석상의 태도에서 이에 대한 이유를 찾으려 한다. 호손은 하나의 진리가 다른 견해를 지닌 편에서는 얼마나 무의미한가를 나타내주고 있다는 것이다. 예컨대 게리 레인(Gary Lane)에 의하면 이러한 서술기법은 리얼리티에 대한 모든 관점과 해석이 나름대로의 의미가 있으면서 동시에 어떠한 것도 궁극적 의미를 지니지 않는다는 사실을 보여준다(Lane 324).

이 두 가지 사실에 대한 이제까지 비평가들의 견해에서 아쉬운 점은 그들이 다소 일반적인 접근방식을 택하고 있다는 것이다. 특히 소설의 시대적 배경 설정이 불러일으키는 문제의식을 형식면에서의 특징과 관련지어 이해해 보고자 하는 노력이 부족하였다고 생각된다. 따라서 작품의 서술방법과 형식을 작가의 역사인식이 반영되어 있다고 할 수 있는 내용과 연관시켜 살펴볼 필요성을 느끼게 된다.

본 논문은 진보적이고 낙관적인 시대이자 낭만적 개인주의가 팽배했던 19세기라는 시대에 살면서 당대 사회의 부정적인 면을 목격하게 된 호손이 미국적 개인주의가 어떻게 해서 배태되었고 그 특징은 무엇인지를 역사적으로 성찰하고자 했다는 사실을 논의의 전제로 삼는다. 호손이 자기 시대의 문제를 보다 근본적이고 객관적으로 접근해 보기 위해 미국의 설립이념의 바탕이 되었던 17세기 뉴잉글랜드의 청교도 사회를 탐구했다고 보는 것이다. 그는 19세기의 상황이 미국 건립의 초창기에 해당하는 17세기 초기 청교도 사회 안에 잠재된 가능성과 문제점에서 필연적으로 배태되었을 것이라는 역사의식을 지닌 것으로 보이기 때문이다.

　본 논문의 가설 하나는 호손이 청교도 사회에서 개인과 사회가 필연적으로 대립할 수밖에 없는 이유를 헤스터(Hester)를 통해 탐색해 보았고, 개인과 사회의 대립보다도 더 본질적인 문제인 청교주의 그 자체에 대한 의문과 회의를 딤즈데일(Dimmesdale)이라는 인물 속에서 탐구해 보고자 했다는 것이다. 청교주의의 핵심부에 있다고 할 수 있는 목사가 간음죄를 범했다는 사실이 시사하는 바는 미국의 성립근거에 잠재되어 있는 근본적인 문제에 대한 성찰로 이어질 수 있다는 것이다. 또 하나의 가설은 당대 19세기의 시대상황으로 보면 헤스터와 딤즈데일은 독자들에게 충분히 공감과 동정을 받을 수 있는 인물이기 때문에 작가 호손이 그들을 비판하는 자세를 강력하게 견지할 수 없어서 애매모호한 태도를 보이게 되었고 또한 이 사실은 호손이 펄(Pearl)이나 칠링워즈(Chillingworth)라는 인물을 창조하고 로맨스라는 형식을 채택한 것과도 밀접한 연관성이 있으리라는 것이다. 이러한 사실들을 호손의 역사인식이 억제되었기 때문에 나타난 결과로 보는 것이다.

　이러한 가설을 논증하기 위해서 낭만적 개인주의와 공동체 우선주의라는 두개의 상호 대립되는 가치에 대한 호손의 입장과 태도가 그 두 가치사이에서 심한 고통을 받는 헤스터를 형상화하는 가운데 어떻게 나타나고 있는지 고찰해 보겠다. 그 다음 더욱 모호하고 복잡하게 묘사된 딤즈데일의 심리적 갈등 속에는 청교주의의 근본문제가 어떻게 함축되어 있고 또 그의 인물설정에서 호손 자신의 문제는 어떻게 반영되었는지를 살펴본다. 또한 자신의 역사인식을 억제하지 않을 수 없는 데서 오는 호손의 심리적 딜렘마를 해결하는데 있어서 펄과 칠링워즈라는 인물이 어떤 면에서 효과적으로 기여하는지를 밝혀 보고자 한다.

2) 청교주의의 역사적 성격

이 소설에 나타난 호손의 딜레마를 역사적 관점에서 분석해보기 위한 본 논문이 성립 근거를 갖기 위해서는 먼저 19세기 사회에서 노정된 여러 문제와 청교주의 사이의 연관성, 특히 낭만적 개인주의와 개인의 소외 및 고립 현상 사이의 깊은 연계성 그리고 청교도 정신이 미국의 정신사에 끼친 역사적 성격 등을 통찰해 볼 필요가 있을 것이다.

호손이 작품 활동을 하던 19세기 초, 중반기는 미국의 팽창기였다. 남북전쟁 후 산업주의의 발흥으로 외적으로 눈부신 경제적 성장을 이룩한 당시의 미국인들은 풍요의 꿈을 무제한으로 실현할 수 있다고 믿었다. 대부분의 사람들은 미국 사회의 팽창적인 발전 모습을 보고 그들이 초기에 품었던 이상 즉 미국의 꿈이 실현되고 있다는 긍정적인 확신에 차 있었다. 따라서 그 시대는 낙관적인 분위기가 팽배한 진보의 시대였다. 이와 함께 개인의 자유도 미국 독립전쟁을 거쳐 19세기 초반에 이르면서 표면상으로는 더욱 신장되었다.

그러나 호손은 이러한 물질적 번영의 이면에서 개인이 느끼는 소외감은 깊어지고 있다는 사실을 간파했다. 낙관주의 뒤에 드리워진 어둠의 그림자를 직시한 것이다. 이러한 현상을 보면서 호손은 시대의 흐름에 따라 공동체가 해체되는 과정에서 각 개인들이 진실로 참다운 자유를 획득했느냐의 문제에 의문을 품게 된 것으로 보인다. 개인의 자유가 공동체로부터의 개인의 유리 및 소외로 귀착되는 상황을 보면서 호손은 개인의 자유와 공동체의 가치우위 사이의 이율배반적인 관계와 초기 미국인들이 주창한 자유의 진정한 의미에 관심을 가진 것이다.

이러한 관심에서 호손은 자기 시대의 문제를 보다 근본적이고 객관적으로 통찰하기 위해 초기 청교도 사회를 고찰해봄으로써 그들이 표방해온 종교의 자유의 참의미와 개인의 자유와 청교도 공동체 사회의 가치 사이의 관계, 그리고 공동체 사회가 해체된 근원이 어디에 있는지를 탐색해 보고자 한 것으로 보인다. 미국이라는 나라를 설립하는 바탕이 되었던 초기 청교도 사회에서는 개인의 자유 추구가 공동체의 원칙과 강하게 충돌을 일으키던 시기였기 때문이다. 그 사회가 이러한 문제점을 안게 된 것은 그 곳이 이율배반적인 사회라는 사실과 깊은 연관성을 맺고 있다고 할 수 있다.

초기 청교도 사회의 문제점은 종교적 규율에 기반한 공동체의 가치와 개인의 자유 평등이 조화를 이루는 이상적인 신앙공동체 건설이라는 이율배반적인 목표 속에 배태되어 있었다고 할 수 있다. 유럽에서의 신교 박해를 피해 종교의 자유를 찾아 신대륙에 건너온 그들이 생각하는 종교적 자유는 모든 사람이 각자 나름의 신앙을 가질 권리를 의미하는 것이 아니었다. 개인의 자기성찰을 중시한다는 점에서 근본적으로는 개인주의자들인 그들은 물론 개인의 종교적 자유를 추구하였지만 공동체를 건설하기 위해서는 부득이하게 각 구성원들의 자유를 억눌러야 한다고 생각했다. 그들은 각 구성원들의 개인주의적 성향이 공동체의 단결을 저해하는 것을 막기 위해 보다 엄격하고 가혹한 법률을 제정해야 했고 종교적 교리나 이것과 밀접한 관계를 맺고 있는 사회 행동규범을 엄격히 준수할 것을 강요받았다. 이리하여 초기 청교도 사회는 각각의 성원은 개인주의적이면서도 동시에 공동체는 각 구성원들에게 억압적인 이중성을 보여준다.

그런데 그들이 초기부터 내세웠던 종교의 자유를 비롯한 자유는 참다운 자유라고 하기 어렵다. 로렌스(D. H. Lawrence)가 주장하듯이 17세기 청교도들이 자유를 찾아 미국으로 갔다는 통설은 잘못된 것이라고 할 수 있다(Lawrence 9-10). 최초의 청교도들과 그 후계자들이 자유를 찾아 신대륙에 온 것이라고 보기 어렵기 때문이다. 사실 1700년을 기준으로 볼 때 뉴잉글랜드보다는 영국에 더 많은 자유가 있었다.[1] 그렇다면 그들이 표방하는 자유의 진정한 의미가 무엇인가에 관한 의문이 생길 수 있다.

미국인들이 말하는 자유의 개념을 이해하기 위해서는 그들이 미국의 설립 초기부터 내세웠던 개인의 종교적 자유 중시 사상이 개인의 과도한 물질적 번영의 추구라는 개인주의로 변모되어 발전하였다는 사실을 고찰해 볼 필요가 있다. 식민지 시대 미국의 청교도들이 가슴에 품고 있던 미국의 이미지는 종교적 의미뿐만 아니라 세속적 의미까지를 포함한 "지상의 낙원"이었다. 건국 초 대부분의 미국인들은 물질적 성공에의 꿈을 안고 왔다. 즉 그들은 유럽에서 이루지 못한 물질적 성공을 신천지에서 자력으로 이루어 보겠다는 목적의식을 지니고 온 것이다. 여기에 청교주의는 근면, 절약에 의한 부의 축적을 신의 호의로 여겨 이러한 세속적 꿈을 정당화할 수 있는 윤리를 제공하였다. "미국의 꿈"은 그 자체 안에 물질적 개인주의의 추구라는 이념을 내포하고 있었던 것이다. "미국의 꿈"을 실현시킨 대표적인 인물로서 후세 사람들에게까지 모델이 되었던 벤쟈민 프랭클린의 행동강령이나 이념을 보면, 그가 인간이라는 준엄한 인격체에서 부터 "생산자"와 "사회인"이라는 측면만을 떼어내어 이를 절대화시킨 부자연스러운 인간이라는 사실을 알 수 있게 된다. 이는 삶을 인간의 의지대로 좌우하려는 시도라고 볼 수 있다. 따라서 이러한 "미국의 꿈"을 지고의 목적으로 추구하는 사람들이 참다운 자유를 희구했다고는 보

---

1) 백낙청 214 참조.

기 어렵다. 미국인들이 주창하는 개인의 자유는 참다운 자유가 아니라 자신의 의지나 정신을 내세워 본래의 자아를 억누르는 부자연스러운 자유였다고 할 수 있다. 따라서 그들의 "성공에의 꿈"의 속성에도 이러한 문제점이 잠재하지 않을 수 없었던 것이다.

그후 태동한 초월주의자들도 자신들이 자연스럽고 자발적인 개인의 위엄을 중요시하는 개인주의자들임을 표방했다. 그렇지만 그것은 다분히 관념적인 사상에 그칠 뿐이었고 실제로 구체적인 삶의 현실에 바탕을 둔 절실한 것이 아니었다. 따라서 그들의 개인주의는 물질문명 사회 속에서의 또 다른 개인주의 즉 물질적 개인주의에 흡수될 수밖에 없었다. 그리하여 미국인들은 개인적 부와 권력을 추구하면서도 그들이 에머슨이나 휘트먼으로 대표되는 초월주의자들이 주창하는 지고의 개인주의를 지향하고 있다고 생각할 수 있었다(김우창 99-100).

미국인 개개인의 물질 추구를 정당화시켜주는 이론적 근거는 프랭클린식의 청교윤리 속에 내재된 자본주의 정신이었으며 이는 산업혁명을 거치면서 극단적 부의 추구와 이기주의로 치닫게 되었다. 그러므로 이 꿈은 겉으로는 근면이니 절약이니 하는 미덕을 내세우면서도 실제로는 남에게 해를 끼칠 수 있는 기회주의적 방법이나 속임수를 사용한 성공의 비결을 용인함으로써 위선적이고 이기주의적인 측면을 드러낸다. 그들의 개인주의가 안고 있는 치명적 약점은 그것이 공동체와의 연결 속에서 위상지어지지 않는 한 물질적 이기심으로 떨어질 위험성이 크다는 사실이다. 청교도 공동체 사회가 신앙의 열의의 약화에 따라 해체되자 청교윤리는 무한정한 물질적 이익의 추구에 박차를 가하는데 도구의 역할을 하게 된다. 따라서 이기주의적이고 물질주의적인 "성공에의 꿈"은 필연적으로 독점기업의 형성, 빈부 차이의 극심화, 부유층의 타락현상 등과 같은 여러 병폐를 낳게 되었다.

요컨대 미국인들의 단점은 그들이 지닌 자유의 개념에서 짐작해볼 수 있듯이 삶을 어떤 이상적인 관념의 틀에 맞춰 자신의 의지대로 통제하려 한다는 데 있다. 미국인들이 자신들의 신대륙 이주를 새 예루살렘 성을 건설하기 위해 죄악의 구세계를 탈출하는 출애굽기(엑소더스)로 보고 자신들을 선민이라고 자부하면서 "미국의 꿈"을 내세운 것부터가 낭만적 이상화에서 비롯된 것이며 인생을 자신의 의지대로 조종해보려는 부자연스런 시도라고 할 수 있다. 호손은 초기 미국인들이 지녔던 환상의 이면과 19세기 미국인들이 자기 조상에 대해 갖는 낭만적인 미화의 허상을 들추어내고자 한 것으로 보인다. 그는 청교주의의 자유의 이념과 그 속에 내재되어 있는 개인주의의 위험성을 경계하고자 한 것이다. 이 낭만적 개인주의가 그가 살던 19세기 당대의 물질적 팽창의 꿈, 물질만능주의, 물질적 개인주의라는 현상으로 진척되어 결국에는 인간의 소외와 고립을 낳게 되었기 때문이다.

이러한 역사적 변천과정과 그 동인을 탐색해보기 위해서 호손은 17세기 초기 청교도 사회를 고찰해 보아야만 했다. 그런데 초기 청교도 사회를 작품 속에 형상화하게 된 호손은 딜레마에 봉착한다. 한편으로 그는 19세기 당대에 나타나기 시작한 공동체 사회의 해체를 우려했지만 다른 한편으로는 개인의 자유를 억압해온 청교도 공동체 사회의 부정적인 면, 자기당착적이고 모순된 일면을 간과할 수 없었기 때문이다. 이러한 고충 때문에 호손은 조심스럽고 불분명한 태도를 취할 수밖에 없었고 그 결과는 그 나름의 독특한 로맨스 형식과 애매모호한 서술방식으로 나타난 것이라고 할 수 있다.

3) 개인과 사회 사이의 갈등 : 헤스터의 낭만적 개인주의

호손은 간통죄를 범해 청교도 공동체의 규율을 위반함으로써 평생 동안 주홍글자를 달고 살아가야만 했던 헤스터를 통해 17세기 초기 청교도 사회가 내포한 여러 문제점, 그중에서도 특히 개인의 자유가 공동체의 가치와 강하게 대립되는 양상을 탐구해본다. 일견 호손은 청교도 공동체 사회의 준엄성과 냉혹성을 비판하는데 더 중점을 두고 있는 듯이 보인다. 따라서 이제까지의 비평가들은 주로 청교도 사회의 냉엄성에 대한 호손의 비판에 작품 분석의 초점을 맞추어 왔다. 그렇지만 앞서 살펴본대로 호손은 공동체의 율법 준수를 냉혹하게 강요하는 청교도 사회를 비판하면서도 사회에서의 고립과 소외로 귀결되는 개인주의의 문제점을 직시하고 있는 입장이었기 때문에 헤스터에 대한 그의 태도는 불분명하게 나타난다. 그녀를 서술하고 형상화하는 작가의 태도가 모호한 것이다.

헤스터의 이야기를 구성하는 토대는 공동체 사회와 대립하는 개인의 모습이다. 헤스터는 종교 사회적 계율의 쇠사슬에 얽매이지 않고 타고난 본능에 충실하려는 인물이다. 다시 말해서 그녀는 청교도 사회의 주춧돌이라고 할 수 있는 종교적 인습 및 규범을 거부하고 그 대신 인간 개개인의 본능에 입각한 자연법에 따라서 살기를 선택한 낭만적 개인주의자이다. 왜냐하면 그녀는 "이 세상의 법은 그녀의 마음의 법이 아니다(the world's law was no law for her mind)"[2] 라고 굳게 믿고 있기 때문이다. 그녀는 자신이 옳다고 생각하는 방식대로 자신의 자아를 추구하려는 여성인물이기 때문에 공동체의 규범 준수

---

[2] Nathaniel Hawthorne, *The Scarlet Letter* (1850; rpt. New York: W. W. Norton & Company, 1988), 112. 이하 본문 인용은 이 책에 따르며 면수만 표기한다.

를 우선시하는 준엄한 청교도 사회와 필연적으로 충돌한다.

"청교도 법규의 음울한 모든 엄격성(the whole dismal severity of the Puritanic code of law 38)"은 이 소설의 첫 장면에서 묘사되고 있는 보스턴의 "음산하고 투박한 감옥"에서 상징적으로 나타난다. 이 감옥은 "문명사회의 검은 꽃"으로 비유되고 있다. 검은 꽃은 그 앞에 우거진 잡초의 이미지와 어울려 보이는 반면, 그 옆에 피어나서 상냥하게 동정을 표시해주는 들장미와 눈에 띄게 대조를 이룬다(35-6). 여기에서는 검은 꽃의 반자연성이 들장미의 자연성에 의하여 뚜렷하게 부조되어 있다. 그런데 이 들장미는 바로 다음 장에서 감옥문 밖으로 나오는 헤스터를 상징한다. 따라서 서술자는 검은 꽃과 들장미의 선명한 대조를 통해 사회의 규율에 억압받는 개인을 부각시키고 있다고 할 수 있다. 초기의 청교도 사회가 인간의 자유를 억압하는 여러 부정적인 요소를 지니고 있음을 보여주고 있는 것이다. 이어 서술자는 "인간이라는 것의 덧없음과 비애를 서술한 이 이야기의 어두운 결말을 부드럽게 하는 것으로서" "우선 그 꽃 한송이를 꺾어 독자에게 바치"겠다고 말함으로써 냉혹하게 사회의 법규 준수를 강요하는 청교도 사회를 비판하고 사회의 규범에서 벗어난 행동을 한 헤스터를 동정하고 있는 듯한 태도를 취한다. 여기에서는 마치 호손이 헤스터의 개인주의자적인 입장을 옹호하고 있는 듯하다.[3]

엄격한 청교도 공동체 사회보다 개인 헤스터에게 더 공감하는 듯한 작가의 관점은 헤스터가 그 사회에서 가해지는 가혹한 형벌에 꿋꿋하게 맞서는 장면까지도 유지된다. 감옥문 앞에서 죄인 헤스터를 구경하기 위해 모여 있는 사람들은 "잔인할 정도로 엄격한 표정"을 띠며

---

[3] 본 논문에서는 이 소설의 작가와 서술자를 구분하지 않겠다.

간음죄를 범한 헤스터에게 가혹한 처벌을 내려야 한다고 외친다. 간통죄를 범함으로써, 결혼한 사람은 죽을 때까지 상대방에게 서로 충실해야 한다는 청교도로서의 계율과 인습에 정면으로 도전한 그녀의 행동은 곧 "청교도 사회의 기초를 위태롭게 하는" 것이었다. 그렇기 때문에 헤스터의 행동에 대한 그 당시 사회의 반응은 매우 엄격하고 단호했다. 그들은 자신들이 내건 이상의 완전함에 얽매여 공동체의 규율을 어긴 개인에 대해서 아주 엄격했던 것이다. 그렇지만 감옥에서 아이를 안고 나오는 헤스터는 조용하지만 단호하게 간수의 손을 뿌리치며 오만하게 보이는 태도로 군중들 앞에 나선다. 아이 아버지의 이름을 밝히기를 거부하며 굳게 입을 다문 그녀의 태도를 목격한 군중들은 그녀가 자신을 재판하고 있는 사람들과 맞서 저항할 수도 있는 힘과 용기를 지니고 있음을 느낀다. 헤스터의 위엄 있는 태도가 군중들을 압도한 것이다.

  서술자는 형기를 마친 후 출옥한 헤스터가 겉으로는 사회에 순응한 듯한 태도를 보이지만 실제로는 자신의 간음죄를 회개하지 않을 때까지도 그녀를 동정하는 듯한 자세를 견지한다. 일견 헤스터는 자신의 간음죄를 속죄하고 회개의 삶을 살아가는 듯이 보인다. 옷을 검소하게 입고 그녀의 풍부한 머리카락도 전혀 눈에 띄지 않게 하며 바느질로 생계를 유지해 나가는 그녀는 마을 사람들로 하여금 즐거움을 억제하고 속죄의 고행을 한다는 추측을 하게 한다. 가슴에 주홍글자를 단 "사회의 추방자"로서 사회로부터 온갖 경멸을 받으며 동시에 사회에서 거의 완전히 고립되어 사생아 펄과 함께 외롭게 살아가야 했지만 그녀는 아무런 불평을 늘어놓지 않고 이러한 상황에 순응하는 자세를 보이는 것이다. 그렇지만 순종적인 외면과는 달리 그녀는 실제로 자신의 죄를 뉘우치고 있지 않다. 이러한 사실을 짐작하게 해주는 단서는 그녀가 보스턴에 그대로 머무르고자 한 진짜 이유에서 찾아볼 수 있다. 공동체로부터 추방당한 그녀가 살아야 할 의무가 없는 보스턴에서 계속 살고자 한 이유에 대해서 스스로 내린 결론은 "이곳에서 죄를 지었으니 이곳에서 이 세상의 형벌을 받아야 한다"는 것이었다. 그녀는 자신의 숙명의 쇠사슬에 묶여 있어서 그것을 도저히 끊어 버릴 수 없다고 생각한다.

> 그러나 이 세상에는 숙명이라는 것이 있다. 그러한 느낌은 저항할 수 없고 피할 수 없는 것이다. 그것은 운명과도 같은 힘을 가지고 있어서 언제나 인간으로 하여금 유령처럼 무언가 커다란 고통 때문에 … 그 장소의 주변을 헤매게 하고 찾아오게 한다. 그것은 일생을 슬프게 한 오점이 어두운 것일수록 한층 더 항거하기 어려운 힘이다. 그녀의 죄, 그녀의 불명예는 흙 속에 깊이 박혀있는 뿌리였다 … 그녀를 이곳에 묶어놓고 있는 사슬은 쇠갈고리로 되어 있었다. 그것은 영혼의 깊숙한 곳까지 상처를 내고 있기 때문에 결코 끊어 버릴 수 없었던 것이다. (56)

이는 일견 헤스터가 청교도적 숙명론에 입각하여 자신의 죄의 대가를 기꺼이 받으려한 입장을 취한 것으로 보이게 한다. 그렇지만 다음에 바로 이어지는 서술자의 해설에 따르면 헤스터의 이러한 입장은 표면적인 이유에 불과하고 보다 본질적인 이유가 있음이 밝혀진다. 서술자 내지는 작가의 해설에 따르면 헤스터가 내린 결론은 "반은 진실이고 반은 자기기만(half a truth, and half a self-delusion 57)"에 불과하다. 그녀가 그곳에 머무르기로 결심하게 된 더 진실한 이유는 겉으로 드러내기 두려운 다음과 같은 사실에 있었다는 것이다.

> 어쩌면 또, 아니 틀림없이 그럴 것이다. 비록 그녀가 그 비밀을 자신

에게도 숨기고 있으며 뱀이 구멍에서 나오려고 하듯 그 비밀이 몸부림치며 그녀의 가슴에서 나오려고 할 때는 언제나 새파랗게 질려 있었지만 말이다. 또 다른 감정이 그녀에게 있어서는 치명적인 장소와 길 가운데에 그녀를 머물게 했는지도 모른다. 거기에는 인연으로 맺어져 그녀와 일체가 된 한 사람이 살고 또 걷고 있었다. 이 결합은 비록 이 세상에서는 사람들의 인정을 받지 못했다. 그렇지만 이것은 둘이 함께 최후의 심판대에 서서 그 심판대를 그들의 결혼의 제단으로 삼을 수 있게 해줄 것이며 그들 두 사람은 거기서 끝없는 인과응보의 업고를 함께 영원히 받게 될 것이라고 그녀는 생각하고 있었다. (56)

위 인용문에서 알 수 있듯이 헤스터는 청교도적 숙명론에 빠져 있지도 않고 자신의 죄를 참회하지도 않고 있으며 딤즈데일에 대한 자신의 사랑을 후회하지도 않는다. 로이 메일(Roy R. Male)도 헤스터의 숙명론은 자기합리화에 불과하고 보스턴에 남기로 한 그녀의 보다 더 중요한 동기는 애인 딤즈데일의 곁에 가까이 있고 싶어서라고 지적한다. 그녀는 처음부터 참회(penance)할 생각이 없었다는 것이다(Male 327). 헤스터는 외양과는 달리 내심으로는 줄곧 사회가 그녀에게 내린 벌에 대하여 전혀 승복하고 있지 않았다. 그리하여 호손은 그녀의 회개가 "진실하고 착실한 회개가 아니라, 어딘가 의심스러운(59)" 면이 숨겨져 있을지 모른다는 해석도 덧붙이고 있다. 그럼에도 불구하고 여기까지는 호손이 헤스터를 동정하고 공감을 보내고 있다고 할 수 있다. 호손은 헤스터가 적어도 표면적이나마 순응의 자세를 보이기 때문에 그녀에 대해 비교적 분명한 태도를 취할 수 있었던 것이다.

그러나 헤스터가 자유로운 사고를 하면서 강력한 여권론자로 보일 만큼 진보적인 여성이 되어감에 따라 그녀에 대한 호손의 태도는 불분명해진다. 이는 그녀의 있는 그대로의 모습, 즉 그녀의 내면세계를 보여주는 13장 '헤스터의 또 다른 관점'(Another View of Hester)에서 시사된다. 13장은 주홍글자를 달기 시작한 초반부의 헤스터가 적어도 표면적으로는 자신 안에 내면화된 청교도 사회적 관습 때문에 심리적 갈등을 겪는 듯하지만, 사회로부터 추방되어 자신만의 세계에 몰두한 채 소외와 고립감을 느낄수록 그녀는 자신이 죄를 범하지 않았다는 생각을 더욱더 굳건히 하게 된다는 내용을 담고 있다. 그녀는 청교도 사회의 율법으로부터 정신적 자유를 얻어 당시 사람들이 엄두조차 낼 수 없었던 여러 자유로운 사상을 받아들이게 된다. 그런데 데이비드 레버렌즈(David Leverenz)가 지적하듯이 헤스터가 사회로부터 추방당한 이후 기성 도덕에 대해서 어떻게 생각하고 있는지를 보여주는 이 부분에서 서술자는 의식적으로는 헤스터를 여권론자로 그리려 하지 않지만, 본심이 가식 없이 나타나게 되는 무의식 상태에서는 그녀를 여권론자로 그리고 있다(Leverenz 558). 바꿔 말하면 작가는 헤스터의 여권론자적인 면모를 의도적으로 의식하지 않으려 하는 태도를 보이는 것이다.

호손은 헤스터의 진보적이고 자유로운 생각과 개인주의적인 성격에 대해 모호한 태도를 취한다. 호손은 그녀가 달고 있는 "주홍글자가 다른 여자가 감히 가지 못하는 곳의 통행증이 되었지만(136)" 바로 그 사실이 헤스터를 한없이 방황하게 만든다면서 사회질서를 잠식시킬 수 있는 헤스터의 개인주의와 자유가 갖는 부정적인 면을 제시한다. 예컨대 절망에 빠진 그녀는 "여자의 일생에 대한 신의 의도는 과연 무엇인가? 여자의 일생은 과연 받아들일 만한 가치가 있는 것인가(113)"라는 의문을 던진다. 호손은 "수치, 절망, 외로움이 헤스터를 강하게 만들었지만 바로 그것들이 그녀에게 많은 것을 잘못 가르쳤다(136)"는 점을 지적한다. 헤스터의 사색의 자유는 사회구성원들로 부터의 철저한 외면과 그로 인한 고립이라는 희생을 치르고서 얻은 것이다. 그녀와 자신이 몸담고 있는 사회 사이에는 연결대가 없다. 그녀는 자신이 속한 사회에서 유령과 같은 존재로 겉돌 뿐이다.

그런데 헤스터의 개인주의에 대한 호손의 태도는 간단히 설명하기가 어렵다. 헤스터에 대한 그의 우려감과 공감이 미묘하게 교차하고 있기 때문이다. 이는 헤스터의 개인주의가 가장 극단적으로 표출되는 18장에 잘 나타나 있다. 자신의 내면에서는 자유로운 사고를 할 수 있지만 겉으로는 사회에 순종하는 듯한 자세를 견지하는 헤스터의 생각에 전환점을 제공하는 결정적인 계기는 칠링워즈가 딤즈데일의 비밀을 알아차리고 그를 악마처럼 괴롭히고 있음을 발견한 사건이다. 인디언 마을에서의 기도를 끝내고 돌아오는 목사를 숲에서 만나는 제18장 '쏟아지는 햇살'(A Flood of Sunshine)의 한 장면에서 그녀는 "인간마음의 신성함"을 범하는 칠링워즈와 비교하여 그녀와 딤즈데일 목사의 행위는 오히려 그 자체로서 신성함을 지니고 있다고 말한다. 그녀는 자기 자신을 도덕적, 양심적 죄를 범한 죄인이기보다는 오히려 청교도 사회의 냉혹한 가치관의 희생자로서 간주하고 있다. 더 나아가 헤스터는 칠링워즈가 그녀의 전남편이며 복수를 위해 그의 곁에 머무는 것이라는 사실을 듣고 절망하여 그녀에게 의지하는 목사에게 과거를 버리고 이 사회를 벗어나 숲 속의 마을이나 유럽으로 함께 도망가서 살자고 제의한다. 그녀는 자신들을 억압하는 사회를 벗어나 새로운 곳에서 새로운 삶을 찾고자 하는 더욱 적극적인 태도를 보여주는 것이다. 이제 그녀는 더 이상 수동적이거나 종속적인 여자로 비쳐지지 않는다.

숲 속에서의 그녀의 태도는 그녀가 사회로부터 오랫동안 소외당한 후 그녀의 정신이 "목사에게는 너무나 이질적인 사고방식에 익숙해져 있었다"는 사실을 잘 보여준다. 그녀는 사회질서와 규율을 존중하지 않게 된 것이다. 헤스터가 추구하는 바는 이제 오직 청교도 공동체 사회의 규범에서 완전히 벗어난 자유 즉 밖으로부터 부과되는 틀에 규제됨이 없이 자기의 내면을 마음대로 표현할 수 있는 자유로까지 극도로 확대된다.

숲 속에서의 헤스터의 태도는 자신의 본능이 시키는 대로 살아가겠다는 개인주의자로서의 그것이다. 헤스터는 에머슨의 낭만적 개인주의를 그대로 실행에 옮기고 있는 것이다. 그렇기 때문에 인간의 천부적 자유와 권리를 중요시하는 낭만주의자들의 관점에서 본다면 헤스터의 간통행위는 죄의 범주에 속하지 않을 수 있다. 따라서 낭만주의가 만연했던 19세기 당대 사람들에게 헤스터의 개인주의는 아무런 거부감이 없이 공감을 불러 일으켰을 것이다. 따라서 호손은 한편으로는 헤스터를 비판하지만 또 다른 한편으로는 그녀의 개인주의에 대한 우려 표명에 더욱 신중을 기해야 했던 것으로 보인다. 이는 헤스터의 적극적인 태도가 숲이라는 공간적 배경 속에서 표출됨으로써 독자가 헤스터에게 공감과 동정을 느끼게 된다는 사실에서도 분명해진다. 문명의 손이 닿지 않는 "어둡고 불가해한 숲(the dark, inscrutable forest)" 속의 자연은 인간들이 일체의 제약을 벗어버리고 인간 본연의 자세로 되돌아갈 수 있는 장소다. 따라서 위선적인 행동으로 양심의 가책을 받고 있는 딤즈데일에게 냉혹한 청교도 사회를 떠나 새로운 삶을 개척할 수 있는 곳으로 도피하자는 헤스터의 제안은 독자들에게 자연스러운 것으로 받아들여질 수 있는 것이다. 헤스터가 숲 속에서 지난 7년 동안 가슴에 달고 다니던 주홍글자를 떼어 내 버리고 검고 윤기 있는 머리카락을 감싸고 있던 모자를 벗어 버리자 어둡던 숲속에는 갑자기 밝은 햇살이 쏟아져 구석구석을 환히 비추고 지금껏 그녀를 비껴왔던 햇빛이 새어 들어와 그들에게 무한한 축복을 내린다는 묘사도 호손이 낭만적 개인주의자로서의 헤스터에게 공감을 보여주려는 대목이라고 할 수 있다.

그러나 헤스터의 개인주의에 대한 호손의 우려는 끝내 헤스터가 사회에 대해 승리하는 것을 허용하지 않는다. 딤즈데일과 함께 자유를 찾아 보스턴을 떠나려는 헤스터의 시도가 결국 좌절되고 마는 것이다. 딤즈데일이 그녀와의 도피를 선택하지 않고 군중들 앞에서 자신의 간음죄를 고백하는 길을 택했기 때문이다.

작가는 헤스터에게서 19세기 사회에 팽배한 낭만적 이상주의나 개인주의의 싹이 배태되는 현상을 형상화하면서 이를 비판할 필요성을 느낀 것으로 보인다. 그렇지만 그는 다른 한편에서는 청교도 공동체 사회의 냉혹성과 준엄성 그리고 이율배반성이라는 문제점을 절감하지 않을 수 없었을 것이다. 그래서 헤스터에 대해 작가는 불분명한 태도를 보인다. 어떤 점에서는 작가가 오히려 공동체의 우위를 내세워 구성원들에게 준엄하고 냉혹했던 17세기 사회를 배경으로 삼아 헤스터의 개인주의에 잠재된 문제점을 강하게 부각시킬 필요를 없앰으로써 헤스터를 강하게 비판했을 경우 19세기 당대 사람들이 느낄 반발심을 최소화시킨 일면도 있다. 19세기 사람들은 헤스터에게서 자신들의 모습을 발견하고 그녀에게 동정과 공감을 느낄 수 있었을 것이기 때문이다. 레버렌즈도 헤스터에 대한 작가의 태도를 예리하게 통찰하고 있다. 처음에 서술은 가부장제가 내린 가혹한 처벌을 비판하는 자세에서 시작되지만 나중에 내용이 전개되면서 서술자는 분명한 태도를 취하지 않은 채 얼버 부리면서 동정과 비판을 동시에 보인다는 것이다(Leverenz 566). 헤스터에 대해 분명한 태도를 취할 수 없었던 호손은 목사의 죽음 이후 유럽으로 떠났다가 마을의 오두막으로 돌아와 주로 마을 사람들에게 조언을 하면서 살아가는 헤스터의 모습을 제대로 극화해내지 못하고 마지막 장에서 작가 자신의 정리로 마무리하고 만다.

4) 청교주의에 대한 비판: 딤즈데일의 자기기만

호손은 딤즈데일이라는 인물 속에서 헤스터를 통한 개인과 청교도 사회 사이의 관계 탐구보다도 더 본질적인 문제 즉 미국 역사 속에 함축된 문제를 탐색해 보고자 한다. 청교주의 그 자체에 대해 의문을 제기하는 것이다. 호손이 비판하려 한 청교주의의 문제란 청교도들이 근본적으로는 교리에 대해 열렬한 믿음을 잃어버렸으면서도 지적 의지로써 그러한 회의감을 억누른 채 믿음을 표방하는 것이다. 이는 자신의 본 모습을 드러낼 수 없게 하므로 청교도 사회구성원들이 서로에게서 소외되는 결과를 초래한다. 이것은 자아의 분열과 갈등을 포괄하는 미묘한 심리상의 문제이다. 따라서 딤즈데일의 심리적 갈등은 헤스터의 그것보다도 훨씬 더 복잡하게 전개된다. 그런데 딤즈데일의 심리적 갈등 문제를 보다 복잡하게 만든 것은 서술자의 서술방법이다. 서술자가 딤즈데일에게 동정적인지 아니면 비판적인지를 확연히 구분하기가 어려울 정도로 그에 대한 서술자의 태도는 불분명하다. 그렇다면 서술자가 딤즈데일에게 애매모호한 태도를 보이는 이유는 무엇일까, 또한 그 이유를 호손의 억제된 역사인식과 연관시켜 볼 수는 없을까 하는 의문이 생길 수 있겠다.

호손이 딤즈데일을 통해 청교주의 그 자체를 탐색해 보고자 했다는 사실은 딤즈데일이 청교도 교리를 가장 잘 준수할 사람으로 일반적으로 생각되어지는 목사로 설정되었다는 점에서 분명해진다. 목사이기 때문에 자신의 간음죄를 고백하지 못하는 그의 고통은 이 소설의 구성과 내용전개, 그리고 의미에 커다란 영향을 미친다. 따라서 딤즈데일을 이 소설의 중심인물로 보는 평자들도 많다.[4]

이 소설에서 가장 파격적인 사실은 겉으로는 아주 순결한 것처럼 보이는 딤즈데일이 왜 간음을 범하느냐에 있다고 할 수 있다. 단지 그는 젊음의 충동으로 순간적인 본능을 이기지 못하여 청교도의 율법을 깬 것인가? 그리고 그는 순간적으로 저지른 정욕의 죄 단지 그것 때문에 그토록 고통을 당하는 것인가? 딤즈데일의 문제는 이보다 훨씬 복잡한 심리적 갈등에 기반을 두고 있다고 할 수 있다.

딤즈데일이 간음죄를 범했다는 사실은 비록 그가 대외적으로는 청교주의라는 틀 속에 완전히 매여 있는 것으로 보일지라도 내적으로는 그 테두리 밖의 사고를 할 수 있는 가능성을 지녔음을 의미한다. 이는 그가 칠링워즈와의 대화에 매료된다는 사실에서도 분명해진다. 딤즈데일은 칠링워즈와 윤리나 종교와 같은 공적인 일뿐만 아니라 사적인 일까지도 포함하는 화제에 대해 토론하면서 지금까지 그가 체험해보지 못했던 금기가 없이 자유로운 새로운 지적 세계를 맛본다. 이러한 분위기 속에서 청교주의 인식방법이 아닌 다른 방법으로 자신의 행동을 객관적으로 인식할 수 있는 가능성을 찾은 딤즈데일은 지성이라는 매체를 통해 우주를 봄으로써 다른 세계로 나가보려고 한다.

딤즈데일이 비록 순간적이나마 청교주의의 테두리를 벗어날 수 있다는 것은 그가 이미 내적으로는 금욕생활을 강요하는 청교주의에 대해 무의식적으로 회의하고 있었음을 암시해준다. 영국의 명문 옥스포드 대학을 나온 지성적인 종교적 이상주의자로서 신세계의 이상사회

---

4) 그 대표적인 비평가로는 프레드릭 크루즈(Frederick Crews)를 들 수 있다. 크루즈는 "The Ruined Wall" 장에서 딤즈데일의 심리를 예리하게 분석하고 있다.

건설에 참여하기 위해 바다를 건너온 그는 열성적인 목사요 웅변적인 설교가로서 만인의 추앙을 받게 되었다. 이와 같이 겉으로는 종교적인 열정에 불타는 듯한 딤즈데일은 실상 자신의 자아 깊은 곳에서 진심으로는 그 절대적인 신을 믿고 있지 않다. 그러한 저변의 인식을 정신과 의지로써 억누르고 있던 그는 본능적으로 개인주의자인 청교도의 한 사람으로서 자신도 억누를 수 없는 힘에 의해 사회적 금기사항을 깨뜨린 것이다. 로렌스에 의하면 그는 금기를 범하는 정신적 유혹에서 간음했다고 볼 수 있다(Lawrence 92-4). 로렌스와 비슷한 맥락에서 딤즈데일의 간음죄를 이해하는 사람은 포스터(Foster)이다. 금기된 것을 하고 싶은 유혹은 신이 그의 권위로써 정해둔 한계를 침범함으로써, 도달하기 어렵고 존재를 알 수 없는 신의 존재를 간접적으로 느껴보고 싶은 심리에서 나온다는 것이다(Foster 425).

헤스터와의 간통은 딤즈데일이 평소의 금욕적인 믿음 때문에 그 자신 안에 자리 잡고 있다고 생각할 준비가 전혀 되어 있지 않은 본능적인 충동에 굴복한 결과다. 헤스터와의 경험은 여린 성격의 딤즈데일이 강압적인 청교도 사회에서 아슬아슬하게 유지하고 있던 심리적 균형을 깨뜨린다(Shulman 191). 헤스터와의 경험으로 그는 감정과 본능의 자유를 맛본 것이다.

그런데 호손은 딤즈데일이 간통죄를 범한 그 자체에 대해서는 비판하고 있지 않은 듯이 보인다. 그는 딤즈데일이 청교주의의 테두리를 벗어나는 사고를 할 수 있고 그 결과 간음을 했다는 사실에 대해서는 부정적이지 않다. 따라서 이 소설은 그 이후의 사건 즉 간음죄를 범함으로써 감히 공개적으로 거부할 수 없는 사회적 규율을 어긴 사실이 목사인 딤즈데일의 심리적 갈등을 어떻게 몰고 가는지에 초점이 맞춰져 있다.

간음죄를 범한 이후 딤즈데일은 다시 청교주의의 테두리 안으로 후퇴한다. 그가 맛본 새로운 세계는 그가 받아들이기에는 너무나 생경하여 그는 거기에서 편안함을 느낄 수 없기 때문이다. 이러한 그의 심적 상태는 칠링워즈와의 대화에 끌리다가도 다시 청교주의라는 자신의 공적인 세계를 상징하는 "폐쇄되고 답답한" 그의 서재로 되돌아오고 마는 그의 태도에서 짐작해 볼 수 있다. 이를 작가 호손은 다음과 같이 평한다.

> 딤즈데일씨는 진실한 목사이자 진실한 종교가였다. … 어떠한 사회 상태에 놓이더라도 그는 절대로 자유사상가가 되지는 못했을 것이다. 신앙의 압력이 언제나 그 주위에 도사리고 있어 무쇠로 된 틀 속으로 그를 가두고 지탱해 주지 않는다면 그의 마음의 평화는 근본적으로 유지될 수 없었을 것이다. 그럼에도 불구하고 대화할 때에 쓰는 지능과는 다른 종류의 지능으로 우주를 바라볼 때는 이따금 구원을 받았으며 또한 그것은 전신이 떨리기까지 하는 기쁨이기도 했다. 그것은 마치 창문이 활짝 열리어 한층 자유로운 공기가 축축하고 숨 막히는 서재 속으로 들어온 것과 같은 것이었다. 그 서재 속에서는 … 그의 생명이 스스로 좀먹고 피폐되어 갔던 것이다. 하지만 새 공기는 지나치게 신선하고 지나치게 차가워서 오래도록 유쾌하게 호흡할 수는 없었다. 그래서 목사는 의사와 함께 그들의 교회가 정당하다고 인정하는 한정된 세계로 후퇴하고 마는 것이었다. (85)

이와 같이 청교주의의 테두리 밖의 세계에 대한 내적인 이끌림과 그로 하여금 결코 그 울타리 밖으로 나갈 수 없게 만드는 청교주의의 족쇄 사이에서의 심리적인 갈등이 심화될수록 그는 "마음의 내부"에서부터 파멸되어간다.

목사라는 공적인 자아와 청교주의의 율법을 깨뜨릴 수 있었던 자신의 내적 자아 사이에서 커다란 딜레마를 겪게 되는 딤즈데일의 심리

상태를 엿볼 수 있는 장면은 윌슨 목사, 벨링햄 지사와 함께 헤스터를 심판하는 자리에 앉게 된 딤즈데일의 표정이 묘사된 대목이다(48). 입술이 떨리는 것을 막기 위해 입을 꼭 다물어야 할 정도로 감정이 불안정한 상태에서 가까스로 자신을 자제하고 있는 그의 모습은 종교적 열정이라는 공적인 자아의 표면아래 본래의 자신을 숨기려는 사람의 그것이다. 그의 심층부에 자리 잡고 있는 내적 자아는 그 자신이 범한 죄의 진짜 성격을 이미 알고 있는데도 그는 이 진실을 의식적으로 외면하고 도외시하고자 한다. 이는 자신의 본능적인 자아로부터 스스로를 분리시키려는 시도이다.

딤즈데일의 극도에 달한 심리적 갈등은 죄를 저지른 자신의 육체를 매일매일 괴롭히면서 학대하는 행위로 표출된다. 예컨대 그는 자신의 위선적인 모습을 벌주기 위해 벌거벗은 몸을 회초리로 피가 나게 때리며 발작적인 웃음을 터뜨리기도 한다. 용납할 수 없는 자신에게 스스로 벌을 가하는 딤즈데일은 이러한 행위를 일종의 참회로 생각한다(100). 그렇지만 그가 이토록 육체를 학대하는 실제 이유는 자신의 내면에 잠재해 있는 열정적인 면을 대외적으로 인정할 수 있는 용기가 없기 때문이다. 그는 그의 내면에 본능적인 충동이 자리잡고 있다는 사실을 의식적으로 인정하지 않으려 한 것이다. 그가 육체를 심하게 학대하는 것은 억눌러 버리고 싶은 그의 본능적 자아가 그만큼 크다는 사실을 반증한다고도 할 수 있다. 어니스트 샌딘(Ernest Sandeen)도 이러한 맥락에서 이해하는데 그에 따르면 딤즈데일은 그의 심리 깊은 곳에서는 여전히 사랑에 빠져 있고 그의 열정을 후회하지 않았다. 딤즈데일은 욕정의 죄를 저지른 후 마땅히 갖게 되리라 생각한 죄의식을 느끼지 못했기 때문에 괴로움을 받는다는 것이다(Sandeen 354).

딤즈데일은 자기기만과 자기합리화를 통해 이러한 상태를 벗어나려고 애쓴다. 육체와 영혼은 분리되었으므로 그가 간음죄를 범했음에도 불구하고 영혼은 순결성을 유지할 수 있다고 생각하는 것이다. 이러한 자기기만은 딤즈데일로 하여금 자신의 죄를 인정할 수 없게 한다. 따라서 그 자신의 말대로 그는 속죄를 위한 고행(penance)은 했으나 참회(penitence)는 못한 것이다(130). 또한 그의 자기기만은 그가 목사로서의 공적인 의무를 성실히 수행하면 타인의 영혼도 구할 수 있다는 자가당착적인 생각을 낳는다. 육체와 영혼을 구분짓고 간음죄를 저지른 육체를 배제해 버리면 자신의 영혼은 아직도 숭고하니까 다른 사람들에게 성스러운 설교를 할 수 있다는 것이다. 이러한 자기기만은 그의 소외감과 고립감을 초래한다. 자신 속에 자리잡고 있는 본능적인 면을 숨기고 목사로서의 공적인 의무를 성심껏 수행하기 위해서 성스러운 설교를 하는 그는 자신의 본능적 자아, 내적 자아로부터 소외된 것이다. 이는 다른 사람들로부터의 소외로 이어진다.

자기기만과 합리화 때문에 내적으로 고통받고 소외된 딤즈데일의 모습은 어느 정도는 독자의 동정을 유발하기에 충분하다. 따라서 딤즈데일의 이러한 자세에 대해 호손은 직접적이고 분명한 태도를 보여주지 않는다. 대신 호손은 칠링워즈라는 인물의 입을 통해 딤즈데일을 비판한다. 칠링워즈는 육체와 영혼이 분리될 수 있다는 딤즈데일에 반대의 뜻을 나타내며 육체의 질병은 영혼에 병이 있다는 징후라고 말한다(94). 딤즈데일과 같이 육체와 영혼을 편리하게 분리시켜 생각할 수 없다는 것이다.

딤즈데일의 자기기만성은 자신의 죄를 고백하지 못하는 태도에서도 나타난다. 딤즈데일은 그가 간음죄를 사람들 앞에 밝히지 못한 이유를 이렇게 합리화한다. "비록 죄를 짓기는 했지만 신의 영광과 인간의 행복에 대한 열정이 사라지지 않았기 때문에 남들에게 자신의 추악한 모습을 보여주기를 꺼려하는 것"이고 "자신의 죄를 드러내면 선행을 할 수 없고 그리하여 보다 훌륭한 봉사로도 과거의 죄를 구원받을 수 없기 때문"이라는 것이다(91).

그러나 호손은 다시 한번 칠링워즈의 입을 빌어 딤즈데일이 자신의 죄를 고백하지 못하는 것은 스스로를 기만하고 있기 때문이라고 비판한다. 그는 딤즈데일의 그러한 행위가 "양심의 가책 뒤에 있는 겁" 때문이며 도망칠 수도 숨길 수도 없는 치욕에 정면으로 맞서기를 두려워하기 때문이라는 것을 다음과 같이 밝히고 있다.

> "그런 사람은 자신을 기만하고 있는 것입니다." 로저 칠링워즈는 말했다 … "그들은 당연히 자기들에게 돌아올 수치를 두려워하고 있는 것이지요 … 어쨌든 그들이 하느님의 영광을 기원하고 있다면 그들의 더럽혀진 손을 하늘을 향해 쳐들지 못하게 하시지요 … 당신은 사려도 깊고 신앙도 두터운 사람이오. 그런데도 나에게 하느님 자신의 진리보다도 허위적인 외관이 더 나으며 이것이 하느님의 영광을 위해서도 인간의 행복을 위해서도 더 낫다는 것을 믿게 해주시겠소? 아니 확실히 그런 사람은 자신을 기만하고 있는 겁니다." (91-2)

그는 남을 속이는 것이 진실을 밝히는 것보다 더 바람직하고 신의 영광과 인간의 행복에 유익하다고 말하는 딤즈데일의 발상은 바로 자기 기만과 합리화에서 비롯된 것이라고 비판한다.

딤즈데일이 내적 자아를 자신의 의지로써 억눌러 왔다는 사실은 18장 숲 속의 장면에서 더욱 명확해진다. 헤스터로부터 칠링워즈가 자신들의 간음죄를 알고 있다는 사실을 듣고서 딤즈데일은 자신이 그토록 숨기려고 했던, 아니 의식하기조차 꺼려했던 자신의 내적 갈등이 누군가에게 발각되었다는 것을 알게 된다. 그러자 본능적 자아를 억누르고자 하는 그의 자기기만적인 의지는 약해진다. 그 결과 이제까지 대외적 자아에 의해 억눌려온 자신의 본래의 모습이 표출된다 (137). 자기기만의 상태에서 잠시 벗어나 그의 실제 모습을 그대로 드러낼 수 있게 되자 딤즈데일은 자신들이 한 일이 그 나름의 신성함을 지니고 있었다고 말하는 헤스터의 말을 부정할 수 없다. 따라서 그는 헤스터가 뉴잉글랜드의 청교도 사회에서 도피하여 다른 곳에서 새로운 삶을 시작하자고 했을 때 잠시 동조한다. 숲에서 마을로 돌아오는 길에 딤즈데일은 집사에게 욕설을 퍼붓고 늙은 과부에게는 성경을 왜곡시키며 어린처녀를 유혹하고 아이들에게 욕을 가르치는 자신을 상상한다. 그는 마음속으로 자신을 기존의 질서 밖에 존재하는 사람들 즉 술에 취한 선원이나 히빈즈 부인과 연결시켜 보기도 한다. 이는 상상만으로도 자유롭고 놀라운 체험이며 자신의 내적 자아에 가까이 다가갈 기회가 된다.

 그러나 그러한 상태도 잠시 그는 결코 공적 자아의 힘에서 벗어날 수 없다. 딤즈데일은 간음죄를 범한 이후 내적 자아를 인정해야 할 또 한번의 기회를 갖게 되나 이를 회피해 버리는 것이다. 결국 그는 종교적 율법을 충실히 지켜나가는 대외적 자아 뒤로 몸을 숨긴 채 편리한 자기기만으로 다시 도피한다. 따라서 그는 헤스터와 함께 결코 도망갈 수가 없다. 대신 뉴잉글랜드 지방의 목사로서 평생의 영광인 새 지사 취임 축하 설교를 마친 후 자신의 죄를 고백하는 길을 선택한 것이다.

 딤즈데일의 고백장면에서 호손은 그의 구원문제에 대해 애매모호한 태도를 견지한다. 딤즈데일은 설교를 끝마친 후 헤스터와 펄을 처형대 위로 불러들이고 나서 군중들에게 지난 칠년 동안 숨겨둔 죄를 고백한다. 고백을 마친 목사는 최후의 승리를 거둔 사람처럼 자신의 구원을 확신한 채 자신을 구원한 하나님을 찬미한 후 숨을 거둔다. 따라서 많은 평자들은 이 장면에서 딤즈데일이 최후의 승리를 거두었다고 본다. 예컨대 존 콜드웰 스텁즈(John Caldwell Stubbs)는 딤즈데일이 마지막 고백 장면에서 승리의 순간을 맞게 된다고 지적한다(Stubbs 391).

그러나 딤즈데일이 이제까지 못한 고백을 칠링워즈가 자신의 간음죄를 알아차린 후에서야 할 수 있는 것은 극도의 자기기만의 결과라고 볼 수 있다. 실제로 딤즈데일이 자신의 구원을 확신했다고 보기 어렵기 때문이다. 고백과 회개를 통해 신의 용서를 받고 구원될 수 있다는 것이 원래 기독교적 구원의 원리에는 적합하지만 청교주의에서 볼 때는 부적합하다. 청교주의 예정론과 구원론에 따르면 인간의 구원은 하나님이 우리의 운명을 어떻게 예정하였느냐에 달려 있을 뿐이고 인간이 참회나 선행을 한다고 해서 구원될 수는 없기 때문이다.5) 이 사실을 청교주의의 정점에 서 있는 목사인 딤즈데일은 잘 알고 있었을 것이다. 그렇기에 딤즈데일은 이제까지 공개적으로 죄를 밝히지 못한 것이다. 그러나 그는 그러한 자신의 앎을 억누르고 스스로를 속여 왔다. 그리고 나중에는 자신이 구원을 받았다고 생각하고 싶어한 것이다. 그는 고백 장면에서 자신이 겪은 모든 고통을 구원의 징표로 본다. 따라서 그의 고백은 자기중심적인 거짓확신이다. 이는 죽은 뒤의 삶을 확신하느냐는 헤스터의 질문에 그가 대답하지 못한다는 사실에서도 뒷받침된다. 딤즈데일은 고백을 통해 극기과 재생에 도달한 것이 아니라 의식안의 간극을 너무 넓힘으로써 결국 파멸에 이르게 되는 것이다(Davidson 89-91).

---

5) 박영의 참조.

서술자는 고백을 함으로써 구원받았다는 딤즈데일의 확신에 대해 아무런 직접적이고 분명한 언급을 하지 않는다. 서술자는 딤즈데일의 죽음으로 끝나는 23장 바로 다음에 이어지는 24장에서 딤즈데일의 고백 장면을 목격한 사람들의 관점을 빌어 딤즈데일의 그러한 생각이 자기기만에서 연유한 것이라는 사실을 넌지시 암시함으로써 그에 대한 자신의 비판적 시각을 나타낼 따름이다. 24장에서 작가는 목사의 임종 장면을 지켜본 여러 사람들의 증언을 소개해주다가 딤즈데일이 승리감에 젖어 구원을 확신하는 따위의 생각은 전혀 터무니없는 이야기라는 사실을 다음과 같이 간접적으로 암시하고 있다.

> 이들 존경할 만한 목격자들에 의하면 목사는 이미 죽음이 임박한 것을 깨닫고 그 타락한 여자 팔에 안긴 채 숨을 거두어 그것으로 세상 사람들에게 인간의 정도라는 것이 아무리 훌륭한 것이더라도 전혀 가치가 없다는 것을 제시하려 한 것이다. (174)

그런데 앞서 지적한대로 딤즈데일의 고백이 최후의 승리의 순간으로 보여질 수도 있을 만큼 그에 대한 호손의 태도는 그다지 분명한 것이 아니다. 특히 가해자 칠링워즈로부터 괴롭힘을 당하는 딤즈데일의 모습은 독자들에게 연민과 동정을 유발할 정도다. 딤즈데일의 문제점에 대한 작가의 비판의 강도가 상당히 약하기 때문이다.

물론 호손이 자신들의 본능적인 직관이 알고 있는 진실을 의지나 정신으로써 억누르며 회피하려 하는 청교주의자들의 표리부동성을 비판적으로 바라보았다는 사실은 분명하다. 그래서 청교주의자들의 정신 및 의지일변도의 위험성을 딤즈데일을 통해 형상화한 것이다. 호손은 청교주의의 이러한 면이 당대 19세기에도 그대로 이어지고 있다고 보았다. 그는 표면적으로는 낙관적 믿음과 이상을 지닌 것처럼 보이는

19세기 당대의 사람들이 사회의 이면에서 싹트고 있는 물질적 개인주의를 감지하고 있었고 그럼에도 불구하고 이를 의도적으로 회피하고자 한다는 사실을 직감한 것이다.

그러나 호손은 그러한 자신의 비판적 인식을 분명히 나타내지 않고 조심스러운 입장을 취한다. 자신의 역사인식을 그 스스로도 도외시하고자 했기 때문이다. 그 하나의 이유는 딤즈데일이 당대 19세기 사람들과 유사한 내적 문제점을 지니고 있어서 그들의 동정과 공감을 받을 수 있는 인물이었기 때문이고, 이보다 더 중요한 이유는 딤즈데일이 자신의 문제에 정면으로 맞부딪치는 것을 피하기 위해 스스로를 속였듯이 호손도 청교주의의 근본적 문제점에 대한 자신의 역사인식을 표현하는데 주저했기 때문이다. 이와 같이 예리한 역사인식과 이를 억제하고 싶은 충동 사이에서 심리적 딜레마에 빠진 호손이 이를 벗어나기 위해 창조한 인물이 바로 펄과 칠링워즈라고 할 수 있다.

5) 딜레마의 해결책: 펄과 칠링워즈

펄과 칠링워즈는 이 소설에서 마치 알레고리나 하나의 상징처럼 추상화되어 있다. 펄은 헤스터의 죄의 표지인 주홍글자나 다른 형태를 띤 또 하나의 주홍글자로서 헤스터의 치욕의 상징으로 나타나 있을 뿐 실제 인물처럼 보이지 않는다.6) 칠링워즈 또한 마치 악마처럼 묘사된다. 이는 호손이 이 소설을 로맨스라는 형식으로 썼다는 사실과도 밀접한 관련성을 맺고 있다.

---

6) 에드윈 해리슨 캐디는 자기 스스로의 의지가 없던 펄이 딤즈데일이 고백 후 임종을 맞는 순간에 그의 두 팔에 안김으로써 자기 아버지로 인지하는 과정에서 자신의 의지를 갖게 된다고 본다. 그녀는 자신의 역할을 다 수행한 후에서야 실제 인물처럼 변모한다는 것이다. Cady 463.

이제까지의 논의에서 밝혀졌듯이 호손은 청교도 사회가 공동체의 규율만을 억압적으로 강조한다는 사실을 비판하지만 동시에 헤스터의 낭만적 개인주의에 대해서도 긍정적이지 않다. 기성 권위 및 전통에 대한 헤스터의 반항은 신앙지상주의(Antinominianism)를 부르짖었던 앤 허친슨(Ann Hutchinson)의 그것을 상기시킨다. 허친슨은 인간의 구원이 하나님의 내재적인 계시를 통해 개인에게 직접 찾아온다고 믿음으로써 성서의 교리보다는 오히려 개인의 직관적 신앙을 중요시한 인물이다. 허친슨의 이러한 태도는 초월주의자들의 사고의 기반이 되었다고 할 수 있는데 이는 개인주의로 치달을 소지가 많다는 점에서 호손의 지지를 받고 있지 않다. 따라서 작가는 사회에서 억압받는 헤스터를 동정하면서도 또한 비판하지 않을 수 없는 상호모순되는 감정을 지닌다. 이런 자신의 감정을 자연스럽게 처리하고자 작가는 펄을 창조한다. 헤스터가 나타내는 낭만적 개인주의를 작가가 강하게 비판할 필요가 없게 해주는 인물이 펄이기 때문이다.

펄은 헤스터의 감추어지고 억눌린 격정이 아무런 제약 없이 밖으로 표출되었을 때의 모습을 대변하는 역할을 한다. 헤스터의 낭만적이고 개인적인 면이 확대되고 과장되어 형상화된 인물이 펄인 것이다. 펄은 격정적이고 풍부한 상상력을 가졌으며 억압적인 인습에 순종하기를 거부하는 야생화와도 같은 존재이다. 펄이 헤스터의 본능적인 면을 상징하고 있음은 헤스터가 그녀의 본능적인 면에 충실할 수 있는 뜨개질을 할 때만이 펄을 이해할 수 있는 대목에서 반증된다.

따라서 헤스터는 펄을 분출구로 삼아 자신의 억눌려 있는 본능적인 욕구를 자연스럽게 발산할 수 있다. 헤스터는 사회의 묵시적인 요구에 따라 자신은 수수한 색채의 옷을 선택하지만 펄의 옷만은 "환상적인 기교"를 부려 자유분방하게 만들어낸다. 자신의 주홍글자를 화려하게 장식했듯이 펄을 화려하게 치장하는 것이다. 호손의 설명에 의하면 헤스터의 본성에는 "요염하고 관능적인 동양풍의 특징 - 화려할 정도로 아름다운 것을 좋아하는 취미"가 자리 잡고 있었으나 그녀는 죄인으로서 근신하며 살기를 강요당하고 있었으므로 이 취미를 단지 "자신의 바늘이 만들어내는 절묘한 작품" 이외에는 나타낼 길이 없다는 것이다. 따라서 펄에게 입히는 화려한 옷은 억압된 자유를 향한 헤스터의 열망의 상징으로 볼 수 있다. 그녀는 자신의 낭만적이고 개인주의적인 욕구 및 충동을 펄에게 화려한 의복을 입히고 꾸밈으로써 자연스럽게 해소하는 것이다. 이러한 점에서 펄은 헤스터에게 행복이자 그녀를 살아있게 해주는 존재다.

한편 펄은 살아있는 또 하나의 주홍글자로서 헤스터를 징벌하는 존재다. 헤스터에게는 주홍글자를 가슴에 달게 한 사회가 직접적으로 내린 벌보다도, 형태를 달리한 주홍글자로서의 펄이 자신에게 가하는 간접적인 압력, 즉 아무도 제어할 수 없는 악마의 자식과도 같은 펄의 태도가 더 큰 징벌이 된다. 펄은 예측불허의 통제하기 어려운 인물이다. 펄은 자신의 행위를 제어하고 조절할 어떤 정해진 규칙에 따르지 않고 순간순간 그 자신의 감정에 의해 행동한다. 마을사람들은 펄을 히빈즈 부인과도 같은 마녀, 어린 요정, 그리고 악마의 자식이라고 생각한다. 청교도 아이들은 화난 펄이 돌맹이를 던지고 사나운 욕설을 퍼부으며 쫓아가면 두려움 속에서 도망을 한다. 그러한 펄에 대해 헤스터조차도 자신이 "미소를 머금은 악마와도 같은 얼굴"을 보고 있다고 느낄 정도이다. 펄은 헤스터로 하여금 진보적인 생각을 하지 못하게 만드는 역할도 수행한다. 헤스터는 펄의 이해하기 어려운 면을 보면서 자신의 개인주의적인 성향이 좀 더 과장되었을 경우 초래될 수 있는 부정적인 면을 바라볼 수 있게 된다.

펄은 헤스터가 수치의 상징으로부터 도피하는 것을 봉쇄하는 역할도 한다. 펄이 헤스터로 하여금 주홍글자를 가슴에 다시 달도록 요구하는 장면은 헤스터의 죄를 상징하는 펄과 주홍글자 사이의 밀접한 연관성을 집약적으로 보여준다. 그런데 펄이 주홍글자와 유사한 역할을 하면서도 다른 점은 실제의 주홍글자는 헤스터에게 자유로운 사고를 하게 해주지만 즉 그녀를 사회와 단절시키지만, 펄은 헤스터로 하여금 사회와의 끈을 맺어주는 역할을 수행한다는 점이다. 주홍글자를 달도록 하는 펄의 행위는 헤스터가 사회의 징벌을 그대로 순응하도록 해주는 의미를 갖게 된다. 이런 점에서 펄은 헤스터를 구원해줄 수 있는 수단이라고 할 수 있다. 이때의 구원이 의미하는 바는 헤스터가 사회로 부터 고립됨으로써 빠지게 된 정신적, 지적 방황의 위험에서 구해준다는 것이다.

펄의 존재 때문에 헤스터는 극도의 진보적인 생각을 하지 못한다. 호손은 헤스터가 펄을 낳지 않았더라면 순교자나 예언자 혹은 종교의 창시자가 되었을지도 모르고 청교도 사회의 근간을 해쳤다는 이유로 죽음을 당했을 가능성도 있었다고 말한다. 펄이 있기에 헤스터는 비록 고립되었긴 하지만 사회의 일원으로서 소속감을 느끼게 된다. 펄이라는 아이의 어머니라는 사실이 헤스터로 하여금 앤 허친슨이나 히빈즈 부인과는 달리 억압적인 가부장제 사회에 순응하며 살아갈 수 있게 해준다. 청교도 사회 구성원들의 냉냉한 태도 속에서 고립감을 느끼는 헤스터는 펄에 대한 사랑으로써 그나마 마음의 위안을 얻는다. 펄은 헤스터로 하여금 사회의 차가운 눈초리가 주는 소외감을 떨쳐버리고 그 사회에 닻을 내리게 해준 인물이다. 따라서 헤스터는 펄을 이름 그 자체가 뜻하는 대로 "커다란 희생을 치르고 얻은 자신의 유일한 보물인 진주"라고 생각하게 된다. 또한 펄의 어머니라는 역할은 그녀의 자유로워지고 싶은 욕망을 억누른다. 한 아이의 어머니로서 그녀는 아이에게 청교도 사회의 일원으로서 지켜야 할 도덕과 윤리를 교육시킬 필요성을 절감하게 되고 이러한 상황이 헤스터로 하여금 사회에 순응하게 만든다(113).

호손이 헤스터로 하여금 극단적으로 진보적인 개인주의로 빠지지 않게 한 이유는 앤 허친슨과 같은 인물을 자신의 작품 속에서 그려낼 자신이 없었기 때문이라고 할 수 있다. 만일 헤스터가 앤 허친슨처럼 청교도 사회에 대해 열렬히 반항을 한다면 그녀의 이야기의 끝을 어떻게 마무리하고 그 자신은 그녀에게 어떠한 태도를 보여야 할지 호손은 주저한 것으로 보인다. 앤 허친슨과 같은 여주인공에게 무작정 공감을 보내기가 어려웠을 그는 헤스터를 허친슨보다 훨씬 덜 강경한 인물로 만들 필요성을 느꼈던 것이다.

호손은 헤스터의 개인주의적인 사고방식에 문제점이 있음을 간파하고 그녀를 급진적인 개인주의자로 만들기를 꺼려했다. 그래서 19세기 사람들에게 호소력을 갖게 될 헤스터가 결국 사회에 순응하고 고립과 소외 상태에서 벗어나게 함으로써 당대 사람들에게 사회에의 순응이 더 바람직한 것임을 알게 해준 것이다. 17세기처럼 공동체의 가치를 우선하는 억압적인 사회일지라도 개인의 소외와 고립이 바람직하지 않음을 보여줌으로써 19세기 당대 사람들의 고립과 소외 현상의 문제점을 간접적으로 지적한 것이다. 이때 헤스터로 하여금 극단적인 개인주의로 치닫지 않고 사회에 순응하게 하는데 결정적인 역할을 한 것이 펄이라는 인물의 창조인 것이다.

헤스터나 딤즈데일의 비밀을 알고 있다는 점에서 사건 전개의 결정적 열쇠를 쥐고 있다고 할 수 있는 칠링워즈 또한 펄과 흡사한 역할을 수행한다. 그는 딤즈데일을 비판해야 하는 호손의 입장을 완화시켜 준다. 그는 육체와 영혼이 서로 분리되어 있다는 딤즈데일의 편의주의적인 발상은 자기기만에서 비롯된다며 그의 변명을 반박한다. 이러한 점에서 칠링워즈는 딤즈데일을 비판하고자 하는 호손의 입장을 대변하는 역할을 한다고 할 수 있다. 또한 칠링워즈의 악마와 같은 모습의 부각은 호손 스스로가 딤즈데일을 심하게 비난할 필요를 없애 준다. 칠링워즈로 인해 딤즈데일이 심하게 고통을 당하기 때문에 독자들은 딤즈데일을 동정하게 되는 것이다.

그런데 칠링워즈가 이러한 역할을 수행할 수 있는 이유는 그 또한 펄과 마찬가지로 다른 사람의 마음의 내부를 꿰뚫어보는 직관력과 통찰력을 지녔기 때문이다. 그는 딤즈데일의 감정적 부조화가 육체적 질병의 본질적인 원인임을 직감한다. 그는 "영과 육의 이상한 공감상태"를 간파해낼 수 있는 매우 예민한 사람이다. 이와 함께 그가 딤즈데일의 문제점을 파악할 수 있는 것은 그 자신 스스로도 딤즈데일과 유사한 문제를 지니고 있기 때문이기도 하다. 그는 사고의 추상적 체계를 만들어내 자신의 구체적인 삶의 욕구를 부인하려 한다. 예컨대 그는 사회 윤리의 힘을 과신하고 격정의 힘을 무시한다. 그래서 그는 헤스터의 열정적이고 독립적인 성향이 초래할 수 있는 결과를 고려하지 못한 채 그녀와 결혼했던 것이다.

호손이 칠링워즈라는 인물을 통해 딤즈데일에 대한 그의 비판의 강도를 희석시켜 버리는 것에서 보이듯이, 호손이 딤즈데일의 문제점을 간파하고 있으면서도 그를 비판하지 못하고 불분명한 태도를 보이는 이유는 딤즈데일의 문제점과 자신의 문제점이 일맥상통한 면이 있기 때문이다. 호손은 청교도주의의 문제점이기도 한 딤즈데일의 문제점, 즉 그가 본능적인 욕구를 의도적으로 무시하고 거부해 버리려는 자기기만성을 지니고 있음을 자신의 깊은 내면에서는 알고 있다. 그럼에도 불구하고 호손은 자신의 참자아가 알고 있는 인식을 의지로써 은폐하고 덮어두려 했다. 따라서 칠링워즈를 등장시켜 그를 가해자로 딤즈데일은 희생자로 보이게 한 것이다. 이러한 작가의 의도는 딤즈데일 자신이 스스로를 합리화하기 위해 하는 말 속에서도 확인된다. 예컨대 고백 장면에서 그는 칠링워즈를 신이 자신을 구원해 주기 위해 보내준 악마로 간주한다. 딤즈데일이 보기에 칠링워즈의 복수는 타락한 목사의 죄보다도 더 사악한 것이며 이것이야말로 인간의 신성한 마음을 침범하고 짓밟는 용서받을 수 없는 죄인 것이다. 또한 딤즈데일은 칠링워즈 핑계를 대며 신이 그를 유도해서 구원해주려 했다고 믿고자 한다. 딤즈데일은 하나님이 보시기에 그 스스로 죄를 고백함으로써 구원을 받을 수 있을 것 같지 않았기 때문에 칠링워즈를 악의 사자로 보내 딤즈데일이 견디다 못해 죄를 고백하도록 심한 고통을 주게 하였다고 모든 일을 해석하는 것이다.

이와 같이 칠링워즈라는 인물이 있기 때문에 딤즈데일에 대한 호손의 비판 그 자체가 희석될 수 있고 그에 대한 호손의 불분명한 태도가 견지될 수 있게 된다. 호손이 이 소설을 로맨스라는 형식 안에 담아낸 것도 로맨스라는 추상성에 의존하여 펄과 칠링워즈라는 인물을 창조하고 헤스터나 딤즈데일에 대한 자신의 불분명한 입장을 무리 없이 그려내기를 원했기 때문이다.

6) 맺음말

본 논문은 호손이 헤스터를 통해 청교도 사회와 낭만적 개인주의의 대립양상을, 그리고 딤즈데일이라는 인물 속에서 청교주의의 근본적인 문제점 즉 자기기만성을 탐색해 보았다는 가정하에, 이 두 가지 사실을 미국의 설립부터 19세기에 이르는 미국사에 대한 호손의 역사인식과 그러한 역사인식을 제대로 표현할 수 있었는가의 여부와 연관시켜 분석하고 고찰해보려는 시도였다. 그 결과 청교주의의 핵심부에 있다고 할 수 있는 목사 딤즈데일이 간음죄를 범한 후 보여주는 자기기만성과 자기합리화의 문제점은 미국의 역사 속에 잠재된 근본 문제에 대한 성찰로 이어질 수 있음을 알 수 있었다. 호손은 개인의 고립과 소외감, 그리고 자기기만성 및 표리부동성이라는 당대 사회의 문제가 근본적으로는 초기 청교도 사회와 그 이념에 잠복된 문제점에서 비롯된 것이라는 역사의식을 지니고 있었다. 그러한 인식하에 그는 낭만적 개인주의와 개인의 소외 및 고립 사이의 깊은 연계성, 그리고 청교도 정신이 미국의 정신사에 끼친 역사적 성격과 문제점들을 통찰해 본 것이다. 그렇지만 그는 이러한 심오하고 냉철한 역사의식을 작품 속에 그대로 드러내지는 못한다. 자기가 비판하려고 하는 인물들의 문제점이 당대 사람들의 문제점이기도 해서 그들이 독자들의 공감과 동정을 받을 수 있는 소지가 있었기 때문이다. 그래서 그는 일견 불분명한 태도로 자신의 비판의식을 조심스럽게 나타냈고 타협적인 자세로 소설을 마무리 한 것이다.

본 논문은 이와 함께 호손이 근본적으로는 헤스터의 낭만적 개인주의나 딤즈데일의 자기기만성을 비판하는 입장이면서도 그 두 인물이 당대 19세기의 상황으로 보면 독자들에게 공감과 동정을 받을 수 있기 때문에 그 두 인물에 대한 자신의 비판의 강도를 완화하고 희석시키기 위해서 펄과 칠링워즈를 창조했다는 사실도 분석해 보았다.

이제 딤즈데일의 죽음과 헤스터의 귀환으로 마무리되는 작품의 결말부에 주목하여 호손의 역사인식이 얼마만큼 또 어느 정도로 억제되고 있는지를 고찰해 보기로 하겠다. 호손은 딤즈데일을 죽게 만듦으로써 딤즈데일의 문제점에 대한 탐구를 손쉽게 마무리 하고자 한다. 한편으로 그의 죽음은 극도의 자기기만이 죽음으로 귀결된다는 사실을 교훈적으로 나타낸다고 할 수 있다. 그렇지만 다른 한편으로는 호손 자신이 자기기만이나 표리부동성의 문제를 더 이상 탐색해 볼 수 없었기 때문에 딤즈데일을 죽게 만들었다고도 볼 수 있다. 호손은 미국인들의 표리부동성이나 자기기만성에 대해서 자신이 느낀 문제의식을 의도적으로 은폐하려한 면도 있는 것이다. 반면 헤스터의 문제에 관해서는 작가가 어떤 방식으로든 결말을 지을 필요성을 느낀 것으로 보인다.

호손은 소설의 결말부에서 헤스터의 낭만적 개인주의와 청교도 사회의 갈등에 대한 문제 탐색을 타협적인 태도로 마무리한다. 이 소설의 결말부의 내용은 새로운 세계로 나아가려는 욕구가 딤즈데일 목사의 고백과 죽음으로 좌절된 후 잠시 보스턴을 떠났던 헤스터가 다시 그곳으로 되돌아온다는 것이다. 신세계가 사람들이 애초에 기대했던 이상향이 아니며 사회 질서의 구속력이 구세계의 그것보다 더 독단적으로 개인의 생활에 강제력을 행사한다는 것을 이미 알고 있던 그녀가 마지막에 돌아올 이유가 없는 그곳으로 돌아온 것이다. 그녀는 과거의 과오를 받아들이고 아무도 요구하지 않는 주홍글자를 달고 다니면서 도움이 필요한 이들을 도와주며 절망에 빠진 이들에게 희망을 주는 구체적 행위로써 사랑을 베푼다.

헤스터의 귀환을 존 맥윌리엄즈(John P. McWilliams)는 그녀의 가장 큰 승리로 본다. 그녀가 되돌아온 것은 A라는 글자가 나타내는 치욕이 더 이상 의미가 없을 때 자신의 죄에 대한 짐을 스스로 받아들이며 과거에 자신이 한 행동의 의미를 수용하게 되었음을 의미하기 때문이라는 것이다(McWilliams 67). 그러나 이 대목에는 헤스터의 승리가 부각되어 있다고 해석하는 것이 더 타당하다고 생각된다. 니나 베임(Nina Baym)의 지적대로 헤스터가 마지막에 사회로 되돌아간 것은 자아와 사회 사이의 타협을 나타낸다고 할 수 있다. 사회로의 복귀는 숲 속에서의 급진적인 생각을 포기하고 각 개인이 그 안에 머물러야 하는 거처(habitat)로서 공동체 사회를 받아들이기 시작했음을 의미하는 것이다(Baym 407).

그렇지만 헤스터의 사회로의 복귀가 죄를 진정으로 회개하고 개인주의를 완전히 포기했음을 의미하는 것은 아니다. 그녀는 표면적으로는 사회에 복귀하나 실제로 그녀의 태도나 신념은 여전하기 때문이다. 그녀는 여성의 자유가 극도로 억압되고 있던 그 당시 사회에 대해 깊은 반감을 보이면서 사회제도 자체를 개혁할 것을 주장한다. 또한 그녀는 젊었을 때의 자신과 같이 열정 때문에 고통 받는 여자들에게 "상호 행복의 보다 굳건한 기초위에서 건전한 남녀 관계(177)"가 수립될 날이 오리라는 변화될 미래에 대한 희망을 피력한다. 호손은 그녀의 혁명적인 사고방식에 공감하고 있는 듯하다. 작가는 남성우위의 편협하고 독단적인 청교도 사회에서 헤스터가 겪는 고통과 적대적인 사회에 맞서는 용기를 동정적인 필치로 그리고 있기 때문이다. 그러나 호손은 헤스터의 혁신적인 사고방식을 그녀의 사고 내에서만 존재하게 할 뿐이지 그것이 실제 사회 속에서 어떤 행동으로 이어지게 만들지는 않는다. 그것이 실현가능성이 없다고 생각한 까닭이다. 또한 호손은 그녀에게 어떠한 궁극적 승리도 부여하지 않는다. 인간성의 자연스런 표현을 속박하는 청교도적 세계관이 바람직하지 못하나 동시에 아무런 구속과 제약도 받지 않으려는 인간의 정신도 문제가 있음을 그는 깊이 인식하고 있었기 때문이다.

호손은 사회의 질서와 권위에 대해 별 존경심을 가지지 않는 헤스터의 질서관이 그녀에게 가져다 준 정신적 혼란과 그것이 사회적 안정을 저해할 수 있는 위험성을 간과하지 않는다. 그뿐 아니라 그는 그녀가 꿈꾸는 미래는 남녀의 근본적인 변화가 수반되지 않는다면 실현성이 희박하다는 사실을 깨닫고 있었다. 따라서 그는 헤스터라는 인물을 새로운 자아의 표상으로 보여주되 다른 사람들이 본받아야 할 바람직한 최선의 자아의 모습으로 제시하지는 않는다.

헤스터를 형상화하는 호손의 태도에서 우리가 짐작해볼 수 있는 것은 사회와 개인의 관계에 대한 그의 입장이 결국 상당히 보수적이고 타협적인 것으로 귀착된다는 사실이다. 일차적으로는 청교도 사회의 준엄성과 냉혹성의 부정적인 면을 간파했지만 개인주의가 극단에 흐르게 되었을 때 초래되는 부작용 또한 간과할 수 없었던 호손은 결국 헤스터가 사회의 테두리 속으로 회귀하는 것으로 그녀의 이야기를 끝맺는다.

호손이 헤스터의 혁신적인 면을 지지할 수 없었던 이유는 19세기에 극도로 확장된 개인주의의 병폐를 목격한 그가 헤스터의 낭만적 개인주의를 비판할 필요성을 느꼈기 때문일 것이다. 그는 개인의 개별성을 무시하고 그 구성원들에게 획일적으로 사회의 지배적 가치체계를 수용할 것을 강요하는 청교도 사회의 모순을 드러낸다. 그러면서 동시에 그 사회가 어떠한 사회일지라도 공공의 질서와 유리된 자아는 질서의 유지에 위험할 뿐 아니라 그 개인이 온건한 정신 상태를 유지하는 데도 심각한 영향을 끼친다는 사실을 말하는 것이다.

호손은 자신의 의지대로 삶을 통제하려 한 초기 미국인들의 이면과 19세기 미국인들이 자기 조상에 대해 갖는 낭만적인 미화의 허상을 들추어 내고자 했다. 그는 표면적으로는 물질적 팽창을 이룩했으면서도 내적으로는 소외감과 고립감을 느끼는 19세기 미국인들의 문제점을 통찰해 본 것이다. 그렇지만 그 과정에서 미국 사회의 이상적이고 희망적인 면들을 긍정하며 그 사회와의 연대감을 표현하고자 했지만 결코 그곳에 자신을 적응시킬 수 없었던 그의 고충도 드러난다(Bewley 123).

호손이 자신만의 로맨스 형식을 만들어 사용한 이유는 그가 자신의 역사인식을 형상화하되 그것을 직접적으로 명료하게 표현하는 것을 원치 않았기 때문이라고 할 수 있다. 하나의 사실이나 자신이 제기한 문제에 대하여 주관적 판단이나 결론을 유보하며 분명한 대답을 하지 않고 여러 가지 관점을 제시하며 애매한 상태로 내버려두는 그의 서술방식도 역사인식을 표현하는 방법상의 문제와 연관시켜 생각될 수 있다. 그의 애매한 태도는 자신이 살던 당대 사회에 대해 우려감을 느끼면서도 가능한 한 당시의 사람들에게 큰 반향을 불러 일으키지 않고 그것을 형상화하고 싶은 희망의 표현인 것이다. 혹은 로렌스가 지적했듯이 호손이 그의 심층부에서는 그러한 문제점을 인식하고 있으면서도 겉으로는 그것을 알지 못한 듯 위장해서 내보낸 것이라고도 할 수 있다.

이 소설은 미국사 속에서의 매우 중요한 사건 즉 낭만적 개인주의의 주창과 공동체 우선주의 사이의 갈등이 첨예하게 대립되는 한 시대를, 그리고 청교주의에 내재한 근본적인 문제점을 지닌 인물과 그것을 결정적으로 드러내게 한 하나의 사건을 포착하여 작품 속에 형상화해 냈다는 점에서 미국적 신화라고도 할 수 있다. 호손은 미국의 역사와 미국민의 집단적 정신을 꿰뚫어 보고 거기에 내재한 문제점을 간파하여 훌륭히 형상화했기 때문에 그의 작품이 여느 로맨스와는 달리 "인간 정감의 진실"에서 벗어나지 않았다고 주장할 수 있었던 것이다.

< 인용문헌 >

김우창. "공동체에서 개인으로: 19세기 미국시에 대한 한 관견."『미국학』. 제 5집. 서울: 서울대학교 미국학연구소, 1982.

박영의. "Dimmesdale의 구원문제."『호손 연구』. Vol. I. 서울: 한국호손학회, 1988.

백낙청. "미국의 꿈과 미국문학의 짐 - 로렌스의『미국 고전문학 연구』를 중심으로."『민족문학과 세계문학 II』. 서울: 창작과 비평사, 1985.

Baym, Nina. "Plot in *The Scarlet Letter*." *The Scarlet Letter*. New York: W. W. Norton & Company, 1988: 402-07.

Bewley, Marius. *The Eccentric Design*. New York and London: Columbia UP, 1963.

Cady, Edwin H., Hoffman J. Frederick, and Pearce H. Roy. *The Growth of American Literature*. Vol. I. New York: American Book Company, 1956.

Crews, Frederick. *The Sin of the Fathers*. Oxford: Oxford UP, 1966.

Forster, Dennis. "The Embroidered Sin: Confessional Evasion in *The Scarlet Letter*." *The Scarlet Letter*. New York: W. W. Norton & Company, 1988: 423-33.

Gerber John C. Ed. *Twentieth Century Interpretations of The Scarlet Letter: A Collection of Critical Essays*. Englewood Cliffs, New Jersey: Prentice-Hall, 1968.

Hawthorne, Nathaniel. *The ScaHet Letter*. New York: W. W. Norton company, 1988.

Lane, Gary. "Spiritual Dynamics and Unknowable in *The Scarlet Letter*." *Nathaniel Hawthorne Journal* (1977): 323-30.

Lawrence, D. H. *Studies in Classic American Literature*. 1924; rpt. Harmondsworth:

Penguin Books, 1971.

Leverenz, David. "Mrs. Hawthorne's Headache: Reading *The Scarlet Letter*." *NCF* 37 (1983): 552-75.

Male, Roy R. "Transformations: Hester and Arthur." *The Scarlet Letter*. New York: W. W. Norton & Company, 1988: 325-35.

McWilliams, John P. *Hawthorne, Melville, and The American Character: A Looking Glass Business*. Cambridge: Cambridge UP, 1984.

Sandeen, Ernest, "*The Scarlet Letter* as a Love Story." *The Scarlet Letter*. New York : W. W. Norton & Company, 1988: 350-61.

Shulman, Robert. *Social Criticism and Nineteenth-century American Fictions*. Columbia: Missouri UP, 1987.

Stubbs, John Caldwell. "a Tale of Human Frailty and Sorrow." *The Scarlet Letter*. New York: W. W. Norton & Company, 1988: 384-92.

2. '이중액자소설'로서의 『호밀밭의 파수꾼』

1) 머리말

샐린저(J. D. Salinger)의 소설 『호밀밭의 파수꾼』(*The Catcher in the Rye*)은 감수성이 예민하고 조숙한 사춘기 소년 홀든 콜필드(Holden Caulfield)가 과거의 경험담을 일인칭 독백으로 기술하는 구조를 취하고 있다. 홀든이 대학 예비학교를 네 번씩이나 퇴학당한 후 서부로 도피하려 했다가 여동생 피비(Phoebe)의 만류로 집에 돌아와 복교를 결심하기까지의 체험담이 소설의 내용을 구성한다.

1951년에 발표된 이래 이 소설은 일반 독자들뿐만 아니라 평자들로부터도 서로 정반대의 반응을 불러일으켰다. 당대의 반응은 샐린저에게 대체로 호의적이었다. 1956년 이 소설에 관해 첫 논문을 발표한 아써 헤이저만(Arthur Heiserman)과 제임스 밀러(James E. Miller Jr.)는 "J. D. Salinger: Some Crazy Cliff"라는 글에서 이 작품을 호평한다. 이 소설이 서구 문학의 주된 전통인 '추구'(quest)의 주제를 지닌 소설군에 속한다는 것이다. 그들에 의하면 홀든은 전통에 도전하기 때문에 사회로부터 추방된 채 개인적 원숙성에 도달하기 위한 길을 탐색하는 나티 범포(Natty Bumppo)나 헉 핀(Huck Finn) 그리고 퀜틴(Quentin)과 같은 주인공들의 대를 잇는 인물이다. 한편 1959년 아써 마이즈너(Arthur Mizener)는 『하퍼즈 매거진』(*Harper's Magazine*)에서 샐린저를 독자들에 의해 가장 열심히 읽혀질 작가로 평했다(Salzman introduction 재인용).

그후 샐린저를 비판하는 목소리가 커졌다. 조지 스타이너(George Steiner)는 샐린저에 대한 높은 관심과 연구를 "샐린저 산업"이라고 격하하며 이 소설을 비난하고 공격했으며(Grunwald 9), 모리스 롱스트렛쓰(Morris Longstreth)는 『크리스쳔 사이언스 모니터』(*The Christian Science Monitor*)에 이 소설이 학생들이 읽기에 적합하지 않다고 평가했다. 사실 심리적으로 혼돈된 상태에 처해있는 홀든의 이야기는 일관성이 없는 넋두리와 횡설수설로 보일 뿐 아니라 그가 구사하는 도덕적이지 않고 순화되지 않은 용어는 작가의 서술이라는 막에 여과되지 않은 상태로 그대로 전달된다. 때문에 이 소설은 교육적인 관점에서 소설을 읽고자 하는 사람들에게 당혹감을 안겨 주었던 것이다. 이러한 분위기 속에서 이 소설은 도서관과 고등학생 필독서 목록에서 빠지게 되고 1973년에는 「미국학교위원회저널」에 미국에서 "가장 널리 검열당하는 책"으로 언급되기도 한다. 따라서 이 책은 가장 광범위하게 읽혀지는 책인 동시에 가장 금기시되는 책이 되었다. 이와 동시에 1965년 무렵부터 샐린저 연구는 쇄락의 길을 걷는다. 그러다가 1970년대에 프로이드식의 심리분석 해석이 등장하게 되면서 샐린저의 전기가 비평가들의 주목을 받게 된다.[7] 샐린저의 개인적인 특성, 즉 종잡기 어려운 성향이 평자들의 관심을 불러일으킨 것이다.

  샐린저 연구는 이제까지 주로 동양 신비주의나 서양 실존주의 그리고 청소년의 심리적 방황 등 주제적인 측면에서는 활발하게 진행되었으나 서술 기법에 대한 연구는 상대적으로 미진했다. 몇몇 서술기법에 대한 연구도 서술자 홀든의 어휘구사에 국한되었다. 따라서 홀든의 서술기법을 이 소설 전체 구조나 주제와 연관시켜 보다 더 자세하게 분석하는 작업은 의미 있는 연구가 될 것이다.

  본 논문은 17세 된 서술자 홀든이 그 자신의 경험을 서술하고 있

---

[7] 대표적인 샐린저 전기로는 Jack R. Sublette, *J. D. Salinger: An Annotated Bibliography, 1938-1981* 및 Ian Hamilton, *In Search of J. D. Salinger*를 들 수 있다.

는 이 소설의 구조에 주목한다. 서술자가 2, 3개월 전 자신의 모습을 이야기하는 가운데 그 경험을 반추하고 있고 작가는 일종의 자서전을 쓰고 있는 서술자와 거리를 유지하면서 그를 형상화하고 평가하는 '이중액자소설'의 형태를 취하고 있다는 사실에 관심을 갖는 것이다. 따라서 인물로서의 홀든뿐아니라 서술자로서의 홀든까지도 연구 대상으로 삼아 서술자 홀든과 이야기 속의 주인공으로서의 홀든 사이의 거리, 작가 샐린저와 서술자 홀든 사이의 거리에 주목한다. 이와 같이 이중적 틀을 해체시켜 분석하는 가운데 일관성과 일관성의 결여라는 정반대되는 해석이 홀든에게 내려질 수 있었던 이유와, 샐린저가 '이중액자소설'의 형태를 채택한 이유와 목적 그리고 서술자 홀든의 인물 형상화에 내재되어 있는 기만적인 면과 그 안에 함축된 작가의 의도를 분석해 봄으로써 이 소설의 진정한 이해에 접근해 보고자 한다.

이를 위해 먼저 홀든이 자신의 과거 경험을 글로 쓰기로 작정하기까지의 그의 경험을 살펴봄으로써 그가 글쓰기를 결심한 동기를 분석해본다. 그 다음 자전적 글을 쓰고 있는 홀든의 서술 내용과 서술방식 그리고 그의 입장에 주목하여 글쓰기 속에 내재된 그의 의도와 목적 및 글쓰기가 그에게 끼친 영향을 깊이 있게 탐색해 보겠다. 그과정에서 서술자 홀든의 심리적 복합성과 이중성 그리고 더 나아가서는 작가와 홀든 사이의 관계 및 그 안에 함축된 의미까지도 설득력 있게 밝혀질 수 있을 것이다.

2) 상호이해에의 추구

대학 예비학교를 네 번씩이나 퇴학당한 홀든은 주변 세계의 부패와 저속함에 대해 지나치게 민감한 반응을 보이는 예민한 소년이다. 홀든에 의하면 학교 안에도 허위와 위선이 들끓고 있다. 홀든이 보기에 학교는 위선적인 하스(Haas) 교장을 비롯하여 자기가 잘 생겼다고 맹신하며 얼굴 단장과 섹스에 관심이 많은 스트랫레이터(Stradlater)에 이르기까지 속물적인 인물들로 가득 차 있다.

홀든은 이른바 엉터리들, 위선자, 속물들, 지저분한 인간들로 가득 찬 학교를 그만두고 학교 밖의 생활을 자유롭게 해보기 위해 호텔에 묵게 되지만 그곳 역시 허위와 거짓과 폭력이 난무한 곳이다. 호텔 라벤더 룸에서 좀더 깨끗한 자리에 앉으려면 웨이터에게 돈을 주어야 하는 등 이 곳은 그야말로 "돈이 모든 것을 말하는(money really talks)" 물질만능의 사회이다. 호텔 바깥에서 지극히 저속하고 가증스러운 장면들을 목격한 후 환멸을 느끼며 다시 호텔로 돌아오는 길에 그는 엘리베이터맨에게서 여자를 원하지 않느냐는 유혹을 받고 울적한 기분에 응낙하지만 막상 여자가 들어왔을 때 측은한 마음이 들어 그냥 5달러의 화대만 주고 그녀를 돌려보낸다. 그러나 그녀는 엘리베이터맨과 공모하여 약속한 가격이 10달러라고 우겨대고 엘리베이터맨은 그에게 폭행을 가하며 5달러를 더 강탈해간다.

이러한 경험들은 홀든으로 하여금 더욱 더 온 세상이 엉터리라고 생각하게 만든다. 그에게는 화려한 옷을 입은 기부자들이 성금을 기탁하는 행위조차 타인에 대한 그들의 진실한 관심을 나타내기 보다는 오히려 자기 자신에 대해서만 관심을 갖는 이기적이고 자기중심적인 행동으로 보인다. 홀든은 초기에 단편소설을 발표할 때는 유망한 청년이었던 형 D. B가 나중에 부와 명성 그리고 사회적 성취를 위해 헐리우드에서 영화 원고를 쓰자 그를 매도하고 아주 못마땅해 한다.

이와 같은 반응을 보이는 홀든에 대한 평가는 극단적으로 엇갈린다. 주관적 관점에서 이야기를 하는 홀든의 말을 액면 그대로 수용하여 사회에 많은 문제점이 있는 것으로 판단하는 비평가들이 있는가 하면, 홀든의 이야기에 비판적인 거리를 둔 채 사회보다는 홀든이라는 한 개인에 문제가 있는 것으로 파악하는 평자들도 있다. 홀든의 행위를 옹호하는 평자가 보기에는 홀든이 속된 사회를 받아들이지 않는 것은 사춘기적 반항뿐만 아니라 일종의 존엄성까지도 함축하고 있다(Grunwald 14-6). 반면에 홀든의 반항이 부질없는 것이라고 비판하는 올드리쥐(Aldridge)에 의하면 홀든은 환상이 결국 실재 앞에서 부서져 버린 후에도 개선되지 못한 채 끝까지 "냉소적이고 반항적인" 인물로 일관한다. 맥스웰 게이즈머(Maxwell Geismar)가 보기에 홀든은 슬프게도 뒤틀린 어린 신경증 환자이다(Grunwald 14 재인용).

홀든에 대한 평가가 극단적으로 상이하게 내려질 수 있는 이유는 일견 그가 일관성이 없어 보이기 때문이라고 할 수 있는데 이는 그의 외형적 공언과 실제 생각이 일치하지 않는다는 사실에서 연유한다. 홀든 스스로도 자신의 본모습을 숨긴 채 가장하여 남에게 내보이는 것을 인정한다. 그는 겉으로는 일부러 다른 사람을 기분 좋게 해주는 말을 하지만 실제로 머리속에서는 그것을 헛소리(the old bull)라고 일축하면서 다른 생각을 한다는 사실을 인정한다. 예컨대 학교에서 퇴학당한 후 찾아간 스펜서(Spencer) 교수에게 자기를 낙제시킨 사실에 대해 아무렇지도 않다고 말하고 자신이 선생이었더라도 그렇게 했을 것이라고 말하지만 실제로는 선생의 충고에 귀를 기울이지 않은 채 전혀 다른 생각을 한다. 그는 그럴듯한 말로써 실제 본심을 숨기는 것이다.

홀든의 이율배반성은 그가 겉으로는 주변의 세속성에 강한 혐오감을 표시하며 속된 사회의 가치관에 동화되지 않으려는 반항심과 거부감을 나타내지만 실상은 자신도 주변 세계의 세속성에 깊이 물들어 있고 이미 그 가치관에 오염되어 있다는 사실에서 비롯된다. 이러한 자기모순성은 상스러운 언어 사용에서도 드러난다. 그는 자기가 경멸하는 사회의 10대 청소년들이 사용하는 전형적인 언어, 즉 저속한 언어를 배우고 쓴다. 홀든에 의하면 그는 다른 사람들의 저속한 언어로부터 자신을 보호하기 위해서 끊임없이 비속한 언어를 구사한다. 그렇지만 이것은 일종의 잘못되고 왜곡된 방어 행위라고 할 수 있는데, 이는 결과적으로 홀든이 이미 그 사회의 매너, 제도, 그리고 권위에 의해 오염되어 있음을 드러내줄 따름이다. 또한 그는 주변 사람들의 거짓됨을 비난하지만 그 자신도 거짓말을 한번 시작했다 하면 마음이 내킬 경우 몇 시간이라도 계속할 수 있다. 호텔 안에서 변태 성욕자들의 행위를 볼 때에도 그는 겉으로는 혐오감을 느끼지만 실제로는 흥미있게 쳐다보며 심지어는 기회만 주어진다면 아주 지저분한 짓이라도 할 것 같다는 생각이 들 때가 있다고 실토하기도 한다. 홀든은 이처럼 자신이 비난하는 속된 사회에 물들어 있다.

이와 같은 홀든의 문제점은 그 사회에 완전히 동화되지는 않고 방관자적인 입장에서 바라보면서 주변세계를 "속된(phony)" 곳이라고 매도해버린다는 사실 때문에 더욱 복잡해진다. 그런데 홀든이 이러한 태도를 취하는 실제 원인은 누구와도 인간관계를 맺지 못한 채 소외감을 절감하면서 주변 사람들로부터의 이해와 공감을 갈망하고 있다는 역설적인 사실에 있다고 할 수 있다. 그는 타인과 교제하기를 원한다. 퇴학당한 후 뉴욕에 도착했을 때 그가 제일 하고 싶은 일은 자신의 진실에 대해 말하는 것이다. 그는 전화를 걸 상대를 찾지만 누구도 그의 대화 대상이 될 수 없음을 알고 포기한다. 그의 부모까지도 대화의 상대가 될 수 없으며 여자 친구 샐리(Sally)도 그를 이해해주지 못한다. 이처럼 진실하게 말할 수 있는 대상이 없으므로 그는 방황한다. 감수성이 예민한 홀든은 사회적으로 자신이 융화되지 못한다는 사실에 더욱 상처받는다. 그래서 그는 이탈을 하거나 나이에 어울리지 않는 행동이나 반항적인 행동을 한다거나 역으로 사회가 속되다고 매도해 버림으로써 그 사실을 은폐하려 하는 것이다.

 홀든은 더 나아가 역으로 주변 사람들로부터 우월감을 느끼면서 즉 스스로 다른 사람들로부터 고립됨으로써 소외감에서 비롯되는 긴장감을 해소하려 한다. 그는 자신이 완전하고 고결한 사람이라는 인상을 주고 싶어 하고 또 이를 믿고 싶어 한다. 그래서 그는 "거짓 자아"를 만들어낸다. 이 때문에 그는 "진짜 자아"와 구별되는 "거짓 자아"를 갖는 이중성을 보이는 것이다. 이는 홀든을 헤스터나 헉과 유사한 인물로 보이게 한다. 그렇지만 홀든은 그들과는 달리 내적인 자유, 즉 뚜렷하게 주변 세상 사람들과 다른 가치관과 태도를 갖고 있지 못하다. 왜냐하면 그는 주변 세상 사람들과 크게 다를 바가 없기 때문이다.

 그런데 다른 사람들과의 상호이해를 향한 홀든의 갈망이 환상 속에서의 추구이자 하나의 제스처에 불과할 뿐이라는 점이 문제를 더욱더 복잡하게 만든다. 그는 소극적이어서 다른 사람들에게 쉽게 접근하지 못하며 그들과 친밀한 관계를 잘 맺지도 또한 잘 유지하지도 못한다. 그는 자신의 옛 애인을 친구 스트랏레이터에게 빼앗기고, 여자 친구 제인(Jane)을 만나고 싶어하면서도 제인이 아닌 다른 사람이 전화를 받을까봐 기분이 내키지 않는다는 핑계를 대며 끝내 수화기를 들지 못하는 소심성을 보여준다.

홀든은 소심성과 소극성이라는 문제점을 외면하기 위해서 외모나 지성에 강한 자존심을 보이기도 하고 주변 사람들에 대한 우월감을 표하기도 한다. 그는 연기하는 듯한 삶을 살아가는 다른 사람들과 자신은 다르다는 우월의식을 느끼기 위해서 뉴욕의 역 구내에서 만난 두 수녀에게 기꺼이 헌금을 하기도 한다. 그는 자신이 적극적이지 못함을 알기 때문에 표면상으로는 일부러 아주 적극적인 인물인양 스스로를 묘사하기도 하는 것이다.

이러한 상태에서 홀든은 자기가 할 수 있는 역할에 대한 하나의 환상을 만들어 낸다. 호밀밭에서 놀고 있는 아이들이 위험한 낭떠러지에서 떨어지지 않도록 그들을 지켜주는 호밀밭의 파수꾼이 되겠다고 결심하는 것이다. 파수꾼이 되겠다는 그의 희망은 외견상 타락하고 부패한 주변 세상으로부터 순수하고 진실한 가치를 지니고 있는 어린이를 구해내는 일을 맡아 진정한 사랑을 구현하겠다는 바람직한 다짐으로 보인다. 여기에서 "파수꾼(catcher)"의 이미지는 매우 적극적인 분위기를 풍기는 단어다.

그러나 홀든의 이러한 환상은 애초부터 실현 불가능한 것이었고 거기에 문제점이 있다. 이는 그의 환상이 이 세상에서 좋아하는 것 한 가지만 대보라는 피비의 추궁을 받고 갑자기 떠오른 생각이라는 사실에서도 암시되어 있다. 그는 6살 어린이가 부르는 노래에서 힌트를 얻어 호밀밭의 파수꾼이라는 이미지를 즉흥적으로 만들어 낸 것이다. 홀든 스스로도 "이 일이 미치고 헛된 짓이다"는 사실을 알고 있다.

또한 호밀밭의 파수꾼이 되겠다는 홀든의 꿈은 다른 사람들과 더불어 살아가겠다는 다짐이기보다는 구체적인 현실 세계로부터의 도피와 일맥상통하는 것이다. 이는 그의 꿈이 곧바로 서부로 도피하겠다는 생각으로 이어진다는 사실에서 명백해진다. 서부의 어느 한적한 숲 속에 통나무집을 짓고 벙어리 행세를 하며 살고 싶어하는 그의 생각에는 다른 사람들과의 대화를 거부해 버리고 현실 사회로부터 스스로를 도피시키려는 의도가 숨어있는 것이다. 그런데 주목해야 할 것은 상상 속에서라도 자신의 말을 들어줄 사람을 상정하면서 다른 사람의 관심에서 사라져 버릴까봐 두려워하던 홀든이 이 두려움을 최고도로 느낀 후 그 반작용으로 사라져 버리기로 결정하고 서부 행을 결심한다는 사실이다. 여기에서 드러나는 홀든의 문제점은 그가 다른 사람들과의 교류를 원하고 이를 통해서 자신의 존재를 확인받기를 바라면서도 적극적으로 행동을 취하지 못한다는 점, 더 나아가서는 그 문제점을 인식하지 못하고 오히려 타인과의 교류와 정반대되는, 즉 현실 세상으로부터의 격리를 가져올 길을 택하려 한다는 사실이다.

이러한 홀든의 문제점을 지적해낸 두 인물은 안톨리니(Antolini) 선생과 여동생 피비다. 또 한번 퇴학을 당해 집에 돌아온 홀든에게 피비는 그가 이 세상 모든 것을 전부 다 싫어한다는 사실을 예리하게 지적해 내면서 홀든 스스로 그의 문제점을 직면하게 해준다. 홀든의 상도에 어긋난 행동에 공감을 가지고 바라보는 안톨리니 선생 또한 그로 하여금 자신의 문제점을 깨달을 수 있게 해준다. 안톨리니 선생은 "미성숙한 인간의 특징은 명분을 위해 고결하게 죽기를 원하는 것인 반면 성숙한 인간의 특징은 명분을 위해 겸허하게 살기를 원하는 것이다"는 어느 정신 분석가의 글을 홀든을 위해 써준다. 또한 그는 그가 겪은 경험이 그 자신만의 체험이 아니고 많은 사람이 이미 거쳐 간 것이라고 평가하면서 홀든에게 앞으로의 독서가 많은 도움이 될 수 있을 거라고 충고해준다.

이 두 사람을 통해 홀든은 자신과 자신의 행동을 되돌아볼 수 있게 된다. 안톨리니 선생의 설교 도중 하품을 하면서 지루해 하던 홀든은 밤중에 선생이 자신의 머리를 매만지고 있는 것을 보고 선생을 성욕 도착자라고 속단하고 집을 나와 버리는데 그 이후 홀든은 과잉반응을 보인 것은 아닌지 회의하며 자신의 행위를 돌이켜 본다. 이를 계기로 홀든은 세상을 받아들이는 자신의 방식에 문제가 있음을 어렴풋이 인식하고 안톨리니 선생을 변태 성욕자로 보았던 판단에 의구심을 표함으로써 안톨리니 선생의 평가나 충고를 진지하게 검토할 수 있게 된 것이다.

그런데 서부로의 도피라는 홀든의 희망을 좌절시킨 가장 직접적인 역할을 한 인물은 여동생 피비다. 서부로 떠나겠다는 홀든의 의사를 전해 듣고 센트럴 파크에 빨간 색깔의 사냥용 모자를 쓰고 나타난 피비는 그를 따라 나서겠다고 우긴다. 홀든은 비록 자신은 서부로 도피하고자 하나 여동생 피비가 그렇게 하는 것은 원하지 않는다. 피비의 서부행 고집을 계기로 홀든은 그 자신도 실상은 현실 도피를 부정적으로 바라보고 있었다는 사실, 즉 마음 속으로는 그것이 결코 바람직하지 않다고 생각한다는 사실을 대면한 것이다. 즉 회피하고 싶었던 자신에 대한 진실과 맞닥뜨린 것이다.

이러한 인식에 이른 홀든에게 회전목마 타는 피비의 모습은 더욱 강한 영향을 끼치게 된다. 쏟아지는 비 속에서 회전하며 돌아가는 목마를 타고 있는 피비의 천진만만하고 아름다운 모습을 본 홀든은 참을 수 없는 행복감에 젖는다. 회전목마를 타고 도는 어린이는 손을 뻗치면 회전목마의 축에서 가장 먼 지점에 달린 금고리를 붙잡을 수 있고 그것을 얻을 수 있지만 목마에서 떨어질 위험이 있다. 모든 어린이들이 그러하듯이 피비도 그러한 위험에 노출되어 있다. 홀든은 피비의 모습을 보면서 손을 내밀지 못하도록 막을 것이 아니라 그냥 내버려 두겠다고 마음을 바꿔 먹는다. 이는 호밀밭의 파수꾼이 되겠다던 예전의 태도와 다른 것이다. 이후 그는 서부로 떠나려는 계획을 포기하고 집으로 돌아온다.

이 장면은 두 가지로 해석될 수 있다. 하나는 그가 다른 사람들을 적극적으로 구원할 의도를 포기하고 소극적인 방관자의 태도를 취하기로 결심했다는 해석이다. 즉 홀든은 더 이상 어린이들이 스스로 택한 위험으로부터 그들을 보호하려고 하지 않는다는 것이다. 그렇지만 홀든의 실제 모습을 제대로 파악한다면 이러한 관점은 설득력이 약하다. 비록 홀든이 이제까지 표면상으로는 다른 사람을 구원하겠다는 적극적인 자세를 보이는 듯하지만 실상 그것은 하나의 제스처에 불과한 것이었기 때문이다.

이러한 해석보다는 홀든이 이제 다른 사람의 삶이란 간섭할 수가 없으므로 그 자신이 구태여 호밀밭의 파수꾼의 역할을 수행할 필요가 없음을 인식하고 더 나아가 파수꾼이 되겠다는 자신의 의도가 현실적으로 의미가 없음을 깨닫게 되었다는 해석이 더 설득력이 있을 것이다. 홀든의 각성은 그로 하여금 자신이 실현 불가능한 환상을 가졌다는 스스로의 문제점에 대한 인식에 이르게 한다. 이러한 관점에서 본다면 홀든은 비를 맞으면서 새로 태어나는 의식을 통과했다고 할 수 있다. 홀든은 자신의 환상 속에 내재된 그 자신의 문제점을 보다 분명히 직시하게 된 것이다. 자신의 문제점에 직면했을 때 울적한 기분이 들었던 그는 쏟아지는 비 속에서 빙글빙글 돌아가는 피비의 모습을 보고 자기를 억누르던 우울감에서 벗어나는 해방감을 느낀다. 그의 답답한 감정이 정화되는 듯한 느낌을 갖는 것이다. 이렇게 보면 회전목마 장면이 홀든에게 왜 그만큼 큰 영향을 끼쳤는지 그 이유가 설명될 수 있다.

홀든이 호밀밭의 파수꾼이 되겠다는 꿈을 버리고 서부 도피로의 계획을 그만두게 된 동기 또한 크게 보아 두 가지로 해석될 수 있을 것이다. 하나는 그가 세상을 있는 그대로 수용하기로 했다는, 즉 그가 일반적인 의미에서 "개안(initiation)"했다는 것이고 또 다른 하나는 홀든이 세상에 대한 혐오감이나 반발심을 그대로 유지한 채 세상으로부터 격리되었음을 깨닫게 되었다고 보는 것이다. 홀든이 결국 얻게 된 "개안"은 세상에 대한 적응이 아니라 실제는 그가 더욱 더 잘 알게 된 세계로부터 격리되었음을 보다 분명히 해주는 것이라는 점에서 "deinitiation"이라는 것이다(French 48). 이 해석에 의하면 홀든은 아직도 반항심을 지닌 채 주변의 모든 것을 싫어하지만 낭만적 비전에 더 이상 눈이 멀지는 않는다.

그런데 홀든이 호밀밭의 파수꾼이 되겠다는 꿈이나 서부행을 포기한 동기에 대한 온당한 해석은, 2, 3개월 전의 경험을 글로 쓰는 그가 어떠한 태도를 보이는지, 또 어떠한 단계의 인식 수준에 도달했는지, 다시 말해서 자신의 문제점을 대면한 후 그것을 인정하고 주변 세상에 대한 태도를 수정하게 되었는지 아니면 여전히 그의 문제점을 도외시하려고 노력하면서 자기정당화를 꾀하고 있는지를 살펴봄으로써 내려질 수 있으리라고 생각된다.

3) 글쓰기와 서술자 홀든

집에 돌아와 신경쇠약증세를 치료받고 회복된 홀든은 2, 3개월 전 크리스마스를 전후한 3일 동안에 그가 체험했던 일들을 회고식으로 직접 글로 쓰기 시작한다. 서부로 가서 벙어리 귀머거리인양 행세하며 대화를 거부한 채 살고자 했던 이전의 태도를 고려해 볼 때 이제 독자를 대화 상대자로 삼아 자신의 이야기를 하기로 결심한 것은 큰 변화라 할 수 있다.

앞서 살펴보았듯이 홀든은 자신의 문제점을 회피하고 그 대신 주변 세계를 비난하는 자세를 견지해 오다가 안톨리니 선생의 충고와 그의 문제점을 정확하게 지적하는 피비로 인해, 대면하기를 꺼려했던 자신의 문제점을 정면으로 맞닥뜨린다. 이는 홀든에게 큰 영향을 미치게 된다. 이 사실은 그가 집에 돌아온 후 앓아누웠다는 점에서 알 수 있는데, 앓아눕는 것은 정신적으로나 육체적으로 무너져 내렸다는 의미를 함축하기 때문이다. 이러한 상태에서 그가 글쓰기를 통해 자신의 체험을 되돌려 반추해 본다는 것은, 글쓰기가 자신의 문제점을 깨닫게 된 사실과 깊은 관련성이 있음을 시사해 준다.

그렇지만 홀든이 과연 자신의 문제점을 인정하고 예전과는 다른 태도를 갖게 된 상태에서 글을 쓰는 것인지 아니면 아직도 그의 문제점을 은폐하고 도외시하려는 옛 태도를 그대로 견지한 상태에서 스스로를 정당화하려는 또 하나의 시도로서 글쓰기를 이용하고 있는지는 다시 점검해 보아야 할 것이다. 이를 위해서는 홀든이 이야기를 서술하게 된 배경을 분석해야 한다.

홀든은 형 D. B를 자신의 이야기를 들어줄 대상으로 삼아 이야기해 나간 것이 그가 글쓰기 작업을 시작한 이유라고 암시하고는 있지만 그가 왜 자전적 글쓰기를 시도했는지의 이유를 밝히지는 않는다. 그가 글쓰기를 시작하게 된 심리적 배경은 그의 서술 내용과 문체 및 어법을 주의 깊게 분석해 봄으로써 밝혀질 수 있을 것이다.

홀든의 서술의 특징은 자신의 문제점에 대한 인식과 이를 의도적으로 회피하고자 하는 의식 사이의 심리적 갈등에서 비롯되는 팽팽한 긴장감이라고 할 수 있다. 그는 횡설수설 이야기하여 초점을 흐려 놓음으로써 이 사실을 의도적으로 은폐하려 한다. 이는 호텔 안에서 변태 성욕자들의 기이한 행위를 보고 홀든이 그것에 대한 자신의 느낌을 적고 있는 다음의 대목에 잘 나타나 있다.

> 문제는 그따위 짓이 … 쳐다보기에는 재미있다는 것이었어. 난 그게 아주 큰 문제란 말이야. 마음 속으로는 아마 내가 최고의 색정광이었는지도 몰라. 가끔 난 기회만 주어진다면 아주 지저분한 짓이라도 할 것 같다는 생각이 들 때가 있어 … 그런데 사실 나는 그런 생각을 좋아하지 않는다는 것이야. 따져보면 그건 지저분하거든 … 그따위 지저분한 짓이 때로는 보통 재미있는게 아니라는 사실은 정말 곤란하단 말이야.[8]

이 부분에는 홀든이 자신의 심리상의 갈등 즉 이성적으로 따져보면 싫어할 일들에 감정적으로는 이끌림을 인식하고 있음이 잘 나타나 있다. 이와 같이 홀든이 스스로의 행위 속에서 아이러니한 요소를 발견해낼 수 있다는 것은 그가 자신의 문제점을 인식하고 있음을 시사해준다. 홀든은 이제 2, 3개월 전의 그와는 달리 약간은 성숙해진 것이다. 그렇지만 그는 자신의 태도를 명확하게 보여주지 않음으로써 그의 변화 사실을 얼버무린다.

이 사실은 홀든이 실제로는 변모했지만 의도적으로 이에 대한 인식을 억누르고 있음을 보여준다. 홀든이 처음 울적한 기분에서 이야기를 한다는 것도 이를 뒷받침해준다. 홀든이 글쓰기로 한 실제 의도는 자신의 문제점을 인지하고 있으면서도 이 사실을 억누르려는 의식에서 비롯되는 그의 갈등상과 밀접한 관련성을 맺고 있는 것이다.

갈등상태에서 이야기를 서술하는 홀든은 스스로를 변호하고 정당화

---

[8] J. D. Salinger, *The Catcher in the Rye* (New York: Penguin Books, 1958), 66. 이하의 본문 인용은 이 책에 따르며 면수만 표기한다.

한다. 이는 다른 사람이 자신을 규정하는 바를 그대로 수용하는 듯하다가 곧바로 그것을 부정함으로써 자신을 옹호하는 홀든의 어법에 잘 나타나 있다. 예컨대 그는 처음에는 어른처럼 크면서도 어리게 행동한다는 주변 사람들의 일반적 판단을 기정 사실로서 소개한 다음 곧바로 그러한 평가를 부정해 버린다. 그는 자신이 어른스럽게 행동할 때도 있는데 사람들이 몰라준다는 식으로 스스로를 합리화하는 것이다. 그는 자신에게 심리적인 문제가 있었다는 사실을 끝까지 인정하지 않고 오히려 그런 것은 사건의 핵심이 아니고 "진실"이 아니라고 말하며 자기정당화나 자기옹호에 급급하다. 기분이 내키지 않는다는 이유로 자신이 정신병동에 입원한 사실조차 말하지 않는 것은 그 한 예이다.

홀든이 심리적 갈등을 겪기 때문에 그의 표면상의 이야기는 자신의 실제 인식을 제대로 표현하지 않을 뿐만 아니라 때로는 이 인식을 은폐하기도 한다. 홀든 스스로 자신을 거짓말쟁이라고 부르고 있기도 하다. 그는 내면적으로는 실제 마음속의 갈등을 대면하고 이를 서술하는 것이 "진실"임을 알고 있지만 애써 이중성이라는 자신의 문제점에 대한 인식을 부인하기 때문에 스스로를 "거짓말장이"라고 부르고 있는 것이다. 홀든의 공언이 실제와 다르게 판명되는 경우는 이외에도 여러 군데에서 찾아볼 수 있다. 표면상으로 그는 어떤 일에 대해 너무나 많은 말을 하는 것을 꺼린다고 하면서도 실제로는 숨을 돌이킬 여유도 없을 만큼 빠른 속도로 처음부터 끝까지 이야기를 해 나간다. 그는 또한 되풀이 말하는 것을 싫어한다고 하면서도 자신의 말이나 대화 상대자의 말을 그대로 반복하기도 한다.

그런데 홀든의 서술은 이와 다른 관점에서 해석되기도 한다. 서술자 홀든이 진실을 은폐하려 하던 거짓말쟁이로서 과거의 그와는 다르고 그가 과거 사실을 이야기할 때는 거짓말하지만 현재 서술하는 시점에서는 기꺼이 거짓말을 거짓말로서 인정하고 그것을 투명하게 보이게 하려고 노력하며 자신의 혼돈감이나 두려움 그리고 마음의 아픔까지도 그대로 드러내고 있다는 것이다(Cowan 43). 그렇지만 홀든의 이야기를 주의 깊게 들여다보면 이러한 해석을 받아들이기 어렵다. 예컨대 홀든은 "사실을 말하자면(to tell you the truth)"이라는 말을 반복적으로 사용하는데 역설적으로 이때는 그가 거짓말을 할 때이다. 또한 그는 자신의 내면이 알고 있는 진실에 맞닥뜨리고 그의 이중성을 스스로 직면하게 될 위기에 처할 때면 "기분이 내키지 않아서"라고 말하면서 이를 회피한다. 예컨대 그는 피비가 회전 목마를 타고 있는 모습을 보고 기분이 좋아졌다는 언급을 할 뿐, 이후 복학을 결정하기까지의 경위를 끝내 밝히지 않는다.

서술자 홀든의 말을 액면 그대로 받아들일 수 없는 또 하나의 예로서는 그가 서술을 시작하기 전 독자에게 한 다음의 공언을 들 수 있다.

> 만일 여러분이 얘기를 꼭 듣고 싶다면 우선 내가 어디에서 태어났으며 나의 지저분한 어린 시절이 어떠했으며 내가 태어나기 전에 내 부모님들이 무슨 일을 했느냐 따위, 데이비드 코퍼필드 식의 시시한 이야기를 듣고 싶겠지만 사실대로 말하자면 난 그런 이야기를 하고 싶지는 않아. 첫째로 그 따위 얘기는 싫고 … 게다가 난 지금 무슨 얼어 죽을 내 자서전 따위를 얘기하려는 것이 아니거든. 다만 지난 해 크리스마스 무렵 내게 일어났던 미친 놈 헛소리 같은 얘기를 해주려는 참인데 그 때 이후 난 건강이 아주 나빠져서 이곳에서 쉴 수밖에 없었어. (5)

흥미롭게도 이 부분에서 서술자 홀든은 자전적 이야기를 써 나가면서도 그의 이야기를 데이비드 코퍼필드식의 일반적 의미에서의 자서전과 엄격하게 구분한다. 그 대신 그는 자신의 이야기를 "미친 놈 헛소리"같은 이야기라고 매도해 버린다. 그렇지만 위에서 살펴본대로 그의 글쓰기에는 목표가 있으며 그 목표란 자신의 이상한 행위를 옹호하는 것이다.

홀든이 자신의 문제점을 대면한 후에도 이에 대한 인식을 회피하기 때문에 이야기 서술 속에서도 여전히 문제점이 노정된다. 그는 경험을 전체적으로 통합해서 조망하지 못하고 단편적으로 보고 만다. 이는 자기 경험에 대한 서술뿐만 아니라 도중에 끼워 넣는 다른 이야기들에서도 찾아볼 수 있다. 예컨대 기차에서 만난 모로우(Morrow) 부인의 아들이 펜시 학교에서 반장으로 지명되었는데도 거부했다는 이야기나 록펠러 센터 스케이트장에서 샐리에게 잉글랜드 숲으로 도피하자고 말하며 그곳에서의 삶을 환상적인 꿈의 이야기로 꾸며 말하는 부분에서도 이 이야기들은 완결되지 않고 단편적인 것으로 나타난다. 또한 그는 서술자로서 균형감각을 갖고 객관적으로 온당하게 평가하고 있다기보다는 일방적으로 자신만을 변호하고 정당화하는 너무도 개인적이고 이기적인 태도를 보이기도 한다(Rowe 85). 그는 소외감에서 벗어나 주변 사람들과의 교류를 원하면서도 다른 한편으로는 정상적인 사회와의 연관 가능성을 없앰으로써 끝없는 고립을 자초하는 역설을 보이는 것이다.

서술자 홀든이 과거와 마찬가지로 자신의 문제점에 대한 깨달음을 억누르고 오히려 스스로를 옹호하고자 한다는 사실은 그가 글쓰기를 결심한 의도와 글쓰기가 그에게 미친 영향 및 글쓰기를 끝마친 이후의 그의 변모 양상을 고찰해볼 때 다시한번 확인된다.

홀든이 글쓰기를 시작한 실제 의도는 그가 청자 내지는 독자에게 기대하는 관계에서 찾아볼 수 있다. 홀든은 자신에게 공감을 보내고 이해해 줄 가상의 인물로서 독자인 "당신"을 만들어 낸다. 피비나 안톨리니 선생으로부터 이해와 공감을 얻어내는데 실패했을 뿐더러 자신의 문제점을 지적받은 홀든은 지속적으로 침묵을 지키면서 일방적으로 이야기를 들어주기만 할 편한 상대로서 독자를 상정하고 그 독자에게 이야기를 서술하기 시작한다. 홀든이 이상적이라고 생각하는 이 관계 속에서 그는 자신의 신빙성과 확실성이 확고해짐을 느낄 수 있기 때문이다. 그는 독자와의 유대감을 전제로 하여 편안한 상태에서 이야기를 풀어나간다. 홀든은 스펜서 선생이나 모로우 부인에게는 의식적으로 격식을 차린 어법을 사용하지만 독자들에게는 청소년기 아이들이 사용하는 속어를 쓴다. 그가 독자층을 자신의 나이 또래의 아이들로 상정하고 있기 때문이다. 그는 마치 옆에 있는 친구에게 소리 내어 말하듯이 이야기하므로 그의 서술을 들으면 그가 이야기하는 소리를 듣고 있다는 착각을 할 정도다.

홀든은 자기와 거의 같은 나이인 독자들이 동생 피비처럼 처음부터 끝까지 자신의 말을 경청하고 공감하며 이해해 줄 것을 원하며 더 나아가 자기에게 일종의 존경심을 보여주기를 기대한다. 홀든은 청자를 얻어 말을 한다는 사실에서부터 일종의 정화감을 느낀다고도 볼 수 있다. 펜시 학교의 발표 시간에는 말이 요점에 어긋나면 학생들이 "탈선"이라고 소리지르게 되어 있지만 독자들은 결코 그러한 반응을 보이지 않고 그저 묵묵히 자신의 말을 들어줄 것으로 기대한다. 자신의 말에 대해 즉각적인 반응을 보일 상대방에게 말하기는 어렵지만 일방적으로 자신의 말만을 들을 뿐 아무런 평가나 대응도 하지 않을 독자 앞에서는 자유롭게 자신을 변호할 수 있으리라 생각하는 것이다.

홀든의 이야기를 살펴보면 그가 적어도 의식적으로는 독자와 어떤 진정한 관계를 맺으려 애쓰고 있음을 알 수 있다. 홀든은 진실한 마음을 강조하는 뜻으로 "만일에 당신이 진실을 알고 싶어한다면"이라고 말하기도 하며 또는 이에 상응하는 함축적인 말을 계속해서 반복한다. 이는 "만일에 당신이 내가 지금 어떻게 느끼는지에 관심을 가진다면"이라고 해석할 수 있다. 이와 같이 홀든은 자신이 느끼는 바를 누구에게나 말하고 싶어 하며 다른 사람들이 그가 소외되고 있다는 사실을 관심 있게 들어주기를 바란다. 홀든의 글쓰기 행위는 자신을 이해시키고 정당화하며 그의 존재와 정체성을 확실히 하기 위한 시도의 하나인 것이다.

홀든은 말하는 행위 자체에서 상당한 즐거움과 활력 그리고 살아있다는 느낌을 끌어내는 듯이 보인다. 당황하게 될 때 중얼거린다는 사실에서 알 수 있듯이 그는 때때로 자신의 이야기 속에 담긴 의미에 대한 관심보다는 말하고 있다는 사실 그 자체에 더 큰 흥미를 보여주는 듯하다. 홀든이 상황을 완전히 통제할 수 없을 때 말을 하여 그것을 통제할 수 있게 된다는 사실을 예로 들면서 홀든의 말하는 행위를 혼돈스러운 세상에서 살아남는 하나의 전략으로 보는 코완의 지적(Cowan 38-9)은, 홀든이 종종 자신을 엄습해오는 고독감과 적막감을 채우기 위해서 일종의 제스처로서 이야기를 한다는 점에서 아주 적절하다.

그렇다면 다른 사람들의 공감과 이해를 얻어내고 싶어하는 홀든의 또 하나의 시도로서의 글쓰기가 그에게 어떠한 영향을 끼치게 되었는지를 고찰해볼 필요가 있을 것이다. 이는 그가 궁극적으로 자신의 문제점을 인정하고 변모되는지, 그렇지 않은지의 여부를 가리는데 중요한 관건이 되기 때문이다.

홀든의 이중성 즉 어떠한 사실을 알고 있으면서도 그러한 인식을 의도적으로 회피하려 하는 성향은 글쓰기를 마친 후 그 이야기 서술이 자신에게 끼친 영향을 어렴풋이 언급할 뿐 그것을 정확히 밝히지 않고 간과하려 한다는 사실에서도 나타난다. 이는 이 소설의 마지막 장인 25장의 분석을 통해 확인할 수 있다. 이 장도 1장과 마찬가지로 다음과 같이 애매모호하고 혼돈스럽게 끝난다.

> 내가 이야기하는 것은 이게 전부야. 내가 집으로 간 뒤에 뭘 했는지 어떻게 아프게 됐는지 또 이곳에서 퇴원한 후 다음 가을에 어떤 학교로 가게 되어 있는지 따위도 얘기해 줄 수 있겠지만 기분이 내키지 않는군. 정말 내키지 않아. 이젠 그런 얘기는 그다지 관심거리가 아냐 … 공부하리라고 생각은 하지만 알 수 없잖아 … D. B가 내게 방금 끝낸 이야기에 대해 어떻게 생각하느냐고 묻더군. 난 어찌 말해야 좋을지 몰랐어. 사실대로 말하자면 난 그것에 대해 어떻게 생각하고 있는지도 모르겠어. 많은 사람들한테 그 얘기를 한 게 후회돼. 내가 기껏 아는 것이라곤 내가 얘기했던 사람들이 모두 그립다는 사실이야 … 그건 웃기는 일이야. 누구한테든지 아무 말도 안 하는게 좋아. 말을 하고 나면 다들 그리워지기 시작한단 말이야. (220)

홀든은 이야기를 마친 후 그것을 어떻게 생각해야 할지도 어떻게 생각하고 있는지도 모르겠다는 식으로 얼버무린다.[9] 홀든은 1장에서처럼 앞으로 자신에게 닥칠 상황에 어떻게 대응할 것인지에 관해 아무런 계획이 없는 듯한 태도를 보인다. 자신의 현재 상황을 개념화하고 이를 바탕으로 미래에 대한 체계적인 계획을 세우고 있지도 않다. 또한 그는 이야기를 한 것을 후회한다면서 다른 사람들을 그리워하게 되었다고 말한다. 여기에서 드러나듯이 그는 글쓰기 행위와 주변 사람

---

9) 이 부분은 결점 투성이의 부록이라고 평가되기도 하지만 칼 스트로취(Carl F. Strauch)는 이 부분이 기술상으로 아주 잘 처리되었다고 칭찬한다. 그 나름대로 비밀스러운 치료법을 발견해낸 소녀에게 사회가 어떠한 조정을 가하려 하는지를 말할 수 없기 때문에 이 결말부는 불분명하게 처리될 수밖에 없었다는 것이다. Peck 7 재인용.

에 대한 그의 태도 변화 사이의 관련성을 시사하고 있을 뿐 그 관계를 명확히 규정하지 않는다. 또한 홀든은 그가 개심하기로 한 동기가 될 수도 있는 정신병동에서의 경험에 대해 함구하고 있기 때문에 그가 진실로 변모했는지의 여부는 명확하게 나타나 있지 않다. 따라서 홀든의 서술 속에 내포된 의미 속에서 그 여부를 찾아내야 한다.

홀든의 글쓰기 행위는 그가 피비와 함께 머무름으로써 그녀를 구원해 주려는 제스처의 연장선상에서 이해되기도 한다. 홀든이 이야기를 서술하는 것은 그 자신을 사회의 손에 의해 "십자가에 못 박히게" 내맡기는 행위이며 따라서 이 장면은 독자들에게 최후의 역설로 느껴지게 된다는 것이다(Weinberg 66). 이러한 해석은 서술자로서의 홀든이 부패한 주변 세상으로부터 어린아이들을 보호하는 "호밀밭의 파수꾼"이 되겠다는 희망과 동일한 의도를 가지고 '글쓰기'를 시도했고 따라서 글쓰기 행위는 실속 없는 제스처에 불과하다고 보는 관점에서 내려졌다고 할 수 있다. 그렇지만 홀든은 예전과는 달리 글쓰기를 마친 후 사람들을 그리워하게 되었다고 밝히고 있다. 이러한 태도가 표면적인 것인지 아니면 진실인지의 여부를 떠나서 이는 그의 이전의 태도와는 다른 것이다.

그렇다면 이제 홀든의 태도가 표면적으로는 변화를 보여주는데 실제로도 그러한지를 살펴볼 필요가 있겠다. 이를 위해서는 소설 마지막 부분에서의 홀든의 말을 액면 그대로 받아들일 것인가 아니면 행간에 숨겨진 의미를 찾아낼 것인지의 여부를 밝혀내야 할 것이다. 이야기를 끝낸 홀든이 관대한 제스처로써 바보들에게 연민을 보내는 장면에 그의 진심에서 우러나오는 진실이 담겨 있다고 생각하는 평자들은 홀든이 마침내 종교적인 지혜를 획득했다고 본다. 표면상 홀든은 타인을 구원하고자 하는 예전의 노력을 포기하고 이제는 그가 미워했던 사람들까지도 포용하여 인류애적인 사랑을 구현하겠다는 의지를 보이는 듯하기 때문이다. 그렇지만 홀든의 공언을 그대로 믿기는 어렵다. 어휘상 가면을 쓰고 있는 그는 신빙성이 없는 인물이기 때문이다. 이 문제는 홀든이 과연 글쓰기 행위를 통해 어떻게 변모했는지, 바꿔 말하면 글쓰기 행위는 실제로 홀든에게 어떠한 구체적인 영향을 끼쳤는지를 살펴보게 만든다.

글쓰기가 홀든에게 아무런 영향도 미치지 못했다고 보는 관점도 있다. 과거 경험에 대한 서술이 치유적인 것으로 보이기는 하지만 실상 이야기를 하는 홀든의 기분과 어조를 주목해볼 때 과거를 기억해서 다시 이야기한다는 것은 홀든에게 과거에 받았던 상처를 되살릴 뿐 어떠한 치유도 되지 못했으며 그를 변모시키지도 않았다는 것이다 (Cowan 45).[10]

그렇지만 홀든이 이야기를 마친 후 글쓰기와 그의 변화를 연관시키고 있고 앞서 살펴본대로 일관성 있게 자신의 실상을 인식하게 되었으면서도 그것을 애써 도외시하는 이중성을 보여왔다는 사실을 애써 회피하려 한다고 할 수 있다. 그의 변모는 그가 피비의 회전목마 타는 모습을 보고 깨달은 사실 즉 다른 사람들을 그 자신의 가치관 속으로 단순히 통합시킬 수는 없고 그들을 있는 그 자체로 수용해야 한다는 진실을 더 이상 도외시할 수 없음을 인정하게 되었다는 맥락에서의 변모라고 할 수 있다. 그런데도 그는 여전히 자신의 변모를 인식하지 않으려 하고 따라서 애매모호하게 이야기를 끝맺는다.

작가는 홀든이 자신의 변화에 대한 의식을 억누르고 모호하게 이야

---

[10] 코완은 홀든이 글쓰기를 통해 그 자신과 과거에 대한 좀더 고양된 이해에 도달하지는 못했지만 자신의 경험을 보존할 수는 있었다고 본다. 홀든의 글쓰기는 "박물관"적 역할을 수행했다는 것이다. Cowan 47 참조.

기를 마치는 모습을 보여줌으로써 독자로 하여금 그가 아직까지도 성숙하지 못했음을 보여주는 것이다. 이는 작가가 홀든의 서술 과정에서 서술자 홀든을 대하던 방식과 일맥상통하는 것이다. 작가는 독자로 하여금 홀든의 이중성을 회의하게 만들기 위해 아이러니를 보내거나 홀든에게 느낄 수 있는 공감을 암묵적으로 깎아내림으로써 일방적으로 홀든의 말을 곧이곧대로 듣지 않고 그가 하는 말을 돌이켜 판단해보게 한다. 자기기만적인 홀든으로 하여금 자신의 이야기를 하게 하는 이러한 형식적인 틀 때문에 독자는 그의 서술의 행간에 담긴 의미를 이해해 내야 한다. 그만큼 작가 샐린저는 이 소설을 읽는 독자들에게 적극적인 작품 해석에의 참여를 요구하고 있는 것이다.

4) 맺음말

이 소설은 서술자 홀든이 16세 때의 자신의 이야기 즉 "호밀밭의 파수꾼"이라는 제목을 지닌 하나의 그림을 액자에 넣어 이를 감상하며 재평가하고자 하고, 작가는 그에게서 조금 거리를 두고 떨어져 바라보는 이중적 틀이라는 형식을 취하고 있다. 모든 서술은 작가의 평가라는 여과막에 걸러짐이 없이 서술자 홀든의 입을 통해 직접적으로 행해지므로 독자는 스스로 홀든이라는 복잡한 인물을 이해해 내야 한다. 이 작품은 그만큼 독자의 분석력과 이해력을 요구하고 있다고 할 수 있다.

이 소설은 서술자 홀든이 자신의 과거를 이야기하는 형식을 통해 홀든의 내적 심리를 집중적으로 조명한다. 홀든은 자신의 문제점을 깨닫게 된 지금까지도 그것을 회피하고 정당화하며 변명하려는 자세로 일관한다. 이 사실은 그의 글쓰기 행위와 그 내용 속에 잘 나타나 있다. 서술자 홀든의 글쓰기 행위 속에는 그가 의식하고 있는 의도와 무의식 속에 잠재된 숨은 의도가 서로 긴장 속에 뒤섞여 있다. 샐린저는 서술자 홀든을 향한 아이러니를 통해 이 사실을 간접적으로 드러내고 있다. 본 논문은 이 작품의 이중적 틀을 해체시켜 봄으로써 서술자 홀든과 이야기 속의 홀든 사이 그리고 서술자 홀든과 작가와의 거리를 분석해 보았다.

이 소설의 표층 아래 놓인 심층 구조를 들여다보면 홀든을 향한 작가의 아이러니를 이해할 수 있다. 작가는 홀든의 개인적 시각에서 모든 사건이 전달되고 기술되게 함으로써 오히려 사회에 전적으로 책임이 있다는 그의 주장이나 입장을 묵시적으로 의문시하고 있는 것이다. 홀든은 그 자신의 개인적인 문제점에도 불구하고 일방적으로 사회의 '속됨'을 비판한다. 홀든의 관점에서만 사회의 문제점이 지적되는 것이다. 그런데 홀든은 신빙성이 없는 인물임이 그의 서술 자체에서 노정된다. 홀든의 관점을 진지하게 평가내리고 회의를 보낼 수 있는 인물이 없이 홀든의 일방적 관점만으로 모든 것이 전달되고 평가되는 이 소설의 구조는 독자로 하여금 홀든의 말을 액면 그대로 수용하는 대신 역으로 홀든의 개인적인 문제점을 직시하게 해준다. 이러한 점에서 이 구조는 독자로 하여금 사회와 개인 홀든 사이에서 균형 있는 시각과 관점을 견지하게 만들어 주는 데 매우 효과적으로 그 기능을 다하고 있다고 할 수 있다.

샐린저가 서술자 홀든에게 아이러니를 보낸 것은 사실이지만 그것은 이야기 속에 함축적으로 나타날 뿐 분명하게 드러나 있지는 않다. 이는 이 소설과 홀든에 대한 이제까지 비평가들의 해석이 서로 다르게 내려질 수 있었던 하나의 요인이기도 하다. 샐린저는 홀든 개인의 문제냐 아니면 사회의 문제냐의 두 갈래에서 이중 어느 하나에 일방적인 책임이 있는 것으로 제시하지 않는 듯이 보인다. 그는 또한 홀든에게 아이러니를 보내는 듯 하면서도 동시에 그를 동정하고 공감하는 듯한 태도를 취하기도 한다. 예컨대 작가는 홀든에 대한 충고를 하는 안톨리니 선생으로 하여금 홀든이 처한 상황에 대해 동정어린 이해를 표명하게 만든다. 홀든에게 아이러니를 보내던 작가가 이 장면에서는 거리감을 두지 않고 공감을 보내려 한 것이라고 할 수 있다. 이러한 태도는 샐린저가 홀든의 사회 비판을 전적으로 승인하지도 않고 궁극적으로 홀든이 스스로를 사회에 적응시킨 행위를 항복으로 제시하지도 않았다는 해석을 낳기도 하는데(Shaw 98), 사실 샐린저는 침묵을 지키면서 이 문제를 교묘히 회피해 버린다고 볼 수 있다.

샐린저의 불분명한 태도는 그 스스로 의도한 것으로 보인다. 그는 서술자 홀든으로 하여금 그의 이야기를 하게 만드는 독특한 서술구조를 이용하여 자신의 입장을 밝힐 필요가 없게 만들었기 때문이다. 홀든이 절대적인 관점을 갖고 서술하기 때문에 샐린저는 홀든이 집에 돌아간 배경이나 그가 어떻게 복교하게 되었는지의 과정을 극화하지 않아도 무방하고 그가 마침내 사회를 받아들일 수 있게 되었는가의 여부도 불분명하게 처리할 수 있게 된다. 작가는 이러한 서술구조를 이용하여 결말부 또한 애매모호하고 불명확하게 처리할 수 있었다. 이 소설의 의미가 이처럼 숨어 있기 때문에 독자는 그만큼 더 주의를 기울여 서술의 행간 속에 숨겨진 의미를 읽어내야 한다.

표면상으로 볼 때 홀든은 내면화된 사회적 가치와 그것을 벗어나고자 하는 욕구 사이의 갈등에서 비롯되는 자기모순 내지는 이율배반을 체험하는 인물이다. 이러한 점에서 그는 헤스터(Hester)나 헉과 같은 19세기 미국 소설 주인공들과 비슷한 갈등을 겪고 있는 것처럼 보인다. 이들 중 특히 헉의 경우는 어휘 면에서 자신의 본심이 의도하는 바를 가장하여 자신의 실제 내적인 자아와는 다른 외적 자아를 창조해내며 이러한 이중생활을 통해 자신의 본래 모습을 감추고 스스로를 보호하는 한편 그것과 거리감을 유지한다. 이점에서 홀든은 헉과 유사해 보인다. 그렇지만 실상 홀든은 사회적 악에 그 누구보다도 물들어 있는 인물이다. 그는 헉이나 헤스터와는 달리 나름대로의 확고한 의지 즉 사회의 잘못된 가치 기준의 강요에 반항하는 내적 자유를 갖고 있지 않다. 대신 그는 사회의 압력에 대항해서 그를 보호해줄 일종의 방패로서 저속한 용어에 의존한다. 이는 일종의 왜곡된 정화의식인 것이다. 따라서 홀든은 헤스터나 헉과 같은 인물들의 패러디라고 할 수 있다. 이와 같이 작가가 홀든을 19세기 소설 속의 다른 인물들과 유사하면서도 근본적인 차이점을 지닌 인물로 설정한 이유는 홀든이라는 인물에게 암묵적으로 회의를 보내는 측면도 있지만 동시에 이러한 개인을 만들어낸 사회 그 자체에 대한 비판까지도 내포하고 있다고 할 수 있다.

이 소설의 묘미는 '이중액자'라는 독특한 구조적 틀에 있다고 할 수 있다. 과거를 회고하는 서술자 홀든이 자기기만 속에 스스로 알고 있는 자신의 문제점을 의도적으로 회피하고 스스로를 정당화하고자 하지만, 작가는 홀든에게 거리를 유지한 채 아이러니를 보냄으로써 독자로 하여금 그의 미성숙성을 꿰뚫어볼 수 있게 만들기 때문이다.

'이중액자'라는 틀은 또한 홀든이라는 복합적이고 따라서 아주 흥미로운 인물의 형상화를 가능하게 해준다. 스스로 이중성을 선택했기 때문에 홀든이 겪게 되는 심리적인 갈등은 그의 표면적인 공언과 실제 의식 사이의 괴리를 초래하고 이는 그의 서술 속에 스며들어 있는 긴장감으로 드러난다. 의식적으로는 주변 세상에 대한 혐오감을 표현했지만 사실은 다른 사람의 이해와 공감을 갈구하는 홀든의 추구는 '호밀밭의 파수꾼'이 되겠다는 환상 속에, 더 나아가서는 그것에 관한 글쓰기 행위를 통해 반복적으로 이루어진다. 이러한 두 번의 추구 속에서 나타난 홀든의 이중성을 정확하게 간파해낼 때 홀든이라는 인물의 복합성이 드러나고 여러 층으로 덮여 있는 이 작품의 깊이와 의미를 제대로 평가해낼 수 있게 되며 또한 이러한 인물과 구조를 창조한 샐린저의 작가로서의 역량을 가늠할 수 있게 된다.

< 인용문헌 >

Bloom, Harold. Ed. *J. D. Salinger: Modern Critical Views*. New York: Chelsea House Publishers, 1987.

Cowan, Michael. "Holden's Museum Pieces: Narrator and Nominal Audience in *The Catcher in the Rye*." *New Essays on The Catcher in the Rye*. Ed. Jack Salzman. Cambridge: Cambridge UP, 1991: 35-54.

French, Warren. *J. D. Salinger, Revisited*. Boston: Twayne, 1988.

Grunwald, Henry Anatole. "Introduction." *Salinger: A Critical and Personal Portrait*. New York: Harper, 1962.

Heiserman, Arthur & James E. Miller. "J. D. Salinger: Some Crazy Cliff." *Western Humanities Review* (Spring 1956): 129-37.

Peck, David. *Novels of Initiation: A Guidebook for Teaching Literature to Adolescents*. New York & London: Columbia UP, 1989.

Rowe, Joyce. "Holden Caulfield and American Protest." *New Essays on The Catcher in the Rye*. Ed. Jack Salzman. Cambridge: Cambridge UP, 1991: 77-92.

Salinger, J. D. *The Catcher in the Rye*. New York: Penguin, 1958.

Salzman, Jack. Ed. *New Essays on the Catcher in the Rye*. Cambridge: Cambridge UP, 1991.

Shaw, Peter. "Love and Death in *The Catcher in the Rye*." *New Essays on The Catcher in the Rye*. Ed. Jack Salzman. Cambridge: Cambridge UP, 1991: 97-112.

Weinberg, Helen. "Holden and Seymour and the Spiritual Activist Hero." *J. D. Salinger: Modern Critical Views*. Ed. Harold Bloom. New York: Chelsea House Publishers, 1987.

L.I.E. 영문학총서 발간위원회

위원장: 이만식(경원대)
19세기 영어권 문학회 위원: 여홍상(고려대), 장정희(광운대), 유명숙(서울대)
윤효녕(단국대), 김현숙(수원대), 정규환(한양대)
전세재(한양대), 이선주(송호대), 조병은(성공회대)
이소희(한양여대), 엄용희(명지대)

영미소설의 서술방법과 구조

인쇄일 초판1쇄 2007년 10월 23일
발행일 초판1쇄 2007년 10월 30일
지은이 고영란 / **발행인** 정구형 / **발행처** $\mathcal{L. I. E.}$
등록일 2006. 11. 02 제17-353호

서울시 강동구 성내동 447-11 현영빌딩 2층
Tel : 442-4623,4,6 / Fax : 442-4625
homepage : www.kookhak.co.kr
e-mail : kookhak2001@hanmail.net
ISBN 978-89-959111-8-1 *94800 / 가 격 20,000원
       978-89-959111-5-0 *94800 (set)

저자와의 협의하에 인지는 생략합니다.

$\mathcal{L. I. E.}$ (Literature in English)